Okkultismus

Materialien zur kritischen Auseinandersetzung

W. Hund

**Verlag
an der Ruhr**

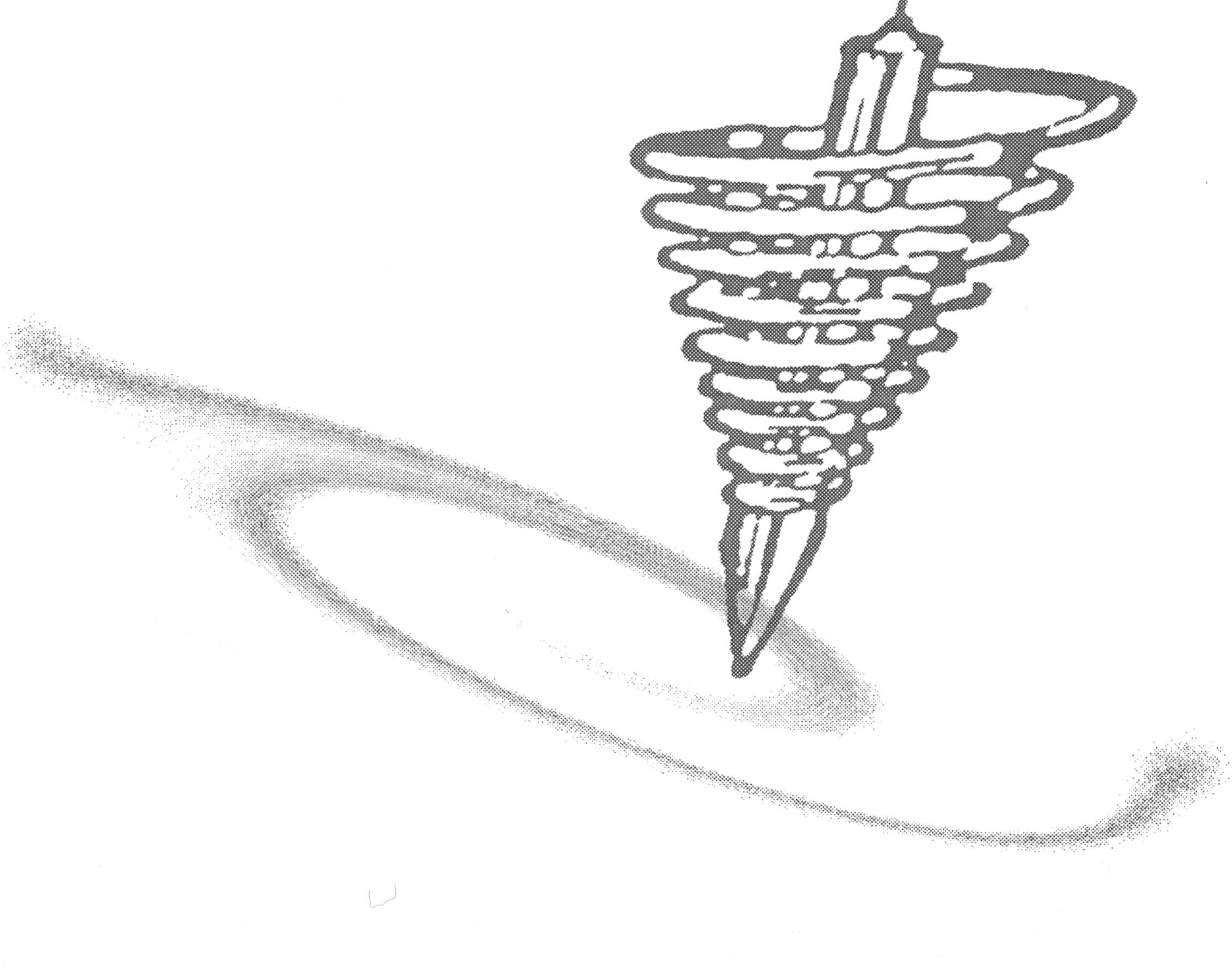

Titel:

Okkultismus –
Materialien zur kritischen
Auseinandersetzung

Autor:

Wolfgang Hund

Druck:

Druckerei Uwe Nolte, Iserlohn

Verlag:

Verlag an der Ruhr
Postfach 10 22 51
45422 Mülheim an der Ruhr
Tel.: 0208 – 439 54 54
Fax: 0208 – 439 5 439
e-mail: info@verlagruhr.de
http://www.verlagruhr.de

© **Verlag an der Ruhr 1996**
ISBN 3-86072-226-3

Gedruckt auf chlorfrei gebleichtes Papier.

Inhalt

Inhalt

Inhalt

Kapitel IX:
"Religiöser Okkultismus" – "Okkultistische Religion" 165

Kapitel X:
"Channeln" mit den Außerirdischen – Ufos 171

Kapitel XI:
Glück für Geld? 178

Kapitel XII:
Die Rolle der Medien 194

Kapitel XIII:
"Ungelöste Rätsel" – Wirklich? 206

Es ist an der Zeit, Stellung zu nehmen

- gegen das skrupellose Geschäft mit der Gesundheitssehnsucht vieler Menschen durch selbsternannte "Wunderheiler"!

- gegen das gewissenlose Ausnutzen persönlicher Notlagen anderer Menschen durch Anbieten von "Lebensberatung" mittels spiritistischer oder sonstiger "paranormaler" Methoden!

- gegen sensationslüsterne Pressegeilheit, die wider besseres Wissen Informationen unterschlägt, verdreht, anreichert, nur weil dadurch die Auflage/die Einschaltquote steigt!

- gegen Scharlatane, die den Anschein erwecken, "Übermenschen" zu sein, nur um ihre persönlichen Kommerz- oder Machtgelüste zu stillen.

Dieses Buch wurde nichtsdestotrotz nicht mit dem missionarischen Feuerschwert geschrieben, sondern bemüht sich,

- weltanschaulich/politisch/... soweit möglich neutral und für alle Seiten offen zu sein,

- aber dort eindeutig Stellung und Partei zu beziehen, wo die Unkenntnis, die Unreife, die Entscheidungsunfreiheit von (zumal jungen) Menschen ausgenutzt wird - aus welchen Motiven auch immer!

Throw away the Tarot deck and ignore the astrology column. They are products offered you by charlatans who think you are not the marvelous, capable, independent being you are!
Nonsense has reigned too long as Emperor of the Mind. Take a good look. The Emperor has no clothes!

(James Randi)

Alles "Fauler Zauber"?

"Wüßten die Menschen, wie selten man sie richtig versteht, so würden sie lieber schweigen!"
(Goethe - wer sonst?!)

Für jeden, der sich mit Okkultismus näher beschäftigt, wird sehr bald klar, daß es anscheinend nur "schwarz und weiß", "positiv und negativ", "voll überzeugt und absolut dagegen" gibt. Es fehlen weitgehend die in anderen Lebensbereichen vorhandenen Zwischentöne.
Diskussionen zwischen den Extremen erscheinen zwecklos, da die Argumente jeweils nicht zur Kenntnis genommen und sicherheitshalber der Gegenseite zunächst einmal niedrige Motive und vor allem mangelhafte Kenntnisse unterstellt werden.
Tatsache ist, daß es auf beiden Seiten Fanatiker, Ignoranten, Arroganz, Überheblichkeit und Sturheit gibt.
Nach meiner Beobachtung ist aber zumindest die Beschäftigung mit den Argumenten, den Behauptungen der paragläubigen, okkulten Seite bei den Skeptikern erheblich größer als umgekehrt.
Es erinnert an die Vorgehensweise der indianischen Schamanen und vorzeitlichen Medizinmänner, wenn immer wieder Vertreter der einzelnen okkulten Theorien eine verbale Schutzmauer (mit scheinwissenschaftlichen, fremd und geheimnisvoll klingenden Worten) um sich herum aufbauen, die dem normalen Laien zunächst einmal prickelnde Wonneschauer des Unverständnisses über den Rücken jagen und ihn davon ablenken, auch den größten Widersprüchen nachzugehen.
Es stimmt eben nicht, daß man sich jahrelang mit Astrologie, dem Tonbandstimmenphänomen, der Parapsychologie, ... beschäftigen muß, um grundlegende Unstimmigkeiten zu erkennen.
Schließlich muß man auch kein Huhn sein und Eier legen, um die Güte eines Omeletts beurteilen zu können.
Die kritische Auseinandersetzung mit Okkultismus anzuregen, ist eine der Aufgaben meiner Bücher. Es wird zu keiner Zeit behauptet, daß "Alles Fauler Zauber" sei!

Es gilt einerseits:

Die Tatsache, daß ein Phänomen auch tricktechnisch nachgemacht werden kann, beweist nicht, daß es dieses Phänomen nicht auch "echt" gibt!

Aber bitte ebenfalls andererseits:

Die Tatsache, daß auch ein Trickexperte ein Phänomen nicht erklären kann, beweist nicht die "Echtheit" dieses Phänomens!

Denkanstöße

Wer "etwas anstoßen" will, muß "Anstoß erregen". Warum nicht einmal mit einigen Zitaten anerkannter Berühmtheiten beginnen? Deren Rücken ist breit genug, sich (vorerst!) dahinter zu verstecken. Diese Zitate (und viele andere ebenfalls) eignen sich hervorragend, um mit Gruppen jeglicher Altersstufe ins Gespräch zu kommen und nachdenklich zu machen.

SPRACHLOSIGKEIT ist die erste Hürde, die es zu überwinden gilt, will man sich außerhalb des eigenen "stillen Kämmerchens" mit dem Thema "Okkultismus" auseinandersetzen.

"Ihr sollt euch nicht wenden zu den Geisterbeschwörern und Zeichendeutern und sollt sie nicht befragen, daß ihr nicht an ihnen unrein werdet; ich bin der HERR, euer Gott." (3. Mose 19, 31)

"Wenn sich jemand zu den Geisterbeschwörern und Zeichendeutern wendet, daß er mit ihnen Abgötterei treibt, so will ich mein Antlitz gegen ihn kehren und will ihn ausrotten aus seinem Volk."
(3. Mose 20, 6)

"Wenn du in das Land kommst, das dir der HERR, dein Gott, geben wird, so sollst du nicht lernen, die Greuel dieser Völker zu tun, daß nicht jemand unter dir gefunden werde, der seinen Sohn oder seine Tochter durchs Feuer gehen läßt oder Wahrsagerei, Hellseherei, geheime Künste oder Zauberei treibt oder Bannungen oder Geisterbeschwörungen oder Zeichendeuterei vornimmt oder die Toten befragt. Denn wer das tut, der ist dem HERRN ein Greuel." (5. Mose 18, 9-12)

"Lieber eine kleine Kerze anzünden, als nur über die Dunkelheit jammern!" (Chinesisches Sprichwort)

"Zwei Dinge sind unendlich: Das Universum und die menschliche Dummheit - aber beim Universum ist das noch nicht ganz sicher!"
(Albert Einstein)

"Wer kämpft, kann verlieren. Wer nicht kämpft, hat schon verloren!"

"Es gibt keine noch so unsinnige Behauptung, welcher Art auch immer, für die sich nicht einzelne Zeugen anführen ließen!"
(Hoimar von Ditfurth)

"Alles ist schon einmal gesagt worden, aber da niemand zuhört, muß man es immer von neuem sagen." (André Gide)

"Eine Behauptung gilt alleine dadurch als belegt, daß sie nicht widerlegbar ist."
("Beweisverfahren" sämtlicher esoterischer "Wissenschaften")

"Wenn die Sonne tief steht, werfen auch Zwerge große Schatten!" (Karl Kraus)

"Glauben ist leichter als Denken!"
(Weisheit auf einem Kaffeesahne-Deckel)

"Bei den Ausgrabungen in Athen wurden keine Drahtleitungen gefunden. Das ist der Beweis, daß damals die drahtlose Telefonie üblich war!"
(= Erklärung eines Unbekannten durch etwas zu Beweisendes)

"Kein Volk gibt es, mag es noch so fein und gebildet, noch so roh und unwissend sein, das nicht der Ansicht wäre, die Zukunft könne von gewissen Leuten erkannt und vorhergesagt werden." (Cicero)

"Der Mensch ist das einzige Tier, das allen Blödsinn glaubt!" (Konrad Lorenz)

"Die Männer der Wissenschaft werden herrlich an der Nase herumgeführt, denen kann man so leicht mitspielen wie Blinden!"
(Parkman)

"Wer die Wahrheit nicht weiß, der ist bloß ein Dummkopf. Aber wer sie weiß und sie eine Lüge nennt, der ist ein Verbrecher!" (Bert Brecht)

Denkanstöße

"Tatsachen schafft man nicht dadurch aus der Welt, daß man sie ignoriert!" (Aldous Huxley)

"Die Menschen glauben fest an das, was sie sich wünschen." (Julius Caesar)

"Natürlich können Sie alle Leute eine Zeitlang täuschen, Sie können sogar einige Leute die ganze Zeit täuschen, aber es ist unmöglich, alle Leute die ganze Zeit hinters Licht zu führen!" (Abraham Lincoln)

"Nicht Fernsehen macht dumm, sondern einzelne Programme machen dumm!" (Dieter Stolte, dt. Fernsehintendant)

"Die allgemeine Meinung ist nicht die wahrste!" (Giordano Bruno)

"Verantwortlich ist man nicht nur für das, was man tut, sondern auch für das, was man nicht tut!" (Laotse)

"Dann will ich dir etwas sagen: ich glaube nicht an sie (d. Vernunft, d. Verf.). Vierzig Jahre unter den Menschen haben mich ständig gelehrt, daß sie der Vernunft nicht zugänglich sind. Zeige ihnen einen roten Kometenschweif, jage ihnen eine dumpfe Angst ein, und sie werden aus ihren Häusern laufen und sich die Beine brechen. Aber sage ihnen einen vernünftigen Satz und beweise ihn mit sieben Gründen, und sie werden dich einfach auslachen."
(Sagredo in: Bert Brecht, Das Leben des Galilei)

"Ob eine schwarze Katze Glück bringt oder nicht, hängt allein davon ab, ob man ein Mensch ist oder eine Maus!" (Bernhard Grzimek)

"Was wir wissen, ist ein Tropfen. Was wir nicht wissen, ein Ozean!" (Isaac Newton)

"Wir wissen viel mehr, als wir wissen!"

"Wir lieben die Menschen, die frisch heraus sagen, was sie denken - falls sie das gleiche denken wie wir!" (Mark Twain)

"Wer nach allen Seiten offen ist, kann nicht ganz dicht sein!"

"Wenn die Tatsachen nicht mit der Theorie übereinstimmen - um so schlimmer für die Tatsachen!" (Georg Wilhelm Friedrich Hegel)

Der "Gabelbieger" Uri Geller trat gerne vor naturwissenschaftlichem Publikum auf, denn "wegen ihrer geistigen und sozialen Schulung gehören Naturwissenschaftler zu den Leuten, die ein Trickkünstler am leichtesten täuschen kann."

"Sicher ist, daß nichts sicher ist. Selbst das nicht!" (Joachim Ringelnatz)

Begriffe

Aberglaube
Abgeleitet von "Afterglaube" (spätmittelalterlich), d.h. "verkehrter Glaube". Heute verwendet für Denkvorstellungen, die dem herrschenden wissenschaftlichen Weltbild widersprechen.

Amulett
Gegenstand, der die Kraft besitzen soll, negative Einflüsse von seinem Besitzer fernzuhalten und ihn zu beschützen.

Animismus
Erklärung von paranormalen, offenbar naturgesetzlichen Vorstellungen widersprechenden Erscheinungen durch psychische, natürliche, noch unerkannte, dem Menschen angeborene Fähigkeiten, vor allem des Unterbewußtseins; Gegensatz zum Spiritismus.

Astralleib
Angeblich neben dem grob-physischen menschlichen Körper existierender "feinstofflicher" Leib. Taucht zum Beispiel beim "Doppelgänger" auf. Eine Person soll danach an zwei Orten gleichzeitig erscheinen können.

Astrologie
Zwischen dem Schicksal von Menschen und der Stellung der Gestirne wird ein enger Zusammenhang angenommen. Die Astrologen behaupten, aus der Konstellation der Sterne und Planeten zum Zeitpunkt der Geburt Informationen über den Charakter einer Person entnehmen zu können.

ASW
AußerSinnliche Wahrnehmungen: Wahrnehmungen von Vorgängen, die nicht mit den fünf Sinnen (Sehen, Hören, Riechen, Schmecken, Tasten) erfaßt werden können (umfaßt Telepathie, Hellsehen und Präkognition).

Aszendent
Dasjenige Sternzeichen, das im Augenblick der Geburt am Horizont aufgeht. Dieses wird als ebenso bestimmend für den Charakter und Lebensweg eines Menschen angesehen wie das eigentliche Sonnenzeichen. Zur Bestimmung des Aszendenten muß der genaue Ort und der genaue Zeitpunkt der Geburt bekannt sein.

Aura
Um Lebewesen wird eine nicht sichtbare Ausstrahlung vermutet, die z.B. durch die Kirlianfotografie darstellbar sein soll.

Automatisches Schreiben
Motorischer Automatismus, bei dem ein Medium in Trance Botschaften aus einer angenommenen "jenseitigen Welt" schriftlich niederlegt. Das geschieht entweder direkt über einen in der Hand gehaltenen Stift oder mit Hilfe einer Planchette. Handschrift und Schreibgeschwindigkeit können anders sein als im Normalzustand. Das Medium hat keine körperliche oder geistige Kontrolle über das Schreiben (außer beim ebenfalls anzutreffenden Betrug), s.a. Channeling. Über das "Diktat aus dem Jenseits" (auch als Malen/Zeichnen/Sprechen) wurden schon viele Bücher veröffentlicht (Urheberrecht?). Gegensatz: "Direkte Schrift" oder "paranormale Schrift", die z.B. bei einer Séance auf einer Schiefertafel oder einem verschlossenen Zettel erscheint. Auf diese Art der "Transkommunikation" war z.B. der entlarvte Trickbetrüger Henry Slade spezialisiert.
Deutung: Das Medium gibt in Trance Kenntnisse, Erlebnisse, Befürchtungen u.ä. wieder, die in seinem Unterbewußtsein gespeichert sind und ohne willentliche Kontrolle niedergeschrieben oder gesprochen werden.

Bilokation
Gleichzeitiges Erscheinen einer Person an zwei Orten (per Astralleib).

Channeling
"Kanal sein" für höhere Wesenheiten und Geister (Einzelpersonen oder Gruppen). Dabei werden "Botschaften" aus dem Jenseits übermittelt. Oft sind bei den "Mittlern" allerdings starke kommerzielle Interessen erkennbar.

Clairvoyance
s. Hellsehen.

Chirologie
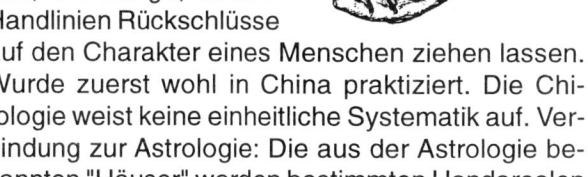
Handlesen; es wird davon ausgegangen, daß sich aus der Form, dem Verlauf, der Länge, ... der Handlinien Rückschlüsse auf den Charakter eines Menschen ziehen lassen. Wurde zuerst wohl in China praktiziert. Die Chirologie weist keine einheitliche Systematik auf. Verbindung zur Astrologie: Die aus der Astrologie bekannten "Häuser" werden bestimmten Handarealen gleichgesetzt.

Chiromantie
Wahrsagen aus der Hand, Zukunftsdeutung.

Ektoplasma
Bildung von "Materie" durch ein Medium, z.B. bei einer spiritistischen Sitzung, s. Séance.

Begriffe

Esoterisch
Geheim, nur für Eingeweihte und Wissende verständlich bzw. bestimmt; innerlich.

ESP
Extra Sensory Perception, s. ASW.

Exorzismus
Austreibung von Teufeln oder Dämonen aus einem Besessenen durch Beschwörungen oder die Anrufung Gottes. Es werden festgefügte Rituale praktiziert, die genauestens eingehalten werden müssen.

Geist
Nach spiritistischem Glauben ein verstorbenes Lebewesen (Mensch oder Tier), das mit seinem immateriellen, feinstofflichen "Körper" auf die Welt einwirkt. Solche über ihren Tod hinaus auf unsere materielle Welt wirkenden "Geister" sollen nach Spiritistenglauben mit entsprechendem Wissen durch bestimmte Rituale herbeigerufen werden können (G.- Beschwörung; Manifestation durch Geräusche, Schriften, Bewegen von Gegenständen, Führen der Hände von Medien usw.).

Gespenster
Nach spiritistischem Glauben Geistwesen, die durch einen unnatürlichen Tod (Unfall, Mord oder Selbstmord) zum "Bleiben" in der materiellen Welt gezwungen sind und sich als Sühne- oder Warnerscheinungen oder infolge eines Fluchs immer wieder zeigen müssen (vgl. Haack 1987), oft an ganz bestimmten "Spukorten" oder in "Spukhäusern".

Gläserrücken/Gläseln
Bei einer Séance wird in die Mitte eines runden Tisches mit glatter Oberfläche ein umgedrehtes Glas gestellt. Außen herum liegen die Buchstaben des Alphabets, die Zahlen von 0 - 9, eine Ja- und eine Nein-Karte. Nachdem jeder Teilnehmer einen oder zwei Finger auf das Glas gelegt hat, beginnt es zu rutschen und gibt "Antworten" auf gestellte Fragen, indem es die Ja- / Nein-Karten und die Zahlen (bspw. für Daten) ansteuert oder Wörter buchstabiert.

Hellsehen
Übersinnliche Wahrnehmung objektiver Vorgänge (unabhängig von Entfernung und Zeit).

Horoskop
Kreisförmiges Diagramm, auf dem die in der Astrologie bestimmenden Himmelskörper zu einem bestimmten Zeitpunkt (meist dem der Geburt) an einem bestimmten Ort eingezeichnet sind.

Karma
Annahme, daß in einem früheren Leben Handlungen durchgeführt wurden, die in ein späteres Leben einwirken (Bestrafung bzw. Belohnung ist die Folge). Der Begriff wird oft gleichbedeutend gebraucht wie "Schicksal".

Kirlianfotografie
Hochfrequenzfotografie (benannt nach S.D. Kirlian), die den Beweis für die Aura von Lebewesen liefern soll. Auf den Fotoplatten oder Filmen erscheinen "Strahlenkränze" um die fotografierten Lebewesen herum.

Levitation
"Hochschweben" von Gegenständen oder Menschen, ohne daß eine physikalisch nachweisbare Kraft ersichtlich beteiligt ist.

1898 vom Mediziner, Anthropologen und Kriminologen Cesare Lombroso präsentiertes Foto einer Levitation; Bild aus: Dr. Fanny Moser. Der Okkultismus, München 1935.

Magie
Sammelbegriff für unerklärliche Beeinflussungen und Wirkungen sowie Handlungsabläufe, die den natürlichen Gesetzmäßigkeiten widersprechen (Haack 1987). Geheimkunst, mit der versucht wird, sich übersinnliche Kräfte dienstbar zu machen. Es wird oft zwischen "weißer" Magie (Kräfte, die einen Menschen positiv beeinflussen) und "schwarzer" Magie (negativer Einfluß) unterschieden.

Materialisation
Anläßlich einer spiritistischen Séance erfolgte "Verstofflichung" geistiger, "astraler" Erscheinungen aus dem "Nichts": menschenähnliche Körper oder Teile davon, Tiere, Gegenstände (s.a. Ektoplasma, Medium). Diese Materie ist optisch und/oder haptisch wahrnehmbar und weist manchmal keinen Unterschied zu normaler Materie auf (über 200 Fotografien in: Schrenck-Notzing, "Materialisationsphäno-

mene", 1913). Gegenteil: Dematerialisation; in neuerer Zeit vor allem dem indischen Guru Sai Baba zugeschrieben (Schmuckstücke, heilige Asche u.ä.).

Deutung: Zahlreiche Entlarvungen der Medien wegen Betrugs, vor allem durch Zauberkünstler (Produktion mit Hilfe bestimmter Tricktechniken, z.B. durch Regurgitation: Verschlucken und Wiederhochwürgen von Gegenständen; "Ektoplasma" wurde als Verbandgaze, die mit Gänsefett eingeschmiert war, identifiziert); M.-Phänomene verschwanden fast vollständig nach Erfindung der Infrarotfotografie.

Medium

Besonders begabte "Vermittler" zwischen den im Diesseits lebenden Menschen und den "Geistwesen im Jenseits". Letztere benützen den Körper des M., um Botschaften zu übermitteln (hörbar oder sichtbar). Unterscheidung in Tieftrance- und Halbtrance-M., physikalisches M. (Spuk, psychokinetische Phänomene), telepathisches M., Sprech-, Schreib- oder Mal-M.

Deutung: Oft labile, teilweise gespaltene Persönlichkeiten, die leicht in veränderte Bewußtseinszustände gelangen können. Wiedergegeben werden dann Bestandteile des eigenen Unterbewußtseins. Häufige Entlarvungen vor allem von bekannten professionellen Medien zeigten die Vielfalt von Betrugsmöglichkeiten und die Schwierigkeiten bei der Aufdeckung derselben. Die stark eingeschränkte Wahrnehmungsfähigkeit bei spiritistischen Séancen, die fehlenden Kenntnisse der Beobachter bezüglich der Tricktechniken und ihre unkorrekte Weitergabe der Geschehnisse führten dazu, daß einige historische M. auch heute noch als "echt" (= nicht bei Betrug ertappt) angesehen werden. In der 1882 erschienenen

Mrs Kelly war in den 70er Jahren ein professionelles Medium am Londoner "College for Psychie Studies".

Schrift "Confessions of a medium" (unter dem Pseudonym Parkman in London veröffentlicht) heißt es: "Wird es (das M., der Verf.) wegen Betruges einmal gefaßt oder gar bestraft, so schadet das seinem Ruf bei den Spiritisten keineswegs, erhöht vielmehr denselben: es wird zum Märtyrer und nunmehr mit gebührender Ehrfurcht von ihnen behandelt; selbst bei einem offenen Eingeständnis von ihm, betrogen zu haben, erklären sie, daß die Medien zeitweilig unter dem Einfluß böser Geister stünden und sich darum mitunter dem Exorzismus unterziehen müßten, damit die mediumistischen Anlagen um so besser zur Entwicklung gelangten; die Kraft wechsele wie Ebbe und Flut und könne gelegentlich ganz verschwinden". (Weshalb ein zeitweiliges Betrügen verständlich sei, d. Verf.)

Mentalmagie

Mentalzauberkunst, "Gehirnzauberei". Dieser Teilbereich der artistischen Zauberkunst erweckt den Anschein (die Illusion), daß Telepathie, Hellsehen, Psychokinese real seien, ohne allerdings im Ernst mit diesem Anspruch aufzutreten (wie z.B. Uri Geller!).

Mesmerismus

Von dem Magnetiseur und Arzt Dr. Franz Anton Mesmer (1734-1815) begründete Heilmethode durch ein hypothetisch angenommenes Fluidum. Dieses sei eine das Weltall durchdringende Kraft oder ein Stoff äußerster Feinheit (Bienemann 1988).

Numerologie

(eigentlich: Numeromantie).

Die Grundannahme ist, daß Zahlen eine "magische Bedeutung" haben. Worte, Namen oder Sätze werden in Zahlenfolgen umgeformt und gedeutet im Hinblick auf Charakter- oder Zukunftsdeutung.

OBE

"Out - Of - Body - Experience"; unter bestimmten Umständen soll eine Ablösung des astralen vom physischen Körper möglich sein (Astralexkursion). Das dabei Erlebte wird als OBE bezeichnet.

Ouija-Board

(frz. "oui" = "ja", dt. "ja", engl. "board" = "Brett")

Ein verbreitetes Hilfsmittel, das bei spiritistischen Séancen verwendet wird, um mit "Geistwesen einer jenseitigen Welt" Kontakt aufzunehmen. Im Handel sind zahlreiche verschiedene Ausführungen erhältlich. Folgendes haben sie gemeinsam: ein Kreis aus Buchstaben des Alphabets, der Zahlen 0 - 9 und der Worte "ja" und "nein". In der Mitte steht meist ein Glas oder ein anderer, leicht rutschender Gegenstand (bei einigen Ausführungen auch ein beweglicher Zeiger), auf den die Teilnehmer (oder auch nur ein besonders "begabtes" Medium) einen Finger legen. Die Bewegungen des Glases bzw. des übertragenden Gegenstandes zu einzelnen Buchstaben werden mitprotokolliert und als "Botschaften aus dem Jenseits" interpretiert (psychische Automatismen).

Begriffe

OKKULTISMUS

"... solche weltanschaulichen Richtungen und Praktiken ..., die beanspruchen, das Wissen und den Umgang mit den unsichtbaren, geheimnisvollen und von der Naturwissenschaft noch unerforschten Seiten der Natur und des menschlichen Geistes besonders zu pflegen." (Ruppert 1990) "Geheimwissenschaft"; Lehren und Praktiken, die sich mit der Wahrnehmung übersinnlicher Kräfte (z.B. Telepathie, Hellsehen, Materialisation) beschäftigen und entsprechend veranlagten Medien zugänglich werden können. (Duden, Fremdwörterbuch, 1982)

Orakel

Verfahren oder Personen, die als Quelle für paranormale Informationen gelten. Dabei werden verschiedene mantische Methoden angewendet. Besonders bekannt wurden in der letzten Zeit das I Ching (oder I Ging: chinesisches Orakelbuch, ursprünglich mit Schafgarbenstengeln angewendet) oder das Runenorakel. Das Orakel von Delphi ist das historisch bis heute bekannteste Beispiel dunkel-doppeldeutiger Zukunftsvorhersage.

Pendel

(lat. "pendere" = "herabhängen") Im Prinzip jeder an einem Faden, einer Kette etc. befestigte, frei schwingende Körper. Im esoterischen und okkulten Bereich weit verbreitetes Gerät, mit dem "Schwingungen aus dem Außersinnlichen" sichtbar gemacht werden sollen. Viele verschiedene Formen, Materialien und Gebrauchsanleitungen werden im Handel angeboten. Bereiche: "physikalisches Pendeln" (Suchen z.B. von Bodenschätzen o.ä. direkt oder über Landkarten), "mentales P." (im pseudomedizinischen und hellseherischen Bereich), "astrologisches P." (über einem Horoskop), "spiritistisches P." (zur "Kontaktaufnahme mit jenseitigen Mächten", --> Ouija-Board).

Pentagramm

Fünfzackiger Stern, "Drudenfuß"; sehr altes religiöses und magisches Symbol, das vor allem als Schutzzeichen gegen magische Angriffe bekannt ist. Wenn zwei Spitzen nach oben zeigen, gilt es als Zeichen des Teufels (Hörner).

Planchette

(frz. "Brettchen") Hilfsmittel bei spiritistischen Séancen zur Kontaktaufnahme mit "jenseitigen Wesen"; verschiedene Ausführungen in Gebrauch; meist ein kleines, dreibeiniges Tischchen, das auf Rollen läuft, und an dem ein Bleistift befestigt ist. Bei der Séance wird die P. auf ein Blatt Papier gestellt, ein --> Medium legt seine Hand darauf. Die Bewegungen der P. manifestieren sich in schriftlichem, meist sehr interpretationsbedürftigem Gekritzel, das als "Botschaft aus dem Jenseits" interpretiert wird. Manchmal in Verbindung mit einem Ouija-Board gebraucht. Deutung: Absichtliche Manipulation durch das Medium; unbewußte Muskelbewegungen (--> psychische Automatismen).

Poltergeist

Personengebundener Spuk, bei dem deutliche, laute Geräusche zu hören sind und Gegenstände bewegt oder zerstört werden. Nach animistischer Deutung werden diese Phänomene durch eine lebende Person hervorgerufen, die ihre inneren Spannungen psychokinetisch an die Umwelt abgibt (oft Jugendliche in der Pubertät). Nach spiritistischer Ansicht handelt es sich um eine bestimmte Geister-Art, die massiv auf ihre Umwelt einwirkt. Die Phänomene wurden oft von selbsternannten "Geisterjägern" untersucht und angeblich verifiziert. Häufiger ist die Entlarvung als Selbsttäuschung oder Betrug (Spuk).

Psychometrie

Beim Hellsehen angewandte Technik, bei der ein persönlicher Gegenstand eines Menschen Auskunft geben soll über dessen Charakter bzw. Lebensweg.

Scharlatan

a) Schwätzer, Aufschneider, Schwindler;
b) Quacksalber, Kurpfuscher (DUDEN).

Séance

Spiritistische Sitzung, bei der durch ein Medium allein oder auch durch alle Teilnehmer gleichzeitig versucht wird, Kontakt zu "Geistwesen" aufzunehmen. Meist als Sitzkreis in einem abgedunkelten, manchmal durch Rotlicht schwach beleuchteten Raum praktiziert, bei dem durch Berührung (der Hände und Füße) eine Kette gebildet wird. Bestimmte Rituale müssen eingehalten werden (große Vielfalt), die oft mit pseudochristlichen Elementen (Anrufungsgebete u.ä.) versetzt sind. Traditionell überlieferte Phänomene: "Manifestation der Geister" durch Bewegungen (z.B. des Tisches), durch Geräusche, Stimmen, Musik, Luftzug, Lichterscheinungen, Schriften.

Deutung: Stark eingeschränkte Wahrnehmung der Teilnehmer durch mangelhafte Lichtverhältnisse (bei schwachem Rotlicht sind oft leichter Täuschungen möglich als bei völliger Dunkelheit) und starke emotionale Beeinträchtigung; vielfältige Betrugsmöglichkeiten dokumentiert, vor allem bei professionellen Medien. Mannigfache unbewußte Prozesse, die bei allen Teilnehmern ablaufen, sind im nachhinein kaum mehr zu rekonstruieren.

Skeptiker

"Gesellschaft zur wissenschaftlichen Untersuchung von Parawissenschaften e.V." (GWUP); Postfach 1222, 64380 Darmstadt (= deutsche Sektion der internationalen Skeptikerorganisation); Zeitschrift "Der Skeptiker".

Spuk

Volkstümlicher Begriff zur Beschreibung einer Vielzahl paranormaler Ereignisse (v.a. Geistererscheinungen). Unterscheidung nach ortsgebundenem S. (S.-Häuser) und personengebundenem S. Gemeinsamkeiten: Verletzung physikalischer Gesetze, z.B. durch Bewegen von materiellen Gegenständen (Psychokinese); sich wiederholend (teilweise über Jahrhunderte hinweg) oder auch spontan auftretend; optisch, akustisch, haptisch oder durch den Geruch wahrnehmbar. Paranormale Deutung: Die spiritistische Tradition vermutet, daß Verstorbene, die aus verschiedenen Gründen keine Ruhe finden oder über ein lebendes Medium auf das Diesseits einwirken, die Erscheinungen auslösen. Die animistische Tradition nimmt dagegen eine unbewußte Verursachung der Phänomene durch eine lebende Person mit starken seelischen Spannungen, oft Pubertierende, an. Die religiöse Deutung geht dagegen von Dämonen o.ä. aus. S.-Erscheinungen werden oft mit großem technischen Aufwand untersucht und angebl. dokumentiert (Geisterfotografie).

Tischrücken

Spiritistische Praktik, mit der bei einer Séance versucht wird, Kontakt mit "jenseitigen Mächten" aufzunehmen (Spiritismus, Medium, Gläserrücken). Verwendet wird dazu meist ein leichtes, dreibeiniges, rundes Tischchen, um das die Teilnehmer herumsitzen. Nach Auflegen der flachen, gespreizten Hände auf die Tischplatte wird eine Kette gebildet, in der jeder mit seinen beiden Tischnachbarn verbunden ist (über die Finger bzw. Füße). Bewegungen des Tisches nach den Seiten oder in die Höhe verursachen Klopfgeräusche, die als Nachrichten aus dem Jenseits interpretiert werden. (Oft Verwechslung mit der Planchette.)

Deutung: Vielfältige, gut dokumentierte Möglichkeiten des tricktechnischen Betrugs, vor allem bei Dunkel- oder Rotlichtséancen (spezielle Literatur mit den benötigten Geräten, z.B. Ärmelhaken, war vor allem um die Jahrhundertwende im Zauberfachhandel erhältlich). Physikalische Ursachen: Schwerpunktverlagerungen durch den Händedruck bei dreibeinigen Tischen (labiles Gleichgewicht), Temperaturdifferenzen führen vor allem bei Metallteilen zu Spannungen, Transpiration der Hände läßt Holz quellen, unbewußte Muskelbewegungen der Teilnehmer führen oft schnell zu spürbaren, aber nicht lokalisierbaren Bewegungen des Tisches. Die stark eingeschränkte Wahrnehmungsfähigkeit der Teilnehmer aufgrund der starken emotionalen Anspannung spielt eine große Rolle. Bereits M. Faraday konstruierte einen Tisch mit zwei Platten, zwischen denen sich Glasrollen befanden. Als sich bei der Beschwörung nur das obere Brett bewegte, kam er zu dem Schluß, daß die dafür nötige Energie von den Séanceteilnehmern selbst stammen mußte.

"Majestät - der Klügere gibt nach!"
(Wilhelm v. Humboldt zu Friedrich Wilhelm IV. auf die Frage, warum sich bei einer Séance der Tisch bewege.)

Wilhelm von Humboldt

Zur Systematik

Bis heute hat es zahllose Versuche gegeben, "paranormale Phänomene" zu ordnen. Keines der Kategoriensysteme kann allerdings voll befriedigen, weil zum einen meist handfeste Ideologien dahinterstecken, zum anderen die Übergänge zwischen den einzelnen Bereichen immer fließend sind. Am Beispiel des Pendelns wird dargestellt, wie schwierig eine eindeutige Zuordnung bestimmter Phänomene in eine klar definierte "okkultistische Kategorie" ist. Die Anordnung in diesem Buch ist deshalb subjektiv, wenngleich versucht wurde, die Schwerpunkte der einzelnen "Phänomene" als nachvollziehbares Kriterium zu verwenden.

Pendeln

Spiritismus
P. über Ouija-Board

Astrologie
P. über Horoskopen

Heiler
P. zur Ermittlung einer Diagnose oder einer Therapie

Telepathie
P. zur Charakterdeutung

Satanismus
P. bei einer Schwarzen Messe über einem Pentagramm

Aura
Erpendeln von Aurastörungen

Radiästhesie
Suchen von "Erdstrahlen" und "Wasseradern"

Telekinese
Bewegen eines aufgehängten Pendels

Wahrsagen
P. zur Zukunftsdeutung

Reinkarnation
P. zur Herbeiführung der Trance/Hypnose

I. Gesellschaftliche Hintergründe

"Das Jenseits" - okkult und religiös

Als einziger theologischer Gesichtspunkt soll hier die häufig (vor allem von Jugendlichen) gestellte Frage aufgegriffen werden, wo denn der Unterschied zwischen religiöser und okkulter Auffassung vom "Jenseits" sei.

Die folgende Definition bietet erste Anhaltspunkte:

> Okkultismus: Alle Erscheinungen und Praktiken, die auf eine jenseits unserer erfahrbaren Wirklichkeit liegende "Wirklichkeit" Einfluß nehmen wollen, indem sie sich dazu besonderer Techniken und eines besonderen Wissens bedienen. (Haack 1987a, 42)

Deutlich wird daraus die Behauptung, daß es möglich sein soll, mit den "jenseitigen Mächten/Wesenheiten" Kontakt aufzunehmen, wenn man nur die entsprechenden Rituale, Zaubersprüche kenne und die magischen Geräte besitze.

Der Mensch wird im okkulten Bereich verfügungsmächtiger Partner der jenseitigen Welt, der eine Kontaktaufnahme erzwingen kann, wenn er nur ...

Die obige Definition schließt logischerweise nicht aus, daß es einen okkulten Gebrauch der Religion gibt!

Die folgende Anzeige aus einer Okkultismus-Zeitschrift veranschaulicht dies und gibt gleichzeitig ein gutes Beispiel für die dahintersteckenden kommerziellen Interessen: Der hier in exemplarischer Klarheit vorgeführte, krude Appell an allzu menschliche Allmachtsphantasien und sehr konkrete Bedürfnisse wie Liebe, Zuwendung und materielle wie persönliche Sicherheit legt eine grundsätzliche Unterscheidung zwischen Religion und Okkultismus nahe: Ist Religion eine komplexe Weltsicht, die auf einem Glaubensbekenntnis basiert, so ist der Okkultismus eine inkohärente, von konkreten Einzelerfahrungen abhängige Sammlung von Praktiken und Konstrukten, die sehr direkt auf die Alltagserfahrung einwirken sollen.

GARANTIE
Testen Sie die dämonische Kraft der Altägyptischen Amulette 30 Tage lang. Sollte in dieser Zeit kein aussergewöhnlicher Glücksfall für Sie eintreten, erhalten Sie Ihr Geld zurück!!!

Skarabäus Bestell-Nr.: 1
Das Glücks-Amulett
Geld und Besitztum, Wohlstand und Reichtum, Glück im Spiel, Lotto und Lotterie sowie bei allen privaten und geschäftlichen Angelegenheiten. Erfüllen Sie sich den Wunsch nach wertvollen Pelzen, kostbaren Schmuck und exclusiven Sportwagen.

Geniessen Sie ein Leben unglaublichen Wohlstands, ewiger Liebe und ständigen Schutzes durch die dämonische Kraft
Altägyptischer Amulette
Ihr Leben wird automatisch verändert! Mit der dämonischen Kraft steht die mächtigste Gewalt - die machtvollste Kraft des Universums zu Ihrer Verfügung!

Was auch immer Sie brauchen - die dämonische Kraft Altägyptischer Amulette kann es Ihnen leicht und automatisch beschaffen. Sie werden entdecken wie Sie zu ungaublichen Wohlstand kommen, wie Sie einen Liebespartner finden oder wie er zu Ihnen zurückkehrt, wie böse Einflüsse abgewehrt werden und noch viel, viel mehr. Besitzen Sie die Kraft Altägyptischer Amulette, dann werden die anderen Leute sehnsüchtig zu Ihnen aufschauen und Sie werden andere mit Ihrer Kraft dahin bringen, daß Dinge geschehen wie Sie sie haben wollen. Sie werden der Herr Ihres Schicksals sein und sich bei nichts oder niemanden entschuldigen brauchen! Lassen Sie sich durch die dämonische Kraft Altägyptischer Amulette unendlichen Wohlstand, feinste Besitztümer, ein komfortables neues Haus, finanzielle Sicherheit, Liebe, die Beherrschung anderer, Schutz vor dem Bösen bringen - jetzt sofort! Die dämonische Kraft altägyptischer Amulette kann Sie reich machen, auch in einem Ghetto! Sie brauchen sich keine Sorgen mehr über die Miete machen oder woher die nächste Mark kommt. Was immer Sie sich wünschen oder brauchen, welche Enttäuschung Sie quält - die dämonische Kraft Altägyptischer Amulette wird Ihnen helfen. Sie ist nicht böse - sie ist auch nicht Schwarze Magie. Wie Elektrizität ist es eine einfache Kraft, die die Natur den Menschen geschenkt hat, um das Leben einfacher zu machen. Die Chance endlich reich und unabhängig zu werden, ist nur an eine Bedingung geknüpft. Sie dürfen nicht zögern!!! Sie müssen das vor Ihnen liegende Glück fest packen, an sich reissen - und den beiliegenden Bestellcoupon ausfüllen! Nicht morgen - HEUTE!
- Jetzt in dieser Stunde!

Die "Okkultwelle" - Realität oder Fiktion?

Wirklich Einzelfälle?

"Unsere Klasse (ein Gymnasium) hatte Gläser-rücken gemacht. Wir haben den ganzen Tag pro-biert, doch es funktionierte nicht. Am nächsten Tag, in aller Frühe, haben wir es noch mal gemacht, und es funktionierte! Wir waren total happy und haben in jeder freien Minute Geisterbeschwörung ge-macht..." (BRAVO 49/1987)

Das Ende der Aufklärung?

"Bei mir fing es vor drei Jahren an. Unsere Nach-barn haben einen Bauernhof, und deren Kinder haben Sitzungen gemacht. Da wurde ein Glas in die Mitte gestellt, und jeder hat seinen Zeigefinger draufgelegt. Und dann bewegte sich das Glas... Fas-zinierend war, daß der Geist genau wußte, wann dieser Hof erbaut wurde. Und er hat erzählt, daß er 1760 gestorben sei, an der Pest..."
(BRIGITTE 14/1988)

"Wir haben uns regelmäßig im Keller von 'nem Freund getroffen und dort meistens von vier Uhr

nachmittags bis ungefähr zehn Uhr abends ein Glas kreisen lassen. Einfach so, aus Neugierde. Plötz-lich hatten wir einen bösen Geist da. Da ging echt die Post ab. Er hat uns unsere Todesdaten genannt, einige sollten schon ein paar Tage später dran sein. Nach und nach kam raus, daß drei von uns von verschiedenen Leuten getötet werden sollten, da-mit dafür böse Geister auf die Erde kommen kön-nen. Da brach tierische Panik aus..."
(FÜR SIE 11/1988)

"Eigentlich bin ich von meinen Horoskopen abhän-gig. Ich lese sie ständig und lasse mich von den Vorhersagen schon beeinflussen..."
(Mädchen; BRAVO-Girl 12/1993)

"Liebe Girl!-Leserinnen,
der Blick in die Zukunft ist total angesagt. Im vori-gen Heft brachten wir die große Horoskop-Beilage für 1992. Diesmal haben wir ein neues Astro-Spiel für Euch: Eine Scheibe, mit deren Hilfe Du einen Ausblick in die weiteren, vor Dir liegenden Jahre tun kannst... Herzlichst Eure Girl!-Redaktion" (Edi-torial zum Heft BRAVO-Girl! 2/1992)

"Es ist schon Wahnsinn - oder Hexerei: In der Girl!-Redaktion sind schon fast 10 000 (!!!!) Briefe für die Hexe Sandra angekommen... Sie stapeln sich in Kartons, unsere Hausboten stöhnen und wün-schen sich ein Zaubermittel gegen die wunden Dau-men, die vom Briefeöffnen herrühren. Tja... damit haben wir nicht gerechnet. Und weil Sandra ein paar Monate brauchen würde, um alle Briefe zu beant-worten, hat sie uns ihr bestgehütetes Geheimnis bekanntgegeben: Du kannst nämlich selbst aus-rechnen, ob Dein Traumboy zu Dir paßt oder nicht..."
(Es folgt eine zweiseitige Gebrauchsanleitung zum Numerologie-Orakel unter dem Titel: "Schlüssel zum Liebesglück". Die Hexe Sandra hatte vorher "Tele-fonseelsorge", telefonisches Wahrsagen u.ä. für die Leserinnen von BRAVO-Girl! gemacht - das Tele-fonnetz brach zusammen. Heft 1/1992)

"Letzte Woche haben wir zum ersten Mal "Gläser-rücken" gespielt, so richtig mit Kerzenlicht. Nach einiger Zeit sahen wir einen Schatten auf meinem Bett, der uns wie eine verstorbene Frau vorkam, die wir kannten. Als sie näher auf uns zukam, rann-ten wir schreiend aus dem Zimmer. Sie hat uns rich-tig verfolgt. Und jetzt passieren lauter merkwürdige Dinge... Mein Bruder lacht uns aus, weil ich mich seitdem nicht mehr allein in mein Zimmer traue..."
(Mädchen, 12 Jahre; BRAVO 7/1994)

"Ich war mit meiner Freundin zur Kur, dort lernten wir ein Mädchen kennen, das uns das Pendeln bei-brachte. Wir waren wieder einmal beim Pendeln und hatten den Geist von Marilyn Monroe beschworen,

als auf einmal ein Rascheln zu hören war... Es war dunkel im Raum und keiner traute sich aufzustehen. Nach einer Weile zersprang auf einmal dann unser Spiegel, der an der Wand hing. Noch zwei Wochen danach verfolgte mich das Geräusch, ich konnte keine Nacht richtig schlafen..." (Mädchen; BRAVO 7/1992)

"Es war stockfinster, als wir unsere Finger auf das Glas legten. Meine 13jährige Freundin sagte etwas, was ich nicht verstehen konnte. Danach fing das Glas an zu wackeln. Meine Freundin fragte nun den Geist, wie er hieße. Das Glas ging dann von einem Buchstaben zum anderen. Sein Name war Satan. Wie auf Kommando nahmen wir unsere Finger vom Glas. Seit diesem Tag hatten meine Freundinnen und ich Alpträume. Einmal fiel ich sogar in der Schule in Ohnmacht..." (Mädchen, 16 Jahre; BRAVO 7/1992)

"Wir glauben seit drei Wochen an den Satan. Laufen in schwarzen Klamotten und mit Satanskerzen rum. Für uns gibt es keinen Gott mehr, und wir fühlen uns in dem Glauben an den Satan wohl. Bitte versuchen Sie nicht, uns das auszureden, es hätte keinen Sinn! Wir haben jetzt einige Fragen und hoffen auf Ihre Antwort! Wie betet man den Satan eigentlich an? Welche Aufgaben haben Satansanbeter? Wie funktioniert Gläserrücken? Und haben Sie Adressen von gleichgesinnten Satansgruppen?" (2 Mädchen, 14 Jahre; BRAVO 1/1992)

In Sondershausen (Thüringen) wird 1993 der 15jährige Sandro Beyer von "jugendlichen Satanisten" ermordet, die diese Tat bereits vorher in einer Schülerzeitung offen angekündigt hatten. Das gesamte Umfeld der Jugendlichen (Eltern, Lehrer, Pfarrer, Jugendamt, Mitschüler...) wußte Bescheid über die okkulten Umtriebe - keiner nahm sie ernst. Auch in diesem Fall wird eine bestimmte Richtung der Heavy Metal Musik ("Black Metal") mitverantwortlich gemacht.

1991 begingen zwei Schüler im Raum Nürnberg gemeinsam Selbstmord. Sie gehörten beide einer Gruppe von jugendlichen Spiritisten an, die den Geist eines verstorbenen Freundes anriefen. Aus "dem Jenseits" erhielten sie über das Gläserrücken die Nachricht, das "Sterben sei süß" und sie sollten sich auch alle 1991 noch umbringen. Der erste gemeinsame Selbstmordversuch zu fünft schlug fehl - kurze Zeit später gelang es zweien der Jugendlichen, sich mit Autoabgasen das Leben zu nehmen. Weitere ernstzunehmende Suiziddrohungen waren an der betreffenden Schule (Raum Nürnberg-Forchheim) vorhanden.

Am Buß- und Bettag 1992 war es einer Gruppe von ca. 20 Jugendlichen (aller Schularten) in einer nordbayerischen Mittelstadt langweilig, und sie beschlossen deshalb, "Geisterbeschwörung" im mittelalterlichen Stadtgraben zu machen. Als dann bei einbrechender Dunkelheit der "Teufel erschien", rannten alle in panischer Angst nach Hause (keiner sprach mit den Eltern darüber!). Am nächsten Morgen setzte eine Gruppe von Hauptschülern die Séance in einem Gruppenraum der Schule fort (ohne Aufsicht durch Lehrkräfte). Als wenig später wieder "Satan da war", brach eine Hysterie aus, Schülerinnen wälzten sich am Boden, Lehrer standen hilflos da. Es mußte der Notarzt in die Schule gerufen werden, der zwei Schülerinnen sofort in die Psychiatrie einer Großstadt einwies, wo sie mehrere Tage bleiben mußten.

Die große Anzahl überlieferter "Einzelfälle" deutet auf das Vorliegen eines gesamtgesellschaftlichen Phänomens hin.

Diese Beispiele könnten um ein Vielfaches ergänzt werden durch solche, die der Verfasser in den letzten sieben Jahren persönlich erlebte oder die ihm berichtet wurden.

Mittlerweile gab es mehrere Versuche, das Phänomen des Jugendokkultismus empirisch zu durchleuchten. Auch wenn aufgrund der Besonderheiten dieses Gebietes zu bezweifeln ist, daß es jemals gesicherte Aussagen etwa über den Verbreitungsgrad bestimmter spiritistischer Praktiken geben wird, so gelangen doch zwei Wissenschaftler zu ähnlichen Aussagen (denen ich aufgrund meiner subjektiven Erfahrungen zustimmen kann):

Zinser kommt nach der wohl umfassendsten, gesichertsten Untersuchung zu folgendem Schluß:

> Zusammenfassend kann ... gesagt werden, daß über 3/4 der befragten Schüler im groben über "okkulte" Praktiken informiert sind, ca. die Hälfte der Schüler ein Interesse an Informationen über "Okkultismus" äußern, daß für ca. 1/4 "okkulte" Praktiken passiv oder aktiv zum Alltag gehören und daß knapp 5% der Schüler bereits aktiv oder passiv an extremen okkulten Praktiken teilgenommen haben. Deutlich liegt der Anteil der Mädchen ... um das Zweifache oder Dreifache über dem Anteil der Jungen. (Zinser 1990, 276)

Mischo kommt zu ähnlichen Ergebnissen:

> Aus unserem Material lassen sich folgende Schlußfolgerungen ableiten, die aber im Hinblick auf mögliche Artefakte weiter überprüft werden müssen:
> • signifikant mehr Mädchen beteiligen sich an Okkultpraktiken als männliche Jugendliche,
> • die Gefahr, dabei psychisch auffällig zu werden

oder Störungen davonzutragen, ist bei Mädchen ausgeprägter als bei Jungen,
• Jungen sind kritischer im Umgang mit Okkultpraktiken. (Mischo 1991, 107 ff.)

Mischo teilte bei seiner Untersuchung die Befragten in verschiedene Gruppen ein und faßt dabei zusammen:

Der Unterschied zwischen den einzelnen Gruppen und Schularten ist statistisch hochsignifikant gesichert. Bei der Gruppe 1 der ängstlichen "spirituellen" Sucher zeigen die erwarteten und die tatsächlich beobachteten Werte folgendes: Der Gefährdungsgrad bei Haupt-, Real- und Berufsschülern erscheint signifikant größer als bei den Gymnasiasten. Diese erweisen sich als kritischer und laufen weniger Gefahr, in psychische Abhängigkeiten oder Störungen durch Okkultpraktiken hineinzugeraten. Bei Berücksichtigung der ... Ausgangswerte zeigt sich in der Gruppe 2 der Experimentierfreudigen zwischen den einzelnen Schularten kein statistisch gesicherter Unterschied. Dies bedeutet: Für einen eher spielerischen, der

Anfang der 80er Jahre kommt eine neuromantische Innerlichkeit auf.

Befriedigung der Neugier dienenden Umgang mit Okkultpraktiken sind Schülerinnen und Schüler aller Schularten in ähnlicher Weise empfänglich. (Mischo 1991, a.a.O.)

Ein "Jugendproblem"?
• Aussagen verschiedener Meinungsumfragen (unterschiedlicher Seriosität):
- Mehr als ein Drittel aller Deutschen hat schon Erfahrungen mit "außersinnlichen Wahrnehmungen" gemacht.
- Jeder dritte Bundesdeutsche hält Hellsehen oder paranormales Wissen um die Zukunft für möglich. An Spuk glauben 12 Prozent, 17 Prozent daran, daß "jemand wie Uri Geller mit Hilfe übernatürlicher Kräfte Gabeln verbiegen kann".
- Ein Nord-Süd-Gefälle scheint es zu geben beim Glauben an Astrologie: Nord 45 %, Süd 37%; an Kartenlegen: 18% bzw. 11%; Wünschelrute: 44% bzw. 40%; an Handlinienlesen: 33% bzw. 21%; umgekehrt bei Telepathie: 30% bzw. 52%.

• Astrologen bestimmten den Terminkalender des amerikanischen Präsidenten Ronald Reagan, politische Entscheidungen wurden nach Horoskop getroffen.

• In Sendungen der öffentlich-rechtlichen (z.B. Bayerischer Rundfunk, 3. Programm, Sendereihe "PSI") wie der privaten Fernsehsender (z.B. SAT 1, "Phantastische Phänomene") sorgt das "Übersinnliche" für hohe Einschaltquoten.

• Mehr als 10% des deutschen Buchmarktes gehören in den Bereich "esoterisch-okkult".

• Esoterisch-okkulte Zeitschriften bieten Pauschalreisen zu den philippinischen und brasilianischen Wunderheilern an. Ebenso inserieren dort (wie auch in vielen Frauenzeitschriften) ungeniert seitenweise in jeder Ausgabe "echte" Magier und Hexen und bieten ihre Dienste zur Beseitigung von "lästiger Konkurrenz" oder "leidiger Partnerschaft" an, versprechen, daß ihre "unheimlichen Beschwörungen über Sein oder Nichtsein Ihrer Freunde oder Gegner" entscheiden.

• Allein im Astrologiemarkt sollen 50 Millionen DM jährlich umgesetzt werden. Die Dunkelziffer ist allerdings unbekannt und nicht einmal zu schätzen.

• Volkshochschulen bieten Kurse an über Wünschelrutengehen, Horoskoperstellung, Tarotkartenlegen, ... (keine Vorträge über ..., sondern Gebrauchsanleitungsseminare!).

• Mittlerweile sind wohl in jeder Kleinstadt spiritistische Zirkel anzutreffen (vor allem auch in den neuen Bundesländern), in denen per Gläserrücken, Pendeln oder mit Hilfe elektronischer Geräte (Tonbandgeräte, Videorecorder, Computer) "Kontakt mit dem Jenseits" aufgenommen wird: "Geisterbahn zum Nulltarif"!

Die "Okkultwelle" kann also durchaus als ein gesamtgesellschaftliches Phänomen bezeichnet werden. Jugendliche tragen allenfalls stärker als

© Verlag an der Ruhr, Postfach 10 22 51, 45422 Mülheim an der Ruhr

andere Gruppen dazu bei und sind durch ihr weniger ausgebildetes Selbst- und Weltbild größeren Gefahren ausgesetzt.

Zur Situation in der Jugendszene

Kennzeichnend für die "Okkultszene" ist oft, daß die Geschehnisse ebenfalls "im Verborgenen" bleiben, d.h. daß Eltern und Lehrer nur zufällig erfahren, daß ihre Kinder okkulte Praktiken durchführen oder in entsprechenden Kreisen verkehren.

In vielen Fällen (in der Schule wie in der freien Jugendarbeit) wurde mittlerweile aber die Erfahrung gemacht, daß dort, wo Erwachsene den Mut hatten, das Thema anzusprechen (auch wenn sie selbst unsicher sind - wer ist das nicht?), sofort eine außergewöhnliche Motivation zur Beschäftigung mit diesem Bereich zu spüren war.

Wichtiger als ein gefestigter Wissensstand ist dabei die Bereitschaft, sich zu stellen, die eigene Meinung kundzutun, dabei aber Offenheit zu signalisieren. Alles andere wäre pure Arroganz, worauf Jugendliche zu Recht empfindlich reagieren.

Die Art und Weise, wie vorgegangen wird, mag diskutabel sein. Die Spannbreite reicht von der völligen Ablehnung der auch nur verbalen Beschäftigung mit okkulten Thematiken (vor allem von religiösen Fundamentalisten) bis hin zum unreflektierten "Ausprobieren" ohne weitere Vertiefung.

Offene Auseinandersetzung ist gefordert!

Aufgrund der Erfahrung aus Hunderten von Veranstaltungen kann ich behaupten, daß auch hier wohl die Mitte das Empfehlenswerte ist.

Es hat wenig Zweck, eine einzige, zweistündige Veranstaltung zum "Pendeln" oder "Gläserrücken" durchzuführen und dann selbstgerecht das Thema "abzuhaken".

Zwar wird es niemals möglich sein, auch nur annähernd alle Aspekte anzusprechen, doch gehört die Beschäftigung mit den psychologischen, soziologischen und ethisch-religiösen Grundlagen ebenso zur Auseinandersetzung mit dem Okkultismus wie der Beitrag, den gesicherte wissenschaftliche Erkenntnisse liefern.

Deshalb gleich den Stempel des "Rationalistischen" hervorzuholen, ist absurd und zeugt von Schwarz-Weiß-Malerei. So war es unsinnig und unfair, daß man 1988 "Religionslehrer an die Front" rief (schließlich sei "Übersinnliches ja Sache der Kirche!"), ebenso dann die Gegenbewegung, als man die Physiklehrer amtlicherseits zur Fortbildung verpflichtete (weil "sich das Pendel ja bewegt, und Bewegung ist Teil der Mechanik, diese wieder Teil der Physik...")!

Für jemanden, der viel mit Jugendlichen zu tun hat,

sind Aussagen wie folgende schwer verständlich:

> Warnung und Kritik allein genügen nicht als Ziel von Seelsorge und Unterricht, da solche "Negativwerbung" nur die Neugierde anstachelt, aber nicht zu ihrer Überwindung hilft. Das gilt erst recht von der Beschränkung auf eine bloße Darstellung der Praktiken und Anschauungen oder gar ihre experimentelle Ausübung im Unterricht. So ist es schlechthin unmöglich, die Schüler oder Konfirmanden gar noch die verschiedenen Praktiken auch selbst ausprobieren zu lassen. Dies ist leider schon häufig vorgekommen. Ein verantwortungsbewußter Pädagoge verabreicht seinen Schülern ja auch keine Drogen, wenn er das Drogenproblem behandelt. Überhaupt sollte der Pädagoge den Okkultismus erst dann zum Unterrichtsgegenstand machen, wenn die Schüler es selbst wünschen oder wenn ein akuter Problemfall vorliegt. (Ruppert 1990, 158)

Aussagen wie diesen muß heftig widersprochen werden, weil sie eine bedenkliche pädagogische Realitätsferne zeigen. Jugendliche sehen mit einigem Recht diese Haltung als "Kopf-in-den-Sand-Stecken".

Die "Entmystifizierung", die "Entlarvung", die "Entzauberung" ist sicherlich nur eine pädagogische Aufgabe, die aber nicht wegzudenken ist. Aus Aussagen wie der obigen wird nur wiederum die angebliche Sonderstellung deutlich, die dieses "heiße Thema" haben soll. Außerdem zeigt sie auch die Unsicherheit vieler Religionspädagogen hinsichtlich der angeblichen paranormalen Phänomene (was z.B. Pendeln, Gläser- und Tischrücken nun wirklich nicht sind!).

Dies ist angesichts der auch in kirchlicher Literatur leider immer wieder anzutreffenden Paragläubigkeit nicht verwunderlich.

So, wie es entgegen den obigen Aussagen selbstverständlich möglich ist, auch diese Thematik unter Beachtung der allgemeingültigen pädagogischen Grundsätze wie Aktivierung und Handlungsorientierung anzugehen, so muß ebenso das Ziel der Prävention genannt werden.

Es ist unverständlich, daß ausgerechnet auf dem Gebiet des Okkulten erst das Kind in den Brunnen fallen müsse, damit man von erzieherischer Seite eingreifen dürfe.

Der Vergleich mit der Drogenproblematik ist stimmig dort, wo tatsächlich Verbindungen sind, nämlich beim Suchtcharakter ("Psychodroge") und bei den dahintersteckenden Ursachen. Er ist falsch, was das methodische Vorgehen betrifft:

Jugendliche, die praktisch erfahren haben,

• daß sich das Pendel aufgrund psychomotorischer

Bewegungen so "magisch" bewegt,

- welche psychischen Mechanismen hinter allen Wahrsagemethoden stecken können,
- welche Unstimmigkeiten die Astrologie enthält, ...

werden mit ziemlicher Sicherheit zumindest skeptischer sein gegenüber angeblichen Wundertätern, Magiern, Scharlatanen usw. (was als Vorbereitung auf das Leben eigentlich jeder bejahen müßte).

Daß es gleichzeitig darum gehen muß, die Ursachen für die Beschäftigung mit Okkultismus und Spiritismus zu diskutieren, zu analysieren und zu hinterfragen (was nicht gleichbedeutend ist mit "zu verteufeln"!), sollte selbstverständlich sein.

Alle diese angeführten Punkte deuten darauf hin, welche Unsicherheit in diesem Bereich bei Erziehern wie Kindern und Jugendlichen herrscht. Deshalb muß bezweifelt werden, ob es jemals eine völlig zuverlässige empirische Untersuchung zu diesem Problem geben kann (s.o.).

Aus dem Nihilismus der Punks und der nostalgischen Melancholie der New Romantics entstand in den 80ern die Mode der Grufties.

Wer ist schuld? - Ursachen der "Okkultwelle"

Ob es sich bei neu auftauchenden gesellschaftlichen Problemen nur um Modeerscheinungen, um "Wellen" handelt, die früher oder später wieder abflachen, sich totlaufen, kann erst aus dem zeitlichen Abstand beurteilt werden.

Spiritistische und okkultistische Bewegungen kamen auch früher immer wieder einmal verstärkt vor und verschwanden wieder. So verschwand die "Geisterbeschwörungswelle" um die Jahrhundertwende hauptsächlich deshalb wieder, weil das naturwissenschaftliche Wissen auch des Normalbürgers stark zunahm.
Allerdings beruht der Erfolg vieler mit der okkulten Masche reisenden Scharlatane auch heute noch oder wieder auf der Unwissenheit ihrer Kunden (siehe das Beispiel der "Aura-Brille").

An Schuldzuweisungen fehlt es nicht.
Je nach weltanschaulichem oder politischem Hintergrund werden die Ursachen für die Beschäftigung mit okkultem Gedankengut und für das Ausüben entsprechender Praktiken verschieden gesehen und aus Selbstschutzgründen sicherheitshalber den anderen zugewiesen.

Beispielhaft sei hier Dahlke zitiert als Vertreter der Esoterikbewegung, der aber kritisch Auswüchse sieht. Er beschäftigt sich mit der Rolle der beiden großen Kirchen in unserer Gesellschaft und beschreibt präzise die Hauptvorwürfe, die in beinahe jeder Diskussion auftauchen:

> Wenn sich heute scharenweise junge Menschen östlichen Religionen und Heilslehren wie dem Buddhismus zuwenden, wenn laut Umfrage jeder vierte Deutsche wieder Interesse für die alten Naturreligionen zeigt und ein Drittel überzeugt ist, daß sich immer mehr Menschen vom Christentum abwenden und zum Heidentum bekehren werden, dann liegt der Verdacht nahe, daß die großen Kirchen auf breiter Front Vertrauen eingebüßt haben. Dieses Schicksal erleiden traditionell jene Religionsgemeinschaften, die die Bedürfnisse ihrer Anhänger nicht mehr ausreichend erfüllen oder der Wirklichkeit ihrer Zeit nicht länger gerecht werden.
> Bei den christlichen Kirchen wird das an drei entscheidenden Punkten deutlich, die hier thesenhaft vorangestellt seien:

> 1. Den Gläubigen wird die Hälfte der Wirklichkeit, nämlich der weibliche Pol vorenthalten, was z.B. an der traditionell geringen Gewichtung der Weib-

Gesellschaftliche Hintergründe

lichkeit in der christlichen Religion wie auch Gesellschaft deutlich wird.

2. Die Anhänger werden mehr (evangelisch) oder weniger (katholisch) um lebenswichtige Rituale gebracht. Entscheidende Wendepunkte des Lebens wie die Pubertät werden durch Konfirmation und Firmung nicht mehr im notwendigen Maße geladen wie es früher durch die entsprechenden Pubertätsrituale geschah.

3. Die Kirchen haben es versäumt, den Zugang zur geistigen Welt, zur Transzendenz, offenzuhalten.

(Dahlke 1990, 23 ff.)

Es wäre borniert und falsch, diese massiven Vorwürfe nicht ernst zu nehmen, nur weil sie aus der Esoterikecke kommen. Gerade deshalb sollten sie genau geprüft und diskutiert werden. Welche Folgerungen man kirchlicherseits dann daraus zieht, ist eine andere Frage, die hier nicht behandelt werden kann.

Wer ist zuständig?

Im Ruf nach dem Religionslehrer als dem "für Übersinnliches Zuständigen" wird die Hilflosigkeit erkennbar, die leicht in Bequemlichkeit ausartet (weil man ja jemanden gefunden hat, der "zuständig" ist). Vergleichbar ist dieser Vorgang mit der Einführung der Sexualerziehung, als dieses "heiße Thema" meist den Biologielehrern zugewiesen wurde, obwohl es sich eben nicht nur um die Vermittlung entsprechender Fakten handeln sollte.

Sicher haben die Kirchen ihren Anteil beizutragen, jenen Tendenzen pädeutisch oder propädeutisch gegenzusteuern, die man für gefährlich hält. Aber sie sind nicht die einzigen Gruppen, die es angeht!

Die Kritik, die Dahlke vor allem an die Adressen der Kirchen richtet, enthält sehr wohl gesamtgesellschaftliche Elemente, die zu überdenken sind:

Kein Mensch und erst recht keine Gemeinschaft von Menschen kann ohne Rituale leben, das Bedürfnis danach ist unübersehbar. Es wäre Aufgabe der Religionen, diesem Bedürfnis durch bewußte Rituale nachzukommen und so dem Leben verläßliche Strukturen und den Menschen Rückhalt zu geben. In dem Maß, wie die christlichen Kirchen diese Aufgabe übersehen oder bewußt ablehnen, müssen die Rituale weiter auf unbewußten Ebenen als starre und meist neurotische Gewohnheiten leben, oder aber die suchenden Menschen greifen andere bewußte Alternativen auf. Genau das geschieht im Augenblick.
In der Flut der Angebote des in jüngster Zeit ent-

standenen Esoteriksupermarktes findet jeder etwas, und immer mehr Menschen bedienen sich. So werden alte Vollmondrituale neu belebt, Sonnwendfeuer wieder entzündet, man tanzt im Stile der Indianer zu Ehren der Mutter Erde, mit den Sufis um die eigene Mitte, verehrt die Elemente auf den Spuren der Druiden, leiht sich Heilungsrituale aus dem alten Indien oder versucht sogar an Ort und Stelle, in fremde Traditionen und Rituale einzusteigen.
(Dahlke, a.a.O., 43)

Der Zulauf, den fundamentalistische, angeblich christlich orientierte Grüppchen und Sektierer zur Zeit haben, scheint die Thesen Dahlkes zu belegen:

Eine gegen die Esoterikwelle und ihre fremden und gefährlichen Übungen eifernde Kirche ließe sich mit einem Gemischtwarenhändler vergleichen, der seinen Kunden die Wichtigkeit von Vitaminen ausreden will, nur weil er selbst sich entschlossen hat, auf haltbares Konservenobst umzusteigen. Die Chancen für sein Überleben und das seiner Kunden wären besser, wenn er es riskieren würde, das wegen seiner leichten Verderblichkeit gefährliche Frischobst wieder ins Angebot zu nehmen. Dazu bräuchte er nicht einmal bei der Konkurrenz Ideen zu hamstern, sondern sich nur an seine eigene Gründerzeit zu erinnern. Allerdings müßte dann wohl auch wieder auf einnahmeträchtige Konzepte verzichtet werden.
(Dahlke, a.a.O., 49)

Bezüglich des Ursachengeflechts sei an dieser Stelle nur "ein Skelett" angegeben, das mühelos aus eigener Erfahrung mit "Fleisch" gefüllt werden kann:

1. Gesamtgesellschaftliche Ursachen:

Angst vor

- der Umweltzerstörung,
- der Verdatung ("Der durchsichtige Mensch"),
- der Arbeitslosigkeit,
- der Anonymität (z.B. in Wohnblocks; der Verfasser hat bei vielen konkret erfahrenen Fällen den Eindruck, daß Einsamkeit der Hauptgrund ist),
- der außer Kontrolle geratenden, oft nur noch undurchschaubaren Technik (Wie geht es Ihnen, wenn Sie vor einem Fahrkartenautomaten stehen? Können Sie Ihre Digitaluhr stellen? Den Videorekorder timen?...),
- der mißbrauchten Wissenschaft (Atomtechnik, Genmanipulation, Chemieindustrie, ...),
- der Hilflosigkeit, z.B. gegenüber der Bürokratie,
- der umfassenden Manipulation (Werbung, Medien, ...)
- krimineller Gewalt.

Abscheu vor
- dem Zerfall gesellschaftlicher Sitten,
- politischen Affären,
- der oft herrschenden Doppelmoral.

Mangelnder Halt und Trost
- durch die Kirchen,
- durch Angehörige und Freunde.

2. Individuelle Ursachen:
- Tod eines nahestehenden Menschen,
- Krankheit,
- Erziehung,
- Unfall,
- Machtstreben,
- soziale Stellung,
- Einfluß anderer Menschen,
- bestimmtes, prägendes Erlebnis "paranormaler" Art.

3. Gruppenspezifische Ursachen:
- Altersgruppe,
- Geschlecht,
- Bildungsgrad,
- sozialer Status,
- bestimmte Medieneinflüsse.

4. Jugendspezifische Ursachen:
Die bereits oben angeführten ersten empirischen Untersuchungen geben Hinweise auf die hauptsächlichen Beweggründe, warum sich Jugendliche oberflächlich oder intensiv mit Okkultismus beschäftigen. Selbstverständlich gelten die unter den Punkten 1 - 3 genannten Ursachen auch für diese spezielle Gruppe, doch kommen verstärkend hinzu:

- die emotionale Situation in der **Pubertät** (Labilität, leichte Beeinflußbarkeit, schnelle Begeisterungsfähigkeit, Kritiklosigkeit gegenüber angehimmelten Vorbildern und Idolen),

Lustvolles Schocken der etablierten Gesellschaft

- **Neugier** (wahrscheinlich das - verständliche - Hauptmotiv),

- der "Herdentrieb" bzw. der Einfluß der **"Peer Group"** (= der Gruppe der Gleichaltrigen, die meist für Jugendliche eine größere Bedeutung haben als etwa die Eltern oder andere Erwachsene; man macht, was in der Clique "in" ist),

- der Spaß am **Schocken** der Umwelt (vor allem im Bereich der sog. okkulten Rockmusik und der "satanistischen" Kleidermode, z.B. Grufties, zu beobachten),

- der Aufbau einer **Gegenkultur** als Reaktion auf Überforderungen,

- das Gefühl eines allgemeinen **Sinn-Verlustes**, als Beispiel ein Leserbrief eines 16jährigen Mädchens in BRAVO 45/88:

> Eigentlich habe ich ja keine Probleme. In der Schule läuft alles gut, mit meinem Freund stimmt alles, bis auf kleinere unbedeutende Streitereien. Doch eines macht mir immer mehr zu schaffen: Ich weiß nicht so recht, warum ich lebe, mir macht das Leben keinen besonderen Spaß. Manchmal, wenn ich auf der Straße entlanggehe und Autos fahren vorbei, habe ich das Gefühl, ich müßte in die Autos hineinlaufen. Dieses Gefühl kommt und geht, wie es will. Wenn ich aus dem Fenster sehe, stelle ich mir vor, wie es wäre, wenn ich hinunterspringen würde. Und oft überlege ich mir auch, wie ich am schmerzfreiesten sterben könnte...

- die Sehnsucht nach einem **Überlegenheitsgefühl**, der Wunsch als Insider, das entsprechende "magische Geheimwissen" zu besitzen und damit mühelos eine ganze Gruppe wie Wachs in den Händen zu halten und mit geringem Aufwand bis zur Hysterie zu manipulieren - "Das gibt Power!")

Auszug aus dem STERN 2/1994 zum Mordfall in Sondershausen:

> Auf dem Pausenhof des Irmisch-Gymnasiums sah er (der später ermordete Sandro, d. Verf.) tagtäglich einen Jungen, der all das zu haben schien, was ihm fehlte. Um den zwei Jahre älteren Sebastian scharte sich eine schwarzgekleidete Gemeinde, die voll Arroganz auf die übrigen blickte. Mitschüler raunten von schwarzen Messen auf verwahrlosten Friedhöfen, von geheimen Blutritualen im Wald. Mädchen erröteten, wenn der hagere Sebastian sie mit lüsterner Verachtung betrachtete.

- Die Lebenserfahrung der Erwachsenen fehlt noch. Beim erwachsenen Menschen müßte wenigstens

ab und zu eine "Alarmglocke" schrillen, wenn gar zu offensichtliche Angriffe auf den Geldbeutel erfolgen z.B. "Handlinienlesen per Telefon" - 250,- DM!, doch ist leider auch das nicht immer der Fall.

- Der fehlende **Spiel- und Abenteuerraum** in unserer Gesellschaft: Gläserrücken erfüllt in diesem Sinne bspw. die Funktion einer "Geisterbahn zum Nulltarif". Ein Discobesuch kostet viel Geld und bringt immer noch nicht so viel Nervenkitzel. "Sportarten" wie Bungeespringen von Brücken, U-Bahn-Surfen, Gleitschirmfliegen, ... haben wohl aus gleichem Grund Hochkonjunktur.

Bei all den aufgeführten Gründen versprechen magische und okkulte Praktiken bzw. deren Meister/Lehrer schnelle und umfassende Hilfe:

- "Du brauchst Dir keine Sorgen zu machen, das hat keinen Sinn, denn alles ist in den Sternen vorgezeichnet!" (Astrologie)
- "Daß Dein Vater an Krebs starb, ist klar, denn er lag auf einer Wasserader und die Strahlen sind zu beseitigen!" (Radiästhesie)
- "Ein anderer Mensch ist stets mit Dir verbunden, wenn Du in einer Notsituation bist und errät Deine Gedanken!" (Telepathie)
- "Das Leid, das Dich ergriffen hat, als die Mutter starb, ist nicht so groß, denn sie wird sich erfahrungsgemäß bei Dir melden und Dir über ein Medium Auskunft geben!" (Spiritismus)
- "Sei nicht traurig, wenn es Dir nicht so gut geht! In einem nächsten Leben wird das wieder besser!" (Reinkarnation)
- "Du brauchst keine Angst vor Krebs zu haben, denn ein anderer Mensch leiht Dir seine übersinnliche Kraft durch einen magischen Anhänger!" (Amulette)

(erweitert, nach: Prokop/Wimmer 1987, 2)

Hilse führt ein "Ablaufschema eines Wirkungsmodells bei okkulten Praktiken" an, das übersichtlich noch einmal Zusammenhänge aufzeigen kann:

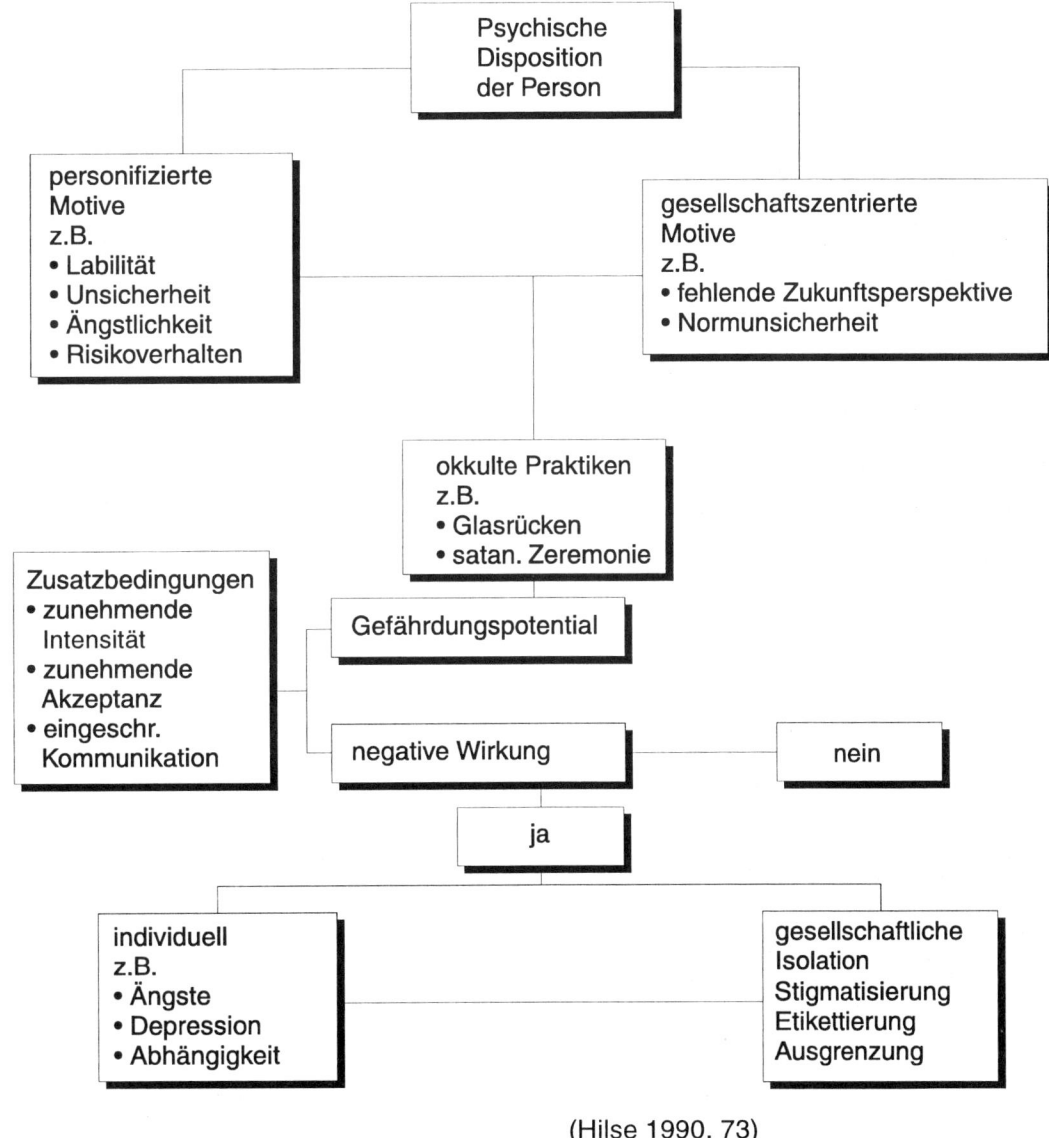

(Hilse 1990, 73)

Was tun?

Spätestens dann, wenn man als Lehrer, Vater oder Mutter, Politiker, Geistlicher oder auch als "Normalbürger", Mitmensch, ...

- einem ganz konkreten Fall gegenübersteht, in dem ein Angehöriger, guter Bekannter oder ein Schüler persönliche Schwierigkeiten durch den Umgang mit okkultem Gedankengut oder dem Praktizieren entsprechender Techniken hat,
- in den Medien wieder einmal anläßlich eines sensationellen Falles detailliert gruselig erfährt, was so alles bei Schwarzen Messen (noch dazu womöglich im Nebenhaus?) passiert,
- wieder einmal mitbekommt, daß in einer bestimmten Gegend alle schwarzen Katzen verschwinden, weil sie für schwarzmagische Rituale als Opfertiere gebraucht werden,

ist man erschüttert darüber, was es doch so alles gibt und ist geneigt, nach Abhilfe zu rufen.

Wie bei anderen medienwirksamen Phänomenen auch, sprießen überall urplötzlich Experten wie Pilze aus dem Boden und geben kund, daß sie die Ursachen erkannt und Abhilfemöglichkeiten parat haben.

Der aufnahmebereite Markt (vor allem bei den verunsicherten Lehrern und Jugendarbeitern) wird überflutet von Broschüren, Büchern und Aufsätzen in Fachzeitschriften, oft geschrieben von Autoren, die bis vor kurzer Zeit völlig unkundig in diesem neuen Spezialgebiet waren.
Schnell zusammengeschrieben (Erich Kästner: "Schulbücher sind Bücher, die von anderen Büchern abgeschrieben sind, die von anderen Büchern abgeschrieben sind, die von anderen Büchern...") und schlampig recherchiert, bieten sie dem Hilfesuchenden meist wenig konkretes Material und verunsichern noch mehr.

Je nach weltanschaulicher Prägung, der persönlichen Lebensgeschichte, dem beruflichen Werdegang, der individuellen Einstellung zum "Übersinnlichen" reichen diese "Hilfen" dann vom okkult-positiven Befürworten bis hin zum absoluten Verteufeln, von der Verharmlosung ("Ist ja nicht so schlimm, nur ein Durchgangsstadium...") bis zum Austreiben der einen satanistischen Macht durch einen Gegenteufel. Auch die von den beiden großen christlichen Kirchen herausgegebenen Handreichungen spiegeln oft diese Bandbreite wieder.

Auf welche Art und Weise man vor allem im Erziehungs- und Jugendarbeitsbereich vorgehen sollte, ist zum Teil heftig umstritten.

Kinderbuch soll verbannt werden

Jagd auf „die kleine Hexe"

Elterninitiative fürchtet Vorbild für „okkulte Praktiken"

ANSBACH (epd) — Weil „die kleine Hexe" aus Otfried Preusslers berühmtem Kinderbuch eine gute Hexe ist, ist sie eine schlechte Hexe.

Diese Auffassung vertritt wenigstens eine christliche Elterninitiative in Lehrberg bei Ansbach. Sie möchte das Buch für immer aus dem Regal des Kindergartens verbannen, da die Jungen und Mädchen durch die Geschichte anfällig für okkulte Praktiken werden könnten.

Der Berufsschullehrer Karl Lehr befürchtet, daß durch die „positive Darstellung" in Preusslers Buch eine Hexe zu Identifikationsfigur für Kinder wird. Lehr: „Vom christlichen Weltbild aus kann eine Hexe nie etwas Gutes sein."

Der Autor Otfried Preussler hat den kuriosen Streit um seine kleine Hexe bedauert und bezeichnet die Argumente als „harte und abergläubische Interpretation". Er selbst habe das Buch vor mehr als 30 Jahren geschrieben, um Kindern die Angst vor bösen Märchenhexen zu nehmen.

Eine Ansbacher Buchhandlung hat blitzschnell auf die Auseinandersetzung um die kleine Hexe reagiert. In einer örtlichen Zeitung schaltete sie eine Anzeige mit dem Text: „Lehrberger Hexenjagd auf die satanischen Verse von Otfried Preussler. Wir führen sie: Die kleine Hexe". Zudem fragt der Rabe Abraxas in einer Sprechblase seine kleine Meisterin: „Meinst du, jetzt gibt es uns bald nur noch unter dem Ladentisch?"

„Die kleine Hexe" ist erstmals 1957 erschienen und erreichte mittlerweile eine Millionenauflage.

Nürnberger Nachrichten, 3.4.1992

„Der Exorzist" ist für Schule ungeeignet

Hamburger Senat: Der Film darf nicht mehr im Unterricht gezeigt werden

HAMBURG (dpa) — Nach Auffassung des Hamburger Senats sind Vorführungen des umstrittenen Films „Der Exorzist" für den Schulunterricht nicht geeignet.

Der Senat reagierte damit auf einen Zwischenfall in einem Hamburger Gymnasium. Dort waren zwei Schüler bei einer Vorführung dieses Films ohn-

mächtig geworden. Ein Junge aus der neunten und ein Mädchen aus zehnten Klasse wurden „wegen Übelkeit" im Krankenzimmer der Schule betreut.

In dem Schreiben wird darauf verwiesen, daß der Film erst ab 18 Jahren freigegeben ist. Die Schulaufsicht werde darauf hinwirken, daß nur geeignetes Material zum Thema „Sekten und Okkultismus" eingesetzt werde.

Nürnberger Nachrichten, 4.12.1990

Der Praktiker an der "pädagogischen Front" wird das Phänomen des Jugendokkultismus anders sehen als der Religionsphilosoph fernab und von daher (wie die meisten Jugendlichen auch) nur wenig Verständnis für metaphysische Abhandlungen oder theologisch-mystizistische Betrachtungen z.B zum Satanismus aufbringen.
Gleichwohl mögen diese mit dazugehören.

Wie bereits früher ausgeführt, ist eine informatorische Aufklärung über die viele Menschen beängstigenden Erscheinungen nicht zu gering einzuschätzen. Sie kann aber eben nur eine Gegenmaßnahme sein.

Die Diskussion, ob man allein mit der aktiven, handelnden Auseinandersetzung auch mit okkulten Phänomenen etwa "schlafende Hunde weckt", ist müßig. Die vielen Beispiele allein aus der Jugendpresse zeigen, daß diese "Hunde längst hellwach sind" (so brachte das Heft 1/1992 der Zeitschrift "BRAVO-GIRL" z.B.: 16 Seiten Jahreshoroskop "Dein Glück 1992", 2 Seiten Numerologie "Schlüssel zum Liebesglück" von "Hexe Sandra", 1 Seite Wochenhoroskop, 1 Seite "Verführen mit Tantra-Sex", 2 Seiten Runen-Orakel "Psycho-Spiel" - alles in Form handfester Gebrauchsanweisungen!).

Sicher kann man darüber reden, ob propädeutisch oder nur nach konkreten Fällen praktizierten Okkultismus' reagiert werden sollte.

Der Verfasser allerdings hat in den letzten Jahren in zahlreichen Fällen erlebt, daß es gerade die Lehrer oder Eltern zuletzt erfahren, wenn Kinder und Jugendliche mit dem Okkulten experimentieren.

Es scheint mir dringend notwendig zu sein,
• auch in diesem so "heiklen" Bereich Stellung zu beziehen,
• sich zu informieren,
• sich eine Meinung zu bilden, diese aber flexibel offenzuhalten,
• nicht den Kopf in den Sand zu stecken, sondern bei Verdacht oder auch ohne aktuellen Anlaß die Phänomene zu thematisieren,
• gesprächsbereit zu sein auch für diesen, viele Erzieher persönlich berührenden Bereich,
• Gefahren und Ursachen im Gespräch aufzuzeigen und
• die Bereitschaft zu wecken, gemeinsam die Ursachen zu beseitigen, die den Nährboden für die Flucht ins Okkulte bereiten.

Aufgerufen sind dazu alle, die sich der Gesellschaft, den Mitmenschen gegenüber verpflichtet fühlen.
Die Problematik nur in den Aufgabenbereich der Kirchen und der Schulen zu legen, ist bequem, aber feig und untauglich, weil es sich um gesamtgesellschaftliche Phänomene handelt, die jeden angehen! Es ist ein "mehrgleisiges" Vorgehen erforderlich, das sich zusammenfassend so darstellen läßt:

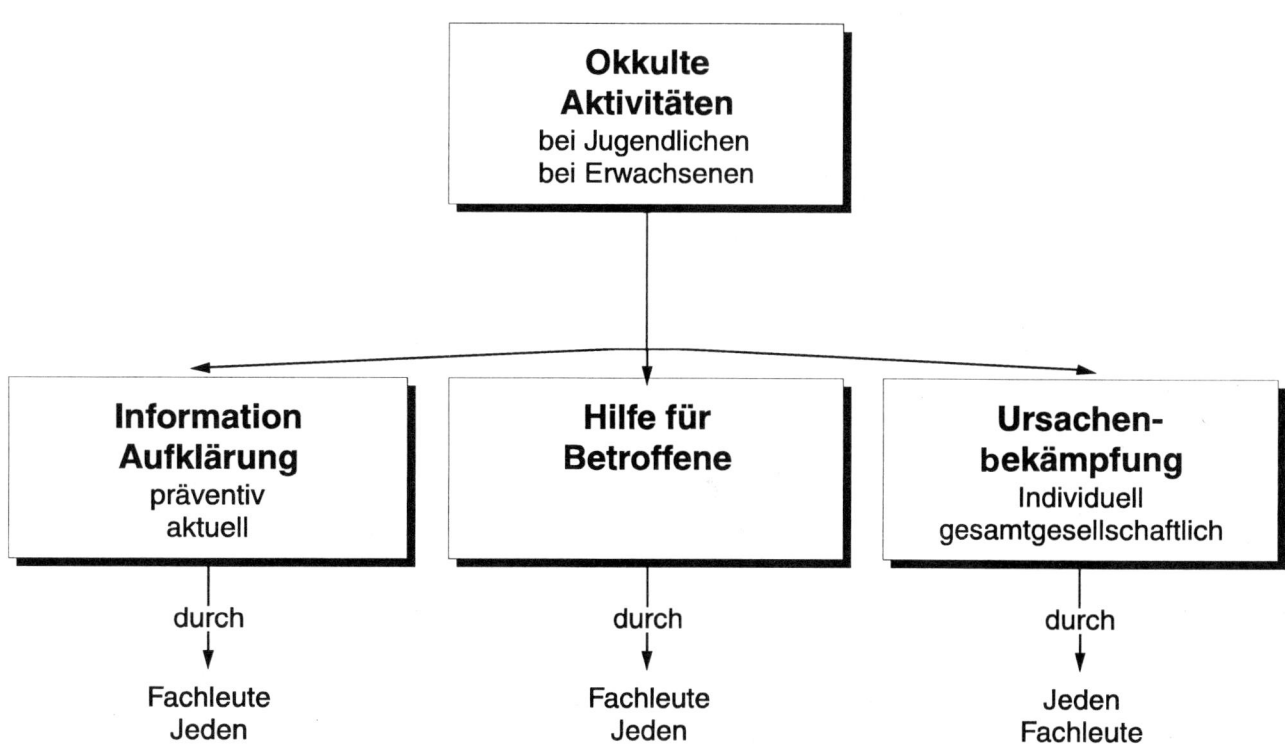

Es geht dabei v.a. darum, die beruhigende Illusion aufzugeben, daß auch hier ein "Fachmann" "zuständig" wäre. Erstens gibt es nur wenige kritische Fachleute, die bereit waren, sich in die verqueren Denkschemata der okkult-esoterischen Szene hineinzudenken. Zweitens ist es aber oft hilfreich, wenn man sich bewußt macht, welche Bedürfnisse oder welche konkrete Lebenserfahrung die Menschen zum Okkultismus treibt. Dann geht es nämlich nicht mehr darum, ob wir viel oder wenig über Okkultismus wissen, sondern ob wir uns auf unsere Mitmenschen einlassen können/wollen.

Möglichkeiten der pädagogischen Arbeit

a) Experimentelle Veranschaulichung

Man braucht kein wissenschaftshöriger Superrationalist zu sein, um bei etlichen Erscheinungen der okkulten und esoterischen Szene (ein fließender Übergang) zu fordern, daß wissenschaftliche Maßstäbe zumindest dort angelegt werden sollen, wo behauptet wird, daß die Wirkungsweise der zum Kauf angebotenen Produkte "ja längst wissenschaftlich erwiesen und gesichert" sei. Im naturwissenschaftlichen Unterricht bemüht man sich seit langem, den Gang der Erkenntnisgewinnung in seiner Stufung sowohl in der Methodik (Artikulation des Unterrichts) durchzuführen, als auch als Lerninhalt selbst zu behandeln. Dazu gehört z.B. die wichtige Phase der Planung eines Versuchs zur Überprüfung von Hypothesen.

Viele der als "echt" verkauften angeblich okkulten Fähigkeiten bestimmter "Medien", viele "magische" Eigenschaften von Gegenständen oder Apparaturen verlieren schlagartig den Zauber, wenn mit sorgfältig geplanten und überprüften Doppelblindversuchen herangegangen wird.

Es ist deshalb wohl auch kein unziemliches Verlangen, wenn man Skepsis gegenüber verlockend klingenden Heilsbotschaften (vor allem im gesundheitlichen oder spiritistischen Rahmen) zum Lernziel erhebt. Die Fähigkeit, mit einfachen, gedanklich oder real durchgeführten Experimenten behauptete Effekte zu hinterfragen, ist zumindest ein wichtiger Baustein, der propädeutisch vor Schaden durch Scharlatane bewahren kann. Die "Gesellschaft zur wissenschaftlichen Untersuchung von Parawissenschaften" (GWUP e.V., Postfach 1222, 64380 Roßdorf) überprüft seit nunmehr fünf Jahren paranormale Behauptungen mit wissenschaftlichen Maßstäben.

Da rein verbale Belehrungen oder Diskussionen im Vergleich zum konkreten Experiment wenig wirkungsvoll sind (an sich sonst eine pädagogische Binsenweisheit), wurden von mir Möglichkeiten experimentellen bzw. sonstigen handlungsorientierten Vorgehens zusammengestellt, und zwar mit drei Zielrichtungen:

- Entlarvung, Entzauberung und Enthüllung von Widersprüchen in den Behauptungen der Okkultszene;
- Veranschaulichung, Verdeutlichung und Konkretisierung behaupteter Effekte;
- schnelle Information über einzelne "Phänomene" mit kritischen Gesichtspunkten.

Schwerpunkt der ersten Gruppe sind Pendelversuche, welche die überall behaupteten magischen Fähigkeiten dieses verbreiteten Gerätes hinterfragen. In Jugendzeitschriften wurden mehrmals detaillierte Gebrauchsanweisungen (mit Pendeltafeln zu so "läppischen" Fragen wie: "Welcher Beruf ist für mich geeignet?") abgedruckt. Die dortigen Erklärungen, weshalb sich das Pendel so "magisch" bewegt (von einer "Aura" um den Finger angestubst, von jenseitigen Lebewesen im Ouija-Board-Kreis bewegt) spotten jeder Beschreibung. Die Preise für ein "echtes" Pendel bewegen sich dann auch zwischen 50.- und 600.- DM (da man damit angeblich sogar die Lottozahlen auspendeln kann, wenn man das entsprechende Wissen hat, ist das wohl auch durchaus angemessen).

Das Ergebnis der entsprechenden Versuche zeigt eindeutig, daß es nicht am Gerät selbst, sondern an den ideomotorischen Bewegungen des Halters (unbewußte Muskelbewegungen, durch Selbst- oder Fremdsuggestion verursacht) liegt, wenn Ergebnisse zustande kommen. Die herauszuarbeitenden Erkenntnisse (biologischer wie vor allem psychologischer Art) können relativ leicht auf die wohl verbreitetsten spiritistischen Praktiken des "Gläserrückens" und des "Schreibenden Tischchens" (Planchette) übertragen werden.

Bei diesem Beispiel kann auf einfache Weise die Forderung nach Reproduzierbarkeit von Ergebnissen dargestellt werden, was natürlich kaum Eindruck auf überzeugte Okkultisten macht: "PSI" oder "jenseitige Geistwesen" entziehen sich selbstverständlich dem rationalen Kommando.

Auf eine ähnliche Art kann man (nun im Bereich der Psychologie und der Sprachwissenschaft) die Manipulationsmethoden der Wahrsager und Hellseher nachvollziehen, wenn man Allerweltstexte ("Sie sind rechtschaffen, aufrichtig, anpassungsfähig, freiheitsliebend, ..." - "Barnum-Effekt") und ihnen zugrunde liegende Strategien auf der Grundlage recht banaler Menschenkenntnis untersucht und hinterfragt.

Andere Experimente sollen in erster Linie veranschaulichen, was man z.B. unter "Telepathie", "Hellsehen" oder "Telekinese" verstehen könnte. Es han-

delt sich dabei um einfach durchzuführende (= wenig Aufwand, kaum bzw. keine Übung) Mental-Zauberkunststücke, die auf Zuschauer in einer entsprechenden, als "echt" angenommenen Atmosphäre "erschlagend" wirken können. Es kommt eben nicht darauf an, was gezeigt wird, sondern wie (unter welchen Prämissen) es vorgeführt wird. Manche Effekte des Scharlatans Hanussen finden sich heute in Kinderzauberkästen. Auch diese "Experimente" (das Wort "Trick" wäre desillusionierend) machen sensibel dafür, nicht alles übersinnlich Wirkende gleich auch "echt" hinzunehmen.

Ein weiteres, weites Betätigungsfeld ist der Bereich der "Sinnes- bzw. Wahrnehmungstäuschungen".

b) Hinterfragen der Mechanismen

Nicht nur die behaupteten Effekte, okkulten Wirkungen und spiritistischen Techniken sind zu hinterfragen, sondern das gesamte gesellschaftliche Phänomen bzw. einzelne Strömungen darin. Auch hier gibt es Möglichkeiten in nahezu allen Unterrichtsfächern (wenn es denn unbedingt fachmäßig eingebunden sein muß), aktiv-handelnd in der Schule vorzugehen.

Allein im Sprachunterricht können effektive Sequenzen durchgeführt werden, wenn man etwa Werbeanzeigen aus dem okkulten Bereich, zugegebenermaßen kreativ erfundene Berufsbezeichnungen und Horoskoptexte (Allerweltsfloskeln suchen, selbst erstellen, vergleichen) analysiert und auswertet. Auch Leserbriefe entsprechender Richtung an Jugendzeitschriften eignen sich in ähnlicher Weise. Die Rolle der Medien ist an Einzelfällen deutlich erkennbar, wenn man Meldungen, Nachrichten, Meinungen gegeneinanderstellt oder Berichte zu einem Ereignis in zeitlicher Reihenfolge untersucht.

Abschließend seien einige Gedanken in bezug auf Maßnahmen zitiert, die teilweise oder grundsätzlich andere Wege aufzeigen.
Zunächst aus Höhn:

> Kultusminister Schwier: 'Eltern und Lehrer sollten daher offen mit den Jugendlichen über Ängste, Konflikte und seelische Krisen reden. Dies muß auch Unterrichtsgegenstand sein. Ein Politik-, Philosophie- oder Religionsunterricht, der dies nicht zum Thema macht, ist für mich schlechter Unterricht.' (Höhn 1989, 151)

Michael Höhn (Pfarrer und Religionslehrer) schreibt über seine eigenen Erfahrungen:

> Ich will ein paar Schritte aufzeigen, die ich ganz praktisch tue: Zunächst höre ich zu, was der einzelne Schüler zu erzählen hat. Ich nehme ganz ernst, was er an übersinnlichen Erfahrungen gemacht haben will. Im Gespräch vergewissere ich mich durch genaue Rückfragen, ob ich richtig verstehe, was er meint. Im zweiten Schritt fordere ich die übrigen Schüler auf, ihre Meinung dazu zu sagen, eigene ähnliche Erfahrungen mitzutei-

len. Im dritten Schritt suchen wir gemeinsam nach möglichen Erklärungen für die genannten Phänomene, schließen Irrtümer oder Täuschungen, soweit wir können, aus. Ich vermeide bewußt, sofort eine naturwissenschaftlich-glatte Erklärung einzuführen, die dann die fragenden Schüler sehr schnell zum Schweigen brächte. Als Möglichkeit wird sie jedoch in dieser Phase mit erwähnt... In einem vierten Schritt versuchen wir gemeinsam, mögliche Motive und Bedürfnisse der Anhänger des Okkulten herauszuarbeiten...
(Höhn, a.a.O., 163 ff.)

Ähnliche Empfehlungen formuliert Wolfram Janzen:

> 1. Zunächst einmal ist zu bearbeiten, was sich bei spiritistischen Praktiken und Sitzungen gruppendynamisch, psychologisch und parapsychologisch abspielt. Was geschieht hier faktisch, und welche Deutungen sind möglich? Dabei ist der Lehrer in seiner Sachkompetenz gefordert.
> 2. Die theologischen Fragen, die entstehen, sollten aufgenommen und einer Antwort zugeführt werden. Welche Kriterien zu einem angemessenen Umgang mit dem Paranormalen lassen sich aus der Bibel und der christlichen Tradition gewinnen? Wie verhält es sich mit den biblischen Wundern? ...
> 3. Es ist wichtig, den Anlässen und Ursachen in der Lebensgeschichte und in der Lebenswelt nachzugehen, die Schüler zum Okkultismus führen. Es ist aber auch wichtig, die Wirkungen festzustellen und zu bearbeiten. Welche Bedürfnisse, Erfahrungen und Motive stehen hinter den Okkultbetätigungen?...
> 4. Es ist notwendig, Schülern andere Möglichkeiten zur Selbstfindung, auch in religiöser Hinsicht, zu zeigen, als Okkultbetätigungen sie bieten. Es gibt geeignetere Zugänge zur Innenwelt, sinnvollere Weisen des Umgangs mit paranormalen, intuitiven, imaginativen und kreativen Kräften und adäquatere Wege zu Transzendenzerfahrungen als der Griff nach einem dumpfen und unreflektierten "Trivialokkultismus". ...

Eine These besagt, daß unsere rationalisierte Umwelt die Sehnsucht nach Übersinnlichem nährt.

Wenn Lehrer bemerken, daß Schüler ihrer Klassen okkulten Praktiken nachgehen, oder der Wunsch an sie herangetragen wird, das Thema "Okkultismus" im Unterricht aufzunehmen, dann fühlen sich viele hilflos oder überfordert. Sie empfinden sich als nicht genügend informiert, sehen sich mit Erfahrungen konfrontiert, die sie nicht haben und die bei ihnen Angst und Abwehr auslösen. Meist rufen sie dann nach dem "Fachmann", der ihnen Probleme abnehmen oder ihnen ein möglichst probates Rezept gegen den Okkultismus der Schüler an die Hand geben soll..."
(Janzen 1989)

Gesellschaftliche Schizophrenie?

Die ambivalenten Gefühle und Vorstellungen, die viele Menschen in bezug auf Okkultes pflegen, werden immer wieder im Alltag deutlich, wenn "überzeugte Christen" zugeben, daß sie an Astrologie glauben, wenn Priester glückbringende Kristalle in der Hosentasche bei sich tragen, wenn einerseits alles Okkulte als "Humbug" abgetan wird, im nächsten Satz aber mit "Toi, Toi, Toi" und "Klopf auf Holz" das Hufeisen am Kühlergrill des Autos befestigt wird, bevor man sich die "Unheimlichen Geschichten" auf RTL ansieht und dann mit dem Magnetarmband gegen Schlafstörungen ausgerüstet ins Bett legt, das über einem vom Wünschelrutengänger ausgemuteten Platz steht und mit einer gegen Erdstrahlen abschirmenden Bettunterlage ausgestattet ist... (erkennen Sie sich auch ein bißchen wieder?).

Diese paradoxe Haltung wird immer wieder durch die ebenso widersprüchliche Berichterstattung der Medien verstärkt.

Ein Beispiel zur Sensibilisierung:

Leserbrief an die Jugendzeitschrift "Mädchen" (Heft 20/1989)
"Seit einiger Zeit schon glaube ich zu fest an Horoskope, Vorhersagungen und anderen abergläubischen Unsinn. Wenn man mir sagen würde, daß blaue Unterwäsche Glück bringt, ich würde sie tragen. Ich glaube, daß man nicht beim Essen an der Tischecke sitzen darf, da man sonst nicht heiratet. Auch bringen Geldstücke, die auf dem Boden liegen, Pech. Oder schlimmes Unglück bringt es, jemanden vor seinem Geburtstag zu gratulieren. Langsam glaube ich, ich sei wahnsinnig, und ich habe auch schon viele Leute damit angesteckt. Kann ich etwas dagegen tun?"
Tanja (15)

Die Antwort:

"Liebe Tanja,
Du kannst wirklich mit einem reichen Fundus an Aberglauben aufwarten. Diese Vorhersagen mögen ganz unterhaltsam sein, sind jedoch totaler Unsinn. Weißt Du, wer so abergläubisch ist, gibt sich einer großen, unbekannten Macht in die Hände. Das heißt: Andere sind für mich und mein Schicksal verantwortlich. Ich selber trage keine Verantwortung. Und deshalb ist Aberglauben so gefährlich, weil Du nicht eigenverantwortlich denkst und handelst. Du heiratest nicht wegen irgendeiner Tischkante, sondern weil Du es so entscheidest. Du bist für Dein Glück und für Dein Unglück verantwortlich. Du bist nicht abhängig von einer unbestimmten Macht. Dann kannst Du augenzwinkernd sagen: "Ein Kaminkehrer bringt mir Glück." Oder zur Bekräftigung dreimal über die Schulter spucken "Toi, toi, toi". Oder beim Anblick einer schwarzen Katze sagen: "Katze von rechts, dann pechts." Konkret meine ich damit: Erlaube Dir drei abergläubische Dinge. Aber ansonsten sag Dir: 'Ich stehe selber meine Frau. Ich fühle mich so verantwortlich, daß ich selber über mich bestimme.'"

HALT - bevor Sie laut Beifall klatschen:
Dieser Brief mit Antwort stand im Heft auf Seite 58 - auf Seite 48 war natürlich wie immer das Horoskop! Die gleiche Zeitschrift bringt außerdem seit Jahren handfeste Gebrauchsanweisungen zu allen nur denkbaren okkulten Praktiken, teilweise sogar als Sonderbeilage im Heft (mit Pendelkarten, Liebeszauber, Graphologie, ...)!
Eine andere Mädchenzeitschrift läßt einen Okkultismusfachmann zu Wort kommen, der einigermaßen korrekt Ursachen, Folgen, Hintergründe und Gefahren von okkulten Praktiken aufzeigt - als Preis für das richtig gelöste Kreuzworträtsel im gleichen Heft gibt es dann das neueste Spiel (von Ravensburger) "Astrotime" zu gewinnen!

Seit Jahren liefern "Jugendzeitschriften" in verantwortungslos-reißerischen Artikeln handfeste Ge-

brauchsanweisungen zu allen nur denkbaren okkulten Praktiken: Gläser- und Tischrücken, Pendeln, Astrologie, Handlesen, Numerologie, Kartenlegen, ...
In Leserbriefen werden Bereiche des Okkultismus immer wieder angesprochen, wobei die Antworten der "Lebensberater" teilweise haarsträubend sind.

Die Sehnsucht nach Wundern ...

... macht es Bauernfängern leicht!

Ein vom Autor selbst hautnah erlebtes Beispiel, wie leicht es ist, unter bestimmten äußeren und inneren Umständen, mit der entsprechenden Gewissenlosigkeit, charismatischen Ausstrahlung und genügender Selbstsicherheit den Eindruck von "übernatürlichen Kräften" zu erwecken:
Durch Süddeutschland zog 1988 ein Scharlatan nicht nur Jugendliche wie der Rattenfänger von Hameln mit vorgeführten "Wundern" an und beeindruckte ungeheuer - so stark, daß Gruppen von Jugendlichen z.B. angesichts der von "mentalen Kräften" erleuchteten Glühbirne ausflippten und für die Eltern nicht mehr ansprechbar waren!
Hier schrillte keine rationale "Alarmglocke" (jeder der Jugendlichen müßte schon zweimal in der Schule den Stromkreis durchgenommen haben!), weil das Bedürfnis nach einem "Wunder" größer war. Auch nach der Entlarvung (die Eltern besorgten sich bei einem Nürnberger Zaubergerätehersteller ebenfalls solche "magischen Glühbirnen" mit eingebauter Batterie und Lämpchen, der Stromkreis wird über den Fingerring geschlossen) muß die entstandene

Leere pädagogisch "*Sinn*-voll" geschlossen werden! Rationale Information kann also nur *einen Weg* darstellen, kurzfristig aus aktuellem Anlaß oder auch präventiv gegen okkulte Scharlatanerie vorzugehen. Niemand möge sagen, er sei für alle Zeiten dagegen gefeit! Dem Verfasser sind Fälle bekannt, in denen selbst tiefreligiöse Menschen in persönlicher Not zu den Strohhalmen skrupelloser Geschäftemacher gegriffen haben.

Leserbriefe

Viele Jugendzeitschriften spiegeln genau so wie andere Presseerzeugnisse die überall anzutreffende gesellschaftliche Schizophrenie wieder:
Auf der einen Seite wimmelt es von sensationell aufgemachten, unkritischen und schlecht recherchierten Pseudoberichten über alle nur denkbaren okkulten Erscheinungen und Erlebnisse, über Wundermänner und -frauen, unerklärbare Rätsel, ...

Auf der anderen Seite wird (vor allem bei konkreten Fällen) zum Beispiel in der Ratgeberspalte vor der Beschäftigung mit okkulten Praktiken gewarnt. Inwieweit die abgedruckten Leserbriefe echt sind, kann nicht nachgeprüft werden. Aufgrund vieler schriftlicher Anfragen, Hilfeersuchen von Betroffenen und deren Angehörigen an den Autor kann aber davon ausgegangen werden, daß sie zumindest realitätsnah erfunden sind.

Möglichkeiten der pädagogischen Arbeit

Die auf der nächsten Seite abgedruckten Leserbriefe stammen aus der Jugendzeitschrift BRAVO (Heft 3/1988 bzw. 28/1988).

- In der Situation einer Schulklasse oder einer Jugendgruppe, die sich mit der Thematik auseinandersetzt, sollten zunächst die beiden Leserbriefe (also ohne die Antworten des "Dr.-Sommer-Teams" der BRAVO) ausgeteilt werden.
- In Gruppen- oder Partnerarbeit versuchen die Jugendlichen danach selbst, die Anfrage zu analysieren und einen Antwortbrief zu formulieren.
- Dieser wird zusammen mit den dahinterstehenden Überlegungen der Gesamtgruppe vorgestellt und diskutiert.
- Nunmehr können die Antworten der Redaktion gelesen und mit den selbsterstellten verglichen werden.
- Dabei sollte man nicht stehenbleiben, weil die beiden hier wiedergegebenen Antworten durchaus kritisch formuliert sind und überhaupt nicht zur sonstigen Linie der Zeitschrift passen. In vielen Heften (nicht nur der BRAVO!) werden vielmehr handfeste Gebrauchsanleitungen für alle möglichen okkulten Praktiken angeboten. Wenn es in beiden (!) Briefen heißt: "Laßt lieber die Finger davon!", dann widerspricht dies genau dem sonstigen Anpreisungscharakter.

Die beiden Leserbriefe wurden an eine Jugendzeitschrift gerichtet.
Arbeitet damit in der Gruppe:

1. Haltet Ihr die Briefe für "echt"?
2. Worum geht es eigentlich? Versucht, das Problem herauszustellen und in ein bis zwei Sätzen allgemein zu formulieren!

3. Schreibt nun als "Ratgeberonkel/-tante" einen Antwortbrief, den Ihr dann der Gesamtgruppe mit Euren Überlegungen vorstellt!

Seit unseren Geisterbeschwörungen habe ich Angst

Ich habe ein großes Problem, mit dem ich allein nicht mehr fertig werde. Zusammen mit meiner Clique mache ich des öfteren Geisterbeschwörungen (Gläserrücken, Tischerücken u.ä.). Am Anfang habe ich es genauso wie meine Freunde nur als Zeitvertreib und Spaß angesehen, aber schön langsam bekomme ich echt Angst. Ich fühle mich richtig verfolgt, zumal in meinem Zimmer neuerdings so mysteriöse Dinge geschehen. Musik wird von selbst immer lauter oder leiser, Kerzenlicht flackert plötzlich, und wenn ich allein z.B. Gläserrücken mache, fährt das Glas immer zielstrebig in meine Richtung anstatt zu den Buchstabentäfelchen. Mir wird das nun langsam echt zu unheimlich. Bitte sagt mir, wie Ihr Euch das alles erklären könnt.
Günther, 15, Flensburg
(BRAVO 31/1988)

Wir haben mit Toten Kontakt aufgenommen

Alles hat aus Spaß angefangen. Unsere Freundin schlug uns vor, einmal Gläserrücken zu machen. Dabei nimmt man mit den Toten Kontakt auf und kann von ihnen alles erfahren, was man wissen will, auch über die Zukunft. Hier liegt unser großes Problem: Nachdem wir verschiedene Sachen gefragt haben und immer gute Antworten dabei herauskamen, bekamen wir eine schreckliche und unglaubliche Nachricht. Eine unserer Freundinnen soll in zwei Jahren, also angeblich mit 16, nach einem Verkehrsunfall mit ihrer Familie ums Leben kommen. Diese Antwort hörten wir mehrmals, nachdem wir mehrmals danach gefragt hatten. Und noch etwas: Wir haben gefragt, ob es schädlich ist, mit Toten Kontakt aufzunehmen und als Antwort bekamen wir ein Ja! "Er" hat uns gewarnt, sie wieder zu rufen. "Er" hat auch noch gesagt, daß "er" Angst vor einer gewissen Person hat. Als wir das genauer wissen wollten, antwortete "er" uns folgendes: BU, V, TC. Was ist das eigentlich?
Sissy, Gaby, Marion, 14 u. 15, ohne Ort
(BRAVO 28/1988)

Du bist durch Deine übersinnlichen Freizeitbeschäftigungen übersensibel geworden. So kann es durchaus sein, daß Du Geräusche, Gerüche, kurz alle Sinnesempfindungen, die Du früher überhaupt nicht besonders beachtet hast, jetzt erst so richtig wahrnimmst. Dann ist es doch klar, daß Dir diese Wahrnehmungen zuerst mal komisch vorkommen. Und vor allem, wenn Ihr Euch dann wieder zusammensetzt und glaubt, über Gläserrücken Kontakt zu Verstorbenen zu bekommen, wird ganz normales Kerzenflackern schnell mit einem deutlichen Signal aus dem Jenseits verwechselt. Klar, daß es Dir dann kalt den Rücken herunterläuft und Du es mit der Angst zu tun kriegst.
Die Macht der menschlichen Einbildung und Phantasie ist grenzenlos und hat schon viele Menschen in den Wahnsinn geführt. Deshalb muß man allen sensiblen Menschen vom leichtsinnigen Spiel mit dem Übersinnlichen abraten. Laßt also die Finger davon! Dann wirst Du auch Deine Ängste wieder loswerden und nachts wieder ruhig schlafen können.

Ihr seid total verwirrt. Das sollte Euch zu denken geben. Es passiert nämlich oft, daß beim Gläserrücken schlimme Voraussagen gemacht werden, die alle Beteiligten nur in Angst und Schrecken versetzen, sich dann aber, man muß schon sagen Gott sei Dank, nicht bewahrheiten. Glaubt also Eure Freundin an diese Prophezeiung, wird sie zwei Jahre grundlos zittern. Findet Ihr, daß sich damit Euer übersinnliches Experiment gelohnt hat?
Laßt lieber die Finger davon! Denkt auch nicht mehr groß darüber nach, was "er" wohl mit seinem BU, V, TC gemeint haben kann. Das macht Euch nur fertig und taugt nicht einmal als spannende Freizeitbeschäftigung.

Kontakt aufzunehmen mit Toten überschreitet Grenzen und das menschliche Vorstellungsvermögen. Das hat schon viele Menschen in Wahnsinn und Schrecken getrieben.

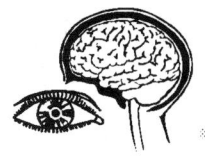

II. Physiologische und psychologische Gesichtspunkte

Zum Untersuchen und Hinterfragen angeblich übernatürlicher, übersinnlicher, "okkulter" Erscheinungen werden Kenntnisse und Erkenntnisse der verschiedensten Wissenschaftsbereiche benötigt.

Neben den Naturwissenschaften leistet die Psychologie den Hauptanteil an dem aufklärenden "Blick hinter die Kulissen".

Im folgenden werden - ohne Anspruch auf annähernde Vollständigkeit - einige Aspekte erwähnt, die besonders offensichtlich bei einzelnen okkulten Phänomenen zu beobachten sind. Dabei wurde besonderer Wert darauf gelegt, daß es sich um Schilderungen handelt, die auch ohne vertieftes psychologisches Fachstudium erkannt und weitergegeben werden können (weil sie der Alltagserfahrung entnommen wurden).

Psychologische Phänomene aus dem Alltag

Selbsttäuschungen

Die bekanntesten Selbsttäuschungen sind die Sinnestäuschungen. Aus dem Biologieunterricht sind vor allem die Täuschungen im optischen Bereich allgemein bekannt. Dadurch entsteht der Eindruck, als ob uns unsere Sinne täuschen würden. Dem ist indes nicht so: Zwar nehmen die Augen alle optischen Signale auf (z.B. Licht, Farbe, Helligkeit), doch sie erkennen keine Bedeutungen. Physikalische Reize lösen in den Nerven-Endorganen der Netzhaut eine Erregung aus, die sich auf komplizierte Weise bis zur Hirnrinde fortpflanzt. Erst dort entsteht die Wahrnehmung. Zuständig für das "Sehen" ist also das Gehirn bzw. ein Teil desselben.

> Es ist nun keineswegs so, daß unsere Wahrnehmungen gewissermaßen fotografische Abbilder der Gegenstände sind. Sie sind vielmehr Antworten auf Reize, und der Zustand des Antwortenden wirkt bei ihrer Formung mit. (Bender 1985, 113)

Diese Aussagen gelten für die übrigen Sinne selbstverständlich ebenso!

Es gibt Täuschungen des Gesichts-, Hör-, Tast-, Geruchs- und Geschmackssinns.

Da die eigentliche Wahrnehmungsleistung und deren Einordnung aber von vielfältigen Umständen abhängt, können diese "Sinnestäuschungen" nicht isoliert gesehen werden.

Wie schwierig ein richtiges "Wahrnehmungsergebnis" zu erzielen ist (wenn es so etwas überhaupt gibt!), zeigt folgende Überlegung:

Information	Wahrnehmung	Interpretation	Ergebnis
falsch	falsch	richtig	falsch
richtig	falsch	falsch	falsch
falsch	falsch	falsch	falsch
falsch	richtig	richtig	falsch
richtig	richtig	falsch	falsch
falsch	richtig	falsch	falsch
...			
richtig	**richtig**	**richtig**	**richtig**

Was man überhaupt aufnimmt, wie man es verarbeitet, verknüpft (assoziiert), interpretiert, wertet und weitergibt, ist das Entscheidende!

Hierbei können vielerlei Täuschungen erfolgen, bewußt oder unbewußt, durch andere Menschen oder durch einen selbst.

Die Polizei bzw. das gesamte Gerichtswesen können ein Lied davon singen:

So schlecht wie ihr Ruf

Nürnberger Land

Unfallzeugen sind so schlecht wie ihr Ruf: Man kann sich auf ihre Aussagen nur selten verlassen. Das hat jetzt ein Test des Dekra mit 37 Studenten erneut bestätigt. Die jungen Leute, die überraschend Zeugen eines simulierten Unfalles zwischen einem Fußgänger und einem Personenwagen geworden waren, kamen bei ihren Aussagen - zu recht uneinheitlichen Ergebnissen. Zwar erinnerten sich noch 70 Prozent der Testpersonen richtig an den Autotyp und 89 Prozent daran, daß die Scheinwerfer des Pkw nicht eingeschaltet waren. Aber nur noch 59 Prozent wußten genau, von welcher Seite der Fußgänger die Straße überquert hatte. Ebenfalls nur 65 Prozent der Kandidaten erinnerten sich richtig daran, daß der Fußgänger vom Pkw frontal erfaßt worden war. Die tatsächliche Kollisionsgeschwindigkeit des Autos wurde von nur 15 der 37 Testpersonen richtig geschätzt. Schlecht schnitten die "Zeugen" bei den Angaben zum Pkw-Fahrer ab: An die Bekleidung erinnerten sich nur zwei Kandidaten genau. Zur Haarfarbe gab es sieben richtige Antworten. Das Kennzeichen des Pkw konnte niemand der Befragten ganz genau wiedergeben. Für den Dekra hat dieser Test einmal mehr bewiesen, wie wichtig es für die Klärung von Unfallabläufen ist, einen Sachverständigen an den Unfallort zu rufen.

aus: Nürnberger Nachrichten vom 6.4.1989

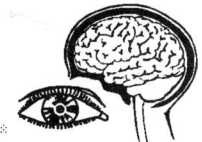
Die Unzuverlässigkeit von Zeugenaussagen beschränkt sich selbstverständlich nicht auf den optischen Bereich.

Auch wenn der Gehör-, Geschmacks-, Tast- und Geruchssinn korrekt arbeiten, so kann doch ein falscher Eindruck beim entsprechenden Menschen entstehen, er wird getäuscht (d.h. es wird subjektiv etwas empfunden, was objektiv falsch ist).

Dies kann in jedem Bereich demonstriert werden. In den folgenden Abschnitten geht es darum, den festen Glauben zu erschüttern, daß man "doch alle fünf Sinne beieinander habe", daß zwar "andere Menschen sich leicht täuschen lassen, ich mich aber nicht. Meine eigene Erfahrung ist das Sicherste, was ich in meinem Leben wissen kann, und deshalb glaube ich nur, was ich selbst gesehen habe!"

Wenn eine etwas skeptischere Einstellung, eine gewisse Verunsicherung zurückbleibt, ist bereits genügend erreicht!

a) Der optische Bereich

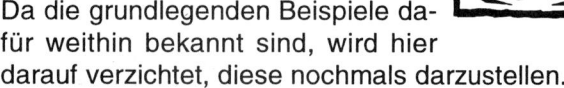

Am bekanntesten sind wohl die "optischen Täuschungen", denen man in vielerlei Hinsicht unterliegt.
Da die grundlegenden Beispiele dafür weithin bekannt sind, wird hier darauf verzichtet, diese nochmals darzustellen.

Einige weniger bekannte Effekte werden auf der nächsten Seite abgebildet.

Viele Beispiele aus dem Bereich der optischen Täuschungen findet man auch in:

- 10 02150 "Optische Täuschungen"; Diareihe (19 Bilder) des Instituts für Film und Bild in Wissenschaft und Unterricht (FWU); bei den meisten Stadt- und Kreisbildstellen erhältlich.

- para: Wie siehst du das? 155 optische Täuschungen... . Ravensburg 1986.

- Ernst, B.: Der Zauberspiegel des Maurits Cornelis Escher. Berlin 1986.

- ders.: Abenteuer mit unmöglichen Figuren. Berlin 1987.

- ders.: Das verzauberte Auge - Unmögliche Objekte und mehrdeutige Figuren. Berlin 1989.

- Schober/ Rentschler: Das Bild als Schein der Wirklichkeit. (Optische Täuschungen in Wissenschaft und Kunst). Augsburg 1988.

- Frisby, J. P.: Optische Täuschungen - Sehen, Wahrnehmen, Gedächtnis. Augsburg 1987.

- Lanners, E.: Illusionen. München 1986.

Zu den Abbildungen auf der nächsten Seite:

1) Kippfigur alte/junge Frau

2) Drehfigur (um 180°), drehen Sie die Figur auf den Kopf.

3) Indianer/Eskimo-Kippfigur

4) Ente/Kaninchen-Kippfigur

5) "Gummibleistift": Halten Sie den Stift locker zwischen Daumen und Zeigefinger, und bewegen Sie Hand und Arm auf und ab. Das Auge ist zu träge für die schnelle Bewegung, ähnlich wie bei den Speichen der Postkutschenräder in Westernfilmen, die sich rückwärts zu bewegen scheinen.

6) Nicht nur im optischen Bereich besteht die Tendenz zu einem "Ganzen". Bruchstücke werden sinnvoll ergänzt. Obwohl keine kausalen Verbindungen zwischen den einzelnen Teilen bestehen müssen, wird das konstruierte "Gesamtbild" plötzlich so gesehen, als bestünden solche logischen Verbindungen. Die meisten Menschen sehen deshalb eindeutig den Berliner Bären. Hier dürfte es sich um archetypische Strukturen handeln.
Dieser "Mechanismus" taucht im gesamten spiritistischen/okkulten Bereich auf (Dunkelsitzungen, Aussagen von Astrologen, Wahrsagern, Ufo-Sichtungen, ...).
Ein ähnlicher Effekt tritt bei sog. "Simulacra" auf, natürlichen Strukturen, die sich im Feuer, im Wasser, in Wolken, auf feuchten Wänden, auf Steinböden oder auf anderen Flächen zeigen. Die untenstehende Abbildung ist in der entsprechenden Literatur mit ganz verschiedenen Geschichten zu finden: Es soll sich um eine fotografierte Schneefläche handeln, auf der sich nach dem Entwickeln ein Christusbild zeigte. Überall auf der Welt werden immer wieder feuchte Zementböden o.ä. in Windeseile zu Wallfahrtsorten.

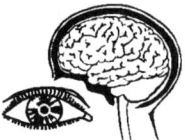

1

2

3

4

5

6

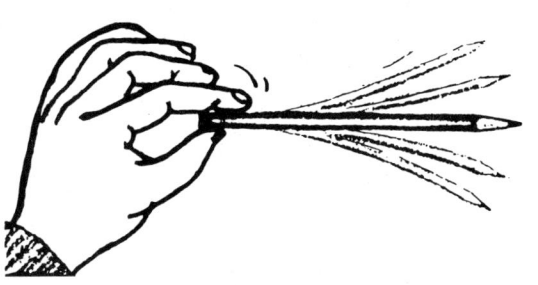

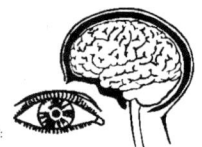
Mit mehreren der Abbildungen (den "Kippfiguren") kann ein wenig bekanntes, sehr eindrucksvolles Experiment durchgeführt werden: Zuerst Präsentation des Bildes, z.B. über OH-Projektion, bis jeder Teilnehmer die beiden verschiedenen Figuren eindeutig erkannt hat. Auf eine Anweisung hin lassen alle (im Abstand von ca. zwei Sekunden) die Bilder hin- und herkippen. Die meisten schaffen das. Nun sollen sich alle auf ein Zeichen hin auf eine der beiden Abbildungen (z.B. die junge Frau) konzentrieren und das Bild nicht mehr umkippen lassen! Länger als drei Sekunden schafft das niemand, weil ein einzelner, bestimmter Bewußtseinsinhalt nur bis zu diesem Zeitpunkt überleben kann. Wird nichts Neues geboten, schiebt sich wieder die alternative Sichtweise vor. Auch wenn mehrere Möglichkeiten vorhanden sind, wird in jedem Augenblick immer nur eine einzige realisiert. Wir sehen nur "entweder" - "oder", nie ein Gemisch "alte - junge Frau". Diese Wahrnehmungsschwankungen (denen sich niemand entziehen kann) relativieren den so oft gehörten Satz: "Aber ich hatte doch alles voll unter Kontrolle!" (z.B. bei einer spiritistischen Sitzung, bei UFO-Sichtungen). Ebenso kann eine gewisse Kippgeschwindigkeit nicht überschritten werden.

Im Dunkeln und bei schlechten Lichtverhältnissen (z.B. bei einer spiritistischen Sitzung oder unter freiem Nachthimmel) treten weitere Täuschungen im optischen Bereich auf:

- Betritt man einen dunklen Raum, der nur von einer unbeweglichen Lichtquelle erhellt wird, glaubt man meist schon nach Sekunden, daß sich der Lichtstrahl bewegt. Manche Beobachter beschreiben diese Schwingungen als bogenförmig, andere als Hin- und Herwandern des Lichtpunktes. In jedem Fall glaubt man eine Bewegung wahrzunehmen, obwohl sich das Licht nicht einen Millimeter von der Stelle rührt (dies tritt z.B. häufig bei sog. UFO-Sichtungen auf!).
- Rotlicht gaukelt den Teilnehmern bei spiritistischen Sitzungen (Geisterbeschwörungen) oft vor, sie hätten optisch alles unter Kontrolle. Das Gegenteil ist der Fall, da sich bei derartigen Lichtverhältnissen besonders gut täuschen läßt. Zum einen ist man bei rotem Licht fast farbenblind (ganz rote Farben erscheinen weiß, gelbe gräulich und alle anderen schwarz, weil sie die roten Strahlen nicht zurückwerfen). Zum anderen ist die Sehschärfe bedeutend herabgesetzt. Man erkennt schon bei kurzer Entfernung von der Lampe nur die gröberen Umrisse und keine Einzelheiten mehr (die Sehschärfe ist proportional zu der Wurzel aus der Beleuchtung). Wie beim Fotografieren ist im Dunkeln die Pupille (Blende) weit geöffnet, was eine beträchtliche Verminderung der Tiefenschärfe zur Folge hat. Vor allem diese Gesichtspunkte machen klar, wie leicht es betrügerischen "Medien"

haben, auch unter scheinbar "sicheren" Bedingungen zu betrügen.

b) Der akustische Bereich

Vor allem in bezug auf das Richtungshören kann man aufzeigen, wie leicht eine Täuschung möglich ist:

- Eine Versuchsperson (VP) sitzt in der Mitte des Raumes mit verbundenen Augen (noch besser: eine braune Papiertüte über dem Kopf, die Ohrenöffnungen ausgespart). Wenn man nun z.B. mit einem Knacker (Kinderspielzeug) aus verschiedenen Stellen des Zimmers ein entsprechendes Geräusch erzeugt, soll die VP in die Richtung deuten, aus der sie glaubt, daß der Ton kommt. Ihre Angabe wird so gut wie nie richtig sein. Dieser Effekt läßt sich z.B. auf Tischklopfen bei spiritistischen Séancen übertragen.

- Bei dem vieldiskutierten "Tonbandstimmenphänomen" kommt eine akustische Täuschung zum Tragen, die eine psychologische Grundlage hat: Hört man ein gleichförmiges Geräusch (z.B. Wasserfall, Rauschgenerator, ...), so glaubt man nach einiger Zeit Stimmen o.ä. zu vernehmen. Auch das sog. Backward-Masking in der Rockmusik (rückwärts aufgenommene angebliche okkulte Botschaften) beruht weitgehend darauf, daß man "hört, was man hören will" (nähere Einzelheiten dazu im entsprechenden Kapitel).

c) Der Bereich des Geschmacks

Schaltet man den Gesichts- und Geruchssinn aus, so ist eine einfache Demonstration möglich, wie gut sich der Geschmackssinn täuschen läßt:

- Die Versuchsperson (VP) erhält, mit verbundenen Augen und zugeklemmter Nase (Wäscheklammer) einen Löffel mit einer kleingeschnittenen rohen Kartoffel/Zwiebel. Nun soll angegeben werden, ob es sich um einen süßen oder sauren APFEL handelt! Die Täuschung wird in den seltensten Fällen erkannt, vor allem, wenn vor dem Augenverbinden ein richtiger Apfel kleingeschnitten wird (psychologisches Moment).

- Ähnlich ist es, wenn eine VP unter Ausschaltung der anderen Sinne (s.o.) verschiedene Getränke probiert (durch Trinkhalm trinken lassen!) und angeben soll, worum es sich jeweils handelt. Es ist nicht möglich, hierbei z.B. zwischen Milch und Wasser zu unterscheiden!

d) Der Bereich des Tastens/ des Berührens

- Die VP überkreuzt Zeige- und Mit-

---

34 | Okkultismus

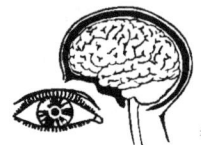

telfinger, wobei ihre Augen verbunden sind. Fährt man nun mit einem Bleistift dazwischen hin und her, so entsteht der Eindruck, es handle sich um zwei Stifte.

Ebenso ist es, wenn man mit den gekreuzten Fingern eine Kugel (Murmel) berührt.

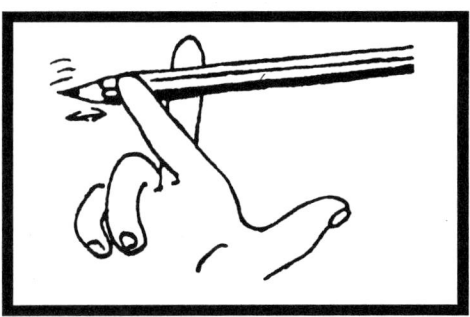

- Der Versuchsleiter (VL) zeigt ein Geldstück vor, befeuchtet es und drückt es an die Stirn. Es bleibt haften. Erst wenn man die Stirn runzelt, fällt es herunter. Dies soll eine VP nachmachen. Nun wird das Geldstück wieder befeuchtet und vom VL an die Stirn der VP gedrückt, sofort aber wieder (nach oben) weggenommen. Dies wird von der VP nicht bemerkt, die sich wundert, daß alle Grimassen nichts helfen, die Münze herabfallen zu lassen. Aufgrund des Befeuchtens (Verdunstungskälte) und des Druckes auf die Haut bleibt der Eindruck erhalten, die Münze sei noch an Ort und Stelle.

- Eine perfekte Täuschung entsteht bei folgendem Experiment:
  Eine VP steht mit dem Rücken zum VL. Dieser kündigt an, entweder mit einer Kleiderbürste oder mit der Hand über den Rücken der VP zu streichen. Es soll jeweils angegeben werden, was verwendet wurde.
  Dies gelingt nicht, weil der VL immer mit der Hand über den Rücken der VP streicht, dabei aber sich selbst mit der Bürste bestreicht. Mit der Hand sollte verschieden stark aufgedrückt werden, damit unterschiedliche Ein"drücke" entstehen (zur Vermeidung eines wirklichen Vergleichs darf die VP natürlich nie richtig mit der Bürste berührt werden!).

- Auch der Wärmesinn kann leicht getäuscht werden, wenn bei verbundenen Augen eine VP mit einem Eiswürfel am entblößten Rücken oder der Schulter berührt wird. Sie wird meinen, mit einem glühenden Eisen berührt worden zu sein. Dies kann verstärkt werden, wenn man vor dem eigentlichen Versuch ein Streichholz anzündet. Dieses psychologische Moment kann die Suggestion verstärken bis hin zur Bildung echter Brandblasen).

e) Der Bereich des Geruchs
- Einen in der Gruppendynamik viel beschriebenen Versuch von H. Clark (1916) hat der Verfasser mitt-

lerweile mit umwerfendem, eigentlich fast unglaublichem Erfolg wiederholt: Der Vortragende (Lehrer o.ä.) stellt eine fest verkorkte, durchsichtige Flasche mit einer giftgrünen Flüssigkeit äußerst vorsichtig auf den Tisch. Er erklärt, daß es sich um eine sehr streng riechende Flüssigkeit handele, deren Geruch sich nach einem bestimmten physikalischen Gesetz im Raum ausbreite, wenn er die Flasche öffne. Die Teilnehmer sollen stumm die Hand heben, wenn Sie den Geruch wahrnehmen.

Wird die Flasche entkorkt, tritt der Vortragende schnell einige Schritte beiseite (so, als ob er dem Geruch entfliehen wolle). Schon bald heben viele Teilnehmer die Hand: wie zu erwarten zuerst in den vordersten Reihen und nach und nach auch immer weiter hinten im Raum. Verblüffend dabei ist, daß die Ausbreitung des eingebildeten "Geruchs" genau dem Diffusionsgesetz entspricht - obwohl es sich bei dieser "ekelerregenden" Flüssigkeit nur um gefärbtes Wasser handelt, das der Vortragende zum Entsetzen der Zuschauer zuletzt einfach austrinkt!

Der letzte Versuch zeigt deutlich, daß die reinen sinnesphysiologischen Täuschungen nicht zur Erklärung von WAHRNEHMUNGstäuschungen ausreichen. Überall ist fast sofort die psychologische Seite zu finden, die z.B. mit unbewußten Erwartungshaltungen beeinflußt, ohne daß man sich dagegen wehren kann. Das höchste, was man erreichen kann, ist wohl, daß wir erkennen, ob wir uns täuschen oder nicht. Wir sehen, hören, fühlen, schmecken und riechen nur das, was uns das Gehirn erlaubt.

Insgesamt ist die Wahrnehmung ein sehr komplizierter, kreativer Prozeß, in dem eine große Anzahl von Empfindungen und anderen psychischen Abläufen integriert sind (Ganzheitscharakter der Wahrnehmung).

Die individuelle Wirklichkeit wird von uns selbst konstruiert aus einer Mischung aus Realität, Sinneswahrnehmung und Interpretation.

"Wirklich w a h r ?"
Wer öffentlich mit 'okkulten Phänomenen' zu tun hat, bekommt laufend (erbeten oder ungefragt) von allen Seiten Erlebnisse geschildert, die als "unerklärlich", "übersinnlich", "para-normal", "wunder-bar", ... erlebt wurden und vom Betroffenen unzweifelhaft als Beweis für die Existenz, die Realität der jenseitigen Kräfte (nicht im Sinne von religiösen Erscheinungen, sondern von "PSI", "Geistwesen", ...!) angesehen werden. Es ist meist sinnlos, im Nachhinein zu versuchen, eine "natürliche Erklärung" für das enorm beeindruckende Phänomen zu finden. Jeder von uns (der Autor schließt sich hier selbst-

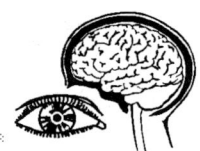

verständlich mit ein!) unterliegt permanent einer ganzen Reihe von Täuschungsmöglichkeiten, die hier (nach Lehmann 1927, Neuauflage: 1990, 430 ff.) in der Übersicht dargestellt sein sollen:

Fehlermöglichkeiten bei Berichten über "okkulte Erlebnisse":

---

1. Beobachtungsfehler

1.1 Sinnliche Wahrnehmungsfehler
- opt./akust./hapt.

1.2 Aufmerksamkeitsfehler
- nur ein Reiz in einem Augenblick aufnehmbar
- bei Teilung der Aufmerksamkeit auf mehrere Reize wird die Wahrnehmung undeutlicher

1.3 Assoziationsfehler
- Neigung zum schon Bekannten
- falsche Auffassung von Sinneseindrücken (Illusionen)

1.4 Einfluß der Gemütsbewegung
- Erwartung/Spannung
- Furcht
- Schrecken

1.5 Einfluß der Befangenheit

1.6 Fehlende Übung im Beobachten

2. Gedächtnisfehler

2.1 Vor allem Ereignisse, die stark beeindruckt haben (was nicht immer der wichtigste Moment einer Begebenheit sein muß!)

2.2 Vertauschung der Reihenfolge in der Erinnerung

2.3 Zwei ähnliche Vorfälle werden verwechselt, sogar gleichgesetzt

---

Psychische/intellektuelle Täuschungen
Das Netzwerk an zusammenwirkenden Faktoren hat der Dipl.-Psych. Bernhard Geue in einer Fachzeitschrift für "Unterhaltungstäuschung" (= für Zauberkünstler), der "Magischen" Welt, anschaulich und gut übertragbar beschrieben (Heft 2/1982, 88 ff.). Darin findet man die bei Okkulttäuschungen immer wieder zu beobachtenden Aspekte:

Frage: "Warum haben die Besucher von Geisterbeschwörungen bewegliche Figuren gesehen, obwohl diese möglicherweise überhaupt nicht erzeugt wurden?"

1. Wir sehen, was wir uns aussuchen.
Unser Nervensystem ist gegen Überlastung geschützt, damit es nicht durch Reizüberflutung die Orientierung verliert. Der Blick schweift also von Punkt zu Punkt, momentan Unwichtiges wird übersehen. Die Unterscheidung nach dem Kriterium der Bedeutsamkeit hat viele Ursachen (Ausschaltung von Gefahren, Erkennen von Chancen, ...). Es gibt Erwartungshaltungen, welche die Sehgewohnheiten beeinflussen. Wenn ein Geist erwartet wird, rechnet das Gehirn mit einer entsprechenden Wahrnehmung.

2. Wir sehen schneller, was uns gefühlsmäßig anspricht.
Unsere Aufmerksamkeit erhöht sich, wenn wir bestimmten Dingen sehr stark positiv oder negativ gegenüberstehen. Wer wundergläubig ist, erwartet das Auftreten übersinnlicher Phänomene, der engagierte Kritiker bemüht sich, jedes Anzeichen in dieser Richtung möglichst früh zu erkennen, um seinem Hintergrund auf die Spur zu kommen.

3. Wir leben in der Welt, die wir kennen.
Die Vorstellungen der Zeit prägen die Bilder, die wir erwarten. Geister sehen zu jeder Zeit anders aus. Erfüllt jemand diese Bedingungen und produziert ein Phantom nach Modegeschmack, wird dies glaubwürdig. Als noch kein Film bekannt war, mußte ein Geist auch weniger Beweglichkeit entfalten als im Kinozeitalter.

4. Je höher die Belastung, um so geringer der Widerstand.
Durch langes Warten zermürbt, von Monotonie ermüdet, wird jede Abwechslung bereitwilliger aufgenommen und unkritischer überprüft. Dunkelheit, monotone Stimmen, große Pausen, mehrere erfolglose Beschwörungsversuche, langes Ausharren vor Beginn der Séance dämpfen und blockieren die Aufmerksamkeit.

5. Gifte verändern den Realitätssinn.
Alkohol, Räucherwerk und Narkotica benebeln den wachen Alltagsverstand, engen den Bereich dessen ein, was uns auffällt und mobilisieren Trugbilder. Wie der angeheiterte Kneipenbesucher auf dem Heimweg in einem harmlosen Busch bei richtiger Beleuchtung einen Räuber "sieht", so läßt sich ent-

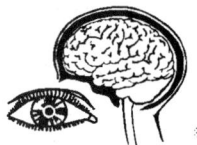

sprechend die Bereitwilligkeit zur Wahrnehmung überirdischer Wesen vergrößern.

6. Jedes Bruchstück wird sinnvoll ergänzt.

Damit wir überleben können, hat es die Natur eingerichtet, daß auch die grobe Ahnung eines Gegners ausreicht, ihn vollständig zu erkennen. Den Rest des Feindes, der nicht zu sehen ist, vervollständigen wir automatisch, es muß uns nur folgerichtig genug erscheinen. Im Laufe einer Geisterbeschwörung werden bei ungünstigen Lichtverhältnissen die nötigen Zusammenhänge recht leicht selbst geschaffen.

7. Unsere Umgebung bestimmt die Tendenz unserer Urteile.

Das Verhalten der Mitmenschen auf bestimmte Gegebenheiten beeinflußt auch unsere Reaktion. Die begeisterte Zustimmung, die andächtige Verehrung, das ehrfürchtige Staunen gehen selbst dann nicht spurlos an uns vorüber, wenn wir anderer Ansicht sind, verunsichern uns oder verstärken den Widerspruch. Im Normalfall kann "ja nicht völlig falsch sein, was von so vielen anderen Menschen vollkommen richtig akzeptiert wird".

Obwohl bisher immer nur von "Geisterbeschwörungen" die Rede war, treffen etliche der angeführten Punkte auf viele andere Bereiche ebenso zu. Beim "Wahrsagen/Hellsehen", bei Horoskopen, bei PSI-Vorführungen jeglicher Art (vor allem auf einer Bühne), bei Geistheilern usw. sind immer wieder Mechanismen der Selbsttäuschung zu finden, denen man sich nie völlig entziehen kann.
Eine Sensibilisierung dafür ist allerdings erreichbar, wenn man weiß, worauf zu achten ist (aber auch dann merkt man es oft erst hinterher!).

Geue (a.a.O.) zeigt die Zusammenhänge detaillierter und sehr einleuchtend an einem Beispiel auf, das sich auf Situationen von der Antike (Orakel von Delphi) bis zur Gegenwart (Gurus, Hellseher, ...) übertragen läßt:
• Mit großem Aufwand kündet der Beschwörer seine Attraktion in der Öffentlichkeit oder zumindest interessierten Bevölkerungskreisen an (Punkt 1).
• Es versammeln sich Anhänger, Neugierige, gelegentlich auch engagierte Kritiker (Punkt 2).
• "Man" weiß, was zu erwarten ist (Punkte 3 und 7) und sieht gespannt den kommenden Ereignissen entgegen.
• Entweder gelangen die Teilnehmer der Sitzung durch eine Reihe von Räumen, die dekoriert sind mit entsprechenden Symbolen wie Totenschädeln und mit Räucherpfannen bestückt wurden an den eigentlichen Ort des Geschehens, oder man betritt die Räumlichkeit direkt. Auch in diesem Fall fehlt es nicht an der Verabreichung von Punsch

und/oder dem Ritual des Abbrennens von Weihrauch oder Pharmazeutika (Punkt 5).
• Meist vergeht viel Zeit, bis mit der Zeremonie begonnen werden kann. Das Licht verlöscht weitestgehend, nur die monotone, konzentrierte Stimme des Beschwörenden ist zu hören. Erste Versuche schlagen oft fehl (Punkt 4).
• Inzwischen ist eine Stimmung im Raum entstanden, der sich die meisten nicht entziehen können und/oder wollen (Punkte 3 und 7).
• Immer häufiger glauben die Anwesenden erste Manifestationen zu erleben (Punkte 1, 2, 5 und 6).
• Die im optimalen Augenblick erscheinende Gestalt erfüllt dann so stark die mittlerweile angestauten Erwartungen, daß man in positiver Parteilichkeit alle fehlenden Eigenschaften des Geistes in der Vorstellung ergänzt, was durch die Schilderungen der anderen Sitzungsteilnehmer bestätigt wird (Punkte 6 und 7).

Niemand möge sagen, daß solche Mechanismen zwar beim Orakel in Delphi oder sonst im Altertum in Perfektion angewandt wurden, aber in der heutigen Zeit nicht mehr aktuell wären!
Liest man die "exakten, objektiven" Protokolle, die Parapsychologen (oder zumindest solche, die sich dafür halten/hielten) bei PSI-Untersuchungen angefertigt haben, so findet man genau diese Aspekte z.B. bei der detailliert beschriebenen Anfertigung von "Gedankenfotos" durch den Amerikaner Ted

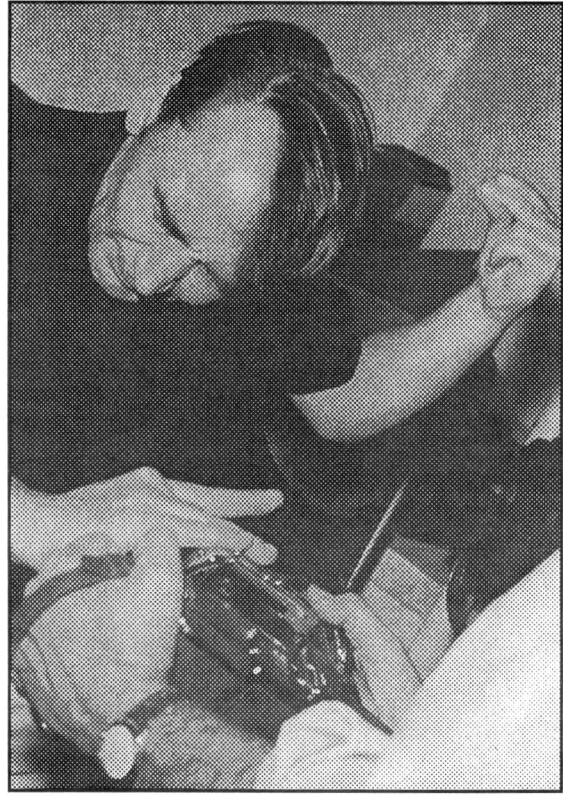

Ted Serios narrte in den 60ern nicht wenige Wissenschaftler mit seinen "Gedankenfotos".

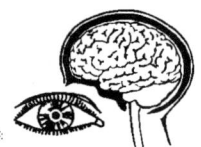

Serios (extrem lange Dauer der Sitzungen mit zumeist Paragläubigen, bei denen der Alkohol in Strömen floß, zunächst ohne Ergebnisse) oder bei den Telekinese-"Experimenten" des Franzosen Girard, die nach der Beschreibung von James Randi unglaubliche kulinarische Festivitäten gewesen zu sein scheinen, bei denen dann gleichsam nebenbei die sensationellen telekinetischen "Verbiegungen" abfielen.

Auch beim Paradebeispiel Uri Geller sind etliche Punkte geradezu lehrbuchhaft zu erkennen.

Ohne Systematik:
Weitere psychologische Effekte

Bedürfnisbefriedigung:

Wer im okkulten Bereich (und nicht nur dort!) Geschäfte machen will, tut gut daran, sich an den Bedürfnissen seiner Mitmenschen zu orientieren. Der Psychologe Maslow unterscheidet 5 Gruppen (er versteht diese Rangfolge als hierarchische Struktur, was sicher diskussionswürdig ist):

a) Physiologische Grundbedürfnisse (Essen, Trinken, Schlafen, Bewegung, Gesundheit, ...),

b) Sicherheitsbedürfnisse (Ordnung, Schutz, Beruf, Arbeit, ...),

c) Soziales Bedürfnis (Zuwendung, Zärtlichkeit, Liebe, ...),

d) Bedürfnis nach Achtung (Selbstachtung, Ansehen, Status, Ruhm, Anerkennung, ...),

e) Bedürfnis nach Selbstverwirklichung (Entfaltung der individuellen Fähigkeiten und Möglichkeiten).

f) Bedürfnis nach Transzendenz (Formen der Erkenntnis, die über die sinnlich erfahrbare Welt hinausgeht).

Der Mitläufer-Effekt:

Auch "Bandwagon-Effekt" genannt nach dem Wagen in einem Festzug, auf dem sich die Musikkapelle befindet und in dem deshalb jeder gerne mitfahren würde.

Es ist ein urmenschlicher Zug, auf der Seite des Siegers sein zu wollen, weil man sich dadurch Vorteile erhofft (deutlich vor allem im politischen Bereich in bezug auf Wahlprognosen!). Im okkulten Bereich möchte man gerne, daß eine Vorhersage wahr wird, man möchte auch zu denen gehören, die schon ein paranormales Erlebnis hatten, die in einem früheren Leben schon mal Piratenbraut waren, ...

Der "Barnum-Effekt":

Die Worte des bekannten Zirkusdirektors bilden die Grundlage vor allem für die nichtssagenden, deshalb alles und nichts bedeutenden Wahrsagetexte: "Für jeden ein bißchen!"

Jeder denkt, daß dort, wo Worte sind, auch ein Sinn sein muß und sucht diesen (auch hier liegt der Vergleich zur Politikerrede nahe). Der Leser oder Hörer glaubt sich und seine spezielle Situation in einem noch so banalen Text genau getroffen, obwohl dieser so allgemein gehalten ist, daß er auf jeden paßt.

Der "Aschenputtel-Effekt":

Mit diesem Begriff hat Harry Meier in der "Magischen" Welt das im Alltag ungeheuer vielfältige Prinzip der "selektiven Wahrnehmung" umschrieben wegen des Märchenzitats "... die Guten ins Töpfchen, die Schlechten ins Kröpfchen ...":

Nachdem der Empfänger den Wahrsagetext "geprüft" hat, fängt er bewußt oder unbewußt damit an, diesen zu "sieben". Vermeintliche Treffer legt er säuberlich ins "Erinnerungs-Töpfchen", die "danebengeratenen" Aussagen verschwinden im "Kröpfchen". Sie werden einfach "geschluckt" und vergessen! Dabei spielen unsere sogenannten assoziativen Gedächtnismechanismen eine große Rolle. Eine Aussage wird mit "Ähnlichkeiten" im bisherigen Erleben und Erinnern des Empfängers verglichen. Wenn diese Aussage nun entfernt an eine Situation erinnert, die irgendwann einmal erlebt wurde, ist die Chance sehr groß, daß dies als "Treffer" eingestuft wird. (Meier 1989, 45 ff.)

Die Einschätzung "Etwas Wahres ist schon dran..." wird schnell zu der undifferenzierten Behauptung, eine "äußerst treffende Vorhersage" gehört zu haben, umgemogelt. Nicht nur das, was ganz offensichtlich (akustisch oder optisch) fehlt, wird ergänzt, sondern selbstverständlich auch der Sinngehalt des Wahrgenommenen.

> *"Man sieht das, was man sehen will!"*
> *"Man hört das, was man hören will!"*
> *"Man glaubt das, was man glauben will!"*

Aus der Fülle der Reize und Informationen, die aus unserer Außen- und Innenwelt stammen, konstruiert die Psyche eine individuelle Wirklichkeitsauffassung, die dem Menschen in Anbetracht seiner gegebenen Möglichkeiten und der aktuellen Situation eine ausreichende Lebensanpassung ermöglicht. Zu diesem Ziel verwendet die Psyche magische Methoden: Sie setzt Beziehungen, wo "objektiv" gesehen keine sind, hebt relevante Informationen hervor und läßt andere verschwinden, sie verleiht Sachverhalten Bedeutung und Sinn, die ihnen "objektiv" nicht zukommen und blendet "objektive" Wahrheiten aus, wenn sie die Stimmigkeit der aktuellen Wirklichkeitsauffassung stören. Wir wollen festhalten, daß die Psyche die lebensnotwendige Tendenz hat, Ordnung, Bedeutung und Sinn zu erzeugen und daß sie dabei

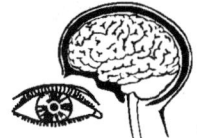
Wirklichkeitsauffassungen bildet, die in häufig nur sehr beschränktem Maße den "tatsächlichen" Verhältnissen entsprechen.

In diesen Zusammenhang gehören auch die Phänomene des von der Psychoanalyse beschriebenen Wiederholungszwanges und der sich selbst erfüllenden Prophezeiung... In der Regel laufen die Wirklichkeitsarrangements so subtil, unbewußt und konsequent ab, daß wir sie nur in Ausnahmefällen und bei großer innerer Aufmerksamkeit und Ehrlichkeit feststellen können." (Müller 1984, 21 ff.)

Zum allumfassenden Bereich der selektiven Wahrnehmung gehört unter anderem auch ein "Balsam-Effekt":

> Beurteilungen durch andere, die der Selbsteinschätzung zuwiderlaufen, machen sich Menschen um so bereitwilliger zu eigen, je günstiger sie in deren Licht erscheinen. Gerade in astrologischen Beratungsstunden wird kübelweise Balsam für die Seele verstrichen. (Wiesendanger 1988, 44)

Um die ungeheure Datenflut (pro Auge und Sekunde allein 200 Millionen Bit) bewältigen zu können, muß ausgesiebt werden und zwar zugunsten von Regelmäßigem, von Zusammenhängen, Ähnlichkeiten und von Wahrscheinlichem.

> Mit einer Behendigkeit, welche die von Politikern weit übertrifft, nimmt unsere Wahrnehmung einen Aspekt fürs Ganze und vernachlässigt einen anderen, der sich gleichfalls anböte. Hunderte von experimentellen Nachweisen dafür liefert die Neurophysiologie. (Brügge 1990, 110 ff.)

Das "true-believer-syndrom":

Müller stellt die Frage, was es sei, das den Menschen gegen alle Vernunft an das Unglaubliche glauben läßt. Er fragt, wie ein sonst normales Individuum von einer Phantasie, einem Schwindel so überzeugt sein kann, daß es selbst nach seiner Aufdeckung bei hellstem Tageslicht weiterhin davon überzeugt bleibt - ja, möglicherweise noch überzeugter ist als vorher.

Dieses Phänomen ist die größte Hilfe für betrügerische Medien, es tritt aber auch im Alltag auf:

> Wir tun alles, um ein einmal erworbenes und uns Sicherheit verleihendes Gedankengebäude aufrechtzuerhalten und zu verteidigen. Je mehr unser Gedankengebäude, unsere Überzeugungen, Einstellungen, Hoffnungen usw. angegriffen und bedroht werden, je mehr unsere Sicherheit und unser Selbstwertgefühl verletzt werden, um so mehr wehren wir den Angreifer ab, was eben hin bis zu seiner Verdrängung und Verleugnung geht... Solange uns eine bestimmte Überzeugung wichtig ist, werden wir immer die Tendenz haben, widersprechende Faktoren abzuwehren... Wir sehen aber in dieser sicherheitsbewahrenden

Die Tarot-Karte "Schwerter VI": Vieldeutige Symbole werden auch durch selektive Wahrnehmung "wahrhaftig".

Haltung des Menschen, nach der "nicht sein kann, was nicht sein darf", eine der Hauptursachen dafür, daß er immer wieder Täuschungen unterliegt, ja sogar selbst fördert, ohne sich dessen bewußt zu sein." (Müller 1984, 118 f.)

Halluzinationen:

Darunter versteht man Wahrnehmungen ohne entsprechende Reize von außen oder das Fehlen von Wahrnehmungen bei vorhandenen äußeren Reizen (sog. negative Halluzinationen).

Eidetische Begabungen:

So bezeichnet man "Sinnesgedächtnisbilder".

> Die eidetische Begabung findet sich häufig bei Kindern und verliert sich meist im Reifealter. Läßt man eine eidetisch begabte Versuchsperson etwa 30 Sekunden lang eine Silhouette oder eine bunte Postkarte ruhig anschauen und nimmt dann die Vorlage weg, so sieht sie auf einem Kartonschirm oder auch auf der Wand das Bild in allen Einzelheiten weiter. Man kann die Versuchsperson auf diesem Gedächtnisbild zählen lassen, wieviel Blumen auf einer Wiese stehen oder absichtlich vorgesehene Fehler in der Darstellung suchen lassen. Es hat sich herausgestellt, daß manche eidetisch begabte Kinder über ein so stark entwickeltes Sinnengedächtnis verfügen, daß sie nicht auswendig zu lernen brauchen, sondern den Text vom Sinnengedächtnis ablesen. Ich kenne eine erwachsene Eidetikerin, die erst lange nach ihrer

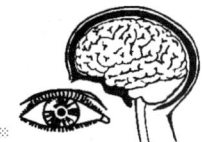

Schulzeit merkte, daß nicht alle Menschen diese Begabung besitzen, mit der sie wie mit etwas Selbstverständlichem umgegangen war: Sie war nicht nur imstande, Dinge, die sie kurz gesehen hatte, eidetisch mit sinnlicher Deutlichkeit wie einen wirklichen Gegenstand weiterzusehen, sondern sie sah auch lebhafte innere Vorstellungen wie leibhafte Bilder nach außen projiziert auf irgendeiner dafür geeigneten Fläche. Sie war nicht nur reproduktiv eidetisch, sondern auch produktiv eidetisch. (Bender 1985, 115)

Hier ist der Hinweis auf "Visionen" jeglicher Art (z.B. auch auf die umstrittenen Madonnenerscheinungen bei Kindern!) beinahe überflüssig!

Erinnerungstäuschungen/Paramnesen:

Paramnesie ist die Unfähigkeit, sich an vergangene Ereignisse korrekt zu erinnern. Das Gedächtnis ist hierbei durch Einschluß falscher Details oder falschen Zeitbezug gestört. In der sog. Wahnerinnerung kommt es zu einer Umänderung des Gedächtnisinhalts oder zu Neuschöpfungen im Sinne des Wahns. Manchmal wird aus verschiedenen Motiven (Rechtfertigung, Ausrede, Angeberei) eine Scheingeschichte präsentiert, die der Autor meist selbst für zutreffend hält (im Gegensatz zum Lügner) oder es werden Erinnerungslücken durch frei erfundene oder suggestiv übernommene Geschichten ausgefüllt. Dazu zählt ebenso das déjà-vu-Ereignis (s.u.).

Verifikationsphänomen:

Gubisch stellte sich die Frage, was eine Versuchsperson veranlaßte, die Aussagen des Experimentators als zutreffend zu bezeichnen, ohne sich einer Täuschung bewußt zu werden. Die Täuschung in seiner konkreten "Versuchsanordnung" bestand darin, daß Gubisch einen frei erfundenen Text als "für diese Person speziell zutreffend" vorgetragen hatte; siehe Beispiel des Verf. unten.

Der Verifikationsprozeß vollzieht sich in verschiedener Weise. Die Aussage des Hellsehers assoziiert gleiche und ähnliche Erinnerungen, unter denen die der Aussage am adäquatesten scheinende herausgefunden wird. (Unbewußte Auslese!) Dabei werden alle irgendwie verwendbaren Möglichkeiten innerhalb des gesamten Erlebnisbereiches mit allen ihren vielfältigen Beziehungen aufgestöbert und ausgenutzt. Damit verbindet sich eine alles Brauchbare erinnernde und modifizierende Angleichung an die Aussage des Hellsehers und umgekehrt, ohne daß die Verfälschung bewußt würde. (Gubisch 1961, 68 ff.)

Das folgende Experiment macht das Phänomen geradezu unglaublich anschaulich (für den Versuchsleiter (VL) und die Versuchsperson (VP)): Der VL läßt sich einen Gegenstand geben, der schon länger im Besitz einer VP ist und zu dem sie eine persönliche Beziehung hat (Frauen sind bessere VP als Männer!). Er kündigt ein Experiment zum Phänomen der "Psychometrie" an (anhand eines Gegenstandes Aussagen über deren Besitzer zu machen).

Nach erkennbar starker Konzentration wird sinngemäß folgender Text vorgetragen: Die Aussagen sollen sich auf die spezielle VP beziehen, also: "Ich sehe...

Zur allgemeinen Lebensumwelt:

- Ein großes Haus mit schwerer Eingangstür (viel Metall); Schwierigkeiten beim Öffnen.
- Vom Fenster aus sehen Sie einen großen Laubbaum in einer kleinen Grünfläche.
- Hinter dem Haus befindet sich ein kleiner Neubau.
- Ihr Lieblingszimmer ist hell und freundlich; mehrere Bilder: auf einem davon eine Gruppe von 5 Menschen mit einem Tier, kleiner schwarzer Hund, rechts von der Gruppe.
- Die positive Atmosphäre in diesem Raum wird beeinträchtigt von einer negativen Störung: Vor kurzem fand hier eine harte Auseinandersetzung statt, die einschneidende Wirkung auf Ihr Leben hatte.
- Die Tapete: von weitem gesehen ist diese abstrakt gemustert, gestreift; aus der Nähe erkennt man Blumenranken.
- In dem Zimmer steht ein Schränkchen. In der oberen rechten Schublade liegt ein Gegenstand, der große emotionale Bedeutung für Sie hat. Der Gegenstand ist nicht mehr gebrauchsfähig, trotzdem hängen Sie an ihm und werfen ihn nicht weg. Größe: ungefähr wie ein Fünfmarkstück; Teile davon aus Edelmetall.

Zur Person:

- Oberhalb der rechten Hüfte ein Muttermal; dort auch eine gesundheitliche Störzone.
- Am linken Knie eine kleine Narbe (Fall von Schaukel).
- Sie gehen gewöhnlich ohne Hut.
- Mit 7 Jahren eine schwerere Krankheit; Klinikaufenthalt konnte vermieden werden.
- Vor kurzer Zeit ein ernsthaftes Gespräch in einem Café mit Freund/Freundin. Sie sagten dabei, daß sie/er nicht immer alles so kompliziert sehen solle.
- In der letzten Woche haben Sie intensiv ein Dokument gesucht, einen wichtigen Brief, und ihn schließlich an einem Ort gefunden, an dem Sie ihn nicht vermutet haben.
- Momentan erwarten Sie eine Nachricht von einer

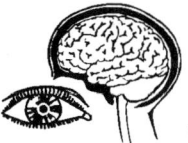

Ihnen nahestehenden weiblichen Person, die eine längere Auslandsreise unternommen hat.
- Sie machen sich Sorgen eines erwachsenen Kindes wegen.
- Eine fünfstellige Zahl hat für Sie Bedeutung: 16548. Auch die zweistellige Zahl 28 ist wichtig für Sie.

Dieser Text muß schriftlich nachprüfbar vorhanden sein, weil es immer wieder vorkommt, daß man dem VL nicht glaubt, wenn er versichert, daß alles frei erfunden ist! Diese Erfahrung machte auch Gubisch bei ähnlichen Experimenten. Die Trefferquote bei den Versuchen liegt manchmal bei über 80%! Mehrmals geschah es, daß die VP selbst den Text kaum auf sich beziehen konnte, andere Teilnehmer aber sofort "mithalfen", das Gesagte zu verifizieren, bis es schließlich auch die VP "einsah"! Wenn die "psychometrische Analyse" aufgezeichnet wird, kann der Text mehrmals abgespielt werden, um die Aussagen zu durchdenken - und dann schließlich zu bestätigen.

Die Rolle des Unterbewußtseins:
Ganz gleich, ob man sich eng an Freuds "Schichtenlehre" anlehnt (Aufgliederung der Persönlichkeit in drei Instanzen: ES verkörpert die Triebregungen, ÜBER-ICH ist die Repräsentation der von Autoritätspersonen bzw. Kollektiven übernommenen Normen, ICH ist die bewußt agierende Persönlichkeit) oder veränderte, vereinfachte Vorstellungen vorzieht: Man kommt bei der Beschäftigung mit "okkulten Phänomenen" nicht einmal für kurze Zeit um den Bereich des (naturwissenschaftlich nicht beweisbaren) Unbewußten herum. Wir alle verfügen nur über eine sehr eingeschränkte bewußte Kontrolle unserer psychischen wie physischen Abläufe. Viel mehr wird unbewußt gesteuert, wobei nach neueren Forschungen dieser Bereich zuzunehmen scheint. Unser Gehirn verarbeitet immer mehr Informationen - immer weniger davon aber werden uns bewußt. In einem Bericht der Zeitschrift PM (Heft 11/1993) wird dies sogar in Zahlen ausgedrückt:

	1971	1989
bewußt	3%	1%
vorbewußt	10%	5%
unbewußt	87%	94%

Das Unbewußte ist der primäre Informationsverwalter, nicht nur in bezug auf die Körperfunktionen. Nach Mitscherlich ist es völlig sinnlos, über das Bewußtsein das Unbewußte direkt erreichen zu wollen:

Von der Ebene des Bewußtseins aus das Unbewußte direkt erreichen zu wollen, ist ein vergebli-

ches Bemühen. Könnte dies gelingen, so wäre der Begriff "unbewußt" überflüssig. Wir können immer nur der Repräsentanten des Unbewußten inne werden und von ihnen aus auf den jeweiligen dynamischen Vorgang schließen. (Mitscherlich 1975)

Dies hat u.a. zur Folge, daß es ein Bemühen der Pädagogik sein muß, die bei allen Menschen möglichen unbewußten Manipulationen - nicht nur im okkulten Bereich! - anschaulich zu verdeutlichen und vor allem junge Menschen dafür sensibel zu machen.

Ein auch für viele Erwachsene erschreckendes Beispiel aus der Praxis des Verfassers: Während eines Vortrags wird immer wieder die (eindrucksvolle, bunte) Abbildung eines Nikolauses projiziert, mit folgenden "Befehlen":

1. "Denken Sie heute abend beim Zubettgehen an diesen Nikolaus!"
2. "Sie alle werden heute nacht um 2.10 Uhr aufwachen! Ich befehle Ihnen, dann nicht an diesen Nikolaus zu denken. Tun Sie das dennoch, so werden Sie eine halbe Stunde nicht mehr einschlafen!"
3. "Denken Sie beim Aufstehen morgen früh wieder an diesen Nikolaus!"

Grob geschätzt beträgt die "Aufwachquote in der Nacht" ca. 60%! Wobei es nicht gelingt, nicht an den Nikolaus zu denken! Dies macht eindrucksvoll deutlich, daß Negatives (= oft Ängste) stärker haftet als Positives.

Eine Wahrsagerin erzählt ihrem Kunden: "In Ihrem Garten liegt ein Schatz. Gehen Sie in der nächsten Neumondnacht zwischen Mitternacht und ein Uhr hin, und graben Sie beim Apfelbaum! Hüten Sie sich aber, dabei an ein Nilpferd zu denken!" Der Mann führt dies aus. Um 0.45 Uhr aber wirft er die Schaufel weg und schimpft: "Verflixt, mein Lebtag habe ich an kein Nilpferd gedacht, und jetzt geht mir dieses Vieh nicht mehr aus dem Kopf!"

Mit diesen beiden einprägsamen Beispielen wird der fließende Übergang deutlich zur:

Suggestion (Autosuggestion):
Beeinflussung: einen u.U. nicht den Tatsachen entsprechenden Eindruck vermitteln (Selbstbeeinflussung ohne äußere Reize); hier geht es um Formen des ergebenen Astro-Fatalismus. Dieser lebt bis heute fort, mußte der Kinder- und Jugendlichen-Psychotherapeut Reinhold Ruthe betroffen feststellen: "Nicht wenige Menschen bringen eine Bereitschaft mit, sich dem Horoskop auszuliefern." Das führe bei ihnen "zu einer Autosuggestion, ihr Leben danach auszurichten". Gerade "autosuggestible Personen, besonders solche mit hysterischem und

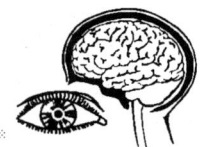

hypochondrischem Einschlag" sieht Ruthe in Gefahr, sich eingebildeten Vorherbestimmungen zu unterjochen.

Extrem und doch typisch findet Ruhte den Fall einer Pensionärin, von der ihm eine Gemeindehelferin berichtete: "Plötzlich vor dem 70. Geburtstag wurde sie von einer panischen Angst umgetrieben." In jüngeren Jahren hatte ihr ein Astrologe prophezeit, mit 70 werde ihr Leben enden: "jahrzehntelang hatte dieses Wissen im Unterbewußtsein geschlummert und die Dame nicht im entferntesten beunruhigt". Seit der Pensionierung jedoch "hatte sie viel Zeit, über alle Lebensprobleme, ... über Gegenwart und Zukunft nachzudenken. Wie ein Blitz aus heiterem Himmel traf sie schlagartig die Erinnerung an jenen Termin beim Astrologen ... Sie magerte ab, entdeckte alle möglichen Krankheiten, verlor jegliche Lust am Leben und beschäftigte sich Tag und Nacht mit ihrem Ende ..." (Wiesendanger 1988, 45)

Offensichtlich ist das kein Einzelfall: An den Verfasser wandten sich verzweifelte Angehörige einer 74jährigen Dame, der vor 40 Jahren von einer Pendlerin vorhergesagt wurde, daß sie mit 75 sterben würde ... - ansonsten wie oben!

In bezug auf spiritistische Sitzungen schrieb Leithäuser bereits 1964:

> Zur Zeit der Jahrhundertwende war es der Öffentlichkeit klar, daß es keine "Manifestationen" der Geister und keine Existenzbeweise für sie gab; die Fachwissenschaftler hatten inzwischen auch weitgehend geklärt, was bei den Sitzungen mit den Medien außer den betrügerischen Tricks noch vonstatten ging: Die Medien, psychisch gestörte Personen mit ungewöhnlich starker Suggestibilität, sind von dem Verlangen besessen, Sprachrohr von Geistern zu werden, und versetzten sich in einen autohypnotischen Zustand (Trance), in welchem sie die autosuggerierte Persönlichkeit durch Rede, Schrift oder sogar leibliche Verkörperung zum Ausdruck bringen. Seiner Handlungen ist sich das Medium meist nicht bewußt, weshalb man es von der Absicht des Betruges zwar freisprechen kann, nicht aber von der Mitwirkung an einem allgemeinen Bestreben, leichtgläubige Menschen irrezuführen und zu betrügen.
> Seit den Forschungen Freuds wuchs dann die Erkenntnis, in welch großem und zuvor ungeahntem Maße das Unterbewußtsein Sinneseindrücke aufnehmen und Erinnerungen speichern kann, die entweder nie ins Bewußtsein gelangten oder später verdrängt worden sind. Die Mitwirkung des Unterbewußtseins würde heute vieles erklärlich machen, was damals als übersinnlicher Vorgang galt ... (Leithäuser, a.a.O., 282 ff.)

Zum Stichwort "Suggestibilität der Massen" siehe vor allem auch das o.a. Experiment zum Geruchs-

sinn: Je selbstsicherer der Vorführende auftritt, je besser seine schauspielerischen Fähigkeiten, je größer seine Autorität, desto besser gelingt die Fremdsuggestion und damit sehr schnell die Autosuggestion.

Auch das Hören von nicht vorhandenen Liedteilen (s.o.) gelingt um so besser, je "gruseliger" und überzeugender die umrahmende Geschichte dargestellt wird.

> *Die Mitwirkung des Unterbewußtseins würde heute vieles erklärlich machen, was früher als übersinnlicher Vorgang galt ...*

Ob es sich bei den folgenden Geschichten in allen Einzelheiten um wahre Begebenheiten handelt, ist kaum zu klären. Sie könnten sich in der Tat so zugetragen haben und verdeutlichen hier die starke Kraft der Suggestion, die nicht bei allen Menschen gleich stark wirkt, sondern abhängt von der besonderen Eigenart der Persönlichkeit und von äußeren Umständen. Im allgemeinen sind Frauen suggestibler als Männer, Kinder suggestibler als Erwachsene.

• In einem Eisenbahn-Kühlwagen wurde aus Versehen ein Wagenwäscher eingeschlossen und schon nach einer Fahrt von 30 km tot aufgefunden. Mit Kreide hatte er auf den Boden des Wagens geschrieben: "Es wird kälter, wie ich fürchte. Wird mich keiner retten? Ich friere langsam zu Tode!" Am äußersten Ende des Wagens fand man die Worte: "Ich schlafe schon halb - vielleicht sind das meine letzten Worte." Das Tragische (und Bezeichnende): Die Kühleinrichtung des Wagens war abgeschaltet, die Temperatur lag über dem Gefrierpunkt!

• Mitten in der Predigt begann ein Gastpriester heftig zu niesen. Mit tränenden Augen erklärte er, daß er an Heuschnupfen leide. Er bat darum, das Liliengesteck aus der Kirche zu entfernen. Dem Wunsch wurde sofort entsprochen, und der Geistliche fuhr ohne weitere Probleme in seiner Predigt fort. Am Ende der Rede entschuldigte sich der verlegene Mann, woraufhin das Gemeindemitglied, das für die Blumen zuständig war, meinte: "Das macht doch nichts. Es waren sowieso künstliche Blumen!" (Das Beste, Heft 11/1994)

Zu warnen ist vor einer einseitigen Darstellung der Suggestion als negative Kraft! Zwar sind auch in der Medizin zahlreiche Fälle wohldokumentiert, bei denen vom Patienten intensiv erwartete Krankheitsbilder (bis hin zu Lähmungserscheinungen) ohne physiologische Ursache tatsächlich manifest wurden, aber gerade im medizinischen Bereich wirken Suggestionen positiver Art (als Fremd- und/oder Selbstsuggestion) oft stärker als Pharmazeutika (siehe unten: Placebo-Effekt)!

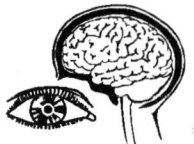

Selbsterfüllende Prophezeiungen:
Watzlawick stellt diesen wichtigen, lebensnotwendigen Effekt sehr anschaulich dar:

> Eine sich selbst erfüllende Prophezeiung ist eine Annahme oder Voraussage, die rein aus der Tatsache heraus, daß sie gemacht wurde, das angenommene, erwartete oder vorhergesagte Ereignis zur Wirklichkeit werden läßt und so ihre eigene "Richtigkeit" bestätigt. Wer zum Beispiel - aus welchen Gründen auch immer - annimmt, man mißachte ihn, wird sich eben deswegen in einer überempfindlichen, unverträglichen, mißtrauischen Weise verhalten, die in den anderen genau jene Geringschätzung hervorruft, die seine schon immer gehegte Überzeugung erneut "beweist"... Die Alltagserfahrung lehrt uns, daß nur wenige Prophezeiungen erfüllend sind, und die ... Beispiele dürften den Grund klarlegen: Nur wenn eine Prophezeiung geglaubt wird, das heißt, nur wenn sie als eine in der Zukunft sozusagen bereits eingetretene Tatsache gesehen wird, kann sie konkret auf die Gegenwart einwirken und sich damit selbst erfüllen. Wo dieses Element des Glaubens oder der Überzeugung fehlt, fehlt auch diese Wirkung.
> (Watzlawick 1985, 91 ff.)

Jedem Lehrer sind die Untersuchungen von Robert Rosenthal bekannt, der mit seinem Buch "Pygmalion im Unterricht" umfangreiche Untersuchungen im pädagogischen Bereich vorlegte.

Fremdtäuschungen

Bereits im vorigen Kapitel wurde der fließende Übergang zwischen den Selbst- und Fremdtäuschungen immer wieder deutlich. Wenn man dann noch zwischen unabsichtlicher, unbewußter und absichtlicher Fremdtäuschung unterscheidet, wird das Geschehen weiter unübersichtlich.
Eine Fremdtäuschung wird mit Selbsttäuschungsbereitschaft wesentlich erleichtert, wobei letztere wiederum unbewußt vorhanden sein kann.
Eine Illusion ist dann keine Illusion mehr, wenn man weiß, daß die Illusion eine Illusion ist!

> Der Täuschende kann dem zu Täuschenden immer nur einen Täuschungsanreiz geben, ein Täuschungsangebot machen, und es ist in nicht unerheblichem Maß vom zu Täuschenden abhängig, ob er auf das Täuschungsangebot eingeht.
> (Müller, L. 1980)

Bereits diese wenigen Aussagen deuten darauf hin, daß dort, wo absichtlich und bewußt getäuscht wird, der zuständige Fachmann ein spezialisierter Zauberkünstler ist!

James Randi: "Ein Trickser kann nur durch einen anderen Trickser entlarvt werden!"
Allerdings muß vor dem weitverbreiteten Irrtum gewarnt werden, daß jeder, der in seiner Kindheit einen Zauberkasten besaß oder ein paar Kartentricks vorführen kann, ein "Trickexperte" sei!
Die Täuschungskunst ist eine (vom Finanzamt(!) anerkannte) Kunst, die nicht nur etliches an Fingerfertigkeit, sondern wesentlich mehr an psychologischem Täuschungs-Know-How erfordert.

Hier detailliert darauf einzugehen, ist nicht möglich. Es sei vielmehr verwiesen auf das (leider vergriffene, über Bibliotheken erhältliche) Buch von Lutz Müller: Para, Psi und Pseudo-Parapsychologie und die Wissenschaft von der Täuschung; Berlin 1980.

Auch Wilhelm Gubisch hat sich intensiv mit dieser Thematik befaßt in seinem (leider auch nur noch in Stadt- und Universitätsbibliotheken geführten) Buch: Hellseher - Scharlatane - Demagogen? Eine experimentelle Untersuchung zum Problem der außersinnlichen Wahrnehmung und der suggestiven Beeinflussung einzelner Menschen und Menschenmassen; München 1961.

Im Prinzip sind als Grundlage viele im Handel erhältliche (nicht alle!) sog. "Zauberbücher" brauchbar (vor allem deren Kapitel über "Mentalmagie"), weil sie grundlegende Täuschungsprinzipien immanent enthalten.

> *Wissenschaftler sind meist ungeeignete "Gutachter bzw. Kontrolleure" dort, wo betrogen und getrickst wird.*

Bereits 1882 schrieb ein ehemaliges "Medium" eine aufsehenerregende Schrift mit dem bezeichnenden Titel "Confessions of a medium". Darin erfuhr die Öffentlichkeit, welche Künste das Medium in Wirklichkeit beherrschte: in gefesseltem Zustand, aus einem verschlossenen Käfig oder zugeschnürten Sack sich heimlich zu befreien, Geistererscheinungen zu produzieren und dann unbemerkt in die frühere Fesselung zurückzukehren, durch bestimmte Wörter oder Signale seine Gehilfen zu kommandieren, im Dunkeln die Kleidung zu wechseln oder zu verändern, zu nähen, mit Werkzeug zu arbeiten, etc. Fertigkeiten, die täglich trainiert wurden. Seine größte Fähigkeit war, die Menschen zu bluffen, geistig zu überrumpeln und zu täuschen. Er war ein vorzüglicher Menschenkenner. Unter seinem Publikum sollten sich möglichst wenige Geistliche und Journalisten befinden, da er deren Aufmerksamkeit am

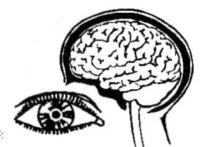

meisten fürchtete (auch Uri Geller ließ in England eine Veranstaltung mit der Begründung "Bombenalarm" platzen, als er erfuhr, daß in der ersten Reihe Zauberkünstler saßen). Von Gelehrten dagegen hielt er wenig: "Die Männer der Wissenschaft werden herrlich an der Nase herumgeführt, denen kann man so leicht mitspielen wie Blinden."

Uri Geller selbst trat gerne vor naturwissenschaftlichem Publikum auf, denn "wegen ihrer geistigen und sozialen Schulung gehören Naturwissenschaftler zu den Leuten, die ein Trickkünstler am leichtesten täuschen kann." Die Betrugshypothese gehört eben nicht zum Standardrepertoire eines "objektiv messenden, rational argumentierenden und gegenüber Werturteilen neutralen" Wissenschaftlers. (Leithäuser 1964, 281)

Nicht alltägliche psychische Phänomene

Wie bereits oben immer wieder angesprochen, gelten für Geschehnisse im okkulten Bereich keine normalen Maßstäbe. Oft genug befinden sich die Teilnehmer bzw. Praktizierenden in ungewöhnlichen seelischen Zuständen, z.B.

- Panik,
- Ekstase,
- Trance,
- meditativer Versenkung,
- Drogenrausch,
- schizophrenen Phasen,
- Hörigkeit,
- Wahn,
- Angst,
- anomal starken Zuständen der Erwartung, Hoffnung, Verzweiflung, ...,
- Psychose.

Die Sehnsucht nach extremen Gefühlszuständen und Mystik läßt viele Menschen so manches ausprobieren.

Im Okkultismus spielen vor allem diejenigen Bewußtseinszustände eine große Rolle, bei denen die Wahrnehmung sich auf innere Abläufe im Menschen selbst konzentriert und der Kontakt zur Außenwelt verringert oder in den unbewußten Bereich zurückgedrängt wird. Auch das Ausschalten der bewußten, kritischen Denkprozesse spielt eine wichtige Rolle... In der meditativen Versenkung ist es z.B. möglich, die Spannung gewisser Muskelbereiche zu fühlen und zu verändern, Bewegungen der Eingeweide wahrzunehmen usw. ... Für den Okkultismus werden solche Wahrnehmungen erst durch die religiöse Deutung interessant... Es ist möglich, sich durch suggestive Techniken in extreme Gefühlszustände hineinzusteigern... (Hemminger 1989, 31)

Zusammenfassend läßt sich sagen, daß die Zahl der Selbst- und Fremdtäuschungsmöglichkeiten nicht angebbar ist, da je nach äußeren und inneren Umständen bei jeder konkreten Situation verschiedene Kombinationen in unterschiedlicher Stärke wirksam sind. Da hier die streng naturwissenschaftlichen Methoden schlecht greifen, wird immer ein relativ großer Rest im Bereich der "Vermutungen" bleiben (so ist z.B. die Theorie von S. Freud bis heute nicht beweisbar nach naturwissenschaflichen Kriterien, aber sie ist wahrscheinlich). Unredlich wäre, etwas anderes zu behaupten!

Zwei "Schmankerln" zum Nachdenken:

Ein Psychiater wurde von einem Patienten mit einem sehr schwierigen Problem aufgesucht.
Dieser war nämlich überzeugt, daß er schon tot sei, und nichts konnte ihn davon abbringen.
Der Psychiater versuchte, mit ihm vernünftig zu argumentieren:
"Sagen Sie", fragte er ihn, "können Tote eigentlich bluten?"
"Nein, natürlich nicht!" schrie der Patient. "Das ist eine dumme Frage!"
Der Psychiater stach daraufhin mit einer Nadel in den Finger des Patienten, und ein Tropfen Blut erschien.
"Und was schließen Sie daraus?" fragte der Psychiater.
Der Patient stutzte für ein paar Sekunden, um die Wunde zu prüfen.
"Offensichtlich hatte ich Unrecht!" murmelte er schließlich ruhig. "Tote bluten doch...!"
(RANDI 1986, 61)

Nach der Fußball-Weltmeisterschaft 1994 wurden die Fernsehzuschauer nach dem besten Kommentator befragt. Den zweiten Platz belegte dabei der ZDF-Reporter Dieter Kürten.
Nichts besonderes? Nun - Kürten hat kein einziges Spiel kommentiert, da er die USA-Reise kurz vor-

*her aus gesundheitlichen Gründen absagen muß-
te! 2779 Zuschauer haben ihn trotzdem "wahrgenommen" = gewählt!*

Die "Gerüchte-Küche"

Die meisten Erzählungen (auch in der Literatur!)
über okkulte Erscheinungen sind nicht oder nur in
sehr eingeschränktem Maße nachprüfbar. Wo dies
möglich war, hat sich oft herausgestellt, daß eine
außer Kontrolle geratene "Gerüchteküche" binnen
kurzer Zeit das ursprüngliche Ereignis völlig verändert hat - von absichtlichem Betrug, auch von Journalisten, einmal abgesehen. Das vielzitierte "Indische Seilwunder" ist eine solche Erfindung wie auch
zahlreiche UFO-Meldungen.

Konkrete Erfahrungsmöglichkeiten:
"Die Gerüchtekette"
Die Teilnehmer sitzen nebeneinander und bilden
einen Kreis. Der Spielleiter flüstert dem links neben ihm Sitzenden eine Meldung ins Ohr, z.B.:

"Gestern hat die Spätausgabe der "Tagesschau" um
22.30 Uhr gemeldet, daß über Ostsibirien fünf unbekannte Flugobjekte gesichtet worden seien. Eines davon sei sogar gelandet und es seien drei zwei
Meter große Wesen ausgestiegen, die menschen-
ähnlich ausgesehen hätten. Es seien Fotos und
Filmaufnahmen davon gemacht worden, die aber
vom sowjetischen Militär beschlagnahmt worden
seien."

Diese "Meldung" wird jeweils an den linken Nachbarn weitergegeben.
Der Letzte schreibt auf, was bei ihm ankommt.
Dies wird vorgelesen und verglichen mit dem, was
ursprünglich auf die Reise in die Kette geschickt
wurde.
Anschließend wird gemeinsam analysiert, was passiert ist.
Einzelne Teilnehmer berichten, was sie zu hören
glaubten, was sie falsch verstanden, neu hinzufüg-
ten. Realitätsnähe? Das im Alltag überall anzutreffende sensationslüsterne Aufplustern, das Wichtig-
machen kommt bei diesem Spiel sogar eher zu
wenig zum Vorschein.
Hier geht es vor allem um akustische Mißverständ-
nisse und um eine Gedächtnisleistung.

Analyse des "Gerüchte-Comics"
Kopie (oder OH-Folie) des Comics; Analyse der Geschehnisse; Sammeln von Gerüchten über entsprechende Ereignisse der letzten Zeit, von Gerüchten
über Prominente, über Bekannte; Möglichkeiten der
Nachprüfbarkeit?

Gerüchteküche oder ...
Von der Mücke zum Elefanten

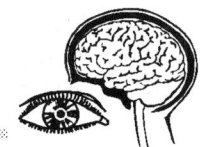

Der "6. Sinn"?

Ganz gleich, wie man dieses "Phänomen" bezeichnet - als Intuition, innere Stimme, 6. Sinn, Instinkt oder als "Riecher": Gehört es nicht vollständig in den Bereich des Übersinnlichen und Paranormalen? Diese Einordnung drängt sich zumindest auf, wenn man die vielen Artikel vor allem in Frauenzeitschriften heranzieht, die regelmäßig mit einem Trainingsprogramm zur Steigerung der intuitiven Kompetenz abschließen. "Der britische Biologe Dave Brayshaw weiß, wie der sechste Sinn funktioniert: Gedanken und Empfindungen sind meßbare Energieschwingungen. Selbst Unglücke, Geburten, Todesfälle haben ihre eigenen Schwingungen. Jeder hat unsichtbare Antennen dafür. Nur: die Empfangszentrale liegt eben in der rechten Gehirnhälfte! Frauen können deshalb, wenn sie sich von Ängsten, Vorurteilen und den Zweifeln des Verstandes freimachen, Gedanken lesen. Brayshaw geknickt: 'Als Mann hat man keine Chance.'" (FÜR SIE, 24/1993)

Laut einem Bericht in der Zeitschrift "esotera" (Heft 4/1994) antworteten bei einer Umfrage der Wickert-Institute zwei Drittel der Deutschen: "Ja, ich glaube an diese Art der außersinnlichen Wahrnehmung!" 28% verspüren den sechsten Sinn gelegentlich, 13 % sogar häufig. Das weibliche Geschlecht liegt dabei wieder vorn: Jede sechste Frau (rund 16%) hat häufig Ahnungen, während die befragten Männer nur auf sechs Prozent kamen.

Wie stelle ich fest, ob ich einen 6. Sinn habe? 1. Ich weiß oft, welche Situationen eintreffen (Beispiel: Ich denke beim Spaziergang an eine Bekannte - und im selben Moment begegnet sie mir); 2. Ich kann oft Reaktionen anderer vorhersehen (Beispiele: Ich fühle, das Nachbarskind bricht gleich in Tränen aus; der Chef wird demnächst aggressiv und laut); 3. Ich kann oft Probleme erahnen, habe vorher schon ein mulmiges Gefühl im Magen (Beispiele: Die Tochter kommt mit schlechter Zensur nach Hause; der Ehemann hat Streß im Job); 4. Ich kann oft Stimmungen ahnen (Beispiele: Ich gehe mit schlechtem Gefühl zur Arbeit und streite mich dann mit der Kollegin). (FÜR SIE, Heft 2/95).

Aus diesen Zitaten wird deutlich, wie vorschnell immer wieder die übersinnliche Hypothese als bewiesen ausgewiesen wird. Bei der Untersuchung eines Phänomens sollte aber immer zunächst gefragt werden, ob es nicht ohne Rückgriff auf die Paranormalität erklärt werden kann. Und das ist hier wohl der Fall! Viele der vorher genannten psychischen Abläufe tragen bei zu einem Verständnis intuitiver Phänomene, das ohne Paranormalität auskommt. Der sechste Sinn wird in diesem Sinne z.B. verstanden als "die Fähigkeit, aus begrenzten Informationen richtige Schlußfolgerungen zu ziehen". (so der Psychologie-Professor Malcolm Westcott: Das Beste, Heft 7/1994 - wenn wir schon im populärwissenschaftlichen Bereich bleiben wollen). Und weiter: "Das ist laut Westcott der wichtigste Bestandteil der Intuition: unser Wissens- und Erfahrungsschatz..."

Die Intuition entzieht sich nicht vollständig der praktischen, systematischen Nachprüfung: Anhand des weitverbreiteten Glaubens daran, daß man "einen Blick im Rücken" spüren könne, sei dies kurz dargestellt.

Für das folgende kleine Experiment benötigt man zwei Versuchspersonen und einen Versuchsleiter. Die erste Versuchsperson (VP 1) sitzt auf einem Stuhl, der anderen (VP 2) den Rücken zugewandt. Durch einen Würfel wird bestimmt, ob VP 2 den Nackenbereich von VP 1 intensiv 30 Sekunden lang anstarrt oder auf den Boden schaut (gerade/ungerade Zahlen). Nach 30 Sekunden gibt VP 1 ihr Gefühl bekannt, das einfach in Strichform notiert wird. Zugleich wird festgehalten, was wirklich geschah. Nach etlichen Durchgängen wird ausgewertet. Daß dies keine den wissenschaftlichen Ansprüchen genügende Versuchsreihe ist, liegt auf der Hand. Trotzdem werden sich nach der Erfahrung des Verfassers die zutreffenden Aussagen von VP 1 mit dessen Fehleinschätzungen die Waage halten. D.h. eine Trefferquote von 50% ist bei einem längeren Testlauf als normal anzusehen, wenn zwischen zwei Alternativen gewählt wird. Einzelne "Ausreißer" besitzen keine gegenteilige Beweiskraft, sondern müßten anschließend weiter untersucht werden.

Für das fast allgemein anerkannte Phänomen, Blicke im Rücken spüren zu können, gibt es durchaus Erklärungsansätze: Möglich ist ein unbewußt wahrgenommenes, durch den anderen verursachtes, leises Geräusch kurz vor dem Umdrehen oder bei geringerer Entfernung das Spüren der Körperwärme. Meist wird es sich um das Wahrnehmen einer Bewegung aus den Augenwinkeln heraus handeln. Durch die "Randsicht" erweitert sich das Blickfeld um 30 Grad, auch wenn die Sehzellen am Rande des Auges nur erkennen können, daß sich etwas bewegt. Auch archetypische Theorien greifen eher als paranormale Thesen: Die tief in unserer Evolution verankerte Angst von Angriffen aus dem Hinterhalt lenkt unsere Aufmerksamkeit intuitiv auf das, was sich in unserem Rücken abspielt. Menschen

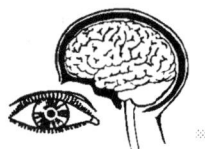

blicken sich deshalb auch wesentlich häufiger um, als sie selbst glauben.

Insgesamt aber kann man wohl zusammenfassen: Verlasse dich ruhig auf deine Ahnungen. Sie beruhen gewöhnlich auf dicht unterhalb der Bewußtseinsschwelle registrierten Fakten!

Dem ist (auch bezüglich des männlichen Geschlechts!) nichts hinzuzufügen!

Déjà-vu-Erlebnisse

Eine Erinnerungstäuschung, die bei Neurotikern und Geisteskranken häufig ist, aber auch bei Gesunden, besonders bei Übermüdungs- und Erschöpfungszuständen, auftreten kann. Man hat dabei die Überzeugung, einen Menschen oder eine Örtlichkeit schon einmal gesehen, eine bestimmte Situation schon einmal erlebt zu haben, obwohl es sich um eine völlig neue Situation handelt. Die Täuschung entsteht meistens dadurch, daß man sich bei vergessenen oder verdrängten Erlebnissen nur noch an Bruchteile erinnert, die mit der neuen Situation übereinstimmen, bzw. ihr ähnlich sind. Auch vergessene oder umgedeutete Phantasievorstellungen früherer Bild- und Literatureindrücke usw. spielen eine große Rolle. Déjà-vu-Erlebnisse sind oft mit Depersonalisation verbunden und dienen im Okkultismus als Beweis für Seelenwanderung und Wiedergeburt (Vergl. - Reinkarnation).
(Pössiger 1982)

Schon erlebt

Von Stefan König

Fast jeder fand sich schon einmal in einer Situation, von der er plötzlich annahm, er habe sie schon mal erlebt. Diese verwirrende Erfahrung nennen Psychologen ein „Schon-Gesehen-Erlebnis". Umgekehrt passiert's auch. Wohlvertrautes erscheint einem plötzlich fremd und „noch nie dagewesen".

Schon der heilige Augustinus rätselte über die seltsame Erfahrung und nannte sie „falsche Erinnerungen". Sigmund Freud machte verdrängte, unbewußte Phantasien dafür verantwortlich, die dann zutage treten, wenn eine neue Situation an Verdrängtes erinnert. So manch „erleuchteter Prophet" oder gar vermeintlich Wiedergeborener baut wohl ein ganzes Weltbild auf ein solches Erlebnis. Denn: Wenn's geschieht, ist sich der Mensch wohl bewußt, daß ihm die Situation eigentlich unmöglich so vertraut vorkommen kann, wie er sie empfindet.

Wissenschaftler haben für das gespenstische Phänomen jetzt eine Erklärung. Demnach ist eine Art Schaltfehler im Gehirn schuld, wie er vor allem bei Belastungszuständen, beispielsweise bei Müdigkeit, auftritt.

Das geschieht im sogenannten Mandelkern, einer zerklüfteten Struktur im Schläfenlappen, die mit Informationen aus allen Sinneszentren gespeist wird. Zu einem Schon-Gesehen-Erlebnis kommt es demnach, wenn sich der Mandelkern ausklinkt. Beweis: das Phänomen kann sogar künstlich ausgelöst werden, so man den Schläfenlappen mit elektrischen Strömen reizt.

aus: Nürnberger Nachrichten 20.7.1991

Unter den Oberbegriff "Déjà-vu" fallen Einzelbereiche wie:

- **Déjà-entendu** (schon einmal gehört),

- **Déjà-fait** (schon einmal getan),

- **Déjà-pensé** (schon einmal gedacht),

- **Déjà-raconté** (schon einmal erzählt).

Mittlerweile gibt es über 40 mehr oder weniger verschiedene Erklärungsmodelle für diese Paramnese (= Falscherinnerung). Die meisten enthalten Teile der Tiefenpsychologie, denn schon Sigmund Freund meinte, die Wahrnehmungsspiegelungen seien ein Schutzmechanismus des Unterbewußten gegen Kastrations- und andere Ängste: In als besonders bedrohlich empfundenen Situationen schalte es gleichsam auf Déjà-vu, um dem Menschen die beruhigende Illusion vorzugaukeln, "all dies schon einmal erlebt und gut überstanden" zu haben.

Der Spiegel berichtet von einer neuen Theorie der beiden holländischen Psychiater Herman Sno und Don Linszen, nach der das Déjà-vu auf der irrtümlichen Aktivierung von Erinnerungsteilchen im Gehirn beruht:

> Sno und Linszen ... gründen ihr Erklärungsmodell auf die derzeit von Hirnforschern favorisierte Vorstellung über die Funktionsweise des Gedächtnisses. Diese fußt auf der Annahme, daß das Gehirn sämtliche Erinnerungsinhalte auf eine Weise aufbewahrt, die den Grundprinzipien des Hologramms vergleichbar ist... Eine der Holografie zugrunde liegende Besonderheit ist, daß in jedem einzelnen Punkt der Fotoplatte sämtliche Bildinformationen enthalten sind - d.h. aus einem einzigen Bildpartikel läßt sich das gesamte holografische Bild rekonstruieren. Dieser Modellvorstellung folgend, suchten die Forscher ... nun das Déjà-vu-Erlebnis zu erklären: als eine Art holografischer Unschärfe, die stets dann auftritt, wenn weitgehend ähnliche Fragmente aus verschiedenen Erinnerungssträngen zusammentreffen - vergleichbar etwa zwei einander ähnlichen Einzelbildern auf den Zelluloidstreifen zweier Filme gänzlich unterschiedlichen Inhalts.

Die Neurologen folgerten, das Gehirn speichere Gedächtnisinhalte mittels weitläufig verstreuter Memory-Teilchen, deren jedes einzelne, nach dem Prinzip der Holographie, die Information über den gesamten Erinnerungsstrang in sich trüge.

Von dieser Vermutung ausgehend, entwickelten die Psychiater Sno und Linszen ihre Déjà-vu-These: Wenn ein Memory-Partikel mit einem Ausschnitt der aktuell erlebten Wirklichkeit übereinstimme, dann laufe im Hirnkino ein ganz eigener Film ab, es komme zu einer der zahlreichen Empfindungsspiegelungen, die Psychologen unter dem Oberbegriff Déjà-vu beschrieben haben ...

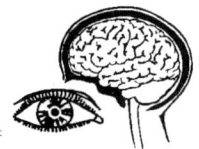

Parapsychologen und andere Geister, die im Drüben fischen, werten die Erinnerungstäuschungen des Déjà-vu als sinnfälligen Beweis für ihre Überzeugung, daß der Mensch wiedergeboren werde... (DER SPIEGEL 5/1991, 220)

H. Wiesendanger, selbst durchaus parapositiv eingestellt, bringt dazu ein einleuchtendes Beispiel:

Ein englischer Armeeoffizier und seine Frau reisten durch das Land und kamen an einen unweit der Straße gelegenen Teich, den sie beide gleichzeitig erkannten. Sie waren überzeugt, ihn bereits gesehen zu haben, wußten aber auch, daß sie noch nie in diesem Teil Großbritanniens gewesen waren. Sie folgerten, daß sie in ihrem früheren Leben hier gewohnt haben müßten. Das er-

schien ihnen sehr einleuchtend: Wenn sie einander bereits aus einem früheren Leben kannten, war es nur natürlich, daß sie sich auch in diesem Leben ineinander verliebt und geheiratet hatten. Wieder in London, besuchten sie jedoch eine Kunstgalerie, in der sie kurz vor ihrer Reise gewesen waren. Dort entdeckten sie ein Gemälde von dem Teich, das sie auch bei ihrem ersten Besuch der Galerie gesehen, aber vergessen hatten. Als sie zu dem wirklichen Ort gekommen waren, hatten sie nur noch ein Gefühl der Vertrautheit im Gedächtnis gehabt - das gerade stark genug gewesen war, um sie glauben zu machen, sie hätten den Teich in ihrem früheren Leben gesehen.
(Wiesendanger 1991, 151)

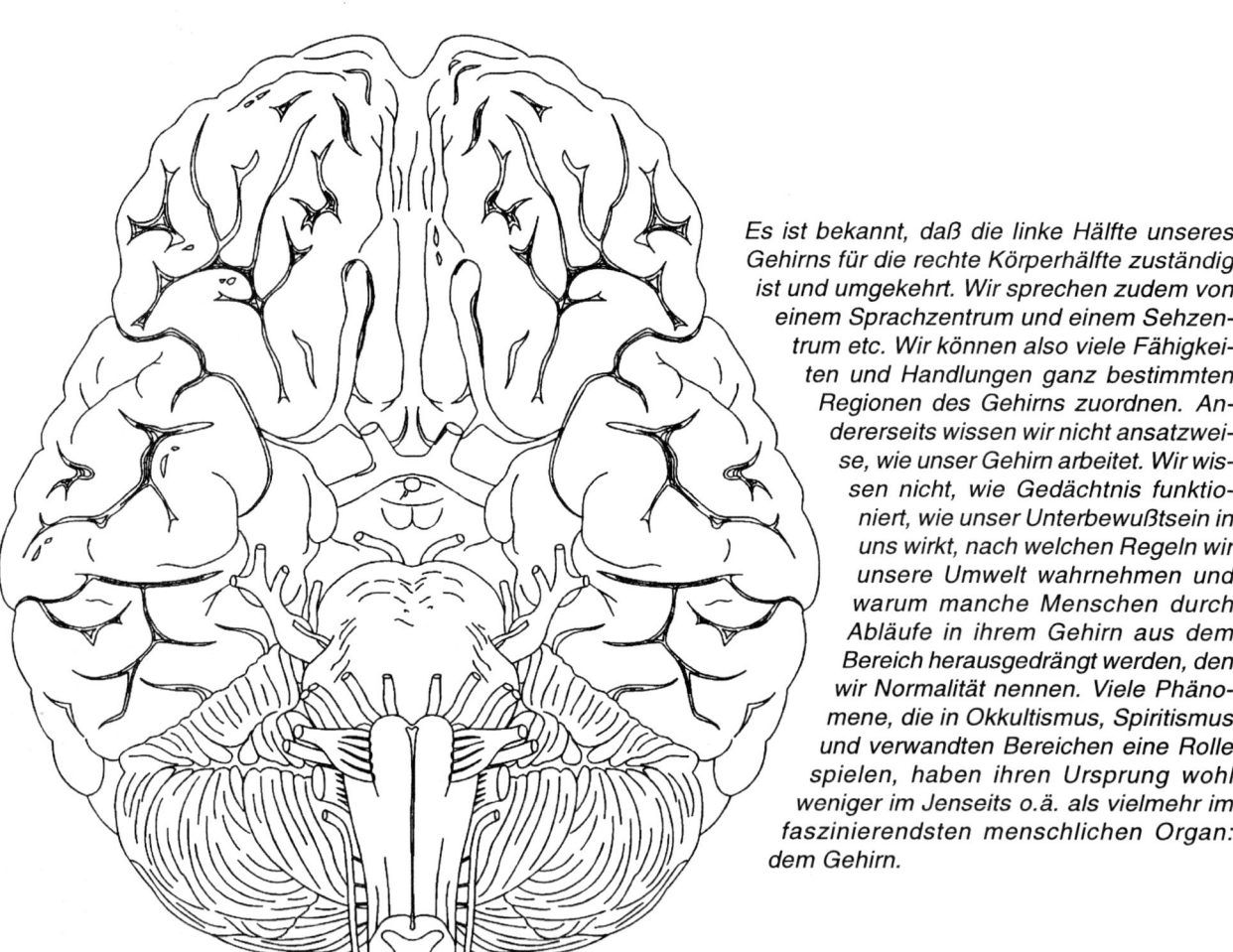

Es ist bekannt, daß die linke Hälfte unseres Gehirns für die rechte Körperhälfte zuständig ist und umgekehrt. Wir sprechen zudem von einem Sprachzentrum und einem Sehzentrum etc. Wir können also viele Fähigkeiten und Handlungen ganz bestimmten Regionen des Gehirns zuordnen. Andererseits wissen wir nicht ansatzweise, wie unser Gehirn arbeitet. Wir wissen nicht, wie Gedächtnis funktioniert, wie unser Unterbewußtsein in uns wirkt, nach welchen Regeln wir unsere Umwelt wahrnehmen und warum manche Menschen durch Abläufe in ihrem Gehirn aus dem Bereich herausgedrängt werden, den wir Normalität nennen. Viele Phänomene, die in Okkultismus, Spiritismus und verwandten Bereichen eine Rolle spielen, haben ihren Ursprung wohl weniger im Jenseits o.ä. als vielmehr im faszinierendsten menschlichen Organ: dem Gehirn.

Aberglaube

III.

*Der Aberglaub', in dem wir aufwachsen,
verliert, auch wenn wir ihn erkennen, darum
doch seine Macht nicht über uns.*
(Gotthold Ephraim Lessing, Nathan IV, 4)

*Der Aberglaube ist ein Kind der Furcht, der
Schwachheit und der Unwissenheit.*
(Friedrich der Große)

*Der Aberglaube gehört zum Wesen des Menschen und flüchtet sich, wenn man ihn ganz und
gar zu verdrängen gedenkt, in die wunderlichsten
Ecken und Winkel, von wo er auf einmal, wenn er
einigermaßen sicher zu sein glaubt, wieder
hervortritt.*
(Johann Wolfgang v. Goethe)

*Ob eine schwarze Katze Glück bringt oder nicht,
hängt allein davon ab, ob man ein Mensch ist
oder eine Maus!*
(Bernhard Grzimek)

Aberglaube ist immer der Glaube der ANDEREN.
(d. Verf.)

"An gute und böse Omen glauben immer mehr
Deutsche. Nur noch jeder Dritte erklärt, ihn ließen
Schicksalsboten wie schwarze Katzen, vierblättrige Kleeblätter und Sternschnuppen kalt. Das ergab eine Umfrage des Allensbacher Instituts für
Demoskopie unter 2180 repräsentativ ausgewählten Bundesbürgern über 16 Jahren... Hatten daraufhin 1976 noch 41 Prozent der Befragten erklärt,
ihnen seien solche Symbole und Zeichen einerlei,
so waren es jetzt nur noch 34 Prozent. Deutlich an
der Spitze steht das vierblättrige Kleeblatt: 38 Prozent sehen in ihm einen Glücksbringer...
Dabei scheinen Frauen eher bereit zu sein, auf
Glücksbringer zu achten: Fast jede zweite nennt
das "vierblättrige Kleeblatt" als bedeutungsvolles
Zeichen (46 Prozent gegenüber 29 Prozent der
Männer). Junge Leute bis 29 Jahre glauben am
stärksten an seine Magie (43%), die Altersgruppe
von 30 bis 44 am wenigsten (35%). Unerwartete
Unterschiede fanden die Interviewer in der politischen Orientierung: Auf das ominöse Kleeblatt achten ausgerechnet Grünen-Wähler am ehesten (41
%), dicht gefolgt von Unionsanhängern (40%); zurückhaltender geben sich SPD-Wähler (36%), am
kritischsten sind FDP-Wähler (31%)." (esotera 1/
91)

Der STERN (44/88) berichtet über einen 88jährigen Fußball-Fan:
"Seine Heimspiele hat er in Jahrzehnten zu einem
Ritual entwickelt, das den Kickern vom Kiez ein
gutes Omen sein soll. Bernie Schreiner verläßt immer zur gleichen Zeit das Haus in Hamburg-Eimsbüttel. Er fährt zu jedem Spiel mit der U-Bahn
sechs Stationen, immer im letzten Waggon. Er müht
sich an der Bahnstation Feldstraße die Treppe hinauf, immer am rechten Geländer entlang, und sitzt
seit Jahren in der fünften Reihe, Platz 152, auf der
Tribüne. Und wenn die Mannschaften auflaufen,
zündet er sich eine Brasil an. 'Das bringt den St.
Paulianern Glück', sagt er. Und wenn sie dennoch
verlieren? 'Dann hab' ich was falsch gemacht.'"

"In dem Maße, wie unser wissenschaftliches Verständnis zugenommen hat, ist unsere Welt entmenschlicht worden. Der Mensch fühlt sich im Kosmos isoliert, weil er nicht mehr mit der Natur verbunden ist und seine emotionale "unbewußte Identität" mit natürlichen Erscheinungen verloren hat.
Diese haben allmählich ihren symbolischen Gehalt
eingebüßt. Der Donner ist nicht mehr die Stimme
eines zornigen Gottes und der Blitz nicht mehr sein
strafendes Wurfgeschoß. In keinem Fluß wohnt
mehr ein Geist, kein Baum ist das Lebensprinzip
eines Mannes, keine Schlange die Verkörperung
der Weisheit, keine Gebirgshöhle die Wohnung eines großen Dämons. Es sprechen keine Stimmen
mehr aus Steinen, Pflanzen und Tieren zu Menschen, und er selbst redet nicht mehr zu ihnen in
dem Glauben, sie verständen ihn. Sein Kontakt zur
Natur ist verlorengegangen und damit auch die starke emotionale Energie, die diese symbolische Ver-

bindung bewirkt hat."
(C.G. Jung, zit. nach Hiller 1986, 296)

"Aberglaube ist jede allgemeine Annahme, die entweder keine Berechtigung in einer bestimmten Religion hat oder im Widerstreit steht mit der wissenschaftlichen Auffassung einer bestimmten Zeit von der Natur." (Lehmann 1990, 5)

Aus dieser Zitatensammlung wird sehr deutlich, wie relativ der Begriff "Aberglaube" ist. Was wir heute dazu rechnen, war in früheren Zeiten

- echtes Glaubensgut
  (Griechen, Römer, Germanen),
- auch schon Aberglaube
  (die römische Religion für die Griechen usw.),
- Bestandteil alltäglicher Lebens- und Verhaltensregeln usw.
  (Hiller, a.a.O, 298).

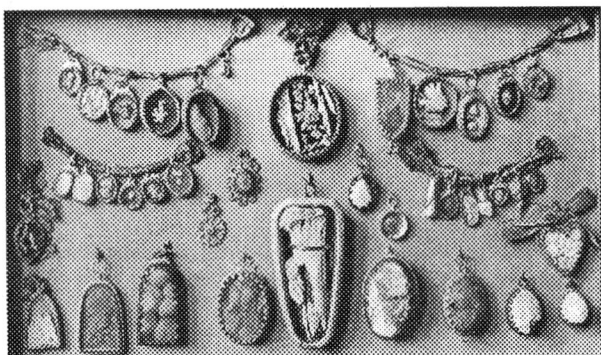

Amulette und Talismane

Was für den einen Menschen als töricht und abergläubisch gilt, kann für einen anderen wiederum ein religiöses Dogma sein, dessen Richtigkeit er nie bezweifelt hat.
Die Wissenschaft wie die einzelne Religion entwickelt sich weiter. Heute als gesichert akzeptierte Annahmen müssen es sich morgen schon gefallen lassen, belächelt zu werden.

> Ob eine Annahme als Aberglaube bezeichnet werden darf oder nicht, kommt stets darauf an, von welchen Gesichtspunkten aus sie angesehen wird. (Lehmann 1990)

Hiller (1986, 272) zeigt außerdem ausführlich auf, daß "nicht zu übersehen (ist), daß die Grenzen zwischen Glauben und Aberglauben oft nicht allzu scharf gezogen sind, daß Vermischungen vorkommen und daß die Kirche immer wieder gegen abergläubische Verzerrungen ihrer eigenen Riten durch ihre Anhänger einschreiten muß."
Er führt dann die Bibliomantik an, eine lange Zeit weit verbreitete Wahrsagemethode, bei der zufällig (mit einer Nadel oder einem Messer) ausgewählte Bibelstellen als "übernatürliche Antwort auf eine aktuelle Frage" gedeutet wurden.

Weitere Beispiele dieser "Paraliturgie":
- Einzelne Bibelseiten wurden als Amulett getragen oder unter das Kopfkissen von Kranken gelegt.
- Durch das Rückwärtsbeten des Vaterunsers glaubte man nicht nur, Krankheiten zurückdrängen, sondern auch, verhaßte Mitmenschen zu Tode bringen zu können.
- Zur Genesung wurden Papierbilder (Schluckbilder) der "zuständigen" Heiligen an den entsprechenden Wallfahrtsorten gekauft und verschluckt.

Die Gläubigen haben meist nicht das Bewußtsein, mit den von der Kirche nicht bestätigten Brüchen gegen die Lehre zu verstoßen, vielmehr sind sie der Überzeugung, die kirchlichen Vorschriften besonders intensiv auszuüben und in ihren Alltag einzubinden. Hier wird also ein vermeintlicher Überglaube praktiziert... Andererseits geben aber jene Auswüchse des christlichen Glaubens all denen, die ohnehin zur Kritik an religiösen Glaubenslehren neigen und alles Übersinnliche in Zweifel ziehen, zusätzlichen Anlaß, die kirchlichen Thesen als Aberglauben zu qualifizieren...
(Hiller, a.a.O., 274)

Daß dieses Phänomen nicht auf die Laienmitglieder der Kirchen beschränkt ist, zeigte sich dem Verfasser bei seinen zahlreichen Veranstaltungen immer wieder, wenn er von Teilnehmern darauf hingewiesen wurde (hinter vorgehaltener Hand), daß "der Herr Pfarrer an 'solche Dinge' glaubt und immer einen glückbringenden Edelstein in der Tasche herumträgt..."
Trotz der Inkohärenz, der unter dem Begriff "Aberglaube" versammelten Phänomene, soll hier der Versuch wiedergegeben werden, eine Struktur in diesen Bereich zu bringen:
Sehr übersichtlich gelingt dies Rudolf Lang, auf dessen Ausführungen ich mich im folgenden stütze.
Die Empfänglichkeit für Abergläubisches ist besonders groß

- bei Angst und Unsicherheit,
- bei Dunkelheit,
- bei starker körperlicher Erschöpfung,
- bei Reizüberflutung,
- bei Streß,
- bei bestimmten Persönlichkeitsstrukturen (überkritisch eingestellte Skeptiker, ich- und vitalschwache Menschen, stimmungslabile und sensible Menschen, Zauderer, Unentschlossene, betont egozentrische Individualisten, kontakt- und beziehungsschwache Menschen,
- bei bestimmten Berufsgruppen und Hobbyisten ("vom Unberechenbaren Abhängige, unter extremem Distreß Stehende"), wie Landwirte, Hoch-

seefischer, Schauspieler, schaffende Künstler, Artisten, Politiker, Hochleistungssportler, Rennfahrrer, Sportflieger und Spekulanten. (nach Lang 1988)

Eine begründete Ordnung in die Unmenge von abergläubischen Bräuchen und Sitten zu bringen, ist außerordentlich schwierig, da die Grenzen fließend sind.
Die von Lang (1988, a.a.O., 9 ff.) dargestellte Gruppierung ist relativ unscharf in der Abgrenzung.
Im einzelnen aber führt Lang eine Vielzahl an abergläubischen Praktiken auf, welche die große Vielfalt praktizierten Aberglaubens zeigen:

- jemandem Gutes wünschen ("Daumen halten", "toi, toi, toi", "Hals und Beinbruch", ...),

- Metalle werden zu bestimmten Gestirnen in Beziehung gesetzt, z.B. Kupfer zur Venus = u.a. Liebe, Schönheit, ...,

- bestimmte Tage werden als Glücks- bzw. Unglückstage betrachtet (der berüchtigte Freitag, der 13., Mondphasen, ...),

- Glücks- und Unglückszahlen (z.B. die 8 und die 13),

- "Opfersitten" vor einer wichtigen Entscheidung (Blumen vor Heiligenbildern, ...),

- "Kettenbriefe" (das Unterbrechen der Kette soll Unglück bringen, ...),

- Silvester- bzw. Neujahrsnacht-Bräuche (Bleigießen, ...),

- Namen und Bilder als Glücksbringer (z.B. für Schiffe, Rennpferde, ...),

- Verhaltensrituale (genau die gleichen Handlungen beim Aufstehen, Anziehen, ..., sonst geht alles schief; mit dem linken Fuß zuerst aufstehen, ...),

- Möbelstücke sollen eine magische Wirkung haben (z.B. von Selbstmördern, Nostalgiestücke aus der "guten alten Zeit", ...),

- Tarotkarten,

- Vorzeichen und Orakel (zerbrechendes Glas, Spiegel, ...),

- "Böse" Vorzeichen (schwarze Katze von links, "Schäfchen zur Rechten will Freude Dir fechten!", Kaminkehrer kommt entgegen, ...),

- wahrsagerische Verwendung des Loses,

- "Bibelstechen" (s.o.),

- magische Wirkung von Mitteln und Gegenständen wird erwartet (Schmuck mit Symbolen, mit bestimmten Edelsteinen),

- Kleidung und Wäschestücke von erfolgreichen Menschen,

- Pflanzen als Glücksbringer (Kleeblatt),

- lebende Tiere, Teile und Nachbildungen von ihnen als Talismane,

- Personen als Glücksbringer (Kinder, Jungfrauen, Bucklige, ...),

- Gegenstände, die auf magische Art und Weise von dem Träger alle Gefahren, Krankheiten, Unfälle u.a. abwehren sollen, die ihm durch schadenbringende Mächte oder böse Geister drohen; Talismane (sollen Glück bringen), Amulette und Maskottchen,

- Abwehrzeichen auf Türbalken oder Schwelle (Pentagramm, Druidenfuß, Initialien der Hl. Drei Könige).

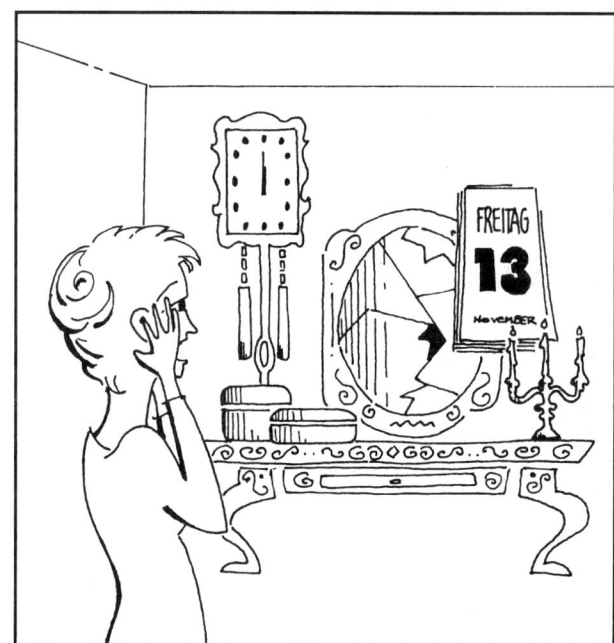

Möglichkeiten der pädagogischen Arbeit

• Sammeln von abergläubischen Praktiken und Vorstellungen durch Befragen von Verwandten, Freunden, Passanten; Versuch der Ordnung in Kategorien; Ziele: Sensibilisierung u.a. für die Allgegenwart abergläubischen Denkens, für die Kommerzialisierung dieser "Ursehnsucht", für die (meist unbewußten) psychischen Mechanismen, die in jedem Menschen ablaufen, ...

• Hinterfragen der Grundlagen (siehe dazu Zeitungsbericht der Nürnberger Nachrichten vom 13.1.89); Aufsuchen entsprechender Literatur (Bibliotheken, volkskundliche Sammlungen, ...); Kurzreferate zu Einzelbereichen.

• Analyse eines Kettenbriefes (siehe S. 52); Wie fühlt

man sich, wenn man unversehens so etwas erhält? Welche psychischen Mechanismen setzen u.U. ein, wenn man den Brief wegwirft? (selektive Wahrnehmung von Negativem, selbsterfüllende Prophezeiung, ...)

Auf dem Land findet man mancherorts Wildschweinfüße und -köpfe an den Scheunentüren. Sicher sind das in erster Linie Jagdtrophäen. Darüber hinaus haben sie aber immer noch die Funktion eines Fetischs zur Abwehr von bösem Zauber.

Materialien

Ein Kettenbrief

Hallo,

küsse jemanden, den Du liebst, wenn Du diesen Brief erhältst und auch den Zauber mit. Dieses Papier wurde an Dich gesandt, damit Du Glück bekommst. Das Original befindet sich in New England. Es ist bereits neunmal um die Welt gegangen! Nun wurde das Glück zu Dir geschickt, Du wirst innerhalb von 4 Tagen Glück haben, nach Erhalt dieses Briefes, vorausgesetzt, Du sendest ihn weiter!

DAS IST KEIN SPASS!

Sende Kopien an Leute, die Glück brauchen können. Sende kein Geld - denn Vertrauen hat keinen Preis. Behalte diesen Brief nicht, er muß innerhalb von 96 Stunden von Dir weitergegangen sein.

Beispiele, die schon passiert sind:

Ein RAF-Offizier erhielt 70.000 Dollar. Joe Fillant erhielt 40.000 Dollar und verlor sie, weil er die Kette unterbrochen hatte. Als Gene Welch auf den Philippinen war, verlor er etwas sehr wichtiges, sechs Tage, nachdem er den Brief erhalten hatte. Er versäumte den Brief in Umlauf zu bringen. Wie auch immer - vorher hatte er in der Lotterie 50.000 Dollar gewonnen. Das Geld wurde ihm überwiesen 4 Tage nachdem er entschieden hatte, den Brief weiterzusenden.

Constantin Dias erhielt den Brief 1953. Er bat seine Sekretärin 20 Kopien zu machen und sie weiterzusenden. Ein paar Tage später gewann er in einer Lotterie 2 Millionen Dollar. Aria Daddit, ein Büroangestellter, erhielt den Brief und vergaß, daß er ihn 96 Stunden später weitergeben mußte, er verlor seinen Job. Später, als er den Brief wiederfand, verschickte er 20 Kopien - wenige Tage später bekam er einen besseren Job.

1967 erhielt Bruno diesen Brief, warf ihn weg und lachte darüber. Ein paar Tage später verlor er seine Frau bei der Geburt seines Kindes. Sein Sohn kam krank zur Welt. Er suchte den Brief hervor, kopierte ihn 20mal und schickte sie ab. 9 Tage später kam die Nachricht, daß sein Sohn gerettet sei und gesund werde.

Bitte schicke 20 Kopien dieses Briefes und sieh was passiert. Diese Kette kommt aus Venezuela und wurde von dem Missionar Saul Andrew Gruff geschrieben. Da der Brief durch die ganze Welt gehen muß, mußt Du 20 Kopien an Deine Freunde und Verwandten schicken. Signiere nicht! Nach ein paar Tagen wirst Du eine Überraschung erleben. Dies ist wahr, auch wenn Du nicht abergläubisch bist.

Es funktioniert!

Aberglaube?

Die Mädchenzeitschrift BRAVO-Girl brachte 1990 als Beilage ein "Brasilianisches Liebes- und Glücks-

Band in super Leuchtfarben", dem man "in vielen-südlichen Ländern einen besonderen Zauber nachsagt".

Originalton:

"Glücks-Bänder entwickeln eine spezielle Magie, wenn Du fest daran glaubst! Glück in der Liebe, ein lang gehegter Wunsch - vieleicht wird das Ersehnte durch dieses Glücks-Band wahr! Wichtig: Das Band umbinden und *dreifach* verknoten. Bei jedem Knoten hast Du einen Wunsch frei. Das Glücks-Band muß so lange ununterbrochen getragen werden, bis es von selbst abgeht. Also, auf keinen Fall abschneiden. Verliebte ... müssen es sich gegenseitig umbinden, verknoten und sich dabei etwas wünschen. Geh mit dem Band zu Deinem Traumtyp und bitte ihn, es Dir umzubinden..."

Einige Hefte später erschien dann folgender Leserbrief (21/1990):

GLÜCKSBAND GEKNÜPFT

Das Glücksbändchen (aus GIRL! 18/90) ist echt super! Als ich es in der Schule auspackte, setzte sich prompt der Boy neben mich, der schon lange mein Schwarm war. Ihm gefiel das Band, und er machte es mir ans Handgelenk. Seit ein paar Tagen geht mein Schwarm mit mir. Das ist bestimmt Eurem Band zu verdanken!

Karen, Winterberg

Der Glaube ans Glück

Der Pfennig lag auf der Straße, ich hob ihn auf und sagte: „Du sollst mir Glück bringen." Tage später lernte ich einen netten jungen Mann kennen. Wenig später vergaß er beim Telefonieren einen Geldbeutel mit 300 Mark in der Zelle. Er glaubte nicht, daß er ihn zurückbekommen werde. Ich drückte meinen Glückspfennig in der Hand und wünschte mir, daß mein Freund alles zurückerhalten solle. Der Glaube ans Glück hat tatsächlich geholfen.

Am nächsten Tag konnte er Portemonnaie samt Inhalt beim Verkehrsamt abholen. Die Freude war sehr groß. Ich glaube an die Kraft des kleinen Pfennigs und werde ihn nie mehr aus der Hand geben.

R. Leitermann, Drachselsried

aus: Neue Post 34/1990

Oje: Kommende Woche ist wieder der 13.!

Von Gerhard Taube

In diesem Jahr haben wir nur einmal den Schlamassel, und zwar kommende Woche: Freitag, der 13. Mai. Besonders abergläubische Zeitgenossen verlassen an einem solchen unheilschwangeren Tag erst gar nicht das Bett. Recht haben sie. Jesus wurde an einem Freitag gekreuzigt. Der Sündenfall Adams und Evas fand an einem Freitag statt. Kommt die Zahl 13 hinzu, nimmt das Desaster unweigerlich seinen schlimmen Lauf. Denn Judas, der Verräter, war der 13. Jünger.

Wurde früher ein Kind an einem Freitag, dem 13., geboren, legten es die Eltern auf die Familienbibel. Gangsterboß Al Capone wurde an einem Freitag, dem 13., verhaftet. In Krankenhäusern sind die Räume mit der Zahl 13 meist Abstellkammern. In Hotels ist die Nummer 13 häufig eine 12a, in Flugzeugen sucht man die Reihe 13 oft vergebens.

Man muß sich seines Aberglaubens nicht schämen. Abergläubische befinden sich in prominenter Gesellschaft. Bismarck unterzeichnete an besagten Tagen keine Verträge (Schauspielern sagt man ähnliches nach). Napoleon zog nicht in die Schlacht, und Matrosen heuerten an Tagen mit dem Teufelsdatum kaum an.

Britische Wissenschaftler waren sich nicht zu schade, das schicksalsträchtige Datum unter die Forscherlupe zu nehmen. Die Ergebnisse veröffentlichte unlängst das Fachblatt *British Medicial Journal.* Danach scheint Freitag, der 13., tatsächlich ein Unglückstag zu sein. An Freitagen in den Jahren 1990, 1991 und 1992, die jeweils auf einen 13. fielen, stieg die Zahl der Verkehrsunfälle um bis zu 52 Prozent. Als „Teststrecke" diente den Forschern die Londoner Ringautobahn M 25. Die Zahl der Verkehrsopfer in den Krankenhäusern nahm zu, aber auch die Zahl anderer Unfallopfer.

Nur Zufall? Der ADAC errechnete, daß sich in Deutschland an den bewußten „schwarzen Freitagen" durchschnittlich 30 Prozent mehr Unfälle ereignen. Am Freitag, dem 13. Januar 1989, soll die Zahl der Schwerstunfälle sogar um 51 Prozent gestiegen sein.

Psychologen sprechen von einer sich selbst erfüllenden Prophezeiung. An den sogenannten Unheiltagen, so eine Interpretation, seien viele (abergläubische) Autofahrer nervös und würden zu einer hektischen Fahrweise neigen. Unfälle seien geradezu programmiert. Also bitte: Am Freitag ruhig bleiben und aufpassen!

Nürnberger Nachrichten 7.5.1994

Zeitalter der Wissenschaft hat dem Aberglauben um dieses Datum wenig anhaben können

Freitag, der 13. – im Zweifel lieber nichts tun?

Ursprünge in der Zahlenmagie der Babylonier — Bismarck schloß an diesem Tag keine Verträge

VON HEIKE MICHEL (dpa)

FRANKFURT — Selbst im Zeitalter von Technik und Wissenschaft wird noch so mancher nervös, wenn — wie in dieser Woche — der 13. auf einen Freitag fällt. Das hat Tradition, denn seit Jahrhunderten gilt dieser Tag als Unglückstag schlechthin.

Schenkt man überlieferten Lebensweisheiten Glauben, so ist es ein Tag „gesteigerter Unruhe", an dem Kinder — und sicher nicht nur sie — besonders nervig sind und sich selbst Holzwürmer und Käuze weitaus lebhafter verhalten als an anderen Tagen. Überhaupt, so heißt es, sollte man diesen Tag mit großer Vorsicht verbringen und im Zweifelsfalle „lieber alles nicht tun".

Angeblich unheilvolle Bedeutung dieses Tages läßt sich bis weit in die Geschichte zurückverfolgen. Mit den alten Babyloniern, Meister der Zahlen und Rechenkünste, sowie der Astrologie nahm das Unheil seinen Lauf. Sie tüftelten mit Prim- und Unglückszahlen und ließen sich danach von ihrer selbsterfundenen Zahlenmagie beherrschen. Fortan stand die 13 als Zahl der Unterwelt und als Zahl der Zerstörung des Vollkommenen in Verruf.

Bis heute gilt die 13 bei vielen Menschen als Zahl mit bösem Vorzeichen, zumal sie es ist, die auf die glückbringende Zwölf folgt. Daher fehlt in manchen Hotels die Zimmernummer 13. In Hochhäusern taucht gelegentlich anstelle eines 13. Stockwerkes eine „Etage 12a" auf.

Wie es scheint, läßt sich das Unbehagen an der 13 gleichermaßen auf die heidnische Mythologie wie den christlichen Glauben zurückführen: Einst saßen in Wallhall zwölf Götter zu Tisch. Als der Unruhestifter Loki dazukam, waren es 13, und Baldur, der Liebling der Götter, mußte sterben. Beim letzten Abendmahl saßen wiederum 13: Die zwölf Jünger, unter ihnen Judas, gemeinsam mit Jesus am Tisch.

Auch die Geschichte des Freitag-Aberglaubens läßt sich weit zurückverfolgen. Bei Römern und Germanen galt er einst als Glückstag und war der Liebesgöttin geweiht. Daher hielt man es für vorteilhaft, freitags den Bund fürs Leben zu schließen.

Mit der Verbreitung des Christentums wurden die positiven Eigenschaften des Freitags immer stärker verdrängt. Alte christliche Legenden untermauerten diesen Wandel. Ihnen zufolge fielen Adam und Eva an einem Freitag in Sünde. Jesus Christus wurde an einem Freitag gekreuzigt.

Selbst große Männer der Geschichte ließen sich in ihrem Tun vom schlechten Ruf des Freitags beeindrucken. Napoleon schlug freitags keine Schlacht, Bismarck schloß freitags keine Verträge, Seeleute und Luftschiffer gingen an einem Freitag nicht auf große Fahrt. Lediglich Johann Wolfgang von Goethe gründete anno 1791 offenbar ganz unbekümmert eine wissenschaftliche Vereinigung, die den Namen „Freitagsgesellschaft" erhielt. Ob das erlauchte Gremium jedoch auch an einem Freitag, dem 13., zusammengekommen ist, weiß man nicht.

Nürnberger Nachrichten 13.1.1989

● Ruth-Maria Kubitschek, 59, Schauspielerin, hat ständig einen Bergkristall in der Tasche. „Ich kann mich dann besser konzentrieren."

Moderne Form der Magie: Kettenbriefe versprechen sehr viel Geld und schüchtern ein

Das unlautere Spiel mit der Angst

Kinder sind von den Versprechungen und Drohungen besonders zu beeindrucken — Warnungen

NÜRNBERG (epd) — „Den kriegst du nicht", sagt der Achtjährige und nimmt seiner Mutter den Brief aus der Hand, „den muß ich weiterschikken." Wenn er den Brief zwanzigmal kopiert und Mitschülern in die Hand drückt wird er steinreich, glaubt der Junge. Der Kettenbrief, der dem Schüler unter der Schulbank zugesteckt wurde, ist angeblich vor Jahren von einem Missionar auf den Weg gebracht worden. Von Zeit zu Zeit tauchen Abschriften dieses Briefes mit ähnlichem Inhalt in Büchermappen und Briefkästen auf. Kultusministerium, kirchliche Beauftragte und Pfarrer warnen vor dieser modernen Form der Magie.

Kinder sind von den Versprechungen und Drohungen in Kettenbriefen besonders leicht zu beeindrucken. Das Kultusministerium rät deshalb jedem Schulkind, sich mit einem solchen Schreiben sofort an Lehrer oder Eltern zu wenden. Aber auch Erwachsene ließen sich nicht selten von den versteckten Drohungen einschüchtern, weiß Bernhard Wolf, der in Nürnberg Beauftragter der evangelischen Kirche Bayerns für religiöse Strömungen ist.

Magisch-okkult

Wolf spricht von „primitiven magisch-okkulten Vorstellungen", die in der Bevölkerung weit verbreitet seien. Das Gefährliche dieser Kettenbriefe liege in „dem Glauben an deren verborgene, geheimnisvolle Wirkung". Niemand will gern Geld verlieren, krank werden oder gar sterben, wie es diese Briefe für den Fall androhen, daß das Schreiben liegen bleibt.

Innerhalb von vier Tagen muß der Brief zwanzigmal kopiert und weitergeschickt werden, so wird in dem Schreiben gefordert, das in mittelfränkischen Schulen kursierte. Viele Millionen Mark und „positive Energie" werden Empfängern versprochen, die es weiterverbreiten. Weil das Taschengeld selten für Briefmarken im Wert von 20 Mark reicht, stecken sich die Kinder die Briefkopien unter der Schulbank zu.

In früheren Zeiten wehrten sich die Menschen mit Schutz- und Befreiungsriten gegen die Unheilsdrohungen, erklärt der kirchliche Beauftragte Wolf. In unserer angeblich aufgeklärten Zeit seien dagegen viele gegen die „Beschwörungen" in solchen Briefen weitgehend ohne Schutz. Wer nicht den Mut findet, den Brief zu zerreißen, solle sich vertrauensvoll an einen Pfarrer wenden. Empfänger dieser vermeintlichen Glücksbriefe hätten einen Anspruch auf ein „einfühlsames seelsorgerliches Gespräch". Auch Religionslehrer wollen zukünftig den ersten Schritt machen und in den Klassen über das unlautere Spiel mit der Angst offen sprechen.

Nürnberger Nachrichten 28.2.1995

Astrologie

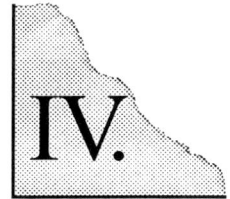

"Wie dort oben - so hier unten!"

Partygespräch:

"Was für ein Sternkreiszeichen sind Sie denn?" - "Waage." - "Prima, dann passen wir ja zusammen, denn ich bin Wassermann!"
"Ich glaube nicht an Astrologie!" - "Warum nicht?" - "Weil ich Schütze bin und die sind bekanntlich schwer zu überzeugen!"
"Sie trinken keinen Sekt?" - "Nein danke, ich bin Diabetiker!" - "Dann sind Sie bestimmt Krebs, weil die ja bekanntlich anfällig für so etwas sind. Irgendwann ist bei Ihnen garantiert auch die Bauchspeicheldrüse dran! Denken Sie an mich!"

Mündige Bürger?
98% aller Deutschen kennen ihr Tierkreiszeichen. 58% lesen regelmäßig oder gelegentlich ihr Horoskop in der Zeitung, 45% halten einen Einfluß der Sterne auf das menschliche Leben für möglich, 33% für objektiv gegeben. 22% glauben, daß man aus dem Stand der Sterne zukünftige Ereignisse ablesen kann, 7% haben sich schon ein persönliches Horoskop erstellen lassen. (DER SPIEGEL 53/1974; heutige Zahlen sind schätzungsweise eher höher, wenn ehrliche Angaben überhaupt erfragbar sind, d. Verf.)

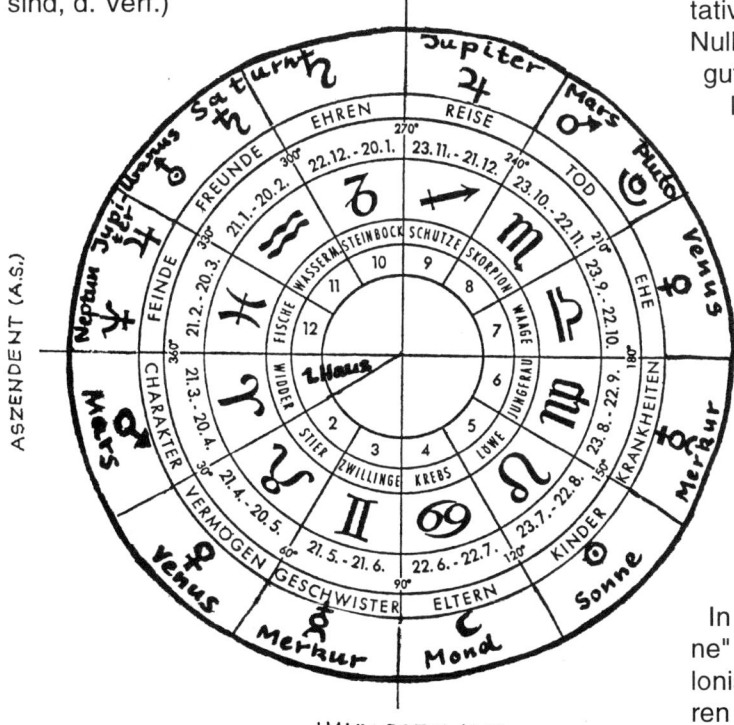

Volkshochschulkurs
• "So erstellt man sich ein Horoskop" - sechs Abende à 90 Minuten

Zeitungsanzeigen
• "Stier sucht Schützefrau für eine gemeinsame Zukunft",
• "Gabelstaplerfahrer (Schütze oder Steinbock) gesucht zur sofortigen Einstellung",
• "Astrologische PC-Software (auch für Laien sofort anwendbar); Gesamtpaket (Kinder-, Geburts-, Erotisches und chinesisches Horoskop) nur 9800.- DM".

Aus der "Lebenshilfe"-Leserbriefspalte
• "Ich bin abhängig von Horoskopen!",
• "Meine Frau ist süchtig nach Astrologie!",
• "Astrologie - meine Freundin ist ihr verfallen!".

Zeitungsmeldung
• "Der Terminkalender des US-Präsidenten wird von Astrologin überwacht!"

Bereits aus dieser willkürlichen Sammlung von Meldungen u.ä. wird deutlich, wie weit verbreitet und auch wie umstritten Astrologie ist.
Es scheint zu diesem Thema auch nur "Anhänger" und "Gegner" zu geben, und zwar jeweils in einer sehr ausgeprägten Form. Eine Verständigung auch nur über einen Minimalkonsens, z.B. in Diskussionen, ist in der Tat kaum zu erwarten.
Dabei fällt immer wieder auf, daß die Bereitschaft der Astrologie-Befürworter, sich auf eine argumentativ-rationale Ebene zu begeben, nahezu gleich Null ist. Umgekehrt muß man den Skeptikern zugute halten, daß sie die Behauptungen der Astrologen zunächst einmal durchaus als prüfenswert annehmen und sich bemühen, mit oftmals viel Aufwand eine Verifizierung oder Falsifizierung der Hypothesen in Gang zu setzen. Die bisher dabei erbrachten Ergebnisse (siehe Anlagen) allerdings sind "für die Katz'", weil Negatives auf Astrologieseite nicht zur Kenntnis genommen oder mit dem Scheinargument "Aber es funktioniert seit Jahrtausenden und was so alt ist, kann nicht falsch sein!" beiseite gewischt wird. Viele Menschen fühlen sich in ihrem Hang zur Astrologie dadurch bestätigt, daß ja auch viele Prominente daran glauben.

In der Tat ist der Glaube an den Einfluß "der Sterne" sehr alt. Die Anfänge liegen im ägyptisch-babylonischen Raum. Dort wurden den Göttern und ihren charakteristischen Eigenschaften Sterne zugeordnet. Astronomie und Astrologie waren lange Zeit

weitgehend deckungsgleich. Bis in die heutige Zeit hat sich dabei der Ausspruch des altägyptischen Zauberers Hermes Trismegistos gehalten: "Wie dort oben - so hier unten.", was heißen soll, daß die Ereignisse auf der Erde die am Himmel spiegeln. Die Astrologen beobachteten die Bahn der (damals bekannten) Planeten ("Wanderer"; zu ihnen wurde auch die Sonne gezählt) und vermuteten, daß die Bewegungen und Erscheinungsformen dieser fernen Gottheiten sich im Leben der Menschen widerspiegeln. Wenn Mars, der Gott des Krieges, wütend am nächtlichen Himmel leuchtete, stand eine Zeit kriegerischer Auseinandersetzungen bevor; wenn Venus bei Dämmerung hell leuchtete, kam die Zeit der Liebe.

Diskussionen zum Thema "Astrologie" sind oft deshalb wenig erfolgversprechend, weil es *die* Astrologie heute nicht gibt, sondern mehrere verschiedene Strömungen, Schulen und Richtungen, die sich untereinander wiederum durchaus nicht freundlich gesinnt sind.
Sucht man Gemeinsamkeiten, so läßt sich nach Siegfried Böhringer feststellen:

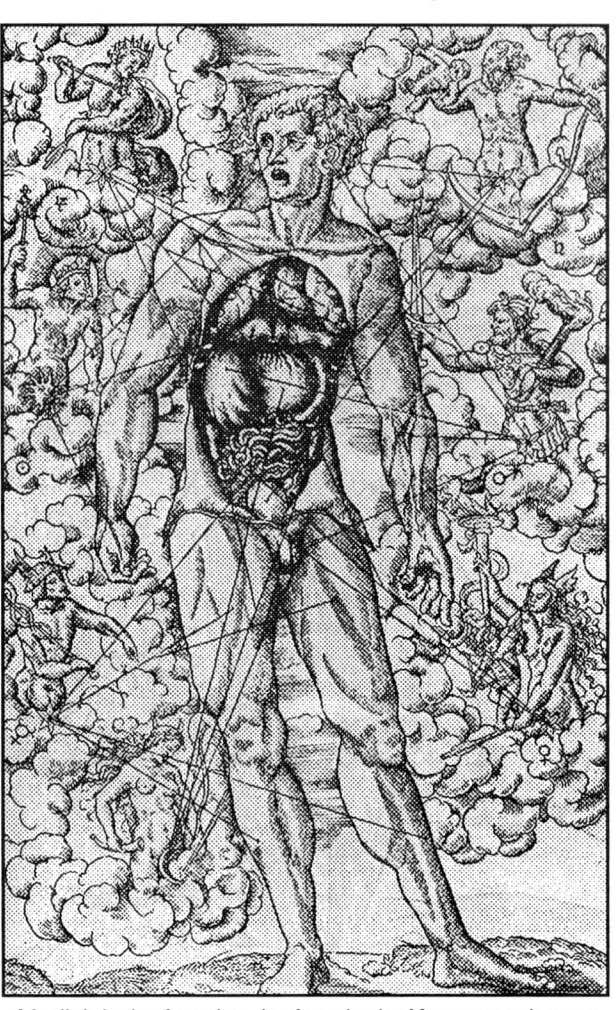

Medizinische Aspekte der Astrologie: Korrespondenzen zwischen Sternbildern und bestimmten Körperteilen.

schaften, Tendenzen". Der bekannteste Ausspruch wird immer wieder sein: "Die Sterne zwingen nicht, sie machen nur geneigt!"
Zum Eigenschutz wird dann meist flugs die gleiche Immunisierungsstrategie verwendet, die seit Menschengedenken Schamanen und andere Stammeszauberer im bewährten Gebrauch haben: Man baut eine verbale Schutzmauer gegenüber dem gemeinen (unwissenden) Volk auf, indem man möglichst geheimnisvolle, fremdartig (heutzutage: wissenschaftlich) klingende Begriffe verwendet und diese in magisch aussehende Zeichen umsetzt. In der Tat ergreift den Laien dann auch ein "übersinnlicher Schauer" beim Anblick eines persönlichen Horoskops mit seinen Symbolen und dem damit verbundenen "Fachchinesisch" (Transite, Aszendenten, Ephemeriden, trigonale Figurine, Generalsignifikatoren, Deklinationsparallelen usw.). Wer ist da nicht (insgeheim wenigstens!) beeindruckt, und wer traut sich noch spontan nachzufragen?

> Es gibt eine verborgene Entsprechung zwischen den vom Menschen wahrgenommenen Gestirnsbewegungen und seinen irdischen Daseinsgeschicken, die es erlaubt, mit Hilfe eines regelhaften Deutungssystems personale Grundprägungen und künftige Ereignistendenzen zu sehen und davon zu sprechen. (Böhringer 1986, 3; eine insgesamt empfehlenswerte Darstellung der Problematik)

Dieser Definitionsversuch macht deutlich, wie schwierig es ist, das Phänomen "in den Griff" zu bekommen, denn längst merken auch die Astrologen selbst, daß sie argumentativ im Hinblick auf eine empirisch belegte Überprüfung ihrer Behauptungen den Kürzeren ziehen und relativieren fleißig: Man spricht nur noch vom "Symbolcharakter der Sterne", die einen "bestehenden größeren Zusammenhang anzeigen" mit "Neigungen, Bereit-

Böhringer unterscheidet grob:

a) Die traditionelle Astrologie: Sie setzt die überlieferten Grundsätze und Regeln ohne kritisches Überdenken unmittelbar zum Zweck der Lebensberatung ein.

b) Die "wissenschaftliche" Astrologie: Ziel ist, Übereinstimmungen astrologischer Aussagen mit den Ergebnissen astronomischer und biologischer Forschung herauszufinden und damit die "Wissenschaftlichkeit" der modernen A. nachzuweisen (oft auch "Kosmobiologie").

c) Psychologische Astrologie: Sie sucht die astrologische Symbolik (z.B. C. G. Jung) als zusätzliches diagnostisches Hilfsmittel in der psychologischen Lebensberatung und Therapie einzusetzen. Hier geht es weniger um Vorhersagen, als um Persönlichkeitsanalysen.

d) Philosophische Astrologie: Religiös geprägt; sie ist geprägt von dem Streben nach vertiefter Le-

bens-, Welt- und Selbsterkenntnis. (Böhringer, a.a.O., 7)

Andere Einteilungsversuche unterscheiden die traditionalistische Schule (strikte Bestimmung des Menschen durch die Sterne, der man nicht entrinnen kann), die naturwissenschaftlich-physikalische Schule (direkter Einfluß der Sterne auf den Menschen, z.B. im Biorhythmus) und die symbolistische Schule (psychologisch orientiert, Analogie mit Symbolen zwischen Mikro- und Makrokosmos).

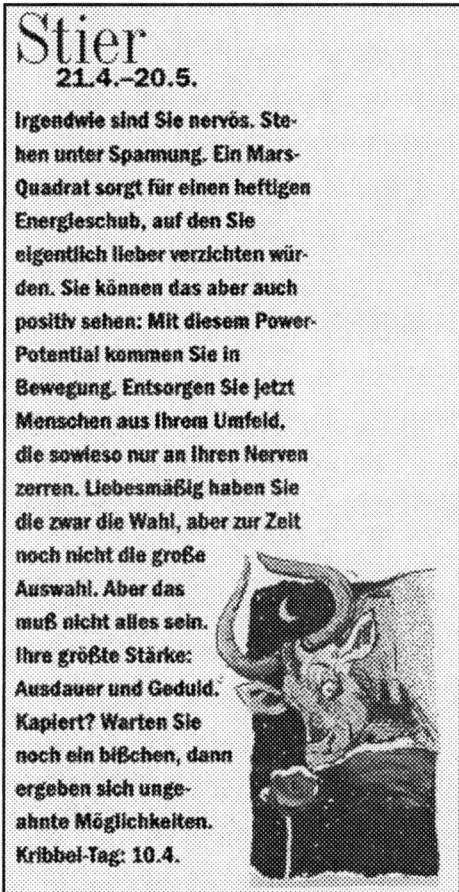

Einig sind sich die Astrologen darin, daß die Vulgärastrologie der Zeitungen und Zeitschriften reinen Unterhaltungscharakter habe. Wer Horoskope der Presse ernst nehme, sei selbst schuld, da diese (im Gegensatz etwa zu den "seriösen, detaillierten" Horoskopen) nur das Sonnenzeichen (den Tierkreis) wiedergeben würden und damit keinerlei Aussagekraft enthielten. Was allerdings auch namhafte Vertreter der Zunft nicht davon abhält, alljährlich zur Jahreswende eben diese kritisierten Vorhersagen zu liefern.

Bekannt ist, daß Zeitungen die Astrologenhonorare sparen wollten und deshalb Volontäre mit dem Schreiben der Horoskope beauftragten, die einfach Texte vergangener Jahre abschrieben - ohne daß die Leser es bemerkten!

Hilfen zur argumentativen Auseinandersetzung mit Astrologie

Schwerpunkt bei der Auseinandersetzung mit astrologischen Behauptungen sollte in der heutigen Zeit nicht mehr die physikalische Astronomie (Sternenkunde) sein, da sie zum einen den Laien überfordert, zum anderen die Astrologen selbst bemerkt haben, wie unhaltbar ihre Position in dieser Hinsicht geworden ist (Sterne haben nun einmal "leider" die Eigenschaft, daß sie und ihr Lauf eindeutig berechenbar und beweisbar sind).

Man muß auch nicht erst zehn Jahre lang Astrologie studieren, damit man mitreden darf (wie ein bekannter Astrologe vom Verfasser bei einer Fernsehdiskussion forderte).
Die folgenden Punkte (erweitert nach Prokop/Wimmer 1987[2], 7 ff.) bringen erfahrungsgemäß "wankelmütige", unsichere Laien zum Nachdenken, überzeugen aber (natürlich!) keinen Astrologen.

• Namen der Planeten
Was wäre, wenn... vor langer langer Zeit zwei Römer zum Nachthimmel hinaufgeschaut und folgendes Gespräch geführt hätten: "Schau mal den Stern da oben! Der leuchtet rot. Weißt du was? Rot ist die Farbe des Blutes, Blut erinnert an Krieg - nennen wir den Stern doch nach unserem Kriegsgott Mars!" - "Einverstanden!" ... und seither heißt der Planet so, seither ist er Symbol für Gewalt, Krieg, Brutalität, Aggressivität, Bösartigkeit, Haß ("Mars fördert die Bösartigkeit des Menschen, putscht Soldaten, Mörder und anderes Gesindel auf, stiftet zu Vergewaltigung und Mord an, freut sich über die Toten auf Schlachtfeldern und ergötzt sich an Ruinen." - so die Zeitschrift MYTHOS im Heft 1/1994), seither sind Menschen mit Mars im Aszendenten oder sonstwo entsprechend negativ belastet - seit Jahrtausenden!
Was wäre, wenn... der zweite Römer geantwortet hätte: "Krieg? Blut? Nein - mich erinnert die Farbe Rot an die Liebe! Nennen wir den Stern doch 'Eros'!" - "Einverstanden!" ... Wären damit schlagartig sämt-

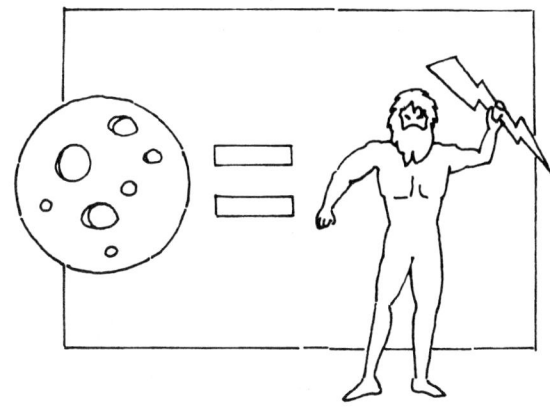

liche Horoskope positiv geworden?

Oder: "Venus, die Liebesgöttin? ("wohltuende Eigenschaften, Zentrum aller Liebestriebe und Sehnsüchte, symbolisiert Fruchtbarkeit und Fantasie, Glücksbringer, verheißt Glück, Liebe, Schönheit und Geld..." - so Mythos) Nein - ich schlage den Namen 'Chaos' vor!" - "Einverstanden!"

Wer entscheidet für was ein Stern steht?

Der erst 1930 entdeckte neunte Planet Pluto (in der antiken Mythologie zunächst der Gott des Reichtums, "der aus der Erde kommt", wurde er später mit dem Hades, dem Höllenfürst identifiziert) war denn auch prompt mit seiner todbringenden Ausstrahlung schuld am Abwurf der Atombombe und am Erdbeben von San Francisco. Wäre er doch nur "Gabriele" o.ä. bei seiner Entdeckung genannt worden!

Magische Zusammenhänge werden deutlich, wenn etwa die Sternkonstellation Pisces als "wässeriges Zeichen" angenommen wird, wohl weil Fische im Wasser leben.

Warum werden nur die zehn Planeten (mit Sonne und Mond), nicht aber Polarstern, Orion, Alpha Centauri, Sirius, ... herangezogen? Sind sie weniger bedeutsam?

• "Individualität" eines Horoskops

Circa 240 Menschen auf der Welt besitzen exakt das gleiche Geburtshoroskop (s. Abb.). Ist dann damit automatisch ihr Lebensweg, ihr Charakter gleich oder zumindest sehr ähnlich? Warum wird aus dem einen ein anerkanntes Genie, aus dem anderen das Gegenteil? Heißt das, daß der eine Mensch "seine Neigungen, Tendenzen, ..." voll ausgeschöpft hat, der andere leider nicht? (s.o.: "Die Sterne zwingen nicht, ...")

Wie sieht es mit den Gegebenheiten aus, in die man (mit dem gleichen Horoskop) hineingeboren wird? In den indischen Slum oder in die deutsche Millionärsfamilie?

In der Astrologie gelten z.B. "Stiermenschen" als zähe Nützlichkeitsmenschen mit großem Familiensinn (Robespierre, Kant und Hitler waren "Stiere"). "Krebsmenschen" zeigen ein Mißverhältnis

zwischen Wollen und Können, sie sind unentschlossen, weiblich und ohne Ausdauer (Cecil Rhodes, Graf Zeppelin). "Waagemenschen" haben ein starkes Gerechtigkeitsgefühl, aber keine Tatkraft (Hindenburg, Foch, Himmler). (Prokop/Wimmer 1987, 8)

• "Geburtshoroskop?"

Ist nicht der Zeitpunkt der Befruchtung (= genetische Ausstattung) entscheidender als der Zeitpunkt der Geburt? Die Genetik hat eindeutig bewiesen, welche Zufälligkeiten bedeutsam sind für den Genotyp eines Menschen.

Hat die werdende Mutter ein schädigendes Medikament während der Schwangerschaft eingenommen, wird das Kind bereits vor der Geburt evtl. stark gesundheitlich beeinträchtigt. Das Geburtshoroskop eines vergleichbaren, gesunden Kindes könnte genau gleich sein, beide Kinder aber haben völlig verschiedene Startchancen.

Soll ein astrologiegläubiger Arzt notfalls den Zeitpunkt der Geburt um einige Stunden (Minuten) hinausschieben, wenn der Aszendent ungünstig steht? Ändert sich dadurch alles?

Mittlerweile gibt es deutsche Krankenhäuser, bei denen im Geburtssaal die Tierkreiszeichen die Decke "schmücken"!

• "Die Realität der Sterne"

Ein in der Astrologentafel bei der Geburt eingezeichneter Uranus (Aszendent) ist in Wirklichkeit schon woanders (Deszendent, denn das Licht braucht 2,5 Stunden). Dieser Punkt spricht ansatzweise die absurde Tatsache an, daß zwischen Astrologie und Astronomie riesige Differenzen klaffen, die allerdings mit dem Hinweis auf den Symbolcharakter (s.o.) der Tierkreiszeichen beiseite gewischt werden. Die Bewegung der Präzession (kreiselförmige Bewegung der Erdachse im Weltraum) wird völlig ignoriert, so daß die Astrologie von einem Stand der Sternbilder ausgeht, wie er vor ca. 2000 Jahren beobachtet wurde. Für "Widdergeborene" steht heute die Sonne ihres Geburtstages in Wirklichkeit

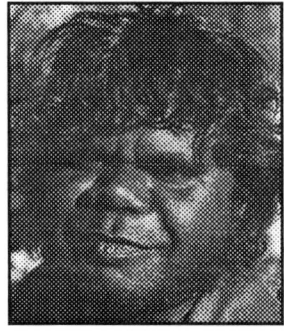

* 8.7.1960, Kalogoorlie, Australien: Nippi Nasabolmi

* 8.7.1960, Kalogoorlie, Australien: John Harvey

© Verlag an der Ruhr, Postfach 10 22 51, 45422 Mülheim an der Ruhr

Astrologie

in den Sternen des Fisches, für "Waagegeborene" in der Jungfrau. Astrologie ist also nicht einmal mehr "Sterndeutung", sondern nur die Deutung imaginärer Himmelsregionen. Sonne und Mond werden - obgleich astronomisch völlig verschieden - als Planeten mit vergleichbaren Einflüssen auf die Erde angenommen.

> So ist das astrologische Reden vom Kosmos für den Astronomen reine Illusion, für frühere Zeiten entschuldbar, die ganz dem Augenschein vertrauen mußten, für heute unverständlich und unverantwortlich. (Böhringer 1986, 19)

• "Empirische Untersuchung"
Umfangreiche empirische Untersuchungen haben ergeben, daß sich keine Häufung von Musikern, Sportlern, Schauspielern ... bei einem bestimmten Sternbild zeigt. Die Untersuchungen der französischen Psychologen Francoise und Michel Gauquelin, die einige Zeit gegenteilige Annahmen bewiesen haben sollen, sind mittlerweile widerlegt worden (siehe S. 65).

• "Ausdeutung"
Bei der Interpretation eines Horoskops zeigt sich die wahre Kunst eines Astrologen. Bei der Schwammigkeit der Aussagen sind Treffer im nachhinein auf jeden Fall konstruierbar. Hier gelten die oben ("Wahrsagen/Hellsehen") angeführten Beispiele für "Allerweltstexte" und das "Verifikationsphänomen". "Kräht der Hahn auf dem Mist, ändert sich's Wetter oder es bleibt wie's ist!"
Im Prinzip gibt es keinen Unterschied zwischen der Charakterdeutung oder der Zukunftsvorhersage aus dem Kaffeesatz oder einem Horoskop.

• "Umkehrbarkeit"
Die Astrologen sind nicht in der Lage, aus detaillierten Charakterschilderungen eines Menschen dessen Tierkreiszeichen anzugeben. Nachdem ein kausaler Zusammenhang angenommen wird, müßte das astrologische Verfahren zur Herstellung eines Horoskops aber umkehrbar sein. Selbst eine einfache Zuordnung der Namen berühmter Persönlichkeiten zu durcheinandergewürfelten Geburtsdaten ist aufgrund astrologischer Annahmen nicht möglich (was mehrfach bewiesen wurde). Die Aussage einer Astrologin, als sie in einer Fernseh-Talkshow darauf angesprochen wurde, daß sie niemandem etwas beweisen müsse und sich deshalb einem derartigen Test nicht unterziehen würde, ist eine Unverfrorenheit. Wer Geld damit verdienen will, Menschen im sensiblen Bereich der Lebensberatung mit exklusivem Wissen über ihre Zukunft weiterzuhelfen, der muß es sich auch gefallen lassen, daß man die Grundlagen seiner "Weisheit" hinterfragt und einen konkreten, nachprüfbaren Beweis seiner Fähigkeiten einfordert.

• "Eineiige Zwillinge"
Obwohl sie nicht nur die gleiche genetische Ausstattung, sondern auch (meist) das gleiche Geburtshoroskop haben, ist der eine später glücklich, der andere unglücklich verheiratet. Der eine stirbt an einer Krankheit, der andere durch einen Unfall, ... Umgekehrt erleiden Menschen, die völlig verschiedene Horoskope haben, zur selben Stunde dasselbe Todesschicksal oder sind sich charakterlich sehr ähnlich (war im Horoskop jedes Titanic-Passagiers dieses Unglück vorgezeichnet?).

• "Eigenes Schicksal"
Auch wenn es so naiv klingt wie die Frage an den Hellseher, warum dieser seine Gabe nicht dazu benützt, um die Lottozahlen der nächsten Woche (oder die Börsenkurse...) vorherzusagen: Warum kann der Astrologe nicht für sich und seine Familie Unheil abwenden?

Welches ist die richtige "Astrologie?

• "Abgeschlossenes Weltbild"
Überall dort, wo ein in sich abgeschlossenes, gefestigtes Weltbild (dies findet man im esoterisch-okkulten Bereich immer wieder!) angenommen wird, ist höchste Skepsis angebracht. Erkenntnisse, die sich wissenschaftlich nennen wollen, sind immer nur vorläufiger Natur. Die Wissenschaft ist offen für neue Theorien, die auf der Grundlage exakter, jederzeit wiederholbarer Versuche und Beobachtungen basieren. Die Astrologie beruft sich weitgehend aber immer wieder auf das Hergebrachte, das schon immer Gesagte.

> Sie kann nichts dazulernen, weil sie weder ihre Einzelaussagen noch ihre grundlegenden Theorien ernstlicher exakter Überprüfung aussetzt. Sie beruht ganz und gar auf einem seit Kopernikus widerlegten Gesamtbild des Universums ... (Böhringer 1986)

Welches ist überhaupt die "richtige" Astrologie? Die chinesische, die indianische, europäische, ...? Aus derselben Gestirnsstruktur werden teilweise völlig verschiedene Folgerungen abgeleitet.

• "Ausnahmen"
In bestimmten Regionen der Erde leben Menschen, denen schwerlich überhaupt ein Horoskop erstellt werden kann, weil die Sonne und die meisten Planeten lange Zeit über oder unter dem Horizont bleiben (Alaska, Grönland, ...). Wovon hängt dann deren Charakter oder Lebenslauf ab?

• "Erklärungsnotstand"

Immer dann, wenn unbedarfte Laien um eine Erklärung bitten, auf welche Art denn überhaupt die Sterne auf Menschen wirken, wird der Universalschwammbegriff "Energie" hervorgeholt. Obwohl physikalisch eindeutig definiert, eignet sich dieses Wort hervorragend, um den eigenen Erklärungsnotstand zu verdecken. "Energie" ist für die meisten Menschen mit "kostbar, wertvoll, nicht greifbar" u.ä. besetzt. Sicher wirken Himmelskörper auf die Erde ein, doch handelt es sich dabei immer um Phänomene, die mit den Gesetzen der Naturwissenschaft beschrieben werden können (der Mond und Ebbe und Flut, Sonnenflecken und ihr Einfluß z.B. auf den Funkverkehr, die Sonne als Ursprung von Licht und Wärme u.ä.). Sind in bezug auf die angenommenen "Schicksalsstrahlen" die 3000 mit bloßem Auge bzw. 2 Milliarden mit technischer Unterstützung sichtbaren Fixsterne im beobachtbaren Universum alle unwirksam mit Ausnahme der 150 Sterne des Tierkreises, den Planeten unseres Sonnensystems, der Sonne und des Mondes? Diese "Strahlung" wirkt anscheinend auch dann, wenn die Planeten nicht am Himmel stehen. Sie kann also nicht durch gewöhnliche Materie "abgeschirmt" werden? Eigentlich müßte doch auch die Erde selbst eine derartige "Strahlung" aussenden, die wiederum meßbar sein müßte? Kann man es sich so vorstellen, daß ein Neugeborener im Augenblick der Geburt von einem "Blitz" seines Aszendentenplaneten getroffen wird, der seinen Charakter fixiert? Wird dadurch vielleicht die genetische Ausstattung in diesem Moment geändert?

> *Wirken die Sterne aus sich heraus? Als kreisende Gesteins- und Gasmassen nach physikalischen Gesetzen?*

Bereits 1949 verfaßte die Astronomische Gesellschaft anläßlich ihrer Vollversammlung einen Aufruf, dem auch heute (eigentlich) nichts hinzuzufügen ist. Doch wie sagte André Gide: "Alles ist schon einmal gesagt worden, aber da niemand zuhört, muß man es immer wieder von neuem sagen!"

> Die Astronomische Gesellschaft als Vertretung der astronomischen Wissenschaft in Deutschland nimmt ihre Tagung in Bonn zum Anlaß, die Öffentlichkeit vor dem immer mehr sich verbreitenden Unfug der Astrologie zu warnen. Der Glaube, daß die Stellung der Gestirne bei der Geburt eines Menschen seinen Lebensweg beeinflusse, daß man sich in privaten und öffentlichen Dingen bei den Sternen Rat holen könne, hat seine geistige Heimat in einem astronomischen Weltbild, das die Erde und mit ihr den Menschen in den Mittelpunkt des kosmischen Geschehens stellt. Dieses Weltbild ist längst versunken. Was heute als Astrologie, Kosmobiologie usw. auftritt, ist

nichts anderes als eine Mischung aus Aberglaube, Scharlatanerie und Geschäft. Zwar gibt es astrologische Kreise, die von den genormten und gedruckten Charakteranalysen und Beratungen für alle Lebenslagen abrücken, diesen Torheiten aber ihre eigene "wissenschaftliche" Astrologie entgegenstellen. Aber auch diese Astrologie ist den Beweis, eine Wissenschaft zu sein und mit wissenschaftlichen Methoden zu arbeiten, schuldig geblieben. Daran können auch gelegentliche Zufallstreffer astrologischer Aussagen nichts ändern. Astrologie ist lediglich ein System willkürlich angenommener Spielregeln. Ein solches System kann nicht den Anspruch erheben, wissenschaftlich begründete Deutungen und Prognosen in privaten und öffentlichen Angelegenheiten zu geben...

Möglichkeiten der pädagogischen Arbeit:

• Vergleich der Horoskope eines bestimmten Tages/einer bestimmten Woche; Sammeln aus verschiedenen Zeitungen; Übereinstimmungen/ Unterschiede bei einem bestimmten Sternzeichen?

• Bearbeitung der beigegebenen Zeitschriften- und Zeitungsartikel.

• Befragung von Bekannten, Verwandten, Passanten, Schülern über die Horoskopgläubigkeit; Entwurf eines Fragebogens dazu.

• Schwerpunkt "Politik": Okkultgläubige Politiker, die ihre Entscheidungen nicht nach dem Abwägen der Sachlage, sondern nach dem Vogelflug, dem Würfel, dem Stand der Sterne, ... treffen? Wie fühlen wir uns da als Abhängige?

• Suchen und Auswerten von Werbeanzeigen der in Zeitungen inserierenden Astrologen: Wodurch wird der Anschein von Seriosität erweckt? Wodurch versuchen sich die Astrologen untereinander zu unterscheiden?

• Entwurf von satirischen Anzeigen, in denen astrologische Fähigkeiten karikiert werden.

Materialien

Die Artikel auf den folgenden Seiten fassen anschaulich die Kernvorwürfe von skeptischer Seite gegen die Astrologie zusammen.

Dieses Emblem von 1613 gibt der Annahme Ausdruck, daß der Stand der Sterne der interpretierbare Ausdruck von Gottes Wirken ist.

Sag mir Deine Geburtszeit, und ich sage Dir, was Du bist

Das Geburtshoroskop - als Grundlage jeder astrologischen Beratung - ist eine Zeichnung, in der der Stand der Gestirne zum Zeitpunkt der Geburt so eingetragen ist, wie er sich vom Geburtsort gesehen darstellt. Der Begriff "Horoskop" ist entstanden aus dem lateinischen "hora" = Stunde und dem griechischen "skopein" = schauen, bedeutet also Stundenschau. Heute schauen die Astrologen nicht mehr allein auf die Stunde, sondern berechnen Horoskope minutengenau.

Die Abbildung zeigt ein Geburtshoroskop für eine Geburt am 4.4.49 um 18.35 Uhr in Stuttgart. Die 360 Grad des Kreises sind in zwölf gleich große Ab-

ähnlich - der Regent oder Gebieter dieses Tierkreiszeichens. Wenn er wie im Beispiel im Widder steht, verstärkt er dessen Eigenschaften.

Wie die Planeten genau "wirken", hängt von ihrer Stellung in den zwölf Häusern ab, die ganz außen am Tierkreis eingetragen sind. Je nach Berechnungsmethode umfassen sie jeweils 30 Grad oder (mit Hilfe spezieller Häusertafeln ermittelte) unterschiedlich große Abschnitte. Das erste Haus beginnt stets am Ascendenten (AC). Das ist der Punkt des Tierkreises, der zum Zeitpunkt der Geburt am östlichen Horizont aufsteigt, er ist links im Horoskop eingetragen. Unser "Widder" hat demnach den

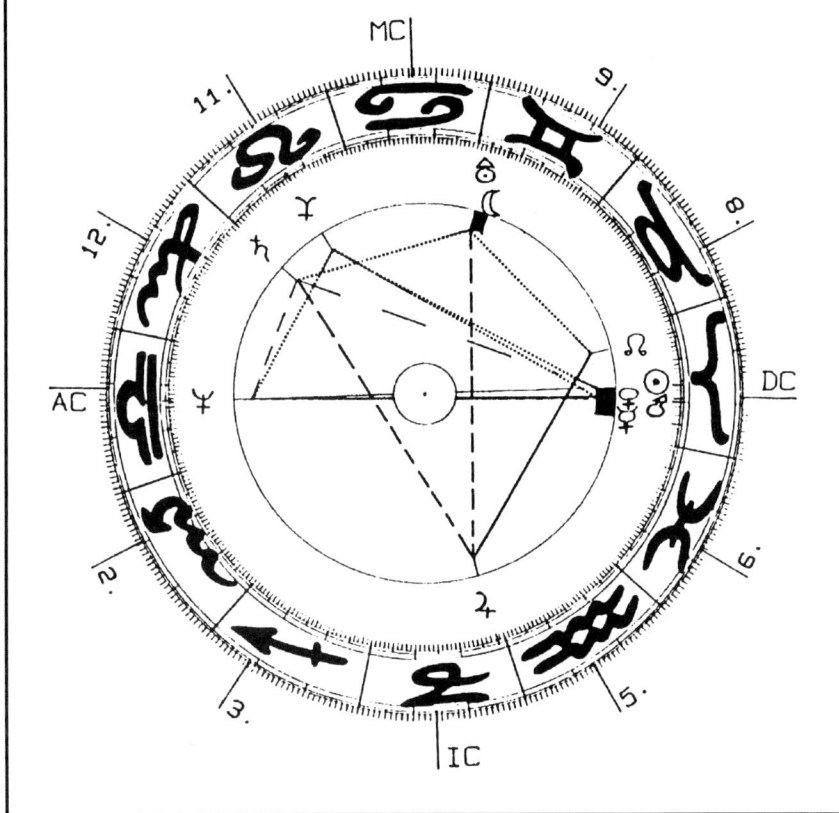

schnitte mit den Symbolen des Tierkreises unterteilt. In dem Kreis ist die Stellung der Planeten (wozu die Astrologen wegen ihrer geozentrischen Denkweise auch Sonne und Mond rechnen) eingetragen. Ihre Stellung wird mit Hilfe umfangreicher Tafelwerke, sogenannter Ephemeriden, berechnet. Im Beispiel steht die Sonne im Widder, das heißt, unsere Testperson ist ein "Widder".

Das Tierkreiszeichen, in dem die Sonne steht, beinhaltet das Grundverhalten, den Wesenskern. Die anderen Gestirne symbolisieren Anlagen und Wesenskräfte. So steht zum Beispiel der Mars für Energie, Mut, Leistungs- und Entscheidungskraft. Der Mars ist - da in seinen "Eigenschaften" dem Widder

Ascendenten "Waage". Der Ascendent ist für die Deutung eines Horoskops ebenso wichtig wie das Tierkreiszeichen, unter dem jemand geboren wird: Er symbolisiert die Erscheinung, das Hauptanlagegefüge eines Menschen. Im Laufe eines Tages steigen nacheinander alle zwölf Tierkreiszeichen im Ascendenten auf, alle zwei Stunden ein neues.

Vom Ascendenten werden die Häuser weiter entgegen dem Uhrzeigersinn gezählt. Das vierte Haus beginnt am Immun Coeli (IC), dem tiefsten Punkt des Himmels. Gegenüber dem Ascendenten liegt im Westen der Descendent (DC), dort beginnt das siebte Haus. Das zehnte Haus beginnt mit dem Medium

Coeli (MC), der Himmelsmitte.

Die zwölf Häuser symbolisieren den irdischen Raum, das heißt die reale Lebenssituation. Jedem Haus ist ein Lebensbereich zugeordnet. So gilt das elfte Haus als Haus der Freundschaften, das sechste gibt Aufschluß über Arbeitsprobleme und Leistungsbereitschaft.

Die Linien zwischen den Planeten, den Punkten des Achsenkreuzes AC, MC, DC und IC sowie den Häuserspitzen in einem Horoskop werden als Aspekte bezeichnet. Sie sollen etwas über die Beziehungen zwischen den Kräften aussagen, die einem Horoskop innewohnen. Die fünf Hauptaspekte beziehen sich auf Winkel von 0°, 60°, 90°, 120° und 180°, daneben gibt es eine Reihe von Sekundär- und Nebenaspekten. Die angegebenen Winkel müssen nicht exakt stimmen, vielmehr gibt es je nach Aspektart und Planet gewisse Toleranzgrenzen, die teilweise bis zu 15° Abweichung erlauben. Konjunktion (0°), Quadrat (90°) und Opposition (180°) gelten als spannungsreich. Geringere Spannung symbolisiert Quincunx (150°), während Sextil (60°) und Trigon (120°) spannungslos sind und einen leichten Energiefluß erlauben.

Die Vielzahl von Einzelinformationen, die in einem Horoskop steckt, muß für seine Deutung von einem Astrologen zusammengebracht werden. Der Charaktertyp, die Grundkräfte und das Anlagegefüge müssen zu einer stimmigen Synthese gefügt werden. Dies ist die eigentliche Kunst des Astrologen. Aber je nach Gewichtung der einzelnen Informationen kann das Ergebnis unterschiedlich ausfallen. Eindeutig ist ein Horoskop keinesfalls.

Bei der astrologischen Prognose und auch Rückschau in die Vergangenheit wird davon ausgegangen, daß die einzelnen Planeten im Laufe eines Lebens auf dem Horoskop vorrücken und immer neue Aspekte, die sogenannten Direktionen, mit den Ausgangspositionen der anderen Planeten bilden. Oder man legt einer Prognose die Transite, das heißt die Winkelbeziehungen der Planeten in ihrem Lauf zu den Planetenstellungen im Geburtshoroskop, zugrunde. Die Transite der Planeten zur Sonne sind die Basis der in vielen Zeitungen und Zeitschriften veröffentlichten Horoskope (sofern man sich - was üblich sein soll - die Texte nicht einfach ausgedacht hat).

Die Überprüfung der Geburtszeit erfolgt auf ähnliche Weise. Dazu werden für wichtige Daten die Planetenkonstellationen mit den jeweiligen Ereignissen verglichen. Wenn sich Ungereimtheiten ergeben, wird die Geburtszeit so korrigiert, daß sich Widersprüche auflösen.

Was haben die Opfer der Titanic gemeinsam?

Die Astrologie erhebt im allgemeinen nicht den Anspruch, eine Wissenschaft zu sein. Sie versteht sich vielmehr als Erfahrungslehre. Dies schließt aber keineswegs eine Überprüfung ihrer Grundlagen und Aussagen mit Hilfe wissenschaftlicher Methoden aus. Es herrscht kein Mangel an Versuchen, wissenschaftliche Beweise für oder gegen die Astrologie zu finden*). Allzusehr widerspricht die Vorstellung, Tausende oder gar Millionen von Kilometern entfernte Planeten und Sternbilder könnten unsere Eigenschaften und unser Schicksal bestimmen, dem herrschenden Wissenschaftsverständnis, als daß man die Astrologie ungeprüft akzeptieren könnte.

Die Skepsis scheint berechtigt, denn bisher endeten die Versuche einer wissenschaftlichen Untermauerung kläglich für die Astrologie - entweder sprachen die Ergebnisse eindeutig gegen astrologische Erklärungsversuche, oder die Experimente waren so angelegt, daß die daraus abgeleiteten "Beweise" Nachprüfungen nicht standhielten. Zumeist bemüht man die Astronomie, wenn Argumente gegen die Astrologie gesucht werden. Die Präzession, das heißt Kreiselbewegung der Erdachse, hat nämlich zur Folge, daß es den Tierkreis gar nicht gibt. Vielmehr gibt es zwei Tierkreise, den sogenannten tropischen und den siderischen Tierkreis. Während sich die westliche Astrologie vornehmlich an ersterem orientiert, geht die östliche Astrologie von letzterem aus. Nur alle 25 800 Jahre (Umlaufzeit der Erdachse) stimmen beide exakt überein. Zur Zeit des Ptolemäus, des Begründers der westlichen Astrologie, war das annähernd der Fall. Damals stand am Tage des Frühlingsanfangs (21. März) die Sonne tatsächlich im Widder. Heute steht sie zum gleichen Zeitpunkt in den Fischen und in wenigen Jahren im Wassermann (für die Astrologen befinden wir uns deshalb am Übergang zum Zeitalter des Wassermanns), aber noch immer wird der Zeit vom 21. März bis 19. April das Tierkreiszeichen Widder zugeordnet. Da den Zeichen in beiden Tierkreisen dieselbe Bedeutung zugeordnet ist, kann dasselbe Stück Himmel unterschiedlich interpretiert werden.

Ganz schlecht sieht es für alle nördlich des Polarkreises Geborenen aus. Dort sind viele Planeten monatelang über oder unter dem Horizont, und manche Sternzeichen können gar nicht auf- oder untergehen. Wer kümmert sich um das Schicksal dieser Menschen, die gar kein normales Horoskop haben können?

Auch die Interpretation bestimmter Sternkonstellationen als Sternbilder ist eher willkürlich. Weder gelingt es mit durchschnittlicher Phantasie, etwa in der mit "Steinbock" bezeichneten Ansammlung heller Punkte am Himmel auch nur annähernd etwas Tierähnliches zu erkennen, noch bilden die einzelnen Sterne tatsächlich eine Einheit. Sie sind vielmehr unvorstellbar weit voneinander entfernt und sehen nur so aus, als gehörten sie zusammen. Genauso trügerisch ist der Eindruck, die Planeten befinden sich in den Sternbildern.

Für Astrologen sind diese Einwände nicht stichhaltig, sondern beweisen nur die Ignoranz des Kritikers. Bereits seit Jahrhunderten sind die Probleme bekannt und von der Astrologie akzeptiert: Sie behauptet deshalb gar nicht, daß der Tierkreis in der Astrologie mit den Sternbildern der Astronomie identisch sei: Sie behandelt den Tierkreis als Abstraktion mit symbolischer Bedeutung.

Man könnte die astronomischen Einwände ohnehin großzügig vernachlässigen, wenn zumindest die Aussagen der Astrologie einer wissenschaftlichen Nachprüfung standhielten. Zwar ist es oft genug verblüffend, wie gut man sich durch eine Horoskopdeutung getroffen sieht, jedoch sieht dies unter streng wissenschaftlich experimentellen Bedingungen ganz anders aus.

Mit großem Aufwand und in Zusammenarbeit mit Astrologen wurde 1985 an der berühmten University of California in Berkeley ein aufwendig angelegter Test durchgeführt, der die Frage klären sollte, ob Astrologen von den exakten Geburtsdaten auf die Persönlichkeit schließen können. 28 der besten Astrologen des Landes sollten aus jeweils drei ausführlichen Persönlichkeitsprofilen jenes auswählen, das zu den Geburtsdaten paßt. Die Trefferquote lag mit 30 Prozent weit unterhalb der von den Astrologen selbst erwarteten "mindestens 50 Prozent" und wäre selbst bei rein zufälliger Anordnung kaum anders ausgefallen.

Ein geradezu makabres Experiment führte Michel Gauquelin durch, der in einer Anzeige die kostenlose Erstellung persönlicher Horoskope anbot. Auf Nachfragen erklärten 94 Prozent der Antwortenden, daß sie sich in ihrem Horoskop treffend beschrieben sähen. 90 Prozent fanden sich in dieser Ansicht sogar von Freunden und Verwandten bestätigt. Der Haken an der Sache war nur, daß keiner sein eigenes Horoskop erhalten hatte -

Gauquelin hatte allen das Horoskop eines der berüchtigsten Massenmörder Frankreichs geschickt.

Wenn aber ein persönliches Horoskop dermaßen vieldeutig (oder: nichtssagend?) ist, dann könnte dies auch erklären, warum so viele astrologische Methoden, wie sie insbesondere die westliche Astrologie bietet, nebeneinander existieren können. Anderenfalls müßte es doch empirische Befunde darüber geben, welche Methode die beste ist. Zwar stützen sich alle Astrologen auf eine weithin akzeptierte Basis, haben diese aber jeweils in unterschiedlicher Richtung weiterentwickelt, so daß es beinahe so viele Astrologien wie Astrologen gibt. Trotzdem behauptet jeder von ihnen, Erfolge und zufriedene Kunden zu haben. Noch problematischer als der Bereich der Persönlichkeitsbeschreibung mit Hilfe eines Horoskops ist der Anspruch der Astrologie, Prognosen von Ereignissen stellen zu können. Dies liegt unter anderem daran, daß sich die Astrologie einer Sprache der Symbolik und Metaphern bedient. Wenn zum Beispiel eine bestimmte Konstellation als "Tod" interpretiert wird, so muß dies keineswegs den eigenen medizinischen Tod bedeuten. Vielmehr könnten auch nahe Verwandte oder Freunde betroffen sein. Auch eine Interpretation als Abschied oder Trennung wäre möglich. Was tatsächlich zutrifft (vielleicht auch nichts von alledem), kann nur die Zukunft zeigen. Wenn das Horoskop tatsächlich einschneidende Ereignisse im Leben eines Menschen beinhalten würde, so müßten zum Beispiel die 1500 Ertrunkenen der Titanic-Katastrophe, die Opfer eines Krieges oder die Betroffenen von Tschernobyl alle Gemeinsamkeiten in ihren Horoskopen aufweisen. Bisher gibt es hierfür keinen Nachweis. Daß er je erbracht wird, erscheint eher zweifelhaft. All diese Argumente und Untersuchungen können die Astrologen nicht anfechten. Sie sind "unblamierbar", wie es der Kulturhistoriker Aby Warburg einmal ausdrückte. Da stört es sie auch wenig, daß man noch heute vergeblich auf einen ernsthaften Anwärter für den 1979 im Astrological Journal ausgelobten Preis von 500 Pfund Sterling wartet: Das Geld soll derjenige erhalten, der objektive Beweise für den Zusammenhang zwischen Tierkreis und Persönlichkeit vorlegen kann.

*) Einen guten Überblick über die Versuche, Astrologie wissenschaftlich zu beweisen, bieten zum Beispiel Hans-Jürgen Eysenck und David Nias in "Astrologie - Wissenschaft oder Aberglaube", München (List) 1982.

test 8/87

Die deutschen Fußballer kamen nicht ins WM-Finale, Bill Clinton regiert weiter und auch der Papst lebt immer noch

Die Sterndeuter lagen 1994 wieder voll daneben

Allein in Deutschland arbeiten rund 6000 Wahrsager — Ihre Vorhersagen dienen aber den Astrologen vor allem zur Eigenwerbung

VON FRANK BRANDMAIER (dpa)

ROSSDORF/FRANKFURT — Bei ihren Jahresprognosen für 1994 war Astrologen aus aller Welt erneut keine Sternstunde beschieden. Rund 100 Vorhersagen hatte die Gesellschaft zur wissenschaftlichen Untersuchung von Parawissenschaften (GWUP) mit Sitz im südhessischen Roßdorf zu Beginn des Jahres gesammelt. Kurz vor Silvester zeigt sich: Die Astrologen haben — wieder einmal — nicht „ins Wahre getroffen": Die deutsche Fußballnationalmannschaft ist bei der Weltmeisterschaft nicht ins Finale vorgestoßen, US-Präsident Bill Clinton ist weiterhin im Amt — und der Papst lebt immer noch, obwohl sein Tod schon mindestens seit vier Jahren zu den Standardprophezeiungen der Sterndeuter gehört.

Kein einziger Treffer

In ihre Auswertung nahm die GWUP nach den Worten ihres Astrologie-Experten Edgar Wunder nur auf, was eine konkrete Vorhersage enthielt und zwölf Monate zuvor absehbar war. Doch darunter sei — von Prognosen zur letzten Bundestagswahl einmal abgesehen — kein einziger Treffer gewesen.

Sieben Astrologen hätten richtig auf einen Wahlsieg Helmut Kohls getippt, sieben andere allerdings darauf, daß Rudolf Scharping Bundeskanzler würde. „Da kann man mit derselben Wahrscheinlichkeit auch eine Münze werfen", sagt Wunder. Dabei hätten Astrologen mit einer sozialdemokratischer Neigung eindeutig den SPD-Kandidaten favorisiert, konservative Sterndeuter seien dagegen Kohl treu geblieben: „Die parteipolitische Position scheint wichtiger zu sein als die der Gestirne."

Sonst aber schauten die Astrologen bei ihrem Blick in die Sterne wieder in die Röhre. Top-Model Cindy Crawford und ihr — inzwischen — Ex-Gefährte Richard Gere haben keine Drillinge bekommen. Boris Beckers Nachwuchs ist ein Junge und nicht — wie geweissagt — ein Mädchen. Bayerns Ministerpräsident Edmund Stoiber blieb von einem prophezeiten Attentat verschont, und auf dem Flughafen Hannover kam es nicht zu einem Flugzeugunglück mit vielen Toten. Nach einer Prognose sollte über Leverkusen ein großer Chemie-Unfall mit schweren Folgen für die Menschen im Umkreis von hundert Kilometern hereinbrechen. Und den US-Bundesstaat South Carolina verwüstete auch nicht eine Explosion, die ein Junge beim Spielen mit einer selbstgebauten Atombombe hätte auslösen sollen.

Die großen Ereignisse von 1994 wie den Untergang der Fähre „Estonia" mit mehreren hundert Toten sah hingegen laut Wunder niemand vorher. Der politische Aufstieg und Fall des italienischen Medien-Zaren Silvio Berlusconi sei in den Horoskopen ebenfalls kein Thema gewesen. Auch den guten Stern, unter dem der Friedensprozeß im Nahen Osten stand, übersahen die Astrologen offenbar.

Nur eine Münchner Sterndeuterin habe korrekt den Titelgewinn von Fußballmeister Bayern München prophezeit. Kein Wunder, sagt Edgar Wunder: auch Astrologen in anderen Städten mit Bundesligateams hätten zumeist auf ihre jeweiligen Heimmannschaften gewettet.

Hoffnung auf Folgekundschaft

„Die Jahresprognosen sind nichts anderes als Eigenwerbung für die Astrologen", meint Wunder. Zu einem Großteil glaubten die Sterndeuter selbst nicht an ihre Vorhersagen. Wenn die Astrologen erst einmal in die Medien gekommen seien — meist mit Katastrophen-Orakeln — hofften sie auf Folgekundschaft. „Von dem Auftritt in den Medien könnte keiner leben", sagt der Astrologiekritiker — abgesehen von einigen Stars der Szene.

Und der Markt rund um die Deutung der Gestirne sei nach wie vor gewinnträchtig: Alleine in Deutschland arbeiten rund 6000 Sterndeuter, insgesamt setzt die Branche pro Jahr nach Wunders Schätzung zwischen 100 und 500 Millionen Mark um. Etwa drei Prozent der Deutschen glaubten an Horoskope

Ob Glaskugel oder Sternenbild, die Wahrsager blickten mit ihren Prognosen auch 1994 wieder in die Röhre.   Foto: Matejka

Nürnberger Nachrichten 29.12.1994

Den eigenen Tod nicht vorhergesehen

Dem Täter offenbar sogar die Tür geöffnet — Racheakt für Fehlprognosen?

BREMEN (rtr) — Ein 41 Jahre alter „Hellseher" ist in Bremen möglicherweise von einem enttäuschten Kunden ermordet worden.

Die Polizei berichtete, der in seiner Wohnung gefundene Mann sei mit einem Elektrokabel „blitzschnell und mit unglaublicher Brutalität" erdrosselt und dann in eine mit Wasser gefüllte Badewanne gelegt worden.

Die Beamten vermuten, daß das Opfer dem Täter selbst die Tür geöffnet hat. Möglicherweise stehe die Tat im Zusammenhang mit der Tätigkeit des Ermordeten. Der 41jährige hatte bundesweit in Zeitschriften und Zeitungen annonciert und seine angeblich übernatürlichen Fähigkeiten angeboten.

Erst zu Beginn des Jahres hatte ihn ein Bremer Gericht wegen Betruges zu zwei Jahren Freiheitsstrafe auf Bewährung verurteilt. Er hatte unter anderem einer Schweizer Pianistin für eine „Partnerzusammenführung" rund 100 000 Mark in Rechnung gestellt.

Nürnberger Nachrichten 8.5.1989

"Die Sterne lügen - nicht!"
Wirklich?

Die folgenden Horoskope sind aus verschiedenen Zeitschriften herausgeschnitten,
alle betreffen den gleichen Zeitraum!

Löwe 23. 7. – 23. 8.:
Aktiv werden: Der Kampf, den Sie derzeit führen, ist sinnlos. Entscheiden Sie sich für einen anderen Weg. Ihr Horoskop zeigt ganz deutlich, daß Sie viel schneller einen großen Erfolg haben werden, als Sie sich das vorstellen. Sie müßten allerdings Ihre Strategie ändern.
Vorsicht: In einer beruflichen Frage sollten Sie sich nicht länger hinhalten lassen. Wenn andere keine Entscheidung treffen, dann sollten Sie es tun.
Der Tip der Sterne: Sie werden viel mehr geliebt, als Ihnen bewußt ist. Das sollte Ihnen Sicherheit geben.

LÖWE
23. 7. – 23. 8.
Sie gewinnen überhaupt nichts, wenn Sie einen Kampf mit harten Bandagen ausfechten. Ein bißchen mehr Zurückhaltung bringt Sie viel schneller ans Ziel – und erspart viel Kummer. Auch im Umgang mit Ihnen nahestehenden Menschen sollten Sie Ihre Stimmungsschwankungen kontrollieren.

LÖWE (23. 7. – 23. 8.)
Und wieder haben Sie ein Superwochenende vor sich – mit glänzenden Gewinnchancen und enormer Lebensfreude. Nur auf eines müssen Sie aufpassen: Ihre Form ist nicht mehr die beste. Sie dürfen sich nicht zuviel zumuten. Ab Montag wird es in jeder Beziehung ruhiger – fast zu ruhig. Auch für die Partnerschaft ist viel Alltag angezeigt. Lassen Sie es nicht an kleinen Aufmerksamkeiten fehlen!

LÖWE
23. 7. bis 23. 8.

Das Jahr nähert sich nun allmählich seinem Ende. Ihre Dynamikphase ebenfalls. Muten Sie sich nicht zu viel zu. Favoriten der Sterne sind immer noch die Geborenen vom 5. / 6. 8. – lassen Sie keine neue Chance ungenutzt!

LÖWE (23. 7. – 23. 8.)
ALLGEMEIN: Sie können sich schon auf eine Reise freuen. Diese Woche verlangt noch viel von Ihnen. **LIEBE:** Widmen Sie sich am Adventssonntag der

 Familie. Ab Montag ist der Terminkalender voll, was dem Partner wenig paßt. Vertrösten Sie ihn. **BERUF:** Zwingen Sie sich zu einem klaren Zeitplan. **GESUNDHEIT:** Auf die Linie achten.

• Vergleicht die Aussagen miteinander und arbeitet
  - die Unterschiede
  - die Gemeinsamkeiten
  heraus!

• Welche Formulierungen können als "Allerweltsfloskeln" bezeichnet werden?

• Was sind "Binsenweisheiten"?

• Welche Aussagen waren wirklich einwandfrei konkret nachprüfbar?

• Es gibt belegte Fälle, bei denen die Horoskopspalte einer Zeitung nicht von einem "Astrologen", sondern von einem Volontär (Berufseinsteiger) geschrieben wurde, "weil das sowieso niemand merkt"!

• Kannst Du das auch?
  Formuliere einen kurzen Text, der so gestaltet ist, daß er von den meisten Menschen als "zutreffend" bezeichnet werden könnte.

• Erstellt in der Gruppe ein gesamtes "Horoskop" für alle Sternbilder für die nächste Woche.

Astrologie

Alles umsonst

Bei einem wissenschaftlichen Test versagten amerikanische Astrologen kläglich.

Preisfrage: Können Astrologen von den exakten Geburtsdaten (Zeit und Ort) auf die Persönlichkeit eines Menschen schließen? Genauer: Sind sie in der Lage, von drei ausführlichen Persönlichkeitsprofilen dasjenige auszuwählen, das zu den Geburtsdaten paßt?

Antwort: Die Astrologen können es nicht - so das Ergebnis einer vor kurzem in der Zeitschrift "Nature" veröffentlichten, gründlichen wissenschaftlichen Untersuchung.

Nur mit einer Treffergenauigkeit von 30 Prozent, nicht zuverlässiger mithin als mit der Zufallstrefferquote, fanden amerikanische Astrologen das richtige Persönlichkeitsprofil heraus - sie selber hatten mit "mindestens" 50 Prozent gerechnet.

Verblüfft war über das Ergebnis auch der Leiter des Experiments, Shawn Carlson, Physiker an der University of California in Berkeley: Die Sterndeuter hätten "kläglich abgeschnitten", stellte er fest; der Test sei ein "überraschend starker Beweis" gegen die Astrologie, gegen die Behauptung also, es gebe einen - nur noch nicht erklärbaren - Zusammenhang zwischen dem Kosmos und dem Menschenschicksal.

Der kalifornischen Studie läßt sich von Astrologen-Seite wenig entgegensetzen. Von Beginn an hatten sich die Betroffenen selber an der Ausarbeitung des Tests beteiligt. Der "Nationale Rat für Geokosmische Forschung", eine US-Organisation, die wegen ihrer Untersuchungen auf dem Gebiet der Astrologie von Sterndeutern in aller Welt respektiert wird, hatte angesehene Astrologen als Berater nominiert.

Für die strikte Neutralität des Experiments sorgten auch die Wissenschaftler. Alle Testprozeduren wurden im Doppelblind-Verfahren erledigt: Weder Teilnehmer (Kandidaten und Astrologen) noch Forscher bekamen in irgendeiner Phase des Experiments Namen zu Gesicht. Die Gesamtüberwachung oblag einem unabhängigen Wissenschaftler. Die Kandidaten wurden zudem einer Befragung unterzogen: Nur wer bei einem zweimaligen Vortest zu erkennen gab, daß er nicht am Sinn der Astrologie zweifelt, wurde als Teilnehmer akzeptiert. Skeptiker, die Vorbehalte durchblicken ließen, wurden ausgeschlossen.

Der Aufwand war mithin beträchtlich, die Mühen aller Beteiligten groß - allein, so Berkeley-Physiker Carlson, "es war umsonst": Die "besten Astrologen des Landes" (Carlson) bereiteten ihrer Zunft eine peinliche Niederlage.

Sind wir dank der Sterne zum Sieger bzw. Verlierer geboren?

Schon öfter haben Wissenschaftler versucht, die Aussagen der Sterndeuter mit statistischen Methoden zu überprüfen. Die französischen Psychologen, Francoise und Michel Gauquelin beispielsweise, die sich schon seit Jahrzehnten damit befassen, waren aus Gegnern überzeugte Anhänger der astrologischen Verhaltensdeutung geworden.

Bei langjährigen Studien hatten die beiden Franzosen festgestellt, daß ein signifikant höherer Anteil von Spitzensportlern und berühmten Militärs unter einer bestimmten Mars-Konstellation zur Welt gekommen sei. Ärzte und Wissenschaftler, so behaupteten sie aufgrund statistischer Erkenntnisse, hätten vornehmlich unter dem Planeten Saturn das Licht der Welt erblickt.

Die Franzosen, so triumphierte schon der britische Psychologe Hans Jürgen Eysenck, hätten die "wohl überzeugendste Beweisführung für die grundlegende astrologische Prämisse" geliefert, "daß eine Beziehung zwischen dem Leben des Menschen und der Position der Planeten zur Zeit seiner Geburt existiert".

Doch auch die Gedankenblitze des Psychologenpaares illuminierten den astrologischen Sternhimmel nur kurz. Von 1553 Athleten, so fanden die Gauquelins heraus, traf der "Mars-Effekt" auf 22 Prozent zu (Zufallsquote in diesem Fall: 17 Prozent). Oder anders ausgedrückt: Jeweils vier von fünf Athleten hatten es an der Botschaft der Planeten vorbei zu sportlicher Größe gebracht.

Ähnlich beim zweiten Beispiel: Nur bei 19,1 Prozent (Zufallsquote: 16,3 Prozent) von insgesamt 3305 hervorragenden Wissenschaftlern und Ärzten hatte der angeblich kühle, zu gründlicher Nachdenklichkeit prädisponierende Saturn Pate gestanden.

Bemängelt haben Wissenschaftler immer wieder methodische Fehler, die bei Untersuchungen letztlich zu Wunschergebnissen führten. So mußte mittlerweile auch der Brite Eysenck von der These abrücken, Menschen, die unter den ungeraden Sternzeichen (Widder, Zwillinge, Löwe, Waage, Schütze, Wassermann) geboren würden, tendierten zu einer extrovertierten Persönlichkeit; Krebs-, Skorpion- und Fischgeborene seien dagegen emotional labiler ("neurotischer").

Der Grund für Eysencks Rückzug: Viele der 2300 von ihm Befragten hatten, wie sich herausstellte, nicht das, was sie über sich selbst wußten, sonders was sie aus Zeitungshoroskopen über sich erfahren hatten, im Fragebogen angegeben.

Verheerend für die Sterngläubigen endete auch der Versuch des amerikanischen Astronomen George O. Abell, den "Mars-Effekt" der Gauquelins an US-Sportchampions nachzuprüfen. Von 408 Athleten, so ergab die Abell-Studie, hatten bei der Geburt nur 13,5 Prozent den Planeten Mars im ersten oder vierten "Haus" gehabt - noch ein paar Prozent weniger mithin als bei einer durchschnittlichen Zufallsverteilung.

In 20 Jahren, spottete Abell milde, werde das Gauquelinsche Phänomen so vergessen sein wie die in den sechziger Jahren vertretene These, daß Plattwürmer sich mit dem Verzehr ihrer Artgenossen deren Intelligenz aneignen könnten.

Der Glaube an die geheimnisvolle Kraft der Gestirne - Fluchtmöglichkeit in einer entmythologisierten, von rationalen Zwängen beherrschten Welt - ist freilich durch solche Tests nicht zu erschüttern. Beinahe jeder zweite Bundesbürger war Mitte der siebziger Jahre davon überzeugt oder hielt es zumindest für möglich, daß sein Schicksal in den Sternen steht.

Der Zulauf zur Sterndeuter-Branche, in der in der Bundesrepublik jährlich über 50 Millionen Mark umgesetzt werden, ist seither noch gewachsen. Erst recht, seit die Schicksalskundigen, wie etwa die französisch-schweizerische Astrologin Elizabeth Teissier (Buchtitel: "Und die Sterne haben doch recht"), mit zeitgemäßem Technik-Brimborium imponieren: Sternanalyse mit Hilfe von Computern.

"Astrologen sind unblamierbar", hatte der Kulturhistoriker Aby Warburg Anfang des Jahrhunderts konstatiert. Warum das so ist, fand Berkeley-Physiker Carlson bei einem zweiten Experiment mit Hilfe der amerikanischen Star-Astrologen heraus.

Diesmal sollten die Testkandidaten wählen, die ihre Geburtsdaten zur Verfügung gestellt und den Persönlichkeitstest absolviert hatten: Aus drei Geburtshoroskopen, welche die Sternkundler erstellt hatten, sollten sie das ihre herausfinden. Nur jeder dritte schaffte es.

Das Ergebnis, interpretierte Carlson gewissenhaft, könne nicht als Beweis gegen die Astrologie gewertet werden, Grund: Auch bei einem Kontrolltest, bei dem die Kandidaten unter drei Persönlichkeitsprofilen ihr eigenes erkennen sollten, hatten sie nicht besser abgeschnitten.

Mit anderen Worten: Man kann den Leuten alles, wirklich alles erzählen.

(DER SPIEGEL, 2/1986)

V. *Geisterwelt – Der moderne Spiritismus*

Der Spiritismus (lat. "spiritus" - "Lebensgeist, Atem, Seele", engl. "spirit" = "Geist") erklärt "paranormale Phänomene" mit der Annahme von "jenseitigen Wesenheiten", mit denen aktiv, mit Hilfe bestimmter Techniken Kontakt aufgenommen werden kann (im Unterschied zum Animismus). Im Zentrum spiritistischer Aktivitäten steht der schon seit Urzeiten durchgeführte Versuch, mit Toten bei Séancen Verbindung aufzunehmen, die Zustände in der "jenseitigen Welt" zu erforschen und daraus neue Erkenntnisse für das diesseitige Leben zu gewinnen. Kennzeichnend ist dabei das absichtliche Herbeirufen der Seelen der Toten. Hauptbedingung für das Erhalten der meist nur trivialen Mitteilungen ist das Vorhandensein eines Mediums, wobei oft unterschieden wird nach "intellektuellem Medium" (Sprachrohr der Geister, Übermittlung von deren Gedanken z.B. durch automatisches Schreiben) und "physikalischem Medium" (Bewegen von Gegenständen, Erzeugen von Geisterschriften, Fotos u.ä., z.B. beim Gläser- oder Tischrücken). Bender (1985) unterscheidet zwischen "Vulgärspiritismus" (Kontakt mit Verstorbenen durch Gläserrücken u.ä.), "Offenbarungsspiritismus" (Trance-Medien, die angeben, mit Engeln oder Gott direkt in Kontakt zu stehen), "ethisch-religiös gefärbtem Spiritismus" (Ersatzreligion z.B. im südamerikanischen Raum, "Spiritualismus") und "Wissenschaftlichem Spiritismus" (unabhängig von religiösen Vorstellungen wird die Frage nach einer "vom Organismus unabhängigen Existenzmöglichkeit der Psyche" gestellt). Der moderne Spiritismus erstrebt experimentelle, empirische Beweise für ein Fortleben nach dem Tode, vor allem auch durch den Einsatz technischer Mittel (z.B. Tonbandgeräte, Computer usw.). Auslöser des neuzeitlichen Spiritismus waren Ereignisse in den USA 1848 (Hydesville): Die Schwestern Fox gaben vor, mit einem Poltergeist in ih-

Die drei Töchter des Farmers Fox

rem Haus Kontakt aufzunehmen, indem sie einen Klopfcode vereinbarten. Daraus entstand in kurzer Zeit eine Massenbewegung (1855 in den USA mehr als 1 Million Spiritisten), obwohl die Fox-Schwestern später zugaben (und öffentlich demonstrierten), daß sie die Geräusche ("Raps") selbst mit den Zehen verursacht hatten. In Europa wurden vor allem die Vorstellungen von Allan Kardec (Pseudonym für Léon H.D. Rivail) bedeutsam: Die materielle Welt sei eingebettet in eine "feinstoffliche Astral- oder Ätherwelt". Diese sei auch real existent, aber mit den menschlichen Sinnesorganen nicht wahrnehmbar. Im entsprechenden "Astralleib" des Menschen wohne der unzerstörbare Geist. Der Tod markiert dabei nur den Übergang in eine andere Daseinsform.

Erklärungs- und Deutungsmöglichkeiten in Kurzform:

Neben den auf diesem Gebiet sehr zahlreichen betrügerischen Berichten in den Medien ist vor allem Selbsttäuschung die Grundlage für "paranormale Phänomene". Die emotionale Ausnahmesituation einer spiritistischen Séance hat vor allem bei psychisch entsprechend disponierten Menschen eine extrem starke Wirkung auf das Unterbewußtsein und suggeriert Effekte, die als von außen kommend interpretiert werden. Die rein subjektiven Empfindungen werden aufgrund stark selektiver ("auswählender") Wahrnehmung und verifizierenden ("wahrmachenden") Interpretationsmechanismen als objektiv gegebene Tatsachen gedeutet. Für Außenstehende ist dies meist nicht nachzuvollziehen.

Gefahren:

Abhängigkeiten können vor allem für psychisch labile Menschen entstehen, wenn die eigene Verantwortung, die Handlungsfreiheit abgegeben wird an eine "jenseitige Macht", die selbst Alltagsfragen beantwortet. Zu sehr schweren psychischen Schädigungen kann es kommen, wenn negative oder bedrohliche "Antworten aus dem Jenseits" nicht verkraftet werden (z.B. bevorstehende schwere Krankheiten, Tod eines Angehörigen, Unfälle, das eigene Todesdatum): In Extremfällen führt die Beschäftigung mit spiritistischen Praktiken zu einer Spaltung der Persönlichkeit ("mediumistische Psychose").

Die moderne Technik in okkulten Diensten

Auf den folgenden Seiten finden Sie Beispiele für den Versuch, mit Hilfe moderner, technischer Methoden den Wahrheitsbeweis für "okkulte Phänomene" anzutreten.

Diese Methoden können nach dem Objekt ihrer "Untersuchungen" zwei Gruppen zugeordnet werden:

spiritistisch:
Kontaktaufnahme mit "Geistwesen" durch:
Fotos
Filme
Computer
Tonbandgerät
Videokamera und -recorder

animistisch:
Nachweis der "PSI-Kräfte" durch:
Zufallsgenerator
Kirlianfotos/Infrarotfotos
Gedankenfotos
elektronische Meßgeräte

Das "Tonbandstimmen - Phänomen"

Im Jahre 1959 gab der schwedische Dokumentarfilmproduzent Friedrich Jürgenson bekannt, daß er zufällig auf einem Tonband zusammmen mit Vogelstimmen auch die Stimmen mehrerer verstorbener Freunde und Verwandten aufgenommen habe.

Dies war in der parapsychologischen Szene eine Sensation, weil man hoffte, endlich den nachprüfbaren Beweis für die Existenz von Geistwesen erbringen zu können. Die Zahl der Anhänger wuchs sehr schnell an und heute kann man wohl annehmen, daß diese spiritistische Methode, die auf die Kontaktaufnahme mit Geistwesen abzielt, die verbreitetste ist. Jürgenson und sein Schüler Konstantin Raudive produzierten zahlreiche Bänder, auf denen kurze, rätselhafte Sätze (in verschiedenen Sprachen) enthalten waren. Im wesentlichen gibt

es wohl drei Grundtechniken:

1. Bei der Mikrophonmethode stellt man, wie bei gewöhnlichen Aufnahmen auch, an einem gegen Geräusche isolierten Ort ein Tonbandgerät mit Mikrophon auf und spricht seinen Anruf und seine Frage hinein ("Liebe Jenseitige..."). Dann läßt man das Band einige Minuten laufen in der Erwartung, beim Wiederabspielen (u.U. auch rückwärts) eine Antwort zu hören. Diese war während der Aufnahme nicht zu hören und klingt auch beim Abspielen ziemlich leise.

2. Bei der Radiomethode stellt man das Mikrophon vor ein Radio, das man auf die Frequenz zwischen zwei Sendern, auf "weißes Rauschen", einstellt.

3. Bei Einspielungen mit Radiosendern spricht man seine Frage über Mikrophon aufs Tonband und nimmt dann ein Senderprogramm mit Musik oder in einer Sprache, die keiner der Anwesenden versteht, auf. Slawische Sender auf Mittelwelle lassen den Geübten angeblich besonders klar Worte und Sätze in deutscher Sprache erkennen. (Schäfer 1989, 4)

Was ist dazu von skeptischer Seite zu sagen?

1. Wie so oft ist hier die wahre Kunst die der Interpretation. In den meisten Fällen ist nichts zu hören oder zumindest nichts, was als sinnvolle Information interpretiert werden könnte. Dem wird entgegengehalten, daß man sich lange Zeit mit dem Phänomen beschäftigen muß, über eine entsprechende Sensibilität verfügen muß usw. Auch hier begegnet man also wieder der bereits erwähnten Methode der früheren Schamanen, Skepsis als Unwissenheit, mangelnde Sensibilität oder auch als Nicht-Initiiertsein zu diffamieren. Das sind die zeitlosen Bausteine esoterisch-okkulter Schutzmauern gegenüber Skepsis und Aufklärung.
An schamanenhafte Suggestion erinnert es auch, wenn auf den im Handel erhältlichen Cassetten mit "Beispielen paranormaler Tonbandstimmen" schon v o r dem Abspielen erklärt wird, was man gleich hören wird. Deshalb sind hier auch die schriftlichen Erläuterungen so wichtig.
Hört man nun mehrmals die entsprechenden Bandstellen ab und bekommt man immer wieder gesagt, was zu hören sein soll, dann dauert es nicht lange, bis man es tatsächlich hört. Fremdsuggestion wird dabei sehr schnell abgelöst von Autosuggestion!
Wie auch in vielen anderen Bereichen ist die eigene Einstellung letztlich entscheidend: Man hört das, was man hören will.
Vergleichbar (und von den meisten Menschen

nachvollziehbar) ist dies mit der Situation am Babybett, wenn Opa, Oma, Mama und Papa jeweils das aus dem Babylallen heraushören, was sie heraushören wollen (nämlich möglichst den eigenen Namen).

2. Wenig bekannt sind akustische Täuschungen. Aus dem optischen Bereich gibt es zahlreiche populäre Beispiele. Viele Tonbandstimmenforscher verlangen ein Hintergrundgeräusch, wenn mit dem Jenseits Kontakt aufgenommen werden soll (z.B. einen Rauschgenerator, einen tropfenden Wasserhahn, einen undeutlichen Radiosender, ...). Hier wird die Grundlage für eine Sinnestäuschung gelegt, wobei die Täuschung nicht beim Sinnesorgan Ohr eintritt, sondern bei der Verarbeitung des Gehörten im Gehirn. Aus einem gleichförmigen Rauschen bildet sich oft ein Wort oder ein Satzfetzen heraus, was subjektiv als sicher vorhanden empfunden wird, objektiv aber falsch ist.

Erfahrbar ist dies z.B.

- wenn man neben einem Wasserfall steht,
- ein Rauschgenerator einige Zeit läuft,
- wenn man auf einem orientalischen Markt spazieren geht und plötzlich deutsche Laute zu hören glaubt, obwohl weit und breit kein Deutscher anwesend ist.

Ähnlich wie bei den oben geschilderten optischen Täuschungen ist auch hier die Ursache der objektiv falschen Wahrnehmung, daß unser Gehirn bei jeder über die Sinne aufgenommenen Information (hier: Rauschen, undefinierbares Stimmengewirr) fieberhaft versucht, "Sinnvolles" zu rekonstruieren. Dabei ergänzt es unter Rückgriff auf seinen gespeicherten Erfahrungsschatz unvollständige, noch sinnlose Informationen auch kreativ. Unsere Sinne liefern nur zunächst sinnfreie Daten. Die sinnvolle Wahrnehmung findet erst im Gehirn statt.

3. Es bestehen bei allen Methoden technische Mängel!
   - Z.B. kann es schon aus technischen Gründen keine völlig gelöschten Tonbänder geben.
   - Der gesamte Äther ist voll von Rundfunkwellen, die oft "normal" nicht hörbar sind, aber von schlecht abgeschirmten Geräten (und gerade solche werden bezeichnenderweise oft angeraten!) aufgefangen werden. Bruchstücke aus Rundfunksendungen, vom Polizei-, Amateur-, Taxi-, Flugüberwachungsfunk ergeben Satzfetzen, die bei "richtiger" Interpretation den überraschten Laien durchaus beeindrucken können.
   - Nebenbei gesagt: ein Radio muß nicht immer wie ein Radio aussehen: Es gibt innerhalb des normalen physikalischen Regelwerks "singende Ofenrohre", "Herde, die Musik machen", ...

4. Auch hier ist Manipulation der "Forscher" nicht ausgeschlossen! Wie schon angeführt, ist die Versuchung sehr groß, zugunsten des eigenen Weltbildes zu manipulieren, zu betrügen. Daß dies bewußt immer wieder gemacht wurde, ist anhand vieler Beispiele nachzuweisen. Weniger bekannt ist die Möglichkeit durch Flüstern unbewußte, hörbare "Nachrichten" auf das Band zu bekommen.

Von seiten der Parapsychologen (z.B. Hans Bender) wird erklärt: "Der Experimentator kann ein psychokinetisches Medium sein und das Tonband in einer allerdings noch völlig rätselhaften Weise durch unbewußte Phantasien beeinflussen."
Hier wird also die spiritistische durch eine animistische Erklärungsweise abgelöst.
Bereits vor einigen Jahrzehnten hat Alfred Lehmann bei der Untersuchung von Gedankenlesen festgestellt:

> Wenn also der Absender unwillkürlich flüstert und das Gehör des Empfängers geschärft ist, so liegt die Vermutung nahe, daß der Empfänger das geradezu hört, woran der Absender denkt. Um dieses experimentell festzustellen, habe ich ... eine längere Versuchsreihe angestellt... Es zeigte sich bald, daß der Absender nur mit der größten Anstrengung schwache Sprechbewegungen unterdrücken konnte, wenn er eine Zeitlang an eine Zahl gedacht hatte. Er konnte den Mund fest geschlossen halten und anscheinend nicht den geringsten Laut von sich geben; aber wenn er nicht die Bewegungen der Zunge und der Stimmbänder mit aller Gewalt hemmte, so hörte der Empfänger in dem Brennpunkte seines Hohlspiegels ein schwaches Flüstern... (Lehmann 1990, 509)

Lehmann verwendete zwei Hohlspiegel, heutzutage ist dieser Effekt längst durch empfindliche Richtmikrophone nachgewiesen.

D. J. Ellis (1978), der ursprünglich die Paranormalität der Einspielungen Raudives u.a. beweisen wollte, kam nach zweijähriger Untersuchung zu dem Schluß: 'Es gibt also keinen Grund, irgend etwas außer natürlichen Ursachen zur Erklärung des Stimmphänomens zu postulieren: undeutliche Bruchstücke von Radiosendungen, mechanische Geräusche und unbeobachtete Bemerkungen, unterstützt durch imaginatives Raten und Wunschdenken.' (zitiert nach: Schäfer 1989, 5)

Der Fortschritt der Technik

... macht vor der "Kontaktaufnahme mit dem Jenseits" nicht Halt. So blieb es bald nicht mehr nur bei (relativ leicht manipulierbaren) Apparaten, sondern man verwendete zunehmend Videorekorder, Video- und Filmkameras und neuerdings auch Computeranlagen oder selbstentwickelte "Telemanten".

Binnen kurzer Zeit waren (und sind) die entsprechenden Zeitschriften voll von Berichten über gelungene Jenseitskontakte. Neue Bücher dazu kommen laufend auf den Markt mit teilweise detaillierten Anweisungen, welches Gerät man wie und wozu verwenden kann. Die technische Terminologie und Pseudofachsprache soll dem Leser dabei Schauer der Ehrfurcht über den Rücken jagen.

Neue Apparaturen speziell zu diesem Zweck wurden entwickelt, manchmal sogar mit Hilfe der Anweisungen von "drüben", so "das neuartige Nonplusultra der Tonbandstimmentechnik" (die Zeitschrift 'esotera') - eine Infrarotanlage. Gebaut wurde sie vom Vorsitzenden der "Forschungsgemeinschaft für Tonbandstimmen". Sie sei entstanden "durch Ausführung von Bauanleitungen, die ihm und seiner Partnerin ... von Jenseitsstimmen durchgegeben wurden. Die Anlage sendet nach Angaben des Erbauers sechs Frequenzen, die zusammen mit den Schwingungsmustern von ihm und seiner Kollegin einen Frequenzteppich bilden, auf dem sich die Stimmen aus dem Jenseits vernehmen lassen" (Bericht aus 'esotera' 9/1990).

Ausschnitt aus einem in Endloszeilen empfangenen „Transtext" (Orig.-Computerausdruck)

```
/jetztstehensieaufrechtundjetztmachensiesichgedankenueberdentod/ve
nnjetzteingefaehrtedaliegtlassensieihnnichteinfachdortliegenvoerge
strobenist/undsienehmenihnnichteinfachbeidenarmenundbeinenundschle
ppenihndenfuechsenundrattenzumfrassindenvald/sieverfenihnauchnichte
infachindenflussaufdassdiestroemungihnvondannentrage/sielegenihndor
thinvosicheinekleinemuldeimbodenbefindetundbedeckenihnmitlaubundzve
igen/undsokehrterzurerdezurueckausderergekommenist/odersiegebenihnd
erluftpreisundbettenihnimbaumgeaestzurruhe/venndanndieschvarzenvoeg
elinschvaermenvonfernherbeigeflogenkommensoistdasauchrichtigdennsie
sindgeschoepfederluft/oderabersieueberantvortenihndemhellenreinigen
denheissenfeuer/dannsetzensieihrlebenfortvieesvormalsvarundbaldverg
essensieviedietiere/abersiehabenvenigstensdiesegetanundvennsieesnic
htmehrtunsindsiekeinemenschenmehr/
```

NOCH EIN FALL VON »COMPUTERN MIT EIGENLEBEN« IN ENGLAND

Computer sind für gewöhnlich abhängig vom elektrischen Strom und der Bedienung durch Menschen. Nicht so der Amstrad PC 1512 eines Architekturbüros im englischen Stockport. Das Gerät fiel erstmals nach Feierabend einer Putzfrau auf, als plötzlich der Bildschirm des Computers zu glühen begann. Die Frau nahm zunächst an, jemand hätte vergessen, das Gerät abzuschalten. Doch als sie nachsah, fand sie, daß der Stecker herausgezogen war. Dann erschienen auf dem Bildschirm wirre Botschaften und Bilder. Von Zeit zu Zeit produzierte er Geräusche, die wie menschliches Stöhnen klangen. Inzwischen hat sich ein Expertenteam um Ken Hughes »PCA« des Falles angenommen. Mit Video und

Tonband wird nun das merkwürdige Verhalten des Gerätes aufgezeichnet und dann der PSI-Forschung übergeben. ▲

aus: 'Das Neue Zeitalter' 24/89

COMPUTERANLAGEN machen sich selbständig:

Musik aus dem Kochtopf

Christian Wolany, Hobbykoch, kann in seiner Küche ohne Gerät Radio hören. Wenn der Hamburger einen Topfdeckel auf eine bestimmte Stelle zwischen Küchenherd und Spüle legt, ist deutlich das Mittelwellenprogramm von NDR 2 zu hören. Wolany, der mit seiner Lebensgefährtin eine Dreizimmerwohnung am Rantumer Weg in Billstedt bewohnt, glaubte zuerst „an Gespenster". Techniker des Senders haben jetzt des Rätsels Lösung gefunden: Wolanys Küchenmöbel stehen zufällig genau „empfangsgerecht" für den nur drei Kilometer entfernten Sendemast Moorfleet. Die Spüle wird so zur Antenne, der Herd zum Gleichrichter und der Topfdeckel zum Lautsprecher. Seitdem sich das „gebührenfreie Radio" (so ein Sprecher der Post) des Hobbykochs herumgesprochen

hat, klingelt es alle Augenblicke an Wolanys Wohnungstür, weil Nachbarn und Besucher das Phänomen der musikalischen Küche bewundern wollen. ●

Herd als „Gleichrichter" — Topfdeckel als „Lautsprecher" — 3 km Luftlinie — Sender Moorfleet (300 Kilowatt) — Spüle als „Antenne"

Als in seiner Küche plötzlich Musik ertönte, glaubte Detektiv und Hobbykoch Christian Wolany zuerst an Gespenster

Geisterwelt

Auf FERNSEHBILDSCHIRMEN erscheinen Verstorbene:

Eine natürliche Erklärung dafür anzugeben ist aus verschiedenen Gründen sehr schwierig.

Zum großen Teil trifft das zum "Phänomen" der Tonbandstimmen (siehe dort) Gesagte auch auf den Video- und Fernsehbereich zu. Jeder kennt wohl "Geisterbilder" im Hintergrund eines Programms, meist bei bestimmten Witterungsverhältnissen. Zum Fall Klaus Schreibers (siehe auch den Bericht aus "Das Neue Zeitalter" 15/1989) schreibt der STERN.

> Es ist seit alters her so: Wo der Schwindel mit dem Jenseits am dicksten ist, da trifft man, mitten drin, eine ganz lautere, wahrhaftige Seele. Mitten in der Kirche findet man den echten, wahren Heiligen. Mitten im tiefsten deutschen Aberglauben findet man Fidelio Köberle. Als Vorsitzender des "Vereins für Tonbandstimmenforschung e.V." (1900 Mitglieder) kämpft der gute Fidelio den aussichtslosen Kampf für so etwas wie ein edles, sauberes und seriöses Gespensterwesen ...
>
> ... Sekundenschnell und flüchtig nur war genau das Bild aufgeflimmert, das ganz Deutschland seit drei Jahren als "Romy Schneider aus dem Jenseits" bestaunt.
>
> Von zwei ganz diesseitigen Möglichkeiten eine: Durchs Aachener Dreiländereck flimmern kreuz und quer Dutzende von Fernsehprogrammen. Nachts geschieht es leicht, daß auf einem leeren Kanal ein ganz fernes Bild, tonlos und schwarzweiß, aufscheint. Darauf mag der Hellseher Klaus Schreiber in seinem schlichten Sinn hereingefallen sein.
>
> Wahrscheinlicher aber ist das andere. Die Welt will Wunder sehen. Wie mancher große Heilige ist er der Versuchung erlegen, dem, was das gläubige Herz schaut, ein bißchen nachzuhelfen, damit es auch das Auge sieht...
>
> Dies ist die Stunde des Triumphs. Nicht für den guten Fidelio Köberle in Düsseldorf, den soviel Lug und Trug nur traurig stimmen, sondern für den bösen Pfarrer Friedrich-Wilhelm Haack in München. Als "Sektenbeauftragter" der Evangelischen Kirche reist dieser Gottesmann durchs deutsche Land, um die schönen Illusionen des Aberglaubens herzlos zu zerstören ...
>
> Wo immer der Münchener Pfarrer ... mit den Enthüllungen über Romy Schneider selig auftrumpfen will, stößt er nicht auf schamvoll gesenkte Häupter, sondern auf freche Widerrede. Daß Romy schon im Film genauso ausgesehen habe, sei kein Beweis für Schwindel, sondern im Gegenteil für die Echtheit der Erscheinung.
>
> In jenen verklärten Leibern ("Astralkörpern"), die sie im Jenseits haben, können sich uns die Toten nämlich gar nicht zeigen. Weil unsere diesseitigen Augen Astralleiber nicht wahrnehmen, müssen sie uns in einer Gestalt erscheinen, die sie, genau so, auf Erden hatten. Damit wir sie erkennen können ... (STERN 12/1989, 89)

Damit ist der Effekt erkannt und geschildert, der im gesamten Okkultbereich immer wieder erfahren werden kann:

Eine Entlarvung, ein Gegenbeweis hat in den seltensten Fällen bei den überzeugten Anhängern irgendeine Wirkung. Die Wahrheit wird so lange zurechtgebogen (siehe auch beim Kapitel über entlarvte Spukmedien!), bis sie wieder ins eigene Weltbild paßt.

"Beweisen Sie mir mal, daß es das nicht gibt!"

Man kann aber nicht beweisen, daß es den Pumuckl nicht gibt.

Abschließend sei ein bezeichnendes, zum Nachdenken anregendes, Experiment geschildert, von dem Foerster berichtet:

Foerster stellt als Anhänger des Konstruktivismus die These auf: "Die Umwelt, so wie wir sie wahrnehmen, ist unsere Erfindung". (zitiert nach: Watzlawik 1985, 40)

Vereinfacht und schlagkräftig läßt es sich wohl auch so formulieren: "Was wir wahrnehmen, ist nicht wahr!"

> "III Wechselworte. Ein einzelnes Wort wird auf ein Tonband gesprochen, das Band dann nahtlos zu einer Schleife verbunden, und schließlich mit ziemlich hoher Lautstärke abgespielt. Nach ein bis zwei Minuten des Zuhörens (nach 50 bis 150 Wiederholungen des aufgesprochenen Wortes) wird aus dem bis dahin klar vernehmbaren Wort plötzlich ein anderes, das jedoch ebenfalls sinnvoll und klar wahrnehmbar ist: ein "Wechselwort". Nach zehn bis 30 Wiederholungen dieses ersten Wechselwortes erscheint unvermittelt ein neuerliches, zweites Wechselwort, und das setzt sich so fort. Im folgenden eine kleine Auswahl aus den insgesamt 758 Wechselworten, die von etwa 200 Versuchspersonen gehört wurden, denen ausschließlich das Wort "cogitate" wiederholt vorgespielt wurde: agitate, annotate, arbitrate, artistry, back an forth, brevity, candidate, can't you see, can't you stay, Cape Cod you say, card estate ... had to take, kinds of tape, majesty, marmalade, ..." (Foerster, zit. nach: Watzlawik 1985, 42)

Möglichkeiten der pädagogischen Arbeit:

• Das o.a. "erschlagende" Experiment kann heute auch mit weniger Aufwand durchgeführt werden: Benötigt wird ein Computer mit guter Soundkarte, mit dem aus einem gesprochenen Text ein einziges Wort ausgeschnitten wird (egal in welcher Sprache). Über den Bildschirm kann dies ganz genau optisch gesteuert werden, z.B. über das Programm WinDAT. Dieses eine Wort wird nunmehr (im Computer) so oft hintereinanderkopiert, daß eine Aufnahme von ca. 10 Minuten Länge entsteht. Nach Möglichkeit sollte dies dann direkt vom Computer ohne Lücken auf einen Kassettenrekorder überspielt werden. Beim Abhören in großer Lautstärke tritt der oben geschilderte Effekt unweigerlich ein, auch wenn man sich noch so sehr dagegen wehrt. In der Gruppe sollten dabei unbedingt die gehörten Worte aufgeschrieben und später gemeinsam gesammelt werden.

• Es gibt bekannte Lieder, in deren Texten anscheinend ein völlig unpassendes Wort auftaucht. Erzählt man dazu (vor dem Anhören!) eine möglichst sensationelle Geschichte, so hören alle beteiligten Personen dann auch wirklich das, was sie hören sollen. Fremdsuggestion wird dabei (erschreckend schnell und einfach!) abgelöst von Autosuggestion, die für lange Zeit erhalten bleibt, gegen die man sich nicht wehren kann. Beispiele:

- Walker Brothers, "The Sun Ain't Gonna Shine Anymore" (Gleich am Anfang hört man das Wort "Dickschädelblues" - wohl weil die beiden Bayern-Fans waren???);
- Roland Kaiser, "Santa Maria" (nach dem Refrain im ersten Drittel singt er vom "Schnitzelwagen" ???);
- Pink Floyd, "The Wall - We don't need no education..." (der Kinderchor singt auf einmal den deutschen Satz "Hol' ihn, hol' ihn unters Dach")

Gängige spiritistische Praktiken

"Nicht Wünschelrute, nicht Alraune, die beste Zauberei liegt in der guten Laune!"   Goethe

In diesem Kapitel werden drei Erscheinungen behandelt, die für den Laien auf den ersten Blick wenig Gemeinsames haben:
- Pendel,
- Gläserrücken,
- Schreibendes Tischchen.

Diese Praktiken werden gemeinsam behandelt, da ihre physiologischen, medizinischen, biologischen und psychologischen Rahmenbedingungen nahezu gleich sind. Wer das Pendeln auf seine natürli-

chen Grundlagen zurückführen kann, der ist auch in der Lage, das vor allem bei den Jugendlichen so beliebte "Gläseln" oder "Gläserrücken" zu erklären. Dies gilt in gleichem Maße für das schreibende Tischchen (die Planchette).

Wer sich dann vollends bei seiner Verwandtschaft und vielen Bekannten unbeliebt machen will, kann mit den erworbenen Kenntnissen, dem beigelieferten Material und den Literaturhinweisen auch das Wünschelrutenphänomen und die gesamte Radiästhesie angehen.

Schwerpunktmäßig wird es hier um das Siderische Pendel gehen, denn damit kann man überzeugende Experimente durchführen, die eigentlich für jeden logisch denkenden Menschen beweiskräftig sind.

Dies ist bei den anderen Techniken nicht möglich, da sie eine entsprechend emotionale Gestimmtheit und bestimmte äußere Bedingungen voraussetzten.

> *Das Pendel beendet die hilflose Orientierungslosigkeit, gibt sichere Antworten, verleiht Macht und Ausstrahlung ... macht das Leben leichter!*

Nach Aussage von "echter" Pendel-, Ruten-, ... Literatur kann man mit Hilfe dieser Techniken/Geräte z.B. folgende Leistungen erbringen:

Man kann feststellen:

- ob ein Mensch lebt oder tot ist (mit Hilfe von Photos),
- wo sich im Körper Krankheitsherde befinden,
- welches Geschlecht ein ungeborenes Kind hat,
- ob Schmuck echt ist,
- wo sich vermißte Personen befinden (Stadtplan o.ä.),
- welches Medikament zu einem Menschen paßt,
- ob ein anderer Mensch ein geeigneter Partner ist,
- wo sich verlorene Gegenstände befinden,
- wann man selbst sterben wird,
- wer ein Verbrechen begangen hat,
- wo vermißte Schiffe untergegangen sind,
- wo sich Bodenschätze befinden,
- welcher Beruf zu einem paßt,
- welche zukünftigen Ereignisse bevorstehen,
- welches Urlaubsziel richtig ist,
- ...

Diese Aufzählung ist ein kleiner Teil dessen, was "möglich" sein soll.

Geisterwelt

Phänomene und ihre Ursachen

Warum bewegt sich das Pendel, das Glas und das Schreibende Tischchen?

Wie oben bereits angeführt, bewegt sich ein (z.B. über einem Stativ) aufgehängtes Pendel nicht. Deshalb liegt nahe, die Bewegungsursache beim Menschen zu suchen. Schon 1640 wurde vom Jesuitenpater Athanasias Kircher vermutet, daß unwillkürliche Muskelbewegungen die Ursache sind. Tatsächlich wirken mehrere Punkte zusammen, damit sich die (sehr oft erstaunlich klaren) Pendelbewegungen ergeben:

1. Ein von den meisten Menschen vermuteter "Ruhezustand" der Muskeln ist nicht zu erreichen. Auch bei völlig bequemem, abgeschlafftem, entspanntem Sitzen, Liegen oder Stehen besteht der Muskeltonus bzw. die Muskelspannung trotzdem! Einzelne Muskelfasern sind also immer angespannt, was sich durch meßbare Erregungsimpulse beweisen läßt. Auch das bloße Halten des Pendels ist ein aktiver Vorgang, selbst wenn der Ellbogen aufgestützt und die Einzelkondition des Halters noch so gut ist.
Da dem aber so ist, tritt früher oder später das ein, was bei Muskeltätigkeit immer eintritt: Ermüdung.
Und was passiert bei Ermüdung?: Muskelzittern!
Und was passiert dann beim Pendel?: Richtig!

Trotzdem mag der eine oder andere Pendler schwören, daß er das Pendel absolut ruhig hält (bzw. beim Gläserrücken nicht "schiebt") - feine Meßgeräte und Hochgeschwindigkeitsfilmaufnahmen können das Gegenteil beweisen!
Den "Intentionstremor" (Anspannungszittern) kennt jeder, der schon einmal ein Gewehr in der Hand hatte: Je länger man vor dem Abdrücken zielt, desto mehr zittert der Lauf.

Ergebnis 1: Unbewußte Muskelbewegungen

2. Sehr schön läßt sich beim Pendel ein weiteres Phänomen beobachten: Das der Resonanz, der Aufschaukelung.
Bei vielen guten "Pendelmedien" kommt es sehr schnell zu sehr schönen Bewegungen (meist zu deren großer Verblüffung), d.h. das Pendel beginnt mit kleinen Kreisen, die immer größer werden.
Wenn immer im gleichen Rhythmus der gleiche Schwingungsanstoß hinzukommt, ist dies auch kein Wunder. Jeder kennt das von der Kinderschaukel auf dem Spielplatz, die geschickte Kinder bis zum Überschlagen aufschaukeln können. Auch das Beispiel von den marschierenden Militärkolonnen, die auf Brücken den Gleichschritt aufgeben müssen (weil sonst die Brücke mitschwingt und unter Umständen sogar einstürzt), ist allgemein bekannt.

Ergebnis 2: Resonanz wirkt verstärkend

3. Ein neues Pulsmeßgerät funktioniert, indem man den Finger in eine Öffnung steckt. Warum? Weil selbstverständlich der Pulsschlag nicht nur am bekannten Handgelenk oder am Hals auftritt, sondern überall. Die Kapillarpulswellen, die in den Fingern ebenso vorhanden sind, wirken als kleinste rhythmische Bewegungsimpulse ebenfalls verstärkend. Sie sind logischerweise auch nicht anhalt- oder abschaltbar.

Ergebnis 3: Kapillarpulswellen wirken verstärkend

4. Auch grobmotorische Einflüsse sind spürbar: Die Atmung ist ebenfalls vom Gewehrschießen her als störend bekannt. Dort muß dann abgedrückt werden, wenn ein möglichst ruhiger Zustand des Armes und des Brustkorbes erreicht ist, also beim Ausatmen. Über den langen Hebelarm des Armes und der Pendelschnur übertragen sich die Atembewegungen natürlich optimal, so daß sich ein minimaler Ausschlag am Drehpunkt stark am anderen Hebelende vergrößert.

Ergebnis 4: Die Atmung wirkt verstärkend

5. Reimann weist ferner intensiv (und für den medizischen Laien nicht leicht verständlich, aber überzeugend) auf einen weiteren wichtigen Punkt hin:
Schon die Tatsache, daß Emotionen in die schon betrachteten Abläufe von Puls und Atmung vorwiegend frequenzsteigernd eingreifen, zeigt die Komplexität der Phänomene und weist auf übergeordnete impulsgebende Zentren. Der Pendler ist kein Apparat und sein emotionaler Tonus, etwa Erwartungsspannung, Ungeduld und andere psychische Spannungen, drängen zu effektorischer Manifestierung ... (zit. nach: Prokop 1977, 122)

Ergebnis 5: Emotionen, Erwartungshaltungen und andere autosuggestive Momente wirken verstärkend

Diese fünf Punkte erklären hinreichend - also auch ohne paranormale Hypothesen - , warum sich früher oder später (abhängig von Kondition, Atmosphäre...) das Pendel, das Glas oder die Planchette bewegen werden: Unbewußte Muskelbewegungen (Muskeltonus), verstärkende Resonanz, Kapillarpulswellen in den Fingern, Motorik der Atmung, Verkrampfung bzw. unbewußte Beeinflussung der Bewegungen durch Erwartungshaltung.

Das Wissen dazu liefert

• die Biologie (DUDEN: "Wissenschaft von der belebten Natur und den Gesetzmäßigkeiten im Ab-

lauf des Lebens von Pflanze, Tier und Mensch"),

• die Physik (DUDEN: "... Naturwissenschaft, die vor allem durch experimentelle Erforschung u. messende Erfassung die Grundgesetze der Natur, besonders Bewegung und Aufbau der unbelebten Materie ... untersucht").

Damit ist aber der "okkulte Gebrauch", die "spiritistische Leistung" dieser Geräte in keiner Weise erklärt!
Hierzu benötigt man die Psychologie (DUDEN: "Wissenschaft von den Erscheinungen und Zuständen des bewußten und unbewußten Seelenlebens").

Drei konkrete Fälle als Beispiel:

1. Der Verfasser wurde von einer aufgeregten jungen Frau (Journalistin) angerufen, die nervlich völlig fertig war. Sie sagte, sie habe am Tag vorher zum ersten Mal unter Anleitung eines Bekannten gependelt und unter anderem die Frage gestellt, wie der Großvater ihrer Mutter mit Vornamen geheißen habe (was sie nicht wußte). Das Pendel habe sich über dem Buchstabenkreis bewegt und "E-U-S-E-B-I-O" buchstabiert.
Sofort anschließend habe sie dies nachgeprüft ... und es stimmte! Da sie auch andere erstaunliche Antworten (z.B. auch im Hinblick auf ihre Zukunft) erhalten habe, sei sie nun völlig verwirrt, könne nicht mehr schlafen...

2. Ein 25jähriger junger Mann erhielt von seiner Tante, die berufsmäßige Hellseherin ist, die ausgependelte Vorhersage, daß er zehn Tage später sterben wird. Er fuhr am bezeichneten Tag gegen einen Baum und war tot!

3. "Die Clique des 16jährigen Realschülers Markus fährt total auf Geisterbeschwörung und Pendeln ab. Bislang war Markus ja immer dagegen, aber kürzlich hat er sich dazu verleiten lassen, eine Geistersitzung mitzumachen. Markus: "Ich muß ehrlich zugeben, daß meine anfängliche Skepsis in totale Begeisterung umgeschlagen ist. Mittlerweile bin ich echt davon überzeugt, daß was dran ist an den ganzen Sachen." Doch die Fol-

gen der Sitzung haben Markus schwer getroffen. "Wir haben mein Todesdatum ausgependelt. Es soll irgendwann im August zwischen 1995 und dem Jahr 2000 sein. Jetzt muß ich immer wieder daran denken. Ich habe Angst vor dem Tod. Und ich will nicht so früh sterben. Diese Gedanken beschäftigen mich so stark. Ich habe das Gefühl, ein anderer Mensch geworden zu sein."
(aus der Jugendzeitschrift POPCORN, 5/1989)

Grundlegend für viele okkulte Praktiken (überall dort, wo sich etwas bewegt) ist das aus der Psychologie bekannte *Ideomotorische Gesetz* oder auch der *Carpenter-Effekt*.

Der Mediziner Reimann drückt das in Anlehnung an den britischen Psychologen William Benjamin Carpenter (1813 - 1885) so aus (keine Angst: später wird es verständlicher!):

Alle diese Bewegungsimpulse jedoch können als Teilfaktoren der Ideomotorik (Carpenter 1852) subsumiert werden. Der Carpenter-Effekt besteht darin, daß jede Bewegungsvorstellung einen Antrieb zum Vollzug dieser Bewegung einschließt. So konnten erstmals Allers und Scheminzky 1926 nachweisen, daß bei Bewegungsvorstellung Aktionsströme in der betreffenden Muskulatur auftreten. Lebhafte Vorgänge in der Hirnrinde zeigen die Neigung, sich auszubreiten, zu irradiieren, wobei besonders motorische Rindenzentren induziert werden. Auf solche Weise greifen besonders lebhafte Sinneseindrücke ohne Beteiligung des Bewußtseins auf motorische Zentren über. Der Turm eines gotischen Domes 'reißt' den Blick nach oben, und temporäre Verbindung im Sinne Pawlows zwischen der entsprechenden Kopf- und Augenlidbewegung und dem Sinneseindruck vom Auge her hat zur Folge, daß auch bei Vorstellung des Turmes und Sprechen des Wortes Turm ("2. Signalsystem") der Kopf und die Augenlider gehoben werden. Turm und Augenstellung sind auf dem Wege sensomotorischer Koppelung fest miteinander assoziiert oder bedingt reflektorisch verbunden. (zit. nach: Prokop 1977, 125 ff.)

Aus dem "Wörterbuch der Psychologie" (München, 1982):
Carpenter-Effekt (ideomotorisches Gesetz): Von W.B. Carpenter erstmals beschriebene Tendenz bei Kindern, aber auch Erwachsenen, emotional betonte Wahrnehmungen oder Vorstellungen von Bewegungen ohne bewußtes Wollen nachzuvollziehen. So z.B. der Nachvollzug bestimmter Bewegungen beim Miterleben sportlicher Veranstaltungen. Kinder imitieren oft unbewußt das motorische Verhalten Erwachsener. Auch bei der Untersuchung massenpsychologischer Phänomene spielt der Carpenter-Effekt eine wichtige Rolle.

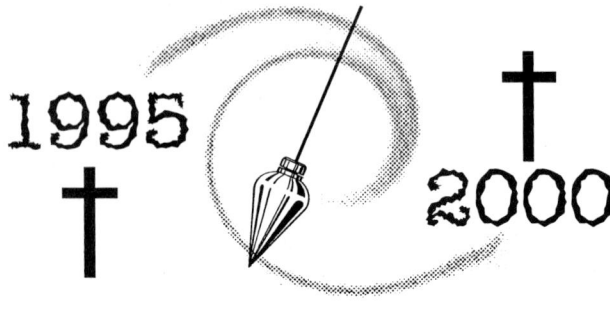

Geisterwelt

Schon Aristoteles hat diesen Effekt angedeutet:

Auch außerhalb der Sinneswahrnehmung auf bloße Vorstellung hin tritt das Bewegungsvermögen in Tätigkeit. (de anima III, 431 b)

Beispiele zum "Carpenter-Effekt" - Ideomotorische Bewegungen:

• "Hellseher" können folgende Leistungen erbringen: Sie lassen sich die Augen verbinden. Während der "Meister" außerhalb des Raumes ist, wird vom Publikum eine Person bestimmt, die einen Gegenstand in ihre Jacken- oder Hosentasche steckt. Wenn der Hellseher wieder in den Saal kommt, kann er die Person ausfindig machen und den Gegenstand zielsicher aus ihrer Tasche ziehen bzw. ziehen lassen (auch wenn er kein Signal von einem eingeweihten Helfer erhält - was eine andere Möglichkeit wäre!). Wie das?
Er benötigt ein (nicht eingeweihtes) "Medium", d.h. einen anderen Zuschauer, der weiß, wo sich der versteckte Gegenstand befindet. Dieses Wissen

Kleinste verräterische Bewegungen kann man beim "richtigen" Gegenstand nicht unterdrücken.

führt bei der Suche nach dem Gegenstand zu bestimmten Bewegungsvorstellungen auf dessen Versteck hin. Diese Vorstellungen wiederum haben feine Muskelbewegungen zur Folge. Der "Hellseher" faßt dessen Hand (oder einen Stab, den beide festhalten) und geht mit ihm im Saal umher. Aus den unbewußten Reaktionen, kleinsten Bewegungen seines "Helfers" kann der geschulte Zauberkünstler (denn nichts anderes ist er!) erkennen, in welche Richtung er zu gehen hat. Mit dem sog. Muskellesen (Cumberlandismus) arbeiten viele Wahrsager und Hellseher.

• Immer wieder gibt es Menschen, die Unfälle magisch anziehen, die sog. "Unfäller". Belegt ist, daß Menschen, die einmal einen Unfall hatten, häufi-ger erneut einen (oft sehr ähnlichen) Unfall erleiden, als Menschen, die unfallfrei sind. Diese Personen tragen sehr stark zum Zustandekommen einer Unfallsituation bei, indem sie diese intensiv antizipieren. Am Straßenrand, einige Wochen nach einem Unfall: "Jetzt stehe ich also wieder da, wie neulich. Und jetzt kommt tatsächlich wieder so ein roter Ford. Wenn ich jetzt wieder wie damals einfach auf die Straße..." Bumms, schon wieder passiert!

• Kinder, die Fahrradfahren lernen: "Paß auf, du hast hier einen riesigen, völlig freien Platz zur Verfügung! Nirgendwo ein Hindernis. Nur in der Mitte - da mußt du aufpassen - da liegt ein Pflasterstein. Über den darfst du nicht fahren, sonst fällst du runter! Was passiert? Schnurstracks fährt das Kind auf den Stein zu. Die Beispiele sind Legion, in denen die intensive Vorstellung einer unbedingt zu vermeidenden Handlung genau diese nach sich zieht!

• Verkehrsunfälle:
"Tödlicher Weg zur Notrufsäule - Düsseldorf, 9. Februar 1994: Der Gang zur Notrufsäule an der Autobahn endet oft tödlich. Unfallforscher der Düsseldorfer Autobahnpolizei teilten am Mittwoch mit, daß 1993 zehn Prozent der Unfalltoten auf Autobahnen in Deutschland Fußgänger waren, die auf dem Standstreifen liefen. Autofahrer reagierten auf ihren Anblick häufig mit einer unbewußten Muskelbewegung und würden regelrecht auf die Fußgänger zulenken." (Der TAGES-SPIEGEL, 10.2.1994)

• Wie sitzen Sie beim Fernsehen, wenn ein packender Action-Film läuft? Beobachten Sie sich selbst bei einer spannenden Verfolgungsjagd! Oder sind Sie Box-Anhänger? Was tun Sie, wenn bei den olympischen Spielen der deutsche Hochspringer den letzten Versuch hat, von dem alles abhängt, und er anläuft und springt und und und und... - richtig Sie "gehen mit"!
Sie vollziehen selbst (größere oder kleinere) Bewegungen, die eigentlich nur in der Vorstellung vorhanden sind. Das gleiche geschieht beim Füttern von Babys oder bei knappen Überholmanövern. Auch das hektische "Bremsen" der Beifahrer gehört in diese Kategorie.

Bei experimentellen Untersuchungen wurde festgestellt:

- allein auf das Kommando "Faust ballen" fließen Aktionsströme durch die Unterarmmuskulatur.
- auf den Hinweis: "Stellen Sie sich vor, wie Sie die Faust ballen", fließen ebensolche Aktionsströme,

- auch der bloße Gedanke: "Jetzt will ich die Faust ballen", läßt diese Ströme durch die Muskeln fließen.

Finden Sie noch weitere Beispiele?

Weshalb können Antworten des Pendels tatsächlich stimmen?

1. Man kennt die Antwort genau

Immer dann, wenn die Antwort bekannt oder sehr konkret erwartet wird, steuert der Fragesteller dem ideomotorischen Gesetz folgend unbewußt die Bewegungen des Glases oder des Schreibenden Tischchens.

> *Das Pendel, das Glas oder das Schreibende Tischchen bewegt sich so, wie man es sich vorstellt!*

Daß dieser Satz stimmt, kann jeder mühelos an sich selbst beobachten, indem er ein Pendel "ruhig" hält und sich nur vorstellt, daß es im Kreis schwingen wird.

Wenn beim Pendelversuch (s.u.: Auspendeln des Geschlechts eines Menschen, dessen Bild unter dem Pendel liegt) die Abbildung erkennbar und die Anweisung ("Bei Männern bewegt sich das Pendel im Kreis ...") lesbar ist, sich weiterhin der Pendler nicht dagegen sträubt, dann wird der erwartete Effekt eintreten.

Ebenso ist es, wenn nach dem Geburtsdatum oder der Note der letzten Mathematik-Schulaufgabe gefragt wird.

2. Das Unterbewußtsein steuert die Antwort

Schon der gründlich und noch relativ nachvollziehbare Bereich der Ideomotorik führt zu großem Erstaunen bei vielen Menschen, die zum ersten Mal mit okkulten "Phänomenen" konfrontiert werden.

Damit ist aber noch nicht erklärt, weshalb das Pendel in dem oben erwähnten Beispiel den Vornamen "Eusebio" "wußte"!

Das von Parapsychologen mit dem Begriff "Steigrohre des Unterbewußten" benannte Phänomen scheint in Fällen wie diesen oft vorzuliegen.

Alles, was wir in unserem Leben erlebt haben, ist "gespeichert" und kann auch wieder auf irgendeine Weise "hochgeholt" bzw. abgerufen werden. Psychotherapeuten praktizieren das mit System bereits seit Jahrzehnten, z.B. bei der (Wieder-) Aufdeckung bzw. Bewußtmachung verdrängter, oft traumatischer Erlebnisse aus der frühen Kindheit.

Beim Pendeln und Gläserrücken setzt nun ein Effekt des unbewußten Bewegens ein, der früher einmal Gewußtes, Verdrängtes, Befürchtetes, Erhofftes, "Vergessenes" und nicht bewußt Wahrgenommenes zum Ausdruck bringt.

Das heißt, der pendelnde Mensch stellt sich unbewußt die Bewegung vor (er hofft, fürchtet oder erinnert sich an etwas Konkretes), die sich dann tatsächlich aufgrund der Ideomotorik umsetzt.

Allein die unbewußte Befürchtung beim Auspendeln des Todesdatums ("Hoffentlich geht es nicht zu der Zahl 19..") bewirkt einen entsprechenden Ausschlag.

Im Fall der verstörten Journalistin kann man davon ausgehen, daß sie wohl früher einmal gehört hatte, daß ihr Urgroßvater "Eusebio" hieß, sich dessen aber nicht mehr bewußt war.

Wenn wir nicht pausenlos unseren verfügbaren, bewußten Datenspeicher selektierend aktualisieren würden, ertränke unser Gehirn förmlich in unwichtiger Information, wir würden wahnsinnig. Jeder kennt wohl die Anspannung, wenn man z.B. in einer fremden Stadt mit dem Auto unterwegs ist und viele Einzelheiten des Verkehrs, der Gebäude und des Weges zwar wahrnimmt, hinterher aber nicht mehr "weiß".

Auch das folgende Beispiel zeigt die noch nicht umfassend erforschte Kraft des Unterbewußten:
Ein Segler verbringt den ganzen Tag auf einem See. Abends legt er am Ufer an, um zu schlafen. Mitten in der Nacht wacht er schweißgebadet auf, weil er in einem Alptraum an einer ganz bestimmten von ihm tagsüber angefahrenen Stelle des Sees im Schilf einen toten Menschen liegen sah. Am nächsten Morgen fährt er sofort wieder dorthin - und findet tatsächlich einen Toten!

Die Lösung dieses "Wahrtraums" liegt vermutlich darin, daß er sehr wohl tagsüber die Leiche "gesehen", "wahrgenommen" hat, aber dies nicht bis ins Bewußtsein drang. Nachts dann, im Traum, wurde das unbewußt Wahrgenommene "aufgearbeitet".

3. Der Zufall

Wie im Kapitel "Parapsychologie" ausgeführt, ist natürlich auch eine auf den ersten Blick erstaunliche, demnach zufällige Trefferserie nie auszuschließen. Abgesehen davon, daß oft auch noch das "Verifikationsphänomen" einsetzt, mit dem man nicht ganz zutreffende Ergebnisse (wieder unbewußt) zurechtbiegt, bis sie passen.

4. Selbsterfüllende Prophezeiung

Man macht das wahr, was man (unbewußt) befürchtet oder erhofft!

Nebenbei gesagt: Auch die "Jugendzeitschrift" BRAVO hat anläßlich einer detaillierten Gebrauchsanweisung "erklärt", weshalb das Pendeln funktioniert:

> Zufall, Aberglaube, Selbstbetrug? Nichts von alledem. Die "Radiästhesie", die Wissenschaft vom Pendeln, geht von der Wirkung der menschlichen "Aura", einem Feld unsichtbarer Energiestrahlen,

Geisterwelt

aus. Diese Strahlen sind zwar nicht nachweisbar, aber das menschliche Unterbewußtsein ist empfänglich für sie, wirkt als Verstärker und versetzt auf diese Weise das Pendel in ein bestimmtes Schwingungsmuster...

Wie unreflektiert mit pseudowissenschaftlichem Getue auch in der Esoterikszene selbst an derartige "Phänomene" herangegangen wird, zeigt folgender Auszug aus einem Interview der Zeitung *Die andere Realität*, in dem die Pendelfähigkeiten eines Geistheilers "überprüft" werden sollten (Rechtschreibung, Satzbau, ... unverändert):

"Mittels seines Pendels kann er Ausstrahlungen auf großer Entfernung wahrnehmen. So sagte er auch Ratsuchenden, welche Kleidung möglicherweise nicht so günstig für sie ist, da verschiedene Stoffe durch Ausdünstungen in den Körper des Betreffenden gelangen können. Er gibt Ratschläge zur Ernährung für Diäten und vieles mehr.
Wir unterzogen Herrn L. (im Original mit voller Namensnennung, d. Verf.) einem Test, indem wir ein Weißbrötchen kauften und ein Roggenbrötchen. Beide Brötchensorten haben unterschiedliche Schwingungen, die er mit dem Pendel - wie er sagt - unterscheiden kann.
Wir nahmen also eine Jacke und ordneten die Brötchen, eins links, eins rechts, an und baten Herrn L., nachdem er sich umgedreht hatte, damit er die Positionen der Brötchen unter der Jacke nicht sehen konnte, nun in diesem Doppelblindversuch (!!!, d. Verf.) herauszufinden, auf welcher Seite das Weißbrötchen und auf welcher Seite das Roggenbrötchen sich befindet.
Dies taten wir sieben Mal hintereinander (!!!, d. Verf.) und vertauschten immer wieder die Positionen der Brötchen. Herr L. war fünfmal erfolgreich und zweimal nicht, was er auf Prüfungsdruck zurückführt. (!!!, d. Verf.) ...
Herr L., wie können Sie mit einem Pendel überhaupt verschiedene Stoffe voneinander unterscheiden und sogar noch sagen, ob sie positiv oder negativ sind?
Herr L.: So wie die Erde und die Sonne haben auch unsere Körper magnetische Nord- und Südpole. Die Polaritätsmuster des Körpers folgen elektromagnetischen Prinzipien, die sich in der ganzen Natur finden lassen. Tatsächlich hat alles, was aufrecht steht auf dem Planeten, eine positive Ladung an der Spitze und eine negative an der Basis. Also Kopf positiv, Füße negativ, rechte Seite positiv, linke Seite negativ. Wenn man die positiven und negativen Pole der Magnete zusammenbringt, entsteht zwischen ihnen Anziehungskraft. Stelle ich nun mit Hilfe des Pendels fest, daß die gesamte Körperenergie blockiert ist, so ist das feinstoffliche, elektromagnetische Aurafeld durch entsprechende Polarity Balancing auszugleichen."(Die andere Realität 1994, 7)
Alles klar?

Zusammenfassend läßt sich sagen:

Aufgrund bestimmter biologischer, physikalischer und psychologischer Zusammenhänge kommt es zu einem Pendelausschlag oder zu einer Bewegung des umgedrehten Glases auf dem Tisch. Dabei können Fragen richtig beantwortet werden.
Daraus aber dann zu schließen, daß es auch möglich sei, verläßlich in die Zukunft oder die Vergangenheit zu sehen und das eigene Schicksal auszupendeln, ist nicht nur vollkommen unangebracht und ungerechtfertigt, sondern bei entsprechender psychischer Disposition extrem gefährlich!
Trügerisch ist es, sich selbst einzureden, daß man "alles voll im Griff" habe! Der Verfasser hat mehrere Gruppen erlebt, die "nur die lustigen Geister, nur die Kobolde anrufen und nur harmlose Fragen stellen" wollten - bis dann doch einer das Todesdatum erfahren wollte, "weil es ja so gut funktioniert"!
Der Begriff "PSYCHODROGE" trifft zu, da der Umgang mit derartigen Techniken aufgrund der starken "Kooperation" des Unterbewußtseins nicht voll beherrschbar ist und suchtmachenden Charakter haben kann!
Die Verantwortung für das eigene Tun, die dem Menschen innewohnende Handlungsfreiheit kann nicht abgegeben werden an derart obskure Praktiken. Es mag bequem sein, die Schuld für die mißglückte Schulaufgabe an das Pendel abzugeben ("Es hat ja gesagt, daß es keinen Zweck mehr hat, etwas zu lernen!"), eigentlich aber ist es ein Zeichen von Feigheit, von Schwäche und von Unselbständigkeit.

Die einzelnen Phänomene

Das Siderische Pendel

Der beliebte Aufsatzbeginn "Schon die alten Römer..." trifft hier wirklich zu, denn bereits der römische Geschichtsschreiber Marcellinus berichtet im 4. Jahrhundert n.Chr. von Verschwörern, die mit Hilfe des Pendels den Tod des herrschenden Kaisers Valens und dessen Nachfolger feststellen lassen wollten. Dazu wurde ein Ring an einem festen Faden über einen Kessel gehalten, in dessen Rand Buchstaben eingraviert waren. "Und nachdem wir die Götter angerufen, begann der Ring in sanften Schwingungen bald an diesen, bald an jenen Buchstaben zu schlagen."
Die Verwendung dieses okkulten Gerätes läßt sich seither vielfältig nachweisen, bis in die jüngste Vergangenheit des 2. Weltkrieges, als geplant war, das Pendel im Rahmen einer "Prüfstelle" bei der Kriegsmarine einzusetzen. Daß es nicht dazu kam, war

auf die negativen Ergebnisse von Versuchsreihen zurückzuführen.

Die Bezeichnung "Siderisches" Pendel wird verschieden abgeleitet:
- von "Desiderium" = Wunsch, Sehnsucht oder
- "als den Sternen zugehörig", von lat. sidus Stern (-bild), wobei Sterne ursprünglich gleichbedeutend mit geheimnisvollen, schicksalsbestimmten Kräften waren.

Dem Phänomen nach handelt es sich um das In-Schwingungen-Geraten eines an einem Faden hängenden Ringes oder Lotes, das die Versuchsperson ruhig zwischen Daumen und Zeigefinger hält. Zu dieser Grundanordnung gibt es zahlreiche Modifikationen hinsichtlich des Pendels als auch der Art, es zu halten... Wesentlich ist das von Menschenhand freihängend gehaltene Pendel. Ein auf einem Gestell befestigtes Pendel schlägt nicht aus.
(Reimann, in: Prokop 1977, 111)

Für den Mathematiker und Physiker hat das Pendel und seine Bewegung nichts Geheimnisvolles. Reimann (a.a.O.) geht darauf ausführlich ein. Hier seien nur drei Pendelgesetze zitiert:

1. Mathematiker ermitteln die Schwingungsdauer (T) eines Pendels in Abhängigkeit von der Pendellänge (l) und der Fallbeschleunigung (g) des Pendelkörpers nach folgender Gleichung:

$$T = 2\pi \cdot \sqrt{\frac{l}{g}}$$

2. Die Schwingungsdauer ist unabhängig von Stoff, Gewicht und der Masse des Pendelkörpers (bei der Voraussetzung fehlenden Luftwiderstandes).

3. Die Schwingungsdauer ist unabhängig von der Größe der Amplituden (innerhalb kleiner Amplituden).

Beim Befragen des Pendels werden die beiden grundsätzlichen Bewegungsarten (mit Variationen) herangezogen: Das Pendel schwingt hin und her oder im Kreis. Damit kann das Pendel sowohl mit Ja und Nein antworten als auch mit Wörtern oder ganzen Sätzen. Um Wörter und Sätze bilden zu können, muß das Pendel über einem Buchstabenkreis schwingen, wobei die Buchstaben über die das Pendel

schwingt, protokolliert werden (also wie die alten Römer..., s.o.).

Was sonst unter dem Pendel liegt, hängt von der Frage ab. Es sollte nach Möglichkeit etwas Persönliches sein, wie z.B. ein Brief, ein Photo, eine Haarlocke...

Vorgehensweise beim Pendeln

*Ein Pendel kann aus Metall, Holz oder Glas sein. Für den Anfang nehmen Sie am besten eins aus Kupfer oder Silber. Es gibt Pendel in allen möglichen Formen - spiralenförmig, spitz, konisch zulaufend. Am besten fangen Sie mit einem spitzen Pendel an, daß außerdem nicht allzu schwer wiegt (höchstens 25 g). Es wird an einem Seiden- oder Baumwollfaden befestigt, der zwischen 20 und 30 cm lang sein sollte. Die beste Länge ist vom Ellbogen bis zum Ende der geballten Faust, also die Unterarmlänge etwa. Nun setzen Sie sich entspannt hin und legen eine der Pendelkarten auf den Tisch. Der Ellbogen der rechten Hand wird locker aufgestützt, und es wird **immer nur mit dieser Hand gependelt** - das gilt auch für Linkshänder! Daumen und Finger sollen sich nicht berühren. Die Eigenpolarität der Finger könnte Störungen bewirken. Das Pendel wird nun locker um den rechten Zeigefinger gewickelt, und Sie müssen versuchen, möglichst locker dazusitzen. Jede Anspannung der Armmuskeln muß vermieden werden! Versuchen Sie, an nichts konkretes zu denken, sondern konzentrieren Sie sich ganz **allgemein**. Versuchen Sie ganz einfach, sich allgemein in Erwar-*

tung zu setzen, so als ob Sie gespannt auf ein Er-gebnis warten würden. Sie müssen sich darüber im klaren sein, daß Sie nun Teil eines riesigen kos-mischen Kraftfeldes sind, und daß diese Kraft Ih-nen die Möglichkeit gibt, in Ihr Schicksal oder das eines anderen, für den Sie etwas auspendeln möch-ten, einzudringen. Sie werden feststellen, daß das Pendel nun plötzlich anfängt zu schwingen - ob-wohl Sie es gar nicht bewußt bewegen.

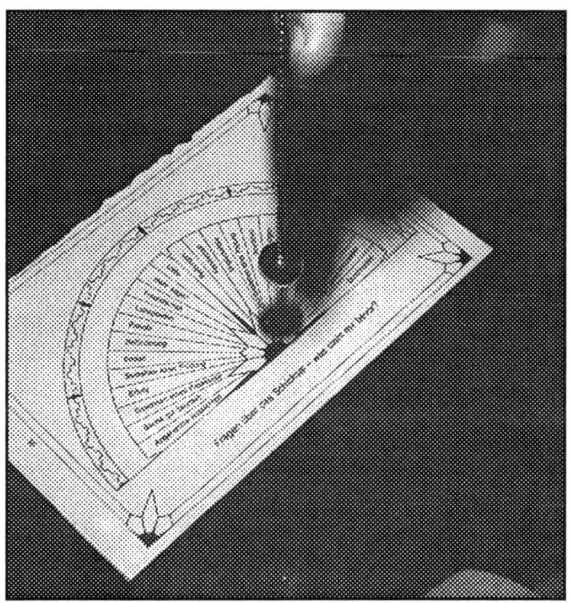

Fragen Sie sich, aus welchem okkulten Buch diese detaillierte Beschreibung stammt? Sie stammt aus der BRAVO 44/1989. Mitgeliefert wurden "freundli-cherweise" noch vier Pendelkarten mit so läppi-schen Fragen wie: "Welcher Beruf paßt zu mir?"; "Was erwartet mich in der Liebe?"; "Was ist wichtig in meinem Leben?"; "Was steht mir bevor?".
Geändert wurde vom Verfasser in diesem Artikel lediglich die Anredeform (statt "Du", "Sie"). Am Ende des Artikels heißt es dann: "Und noch etwas: 'Nimm das Pendel nicht so furchtbar ernst! Es ist, wie all diese übersinnlichen Dinge - Kartenlegen, Astrolo-gie und so weiter - umstritten. Bestenfalls kann das Ergebnis eine Anregung für Dich sein, aber es ist gewiß nicht die letzte Wahrheit! Beim Pendeln wird vor allem Dein Unterbewußtsein 'angezapft'."

Pendel-Experimente
Woraus ein siderisches Pendel hergestellt ist, ist zweitrangig. Ein einfacher Faden mit einer Schrau-benmutter genügt, ist aber vom Optischen, von der Suggestionskraft her nicht mit einem "magischen Pendel" zu vergleichen, das im entsprechenden Fachhandel mit dem dazugehörigen "Know-how" erworben wurde.

Um die vielen Behauptungen hinsichtlich seiner "magischen Fähigkeiten" zu hinterfragen, bieten sich zwei Pendelexperimente an.

1. Das Geschlechterpendeln
Es wird in den meisten Pendelbüchern behauptet, das Pendel könne "männlich" und "weiblich" unter-scheiden und durch unterschiedliche Bewegungen anzeigen.

• Um zu untersuchen, ob dies stimmt, kopieren Sie die Seite mit den Männer- und Frauen-Pendel-karten (s. S. 81) in entsprechender Anzahl. Jeder Teilnehmer muß zwei Karten erhalten: Eine mit der Abbildung eines Mannes, eine mit der einer Frau (und der jeweiligen Angabe, wie sich das Pendel bewegen "muß").

Wie Sie sehen, machen die Karten gegensätzliche Angaben zu den geschlechtspezifischen Pendel-bewegungen.

• Teilen Sie nun in Gedanken die teilnehmende Ge-samtgruppe so, daß insgeheim zwei Einzelgrup-pen entstehen, denen Sie jeweils entgegengesetz-te Anweisungen austeilen (selbstverständlich, ohne daß dies bemerkt wird!).

• Lassen Sie die Teilnehmer das Pendel am ausge-streckten rechten Zeigefinger ruhig über die Bil-der halten - es wird sich in den meisten Fällen entsprechend den Beschreibungen auf den Kar-ten bewegen.

• Nach dem Einsammeln (wichtig!) wird von den Er-fahrungen berichtet.

Was nun folgt, ist oft ein klassischer "Aha-Effekt" nach Karl Bühler, wenn die beiden Gruppen erken-nen, daß es zwar überall funktionierte, die Anwei-sungen aber unterschiedlich waren!

• Eine Alternative zu diesem Vorgehen besteht dar-in, daß Sie die Kopiervorlage der Karten als Over-head-Folie benutzen, die Großgruppe in zwei klei-nere teilen, eine Hälfte aus dem Raum schicken und mit der anderen pendeln. Hier können Sie nun auch akustisch suggestiv wirken:

Ihr braucht gar nichts bewußt zu tun - das Pendel weiß selbst, was es zu tun hat: Bei Männern geht es im Kreis, bei Frauen bewegt es sich hin und her, bei Männern ..., bei Frauen ...

Nach 20 Wiederholungen "funktioniert" es bei fast allen.
Nachdem die eine Gruppe den Raum verlassen hat, suggerieren Sie der zweiten Gruppe die entgegen-gesetzten Pendelbewegungen und legen dabei das zweite Paar der Pendelkarten auf den OH-Projek-tor. Die Auswertung findet ebenfalls unter Benut-zung der Folie statt (einfaches Aufblenden der bei-den Möglichkeiten!).

2. Die Pendelkette

• Ein gutes "Medium" kommt vor die Gruppe und erhält ein Pendel. Es wird behauptet, das Pendel reagiere je nach der haltenden Person bei "männlich" ..., bei "weiblich" (s.o.).

• Sobald das Pendel anfängt eindeutig zu schwingen, kommt eine Person des anderen Geschlechts dazu, ergreift das linke Handgelenk des Pendlers und ... das Pendel schwingt in die andere Richtung!

• Diese Personenkette kann beliebig erweitert werden, das Pendel reagiert so gut wie immer "richtig".

Zum Protokollieren und für eine spätere Auswertung kann die Folie (s. S. 82) verwendet werden:

Was passiert, wenn man der Person mit dem Pendel durch Überstülpen einer undurchsichtigen Papiertüte (sicherer als ein Tuch) die Sicht raubt, er/sie also nicht mehr weiß, ob sich ein Mann, eine Frau, ein Junge oder ein Mädchen am anderen Ende der Kette befindet?
Auswertung mit Hilfe der OH-Folie.

Allerdings dürfen Sie nicht vergessen und sollten eventuell auch die Teilnehmer vor diesem "Blindversuch" darüber aufklären, daß die Trefferwahrscheinlichkeit ja nicht gerade gering ist: 50%! Der Zufall kann also leicht den Eindruck erwecken ... Wenn es aber am Pendel liegt, dann müßte dieses doch auch richtig reagieren, wenn man bei verbundenen Augen zwei/drei Personen des gleichen Geschlechtes hintereinanderhängt ...

Bei FRAUEN
bewegt sich
das Pendel
im Kreis:

Bei MÄNNERN
bewegt sich
das Pendel
hin und her:

Bei FRAUEN
bewegt sich
das Pendel
hin und her:

Bei MÄNNERN
bewegt sich
das Pendel
im Kreis:

Pendelkette

m = männlich   w = weiblich

wirklich	Pendel reagiert
_____	_____
_____	_____
_____	_____
_____	_____
_____	_____
_____	_____
_____	_____

mit verbundenen Augen:

wirklich	Pendel reagiert
_____	_____
_____	_____
_____	_____
_____	_____
_____	_____
_____	_____

Geisterwelt

"Aura-Pendeln"

Mit diesem "Experiment" soll etwas Wichtiges aufgezeigt werden:
Das Wissen um objektive, natürliche Hintergründe bei manchen übersinnlich wirkenden "Phänomenen" ist keinerlei Garantie dafür, daß es 1. diese Phänomene nicht auch wirklich gibt, und 2. ähnliche Effekte auf eine ganz andere Art und Weise zustande kommen können.

Viele Leute glauben, daß sie gefeit wären gegenüber Täuschungsmanövern, weil sie einen akademischen Grad besitzen, weil sie in ihrer Jugend einen Zauberkasten hatten oder ein paar Kartenkunststücke vorführen können.

Dies sind schwerwiegende Irrtümer, wie zahlreiche Beispiele aus Vergangenheit und Gegenwart belegen.

Nach der Demonstration des grundlegenden "Carpenter-Effekts", der "Ideomotorischen Bewegungen" beim Pendeln, Gläserrücken und Schreibenden Tischchen sollte die Meinung:
"Jetzt weiß ich ein für allemal Bescheid und bin in Zukunft sicher vor betrügerischen Machenschaften!" durchaus in Frage gestellt werden.

Dazu eignet sich folgender Versuch:

- Beliebig viele Teilnehmer schreiben auf kleine Zettel männliche und weibliche Vornamen.

- Diese Zettel werden gefaltet, durcheinandergemischt und auf den Tisch geschüttet.

- Ein Zettel (beliebig!) wird von einem Teilnehmer ausgewählt und unter das Pendel gelegt, was vom "Versuchsleiter"/"Medium" gehalten wird.

- Nach kurzer Zeit beginnt das Pendel, sich zu bewegen und gibt durch seine Bewegung an, ob es sich um einen männlichen oder weiblichen Vornamen handelt.

- Dies wird mit allen Zetteln wiederholt (zwei Häufchen bilden). Wenn diese von den Teilnehmern geöffnet werden, zeigt sich, daß "das Pendel aufgrund der an den Zetteln haftenden männlichen oder weiblichen AURA richtig geantwortet hat"!

Mit dem bisher bekannten Wissen ist dies nicht zu erklären, es widerspricht geradezu dem vorher Gesagten und Erkannten!

Erklärung:

Bei diesem "Versuch" wurde das Pendel nur als Mittel zum Zweck (nämlich der "Vergeheimnisvollisierung", der magischen Umrahmung) verwendet. Das eigentliche Geheimnis liegt ganz woanders:

Durchführung:

- Nehmen Sie ein DIN A4 Blatt.

- Falten Sie dieses in der Länge (mit Fingernagel den Falz bestreichen).

- Reißen Sie das Blatt in der Mitte durch.

- Eine Hälfte weglegen.

- Die zweite Hälfte nochmals der Länge nach in der Mitte falten und auseinanderreißen.

- Nun haben Sie zwei Streifen von je 1/4 der ursprünglichen Breite, die anscheinend genau gleich sind.

- Betrachten Sie aber die Ränder: Bei einem Streifen wurde zweimal gerissen, die Ränder sind also beide ausgefranst! Bei dem anderen Streifen ist ein Rand geschnitten, also glatt!

- Schneiden Sie nun mit der Schere einzelne Zettel herunter, auf die Sie mit dem Bleistift eine Linie quer zeichnen (damit die Zettel nicht hochkant beschrieben werden!).

- Die beidseitig ausgefransten Zettel teilen Sie nun an die Gruppe aus, die männliche Vornamen aufschreiben soll; die einseitig ausgefransten Zettel werden von der zweiten Gruppe mit weiblichen Vornamen beschrieben.

- Lassen Sie die Zettel wie Lose zusammenrollen (vormachen!) und dann in der Mitte knicken.

- Lassen Sie von einem Teilnehmer die "Lose" einsammeln und gründlich durchmischen .

- Wenn Sie nun ein Röllchen anschauen, können Sie anhand der Ränder leicht erkennen, ob es sich um einen männlichen oder weiblichen Namen handelt und das Pendel entsprechend schwingen lassen.

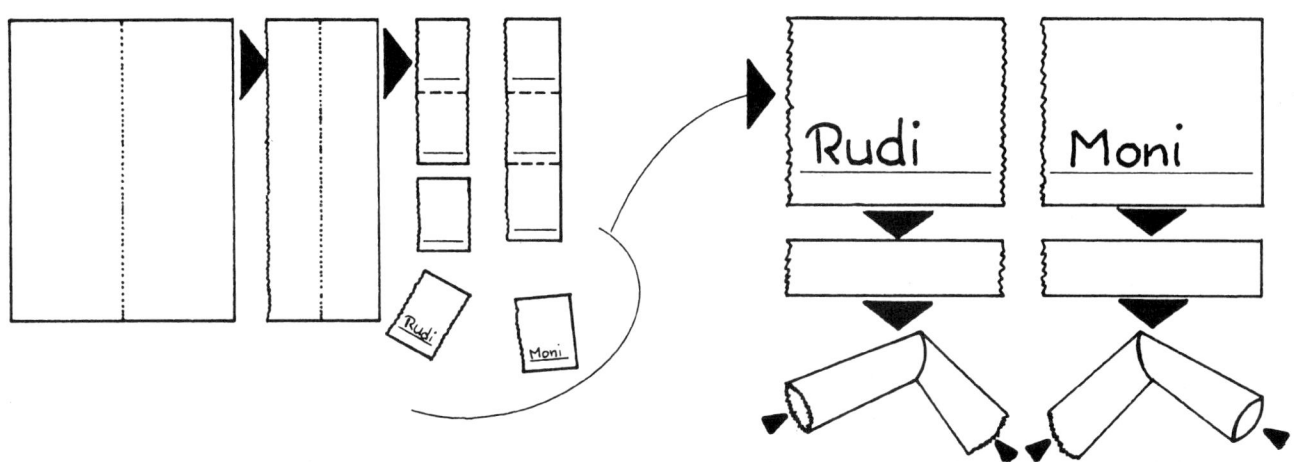

Wahrsagerin „fand" Bergsteiger

Pendel als Retter

Mann wurde bereits aufgegeben

ZÜRICH (AP) — Eine Wahrsagerin hat — glaubt man einer Schweizer Zeitung — maßgeblich dazu beigetragen, daß ein verunglückter deutscher Bergsteiger aus den Alpen gerettet werden konnte.

Der Mann war seit Montag im Engadin vermißt worden. Die Rettungswacht fand den 40jährigen nicht. Da wandte sich seine Ehefrau an eine Wahrsagerin in Spanien. Diese schickte, so berichtete der *Sonntagsblick,* per Telefax eine Skizze des Berges in die Schweiz, auf der die Stelle eingezeichnet war, wo der Vermißte nach Angaben ihres Pendels liegen sollte. Tatsächlich wurden die Rettungsmannschaften daraufhin fündig, nachdem die Suchaktion bereits eingestellt worden war.

Der Bergsteiger hatte sich einen komplizierten Unterschenkelbruch und eine Armverletzung zugezogen und mußte sich vier Tage lang ausschließlich von geschmolzenem Schnee ernähren.

ST 2.10.1989

Ob man der Schweizer Zeitung glaubt oder nicht:
Die Überschrift des Artikels bleibt hängen

Gläserrücken - Schreibendes Tischchen

Wie oben bereits mehrfach angesprochen, lassen sich die physischen und psychischen Grundlagen des Pendelns auf andere okkultistische Praktiken übertragen.

Beim Gläserrücken wird ein leichtes Glas kopfüber auf einen glatten, meist runden Tisch gestellt. Die im Kreis sitzenden Teilnehmer legen, ohne Druck auszuüben, einen Finger oben auf den Boden des Glases. Um die Tischkante werden die Buchstaben des Alphabets, eine "Ja"- und eine "Neinkarte" und die Zahlen von 0 - 9 gelegt (sog. "Ouija-Board": franz. "oui", dt. "ja").

Nach einer gewissen Zeit beginnt sich das Glas zu bewegen und rutscht von einem Buchstaben zum anderen, was mitprotokolliert wird. So entstehen Worte und Sätze, die Antworten auf gestellte Fragen sein sollen.

Beim Schreibenden Tischchen (Planchette) ist ein Bein durch einen Stift ersetzt worden. Legt man die Hand

oder die Finger darauf, beginnt es auf der Schreibunterlage zu schreiben.

Zusätzlich zu den schon bekannten ideomotorischen Bewegungen kommen bei diesen Phänomenen noch gruppendynamische Prozesse hinzu.
Da die Atmosphäre bei solchen "Experimenten" emotional aufgeladen ist (oft unterstützt von Musik, Kerzenschein oder gar Rotlicht), herrscht eine entsprechende Erwartungshaltung.
Die Gruppe will ja ein Ergebnis erhalten, der Geist soll sich ja melden!

Irgendwann beginnt das Glas selbstverständlich durch die angespannten und bald ermüdeten Muskeln in den fast gestreckten Armen der Teilnehmer zu rutschen. Wenn der Anfang gemacht ist, "schiebt" die Gruppe oder ein einzelner dominierender Teilnehmer (bewußt oder unbewußt!) so, daß sinnvolle Worte entstehen.

Auch hier spielt wie beim Pendeln das Unterbewußtsein eine tragende Rolle im Hinblick auf "wahre" Antworten.

Es sind viele Fälle bekannt, in denen auch Erwachsene durch die nicht unmittelbar durchschaubaren "Ergebnisse" im höchsten Maße verblüfft, schokkiert und geängstigt wurden.
Die gruppendynamischen und individuellen Prozesse, die bei entsprechenden Séancen ablaufen, kann man anhand der folgenden Protokollseiten einer Sitzung von Erwachsenen in etwa nachvollziehen. Unberücksichtigt bleiben müssen dabei die emotional enorm beeindruckenden Komponenten, die so stark sind, daß "wir, ohne es zu merken, von 20.30 Uhr bis 3.30 Uhr am nächsten Morgen mit dem Glas Geister gerufen haben", (so ein etwa 40jähriger Anrufer).
Teilweise bewegt sich das Glas so schnell, daß der Protokollant Schwierigkeiten hat, mitzuschreiben.

Beispielhaft seien die Seiten 1 und 4 eines beim Gläserrücken aufgenommenen Protokolls angeführt:
Die Fragen sind in Schreibschrift festgehalten, während die "Antworten" in Druckbuchstaben notiert wurden:

NICHT LANG GEKANNT

Woher kennst Du Herbert

FMENENDE

UNI A OQFUN] K

Wini: Mitteilung v. letzten Mal wahr?

DU BIST IN GEFAHR

Was für Gefahr

KRANKHEIT

WUNDER

Was für Krankheit?

X ANFALL

Guter Rat:

RETTE EIN
E SEELE SO-
FORT

---

④ BORIS IST
TOT

HAHA

LUZIFER

NIEMAND

IST HIER

IHR UNSELIGEN

GUG||Q|TOBTOT

TOLL RAß GER

ACHEFUER

FUER LFREN

Eine Teilnehmerin mit Namen "Wini" fragt (1), ob die "Mitteilung vom letzten Mal" (= der letzten Séance) wahr sei. Damals hatte sie die Warnung erhalten, daß sie einen Unfall haben werde).

Das Glas bewegt sich im Buchstabenkreis (Ouija-Board) nun vom Buchstaben D zum U, dann zum B, zum I usw. und buchstabiert orthographisch und grammatikalisch richtig die Antwort: "Du bist in Gefahr."

Jemandem, der dies zum erstenmal sieht, läuft es beim Erleben der aufgeladenen Atmosphäre, dem Ernst der Teilnehmer mit ziemlicher Sicherheit heiß und kalt den Rücken herunter!

Auf Seite 4 wird eine Frage gestellt, die immer vorhanden sein muß (man will ja wissen, mit wem man es zu tun hat!): "Wer ist im Glas?"

Nach anderen Anweisungen muß immer zuerst gefragt werden, wer der oberste Herr des Geistes sei. Nur wenn "Gott" geantwortet wird, könne man sicher sein, daß ein guter Geist anwesend sei.

Bitte versetzen Sie sich bei folgender Simulation in die Situation eines spiritistischen Teilnehmers:

Man ist zusammengekommen, um Geister zu beschwören. Man will, daß es funktioniert. Man ist eingeschüchtert durch die Atmosphäre, ist erwartungsvoll angespannt...

Nun bewegt sich das Glas auf die Frage nach den Namen des Geistwesens

- zum "D": Die Teilnehmer buchstabieren mit!

- Nun rutscht das Glas (noch zögernd, oft im Bogen) in Richtung auf das "K"! "DK - gibt es nicht" denkt sich unbewußt wohl jeder Teilnehmer. Man will aber, daß es funktioniert! In der Nähe des K ist das "I" - und das gibt Sinn.

- Schon ist das Glas beim "I"!

- Nun rattert (unbewußt?) bei jedem Teilnehmer das Namensgedächtnis: Dieter, Dietmar, Dietlinde, Dirk, Diabolo (!), Dietrich, ...

- Die meisten Teilnehmer stellen sich vor, wie das Glas vom "I" zum "E" rutschen wird. Das ist eine BEWEGUNGSVORSTELLUNG - womit der Carpenter-Effekt in Gang gesetzt wird. Erst recht, wenn sich das "E" bestätigt und somit die weite Entfernung zum "T" fast zwingend vorgestellt wird.

- "Jede Bewegungsvorstellung setzt sich um in eine Bewegungsdarstellung!" - hier noch vervielfacht durch die Zahl der Teilnehmer.

- In der Tat rutscht das Glas mit zunehmender Deutlichkeit der Antwort immer zielstrebiger, immer schneller!

Es ist durchaus normal, daß eine ganze Gruppe unbewußt so schiebt, daß eine Antwort zustande kommt!

Damit sind die vielen Fälle allerdings überhaupt nicht abgedeckt, in denen ein Teilnehmer die Gruppe bewußt manipuliert! Es gibt leider viele Personen (Jugendliche wie Erwachsene), die sich daran aufbauen, anderen Menschen Angst einzujagen. Bedauerlicherweise ist es beim Gläserrücken so gut wie unmöglich, aufgrund der geringen Reibung eine Manipulation zu erkennen, selbst wenn die erforderliche Skepsis vorhanden sein sollte, was meist nicht der Fall ist.

Es genügt wirklich nur eine winzige Schubkraft, um eine beabsichtigte Antwort "durchzudrücken". Mitunter geht eine absichtliche Irreführung dann soweit, daß Teilnehmer schreiend aus dem Raum rennen, die Fenster aufreißen, um dem bösen Geist zu entkommen und einer sich heimlich ins Fäustchen lacht.

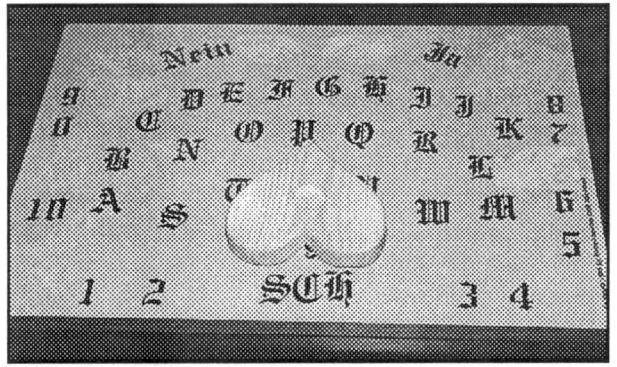

Erzählungen von Séancen, bei denen sich das Glas ohne Berührung durch einen Teilnehmer bewegt haben soll, tauchen immer wieder auf: "Das Tischchen schreibt selbständig - man berührt es nicht mit der Hand, mit den Fingern oder ähnlichem. So frage ich: Wie bitteschön kann ich unbewußt Muskelzuckungen auf das Tischchen übertragen, wenn ich selbiges nicht berühre (wie jeder Anwesende die Hände ca. 5 - 10 cm darüber halte!)? Oder wie halte ich ein 40 g schweres Pendel zehn Minuten lang schräg in der Luft?..." (Leserbrief in der Zeitschrift BRAVO-GIRL, 15/1989) Forscht man (im persönlichen Gespräch) nach, hat der Verfasser noch nie erlebt, daß wirklich jemand bei diesem, zunächst als Tatsache geschilderten, Vorgang dabei war.

Es stellte sich bislang immer heraus, daß man jemanden kennt, der jemanden kennt, der...

Im übrigen sind das genau die Fälle, auf die der kanadische Zauberkünstler und Scharlatanentlarver James Randi jahrelang wartete, um seine 10000 Dollar-Belohnung für eine demonstrierte paranormale Fähigkeit unter kontrollierten Bedingungen loszuwerden.

Und das Tischerücken?

Hier gibt es neben der Erklärung der "Psychomotorischen Automatismen" noch zahlreiche Trickmöglichkeiten, die besonders von berufsmäßigen "Medien" aller Zeiten angewendet wurden (siehe

auch das Kapitel "Spuk").

Schon Michael Faraday hat durch einen einfachen Versuch bewiesen, daß durchaus natürliche unbewußte Kräfte im Spiel sind (immer in der Annahme, daß kein Betrug stattfindet!):

Er konstruierte einen Tisch, "dessen Platte doppelt war, wobei sich zwischen den beiden Brettern Glasrollen befanden. Die Teilnehmer saßen wie bei einer gewöhnlichen Séance um den Tisch, die Hände auf das obere Brett gelegt und warteten auf eine Verbindung mit der Geisterwelt. Als Faraday dann feststellte, daß sich nur das obere Brett bewegte, kam er zu dem Schluß, daß die dafür nötige Energie von den Séanceteilnehmern selbst stammen mußte, auch wenn sie sich dessen nicht bewußt waren. Ähnliche Feststellungen hat man bei der Analyse moderner Poltergeistfälle gemacht. Tests mit Lügendetektoren bewiesen, daß Versuchspersonen, die derartige Zwischenfälle bewirkt hatten, sich ihrer physischen Einwirkung nicht bewußt waren."

(Verlag Das Beste 1983, 262)

Möglichkeiten der pädagogischen Arbeit

• Nach der Durchführung der Pendelexperimente (s.o.) sollten u.a. die grundsätzlichen psychischen und mechanisch-physikalischen Abläufe für alle Beteiligten nachvollziehbar besprochen werden. Dabei sollte auch ganz klar werden, daß diese sowohl beim Pendeln als auch beim Gläserrücken wirken. Wenn der bloßen Bewegung der okkulten Instrumente erst einmal der übersinnliche Zauber genommen wurde, ist der Bann oft gebrochen.

• Bei einer Analyse der folgenden vier Leserbriefe an Ratgebertanten und -onkel in Jugendzeitschriften kann es z.B. darum gehen nachzuvollziehen, wie sich die grundsätzliche Wahrnehmung der Welt nach einem scheinbar "erfolgreichen" okkulten Experiment verändert. Wenn man erst einmal an die u.U. sogar beidseitige Einflußnahme zwischen Diesseits und Jenseits glaubt, wendet sich ein Großteil der bewußten Lebensgestaltung dem Jenseits zu. Was bedeutet das für die persönliche Freiheit, Verantwortung und Selbstsicherheit? Im Anschluß an diese Analyse können die Teilnehmer eine Antwort in Partner- oder Gruppenarbeit unter Heranziehung der in Kapitel II geschilderten psychologischen Grundlagen formulieren.

"In meinem Bekanntenkreis kam in letzter Zeit immer häufiger das Gespräch auf spiritistische Sitzungen. Ich habe deshalb aus Neugier bei einer Séance mitgemacht, bei der es um das "Tischrücken" ging. Dabei stellte ich voller Verwunderung fest, daß es funktionierte. Unglaublich: Es wurden von den

angeblich Toten Aussagen beziehungsweise Vorhersagen gemacht, die keiner der Anwesenden wissen konnte. Meine Schwester und ich hatten Kontakt mit unserem verstorbenen Vater. Antworten auf Fragen bekamen wir in einem Buchstabenkreis. Ein Glas führte unsere Hand zu den jeweiligen Buchstaben. Gibt es eine einleuchtende Erklärung? Und inwieweit kann man sich darauf verlassen?" (TINA, 1988)

"Letzte Woche haben wir zum ersten Mal "Gläserrücken" gespielt, so richtig mit Kerzenlicht. Nach einiger Zeit sahen wir einen Schatten auf meinem Bett, der uns wie eine verstorbene Frau vorkam, die wir kannten. Als sie näher auf uns zukam, rannten wir schreiend aus dem Zimmer. Sie hat uns richtig verfolgt. Und jetzt passieren lauter merkwürdige Dinge. Zum Beispiel hat sich meine Freundin den Fuß verstaucht, nachdem sie noch einen Tag vorher den Geist verflucht hatte. Und wenn ich in den Spiegel schaue, wirkt mein Spiegelbild irgendwie verändert. Wir wissen, das klingt unglaublich. Mein Bruder lacht uns aus, weil ich mich seitdem nicht mehr allein in mein Zimmer traue. Bitte helft uns schnell." (BRAVO, 7/1994)

"Ich habe nun seit drei Jahren ein Problem, über das ich bisher noch mit niemandem geredet habe. Mein Problem ist folgendes: Vor drei Jahren habe ich mit meinen Freundinnen begonnen, an jedem Geburtstag Gläserrücken auszuüben. Am Anfang war es nur Spielerei, aber mit der Zeit haben wir das Ganze wirklich ernst genommen. Insgesamt haben wir "das Spiel" sechs Mal ausprobiert. Aber was beim letzten Mal passiert ist, habe ich noch heute in sehr schlechter Erinnerung. Auf einmal fing das Glas an, im Zickzack über den Tisch zu rücken und fiel plötzlich um. Ich war so geschockt, daß ich mir geschworen habe: "Nie wieder Gläserrücken!" Meine Freundinnen haben seitdem auch keine Lust mehr dazu. Sie haben das Erlebnis ziemlich schnell vergessen. Ich dagegen nicht. Seitdem kann ich nicht mehr im Dunkeln schlafen. Am Tag kann ich über mein Problem lachen. Aber sobald es dunkel wird, habe ich wahnsinnige Angstanfälle, denn ich sehe dann ständig ein blutüberlaufenes, grinsendes Gesicht eines Mannes vor mir, der mit mit einem Messer in der Hand folgt und mich erstechen will. Bitte glaubt jetzt nicht, ich würde mir einen Scherz erlauben. Aber in letzter Zeit verfolgt mich dieses Gesicht immer öfter, so daß ich damit einfach nicht mehr fertig werde. Bitte helft mir!" Annette, 16 Jahre (BRAVO, 3/1992)

- Ob es zu verantworten ist bzw. Sinn macht, in der pädagogischen Gruppenarbeit eine Gläserrücksitzung zu inszenieren (s. Kopiervorlage S. 88), ist umstritten. Es ist jedenfalls zu bedenken, daß

die dabei ablaufenden psychischen Prozesse in dieser emotional sehr angespannten Situation außer Kontrolle geraten können. Es bestehen z.B. folgende Möglichkeiten, um zumindest zum Nachdenken anzuregen:

- Einige Tropfen Spülmittel oben auf dem Glas bringen dort die Reibung auf Null, was zur Folge hat, daß gar nichts mehr geht, d.h. allenfalls die Finger auf dem Glas herumrutschen aber das Glas keinen Zentimeter mehr vorrückt. Warum eigentlich, wenn doch die Geister das Glas bewegen?

- Die Buchstaben für das Ouija-board werden auf (undurchsichtige) Kärtchen geschrieben. Die Kärtchen werden umgedreht und auf dem Rücken numeriert von einer Person, die nicht den Finger auf dem Glas hat: Das Glas "formuliert" nur noch sinnlose Buchstaben- und Zahlenfolgen, obwohl man doch von einem richtigen Geist erwarten könnte, daß er durch die Tischplatte durchschauen kann, oder?

- Was passiert, wenn man den Teilnehmern die Augen verbindet (richtig, auch die Nasengassen!) und dann die Kärtchen vertauscht?

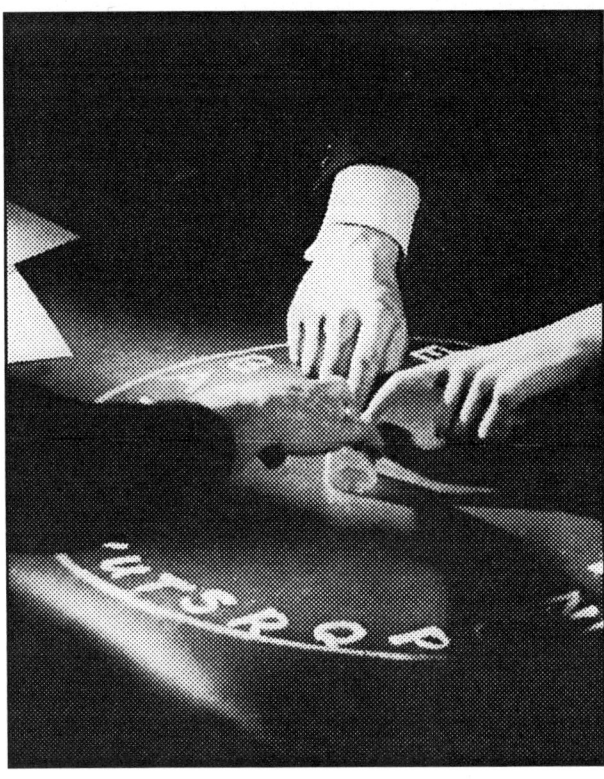

Das Ouija-Board als Kreidekreis auf der Tischplatte: Alternativen beim Gläserrücken gibt es viele. Alle aber haben eines gemeinsam, die glatte Oberfläche, auf der das Glas stehen muß. Offenbar sind Tischdecken ein unüberwindliches Hindernis für kontaktbereite Geistwesen ...

A	B	C	D	E	F	G	H	I
J	K	L	M	N	O	P	Q	R
S	T	U	V	W	X	Y	Z	
1	2	3	4	5	6	7	8	9
0			Ja		Nein			
Gut					Schlecht			

Falsche Geister - echte Schwindler

oder: "Hilfe - es spukt!"

Zum schnellen Überblick:

Spuk

Volkstümliche Bezeichnung für eine Vielzahl paranormaler Ereignisse (v.a. Geistererscheinungen); Unterscheidung nach ortsgebundenem S. (S.-Häuser) und personengebundenem S.; Gemeinsamkeiten: Verletzung physikalischer Gesetze z.B. durch Bewegen von materiellen Gegenständen (Psychokinese); sich wiederholend (teilweise über Jahrhunderte hinweg), spontan auftretend; optisch, akustisch, haptisch oder durch den Geruch wahrnehmbar; paranormale Deutung: Die spiritistische Deutung vermutet hinter den Phänomenen Verstorbene, die aus verschiedenen Gründen keine Ruhe finden oder über ein lebendes Medium auf das Diesseits einwirken. Nach animistischem Verständnis liegt eine unbewußte Verursachung der Phänomene durch eine lebende Person mit starken seelischen Spannungen vor, oft Pubertierender; dafür wird oft der Begriff "spontane wiederkehrende Psychokinese" benutzt. Die religiöse Interpretation nennt Dämonen o.ä. als Urheber der genannten Phänomene. S.-Erscheinungen werden oft mit großem technischem Aufwand untersucht und angeblich dokumentiert. Kritik: Viele der bekannten Spukerscheinungen sind eindeutig beweisbar betrügerische Manipulationen (Fall Chopper 1982 in Neutraubling, Zahnarztpraxis; Klagenfurt 1993, Friseursalon), die vor allem aufgrund des großen Medieninteresses in Szene gesetzt worden sind; häufig verbergen sich hinter den Erscheinungen nur unauffällige, verborgene technische oder bauliche Störungen; sehr oft werden natürliche Erscheinungen falsch eingeordnet (z.B. durch Tiere verursachte Geräusche, z.B. Marder im Dachgebälk). Die Beweislage ist aufgrund ungenügender Dokumentation oder rein subjektiver Deutungen oft schwierig (Rosenheim 1967, Anwaltspraxis), teilweise liegen auch eindeutig kommerzielle, touristische Motive vor (S.-Häuser, S.-Schlösser).

Wenn auch die historisch z.T. über Jahrhunderte tradierten Spukerscheinungen heute mehrheitlich augenzwinkernd als i-Tüpfelchen einer Touristenattraktion verstanden werden, gibt es doch erstaunlich viele Menschen, die darüber grübeln, ob nicht doch mehr dahinter steckt.

„Weiße Frau" findet keine Ruhe

Die Oberpfalz hat in diesem Jahr eine Attraktion für den Fremdenverkehr wieder: Nach dreijähriger Renovierung wird die Burg Wolfsegg im Landkreis Regensburg wieder für die Öffentlichkeit freigegeben. Die alte Festung aus dem 13. Jahrhundert, die sich hier aus dem winterlichen Nebel erhebt, erlangte durch ihr sagenhaftes Gespenst Berühmtheit. Die „weiße Frau" soll sich in dem Gemäuer umtreiben.

Bis in die jüngste Vergangenheit wollen Augenzeugen den Spuk beobachtet haben, bei dem es sich um die frühere Burgherrin Klara Freifrau von Laaber handeln soll, die um 1460 von ihrem Ehemann ermordet wurde, weil sie sich angeblich in einen Feind des Herrn verliebt hatte. Jetzt kann sie keine Ruhe mehr finden — erst recht nicht, wenn die Fremden kommen.

Poltergeist

Personengebundener Spuk, bei dem deutliche, laute Geräusche auftreten, Gegenstände bewegt oder zerstört werden. Nach animistischer Deutung werden diese Phänomene hervorgerufen durch eine lebende Person, die ihre inneren Spannungen psychokinetisch an die Umwelt abgibt (oft Jugendliche in der Pubertät). Nach spiritistischer Ansicht wirkt eine bestimmte Art von Geistern, massiv auf ihre Umwelt ein. Die Phänomene wurden oft von selbsternannten "Geisterjägern" untersucht und angeblich verifiziert. Auch die Poltergeist-Erscheinungen werden oft als Selbsttäuschung oder Betrug entlarvt.

Geist

Nach spiritistischem Glauben verstorbene Personen (auch Tiere), die mit ihrem immateriellen Körper als "feinstoffliche Wesenheiten" auf die Welt einwirken. Sie können angeblich mit entsprechendem Wissen durch bestimmte Rituale herbeigerufen werden (G.-Beschwörung; Manifestation dabei durch Geräusche, Schriften, Bewegen von Gegenständen, Führen der Hände von Medien usw.).

Gespenst

Optisch meist nur schemenhaft wahrnehmbarer, gesichtsloser, "erd-/ortsgebundener" Geist, der oft Ursache eines Spukphänomens ist; oft in alten Schlössern o.ä. auftauchend (Tourismus-Attraktionen). Nach dem Volksglauben sind Gespenster häufig Verstorbene, die wegen eines begangenen oder erlittenen Verbrechens "keine Ruhe finden" ("Weiße Frauen") und um Mitternacht spuken müssen.

Die Angestellte Annemarie S. in einer Rosenheimer Anwaltskanzlei ließ 1967 Lampen schwingen und Telefone verrückt spielen. Die "Fachleute" stritten sich, ob hier ein Fall von Personengebundenem Spuk oder Psychokinese vorlag.

Immer wieder ist es amüsant, wie angebliche Medien (sehr oft sind es Jugendliche, meist Mädchen) leibhaftige "Spuk-Professoren", Techniker und Wissenschaftler zum Narren halten. Hochgejubelt von der Presse steigern sich die Verursacher immer mehr in die Erzeugung von Poltergeisterscheinungen - bis seriöse "Geisterjäger" (z.B. Allan, James Randi) ihre Machenschaften entlarven. Die Beweggründe für solche Inszenierungen?

"Man wollte sich im Mittelpunkt der Ereignisse wissen, wollte bedauert sein, wollte die Aufmerksamkeit von einem anderen ablenken, wollte Furcht einflößen, sich für Zurücksetzungen rächen, Benachteiligungen ausgleichen, wollte neue Bekleidung haben, neue Möbel, größere Wohnungen, wollte einen Menschen durch die Beschmutzung eines Gegenstandes seiner Verehrung beleidigen, wollte einen anderen Menschen in schlechten Ruf bringen, wollte die Vermieter vertreiben, die Großmutter zum Auszug bewegen, Diebstähle verschleiern usw." (Schäfer, zit. nach: Prokop/Wimmer 1987, 225)

Spukerscheinungen hatten um die Jahrhundertwende bei spiritistischen Dunkelsitzungen Hochkonjunktur. Die dabei verwendeten Tricks waren teilweise primitiv und naiv, z.T. aber auch sehr raffiniert. Eindeutige Entlarvungen wurden von den Gläubigen umgedeutet und nicht anerkannt. So wurde z.B. der Besenstiel, mit dem ein Medium einen Tisch hochgehoben hatte (eine Blitzlichtaufnahme enttarnte das Hilfsmittel) flugs umgedeutet zu einer "psychischen Rute", die zwischen den Beinen des Mediums emporwuchs.

Andere Medien produzierten aus Körperöffnungen "Ektoplasma" trotz "intensiver Kontrolle" durch Wissenschaftler. Oft schmuggelte ein geheimer Helfer den entsprechenden Verbandmull (mit Gänsefett schlüpfrig gemacht - falls ihn jemand anrührte) zur Sitzung und steckte ihn dem Medium heimlich zu.

Der Einfallsreichtum war und ist riesig. Prokop/Wimmer (1987) schreiben richtig: "... gehört an den 'Spuk'-Ort nicht der Parapsychologe, sondern der nichtabergläubige Kriminalist (Wimmer ist Richter, d. Verf.) und Trickexperte. Auch die teuersten Geräte nutzen nichts, wenn sie auf Nichtvorhandenes angesetzt werden ..." (Prokop/Wimmer 1987, 225)

Es gibt viele Spukfälle, bei denen auch heute ein letzter Rest "Rätsel" allein deshalb übrig bleibt, weil die dokumentierten Angaben einseitig, ungenau, unvollständig, mit Voreingenommenheit zusammengestellt und interpretiert sind. Selbst die von Parapsychologen angeführten Paradebeispiele wie der Spukfall in der Rosenheimer Anwaltskanzlei 1967/68 mit einer Fülle von technisch (noch?) nicht er-

klärbaren Störungen und Merkwürdigkeiten lassen die Frage offen, ob man in einem solchen Fall nicht lieber annimmt, daß eben das naturwissenschaftliche Verständnis noch ungenügend war, die "Gutachter" bestimmten Selbst- oder Fremdtäuschungen unterlagen oder ob statt dessen "paranormale Kräfte" herangezogen werden müssen. Dies muß jeder wohl für sich selbst beantworten.

Wie so oft ist es eine Sache der Glaubwürdigkeit. Da jeder Mensch zum hohen Anteil die Welt nur aus zweiter und dritter Hand er"leben" kann und dabei ununterbrochen auf Fachleute angewiesen ist, muß man auch permanent entscheiden, wem von diesen Experten man mehr glaubt.

Dem Verfasser wurden im Laufe der letzten Jahre eine Menge von derartigen "unerklärlichen" Erscheinungen geschildert. Die Schilderungen stammen nur selten aus erster Hand. Daraus dann eine (oft erbetene bzw. ersehnte) natürliche Erklärung zu "basteln", ist unmöglich. Auf der anderen Seite gibt es aber eine Unzahl von ganz eindeutig geklärten Poltergeistfällen oder anderen Geistererscheinungen, die durchweg peinlich für die parapsychologischen Experten endeten.

Da überall im okkulten Bereich die Anhänger der Tiefenpsychologen Sigmund Freud und C.G. Jung mitzureden haben (im Bereich Spuk, Geisterstimmenhören besonders), sei hier abschließend Freud zitiert, der davor warnt, subjektive spiritistische Erlebnisse anderer Menschen einfach als "Unsinn" oder "Einbildung" vom Tisch zu wischen.

Gerade hier wird eine rationale Erklärung oft unmöglich oder zumindest für denjenigen, der das Erlebnis hatte, nicht akzeptabel sein.

Freud sagte in einer Vorlesung:

"Wir müssen mit diesen Dingen so verfahren wie mit allem anderen Material der Wissenschaft. Zunächst also feststellen, ob solche Vorkommnisse wirklich nachweisbar sind, und uns dann, aber erst dann, wenn sich ihre Tatsächlichkeit nicht bezweifeln läßt, um ihre Erklärung bemühen... Gestatten Sie mir eine grobe, handgreifliche Verdeutlichung. Nehmen wir an, es handle sich um die Frage nach der Beschaffenheit des Erdinneren. Bekanntlich wissen wir nichts Sicheres darüber. Wir vermuten, daß es aus schweren Metallen in glühendem Zustand besteht. Nun stelle einer die Behauptung auf, das Erdinnere sei mit Kohlesäure gesättigtes Wasser, also eine Art "Sodawasser". Wir werden gewiß sagen, das ist sehr unwahrscheinlich, widerspricht allen unseren Erwartungen und nimmt keine Rücksicht auf jene Anhaltspunkte unseres Wissens, die

zur Aufstellung der Metallhypothese geführt haben. Aber undenkbar ist es immerhin nicht; wenn uns jemand einen Weg zur Prüfung der Sodawasserhypothese zeigt, werden wir ihn ohne Widerstand gehen.

Aber nun kommt ein anderer mit der ernsthaften Behauptung, der Erdkern bestehe aus - Marmelade. Dagegen werden wir uns ganz anders verhalten. Wir werden uns sagen, Marmelade kommt in der Natur nicht vor, es ist ein Produkt der menschlichen Küche, die Existenz dieses Stoffes setzt außerdem das Vorhandensein von Obstbäumen und deren Früchte voraus, und wir wüßten nicht, wie wir Vegetation und menschliche Kochkunst ins Erdinnere verlegen könnten... Wir werden uns schließlich fragen, was für ein Mensch das sein muß, der auf eine solche Idee kommen kann, und höchstens noch ihn fragen, woher er das weiß. Der unglückliche Urheber der Marmeladentheorie wird schwer gekränkt sein und uns anklagen, daß wir ihm aus angeblich wissenschaftlichem Vorurteil die objektive Würdigung seiner Behauptung versagen. Aber es wird ihm nichts nützen. Wir spüren, daß Vorurteile nicht immer verwerflich sind. ... Eine ganze Anzahl der okkultistischen Behauptungen wirkt auf uns ähnlich wie die Marmeladenhypothese, so daß wir uns berechtigt glauben, sie ohne Nachprüfung von vornherein abzuweisen. Aber es ist doch nicht so einfach..."(zit. nach: Frischler 1974, 221)

Es schwebten sogar Gegenstände durch die Rosenheimer Anwaltskanzlei.

Besessenheit, Hysterie, Schizophrenie, "mediumistische Psychose" oder ...?

Bei der Beurteilung von Spukfällen bzw. der behaupteten Begegnung mit Geistwesen muß neben der Hypothese des Betrugs auch immer die Vermutung einer seelischen Erkrankung mit herangezogen werden. Im weiten Bereich der Psychiatrie gibt es viele Erscheinungen und Krankheiten, welche durch die Begegnung mit okkulten Praktiken und entsprechendem Gedankengut außer Kontrolle geraten können.

Dabei ist es müßig, darüber zu streiten, ob die Beschäftigung mit dem Okkulten nur der Auslöser bei einer schon vorhandenen Disposition oder die Ursache für die Erkrankung ist.

Auch die Diskussion, ob es die sogenannte "mediumistische Psychose" nun wirklich gibt, führt nicht weiter.

Unstrittig aber dürfte sein, daß bei bestimmten labilen seelischen Zuständen (wie es z.B. die Pubertät ist) okkultes Gedankengut zum völligen Wirklichkeitsverlust führen kann.

Auch in diesen Fällen ist ein rationaler Zugang zum Erkrankten kaum möglich. Der Versuch eines vernunftmäßigen "Wegerklärens" der als real empfundenen okkulten Erlebnisse hätte allzuoft nur die Folge, daß sich der andere noch mehr abschottet und zurückzieht.

"Ernstnehmen" der subjektiv oft sehr beängstigenden Phänomene heißt deshalb der erste Ratschlag, den man betroffenen Angehörigen geben muß.

Wenn man die Gefahren bei der Beschäftigung mit okkulten Praktiken schlagwortartig zusammenfassen müßte, so könnte man wohl sagen:

In bestimmten seelischen Situationen kann bei labilen Menschen die "Schleuse zum Unterbewußten" weit geöffnet werden und Verdrängtes mit großer Macht so hervorbrechen, daß das bewußte Ich überflutet wird.

Welche Ausmaße dies dann annimmt, ist von vielerlei Faktoren abhängig und reicht vom Stimmenhören bis hin zu den Fällen, in denen man früher "Besessenheit" angenommen hat.

Trügerisch dürfte es oft sein, wenn man meint (Erwachsene wie Jugendliche), man hätte "alles voll im Griff", man würde ja "nur die lustigen, harmlosen Geister beschwören" und "keine existentiellen Fragen" stellen.

Bei der Durchführung okkulter Praktiken findet eine Gratwanderung statt, die von einem Augenblick auf den anderen ins Negative abrutschen kann.

Das "Unterwußte" ist von seiner Natur her nicht voll zugänglich und beherrschbar. Die vielzitierten "Steigrohre" von dort her können wohl von keinem Menschen willentlich nach Belieben geöffnet oder verschlossen werden, zuviele Ängste, Befürchtungen, Hoffnungen, Erlebnisse stecken in jedem von uns.

Die bereits erwähnte "mediumistische Psychose" existiert in der psychiatrischen Standardliteratur nicht unter diesem Namen (neuerdings wird sie dort als "spirituelle Störung" bezeichnet), wird aber vom Psychologen Johannes Mischo folgendermaßen beschrieben:

"Im Gefolge des exzessiven automatischen Schreibens und Buchstabierens, das im Glauben an die Verbindung mit verstorbenen "Jenseitigen" ausgeübt wird und zur starken affektiven Erschütterung führt, stellt sich ein Stimmenhören ein, das die schriftlichen Verlautbarungen antizipiert, sich schließlich zu akustischen Halluzinationen verselbständigt. Zu diesen akustischen Halluzinationen gesellen sich optische, oft im Verbund mit quälenden Zwangsantrieben." (zitiert nach: Hunfeld/Dreger 1990, 151)

Das Medium wird die Geister dann also buchstäblich nicht mehr los.

"Psychotherapeuten sind sich heute weitestgehend einig, daß spiritistische Praktiken selbst nicht die Ursache einer Psychose sind. Wohl aber können sie, wenn eine entsprechende psychische Disposition des Menschen besteht, eine Psychose auslösen." (Hunfeld/Dreger 1990, 153)

> **Die Erklärung "Halluzinationen" bei Berichten über Kontakte mit jenseitigen Wesen liegt nahe, hat aber oft den Abbruch des Gesprächs mit einem Betroffenen zur Folge.**

- "Im Halluzinationszustand befindet sich derjenige, der die innerste Überzeugung einer gegenwärtigen Wahrnehmung hat, während kein Objekt, das diese Wahrnehmung hervorrufen könnte, sich im Bereich seiner Sinnesorgane befindet." (Esquirol, französischer Psychiater)

- "... leibhaftige Trugwahrnehmungen, die nicht aus realen Wahrnehmungen durch Umbildung, sondern völlig neu entstanden sind und die neben oder gleichzeitig mit realen Wahrnehmungen auftreten." (Karl Jaspers) (beide zitiert nach: Bender 1985, 117)

Multiple Persönlichkeiten:

In den letzten Jahren wurden vermehrt Forschungsergebnisse zur Persönlichkeitsstörung MPD (Multiple Personality Disorder) veröffentlicht, bei deren Lektüre man das Gefühl hat, in eine innere menschliche Geisterkammer zu blicken. Gerade diese multiplen Persönlichkeiten passen immer wieder geradezu verblüffend auf frühere Beschreibungen von Spukfällen oder dämonischen Besessenheiten.

"Danny ist sieben Jahre alt und stets auf Krawall gebürstet, ein zerstörerisches, kreischendes Ekel von Kind, das keiner leiden mag. Rosalind, die 31jährige, verfügt über einen weichen und melancholischen Charme, der ihr die Herzen aller zufliegen läßt. Sie hat den tastenden, tappenden Gang eines Vogels, dem die Schwingen zerschnitten sind. Jennifer hat mit ihren 22 Jahren mehr Männer gehabt, als sie zählen kann. Sie ist geistig zurückgeblieben... John, obwohl erst 34, zählt zu den erfolgreichsten Rechtsanwälten seiner Stadt... Der Ripper, ein altersloser Sechs-Siebtel-Blinder, ist barbarisch, grausam und böse...

Sie alle..., dazu noch einige andere Charaktere von unterschiedlichster Wesensart, existieren vereint in einem einzigen Körper. Der gehört einer Rechtsanwältin, die laut Paßeintrag Marianna Lipton heißt, 168 Zentimeter groß und 46 Jahre alt ist. Außer dem Umstand, daß sie zeitweise unsäglichen Seelenschmerz litt, war dies bis vor einigen Jahren alles, was sie mit einiger Sicherheit über sich zu sagen wußte. Unerklärlich waren Marianna Lipton und dem anderthalb Dutzend Therapeuten, die sie seit ihrem 19. Lebensjahr behandelt hatten, welche Kräfte an ihrem Inneren zerrten - bis der Psychiater Frank Putnam bei ihr eine seelische Erkrankung diagnostizierte, die zu den rätselhaftesten neuropsychotischen Syndromen überhaupt zählt: Multiple Personality Disorder (MPD), so nennen die Fachleute diese Art der Persönlichkeitsstörung, die schwer zu erkennen und noch schwerer zu heilen ist. Beim MPD-Patienten ist das Ich in zahlreiche, gänzlich unterschiedlich geartete Einzelpersönlichkeiten aufgesplittert, die in ständigem Wechsel Wesen und Handeln des Kranken bestimmen - gleichsam ein gelebtes Psychodrama, mehrfältig und vielweltig, in dem der "Multiple" alle Rollen verkörpert: Mal ist er verängstigtes Kind, zaghaft den gewöhnlichsten Problemen des Alltags gegenüber, mal selbstbewußter Erwachsener voll heiterer Lebensfreude, mal aggressiver Wüterich, ... - manchmal sind es nur sechs, oft einige Dutzend, in schweren Fällen über 100 solcher Psycho-Individuen, die Sein und Bewußtsein des MPD-Kranken beherrschen."
(DER SPIEGEL, 37/1989, 220)

Materialien

Wer nun meint, das Thema "Spuk" sei in unserer heutigen rationalen Welt doch wohl vom Tisch, der möge die Zeitungsmeldungen am Ende dieses Kapitels und vor allem folgenden Bericht ("Mein Kampf mit dem Spukgeist") zur Kenntnis nehmen:

Im Herbst 1985 wurde ich gebeten, ein Spukhaus zu besichtigen und zu überprüfen. Die Bewohner litten unter bedrückenden Gefühlen, Angstträumen, Feuerträumen und einem ständigen Unbehagen. Das Haus machte einen sehr gediegenen Eindruck... Gleich beim Eintreten verspürte ich einen stark bedrückenden Einfluß. Etwas drückte mir die Brust zusammen, ich war beklommen und fühlte mich wie benebelt, es wurde mir richtig übel... Ich spürte ganz deutlich, daß dieser fremde Geist mich zu hassen und zu fürchten begann. Trotzdem war in seinen Schwingungen auch ein Funken Hoffnung auf Erlösung zu spüren... Im geistigen Zentrum, der Stelle, an der damals das Feuer ausbrach, errichtete ich eine Geisterfalle von ganz spezieller Art.

Eine dunkelrote Lampe, die Tag und Nacht brannte, veranlaßte den Feuerteufel, sich hier zu konzentrieren. Eine komplizierte spitze Doppelpyramide (ähnlich einem riesigen Sanduhrglas) wurde auf einem Spiegel aufgestellt. Auch Geister sind eitel und können sehen. Nach etwa 14 Tagen war die Masse des Geistkörpers in diesem Raum konzentriert. Als dieser ahnte, was sich hier abspielte und wem das Ganze galt, veranlaßte er den achtjährigen Sohn, der ohnehin unter diesen negativen Kräften litt, die Lampe zu zerschlagen. Der Mentalschock war so stark, daß ich es 1500 Kilometer entfernt merkte. Ich rief sofort von Südfrankreich nach Deutschland an, und man bestätigte meine Vision.

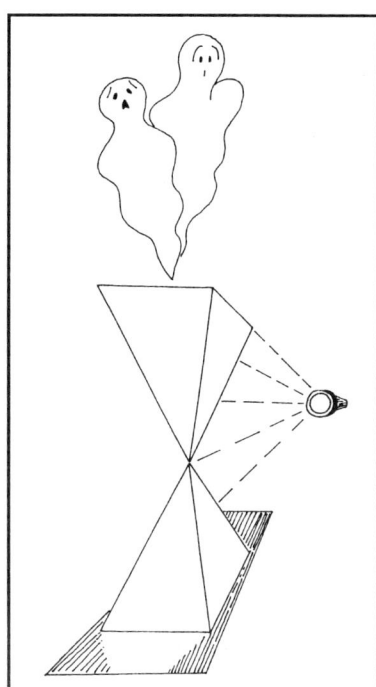

Eine Falle für eitle Geister

Obwohl diese Panne abends um 22 Uhr passierte, damit keine Ersatzlampe beschafft werden konnte, gelang es Frau B. doch, eine neue Birne zu installieren. Auf meinen Rat hin kaufte sie kurz darauf eine UV-Lampe, um die Energie der Falle zu verstärken. Gleichzeitig stellten wir eine Kiste mit frischer Erde und sechs Mangos auf. Durch den Reiz dieses keimenden Lebens wurden die

unschuldigen Geister zur Wiedergeburt nach Südindien gelockt. Der Feuergeist fing sich im Spiegel, den wir daraufhin zerbrachen und in einen Fluß warfen. Von diesem Tag an herrschte eine ganz andere, frohe Atmosphäre in diesem Haus, es wurde wieder gelacht, und Familie B. und ihre Freunde konnten sich wieder wohlfühlen. (Rätselhafte Phänomene 1/1992, 21)

Bevor dem Leser schwindlig wird vor lauter Kopfschütteln möge er sich überlegen, was er sagen würde, wenn er in einem Gespräch (z. B. im erzieherischen Bereich) mit dieser Geschichte konfrontiert würde - erzählt mit dem Brustton der vollsten Überzeugung und ohne den leisesten Zweifel an der Richtigkeit des Vorgangs. "Beweisen Sie mir mal, daß es das nicht gibt!"

Eine interessante Anekdote zum Zusammenhang von autosuggestiven Halluzinationen und Geistererscheinungen stammt von Paul Watzlawick:

"Auf ihrem Sterbebett nimmt eine junge Frau ihrem Mann das Gelöbnis ab, sich nach ihrem Tode nie mit einer anderen einzulassen. "Wenn du dein Versprechen brichst, werde ich als Geist zurückkommen und dir keine Ruhe geben." - Der Mann hält sich zunächst daran, aber einige Monate nach ihrem Tod lernt er eine andere Frau kennen und verliebt sich in sie.

Bald darauf beginnt ein Geist ihm jede Nacht zu erscheinen und ihn des Bruchs seines Gelöbnisses zu beschuldigen. Daß es sich um einen Geist handelt, steht für den Mann außer Frage, da der Geist nicht nur über alles unterrichtet ist, was zwischen dem Mann und der Frau täglich vorgeht, sondern auch über die geheimsten Gedanken, Hoffnungen und Gefühle des Mannes genau Bescheid weiß. Da die Lage schließlich für ihn unerträglich wird, geht der Mann zu einem Zen-Meister und bittet ihn um Rat.

"Eure erste Frau wurde zum Geist und weiß alles, was Ihr tut", erklärte der Meister. "Was immer Ihr tut oder sagt, was immer Ihr Eurer Geliebten gebt, sie weiß es. Sie muß ein sehr weiser Geist sein. Fürwahr, Ihr solltet solch einen Geist bewundern. Wenn sie das nächste Mal erscheint, macht einen Handel mit ihr aus. Sagt ihr, daß sie so viel weiß, daß Ihr nichts vor ihr verbergen könnt und daß Ihr Eure Verlobung brechen und ledig bleiben werdet, wenn sie Euch eine Frage beantworten kann."

"Was ist das für eine Frage, die ich ihr stellen muß?" fragte der Mann. - Der Meister erwiderte: "Nehmt eine gute Handvoll Bohnen und fragt sie nach der genauen Zahl der Bohnen in Eurer Hand. Wenn sie es Euch nicht sagen kann, so werdet Ihr wissen, daß sie nur eine Ausgeburt Eurer Phantasie ist, und sie wird Euch nicht länger stören."

Als der Geist der Frau in der nächsten Nacht erschien, schmeichelte der Mann ihr und sagte, daß sie alles wisse. - "In der Tat", antwortete der Geist, "und ich weiß, daß du heute bei jedem Zen-Meister warst." - "Und da du so viel weißt", forderte der Mann, "sag mir, wie viele Bohnen ich in meiner Hand halte." Da war kein Geist mehr, um diese Frage zu beantworten. (Watzlawick 1983, 45 ff.)

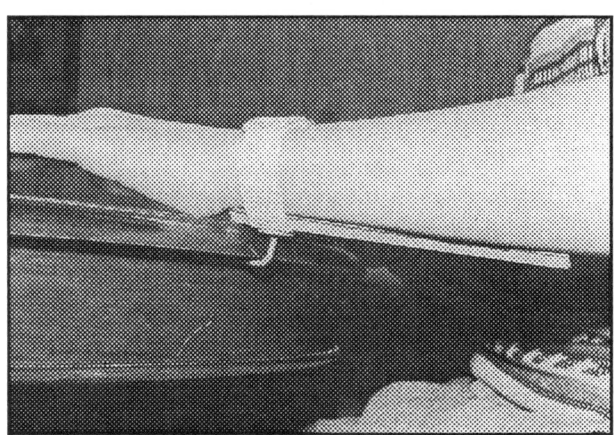

Das große Gebiet der spiritistischen Sitzungen (Séancen) ist der klassische Bereich für vielfältigen, z.T. äußerst kreativen Trickbetrug.

Zu allen Zeiten ist es "Medien" immer wieder gelungen (z.B. durch geheime Helfer), auch die anscheinend sorgfältigsten Kontrollen zu umgehen und vor allem in Dunkel- oder Rotlichtsitzungen spektakuläre Effekte zu produzieren.

Meist war aber gar keine übermäßige Kunstfertigkeit notwendig, weil die Teilnehmer okkultgläubig waren und sowieso nur das wahrnahmen, was in ihr Weltbild paßte.

Auf den Abbildungen werden zwei Praktiken dargestellt: Erzeugung von "Geistererscheinungen" (hier Totenkopf) in der Dunkelsitzung mit Hilfe einer Angelrute, einem Bild in Leuchtfarben und einer künstlichen Hand; Tischrücken mittels zweier Haken, die am Arm unter der Manschette verborgen sind (wenn zwei Teilnehmer damit ausgerüstet sind, kann der Tisch sogar in die Höhe schweben, ohne daß die Handflächen vom Tisch genommen werden müssen (die "magische Kette" bleibt also voll erhalten).

© Verlag an der Ruhr, Postfach 10 22 51, 45422 Mülheim an der Ruhr

Geisterwelt

Die folgenden Zeitungsartikel zeigen, daß Spukerscheinungen auch in unseren Tagen durchaus
noch eine Rolle spielen und offenbar nicht wenige
Menschen faszinieren:

Gericht bestätigte Geistertreiben

Hausspuk ist amtlich

Gebäude wurde aber „leer" verkauft

NEW YORK (AP) — Das Ehepaar
Stambovsky hat es von einem Beru-
fungsgericht in New York schriftlich
erhalten: In dem von ihnen angezahl-
ten Haus spukt es.

Die beiden können daher erneut vor
Gericht gehen, um ihre Anzahlung von
umgerechnet 58 500 Mark einzuklagen.
Der Börsenmakler Jeffrey Stambovsky
war in erster Instanz mit seiner Beschwerde, die Verkäuferin habe ihm
verheimlicht, daß Gespenster aus der
Zeit des Bürgerkrieges in der viktoria-
nischen 18-Zimmer-Villa spuken, ge-
scheitert. Das Oberste Berufungsge-
richt des Staates New York hob dieses
Urteil auf.

„Beruhigend"

Die Verkäuferin Helen Ackley gab
an, ihre Familie sei vor 24 Jahren in die
Villa eingezogen, und seit dieser Zeit
gebe es auch die Gespenster dort. „Für
mich sind sie sehr gute Freunde", sagte
sie noch im vergangenen Jahr. „Es ist
beruhigend, sie um sich zu haben,
wenn man ganz alleine ist", fügte die
64jährige hinzu. Helen Ackley habe
versäumt, wie vertragsgemäß verein-
bart, ein leeres Haus abzuliefern, denn
es seien ja Gespenster darin, meinte
der Richter. Inzwischen wurde das
Geisterhaus an einen anderen Interessenten weiterverkauft.

Nürnberger Nachrichten 20.7.1991

Ein spanisches Wissenschaftlerteam behauptet ernsthaft: Im „Palacio de Linares" spukt es

Ein Gespensterschloß steht mitten in Madrid

Angeblich öffnen sich in der Ruine Türen von selbst — Schreckliche Schreie und Orgeltöne

MADRID (dpa) — Im Zentrum von Madrid
spukt es — angeblich. In dem 1870 gebauten,
heute verfallenen und leerstehenden „Palacio de
Linares" gegenüber der Madrider Hauptpost öffnen sich Türen von allein, schweben schwere
Fliesen in der Luft, wackeln Wände, wird es
plötzlich zehn Grad unter null kalt und sind Or-
geltöne und schreckliche Schreie zu hören.

Das ergab eine Untersuchung der Madrider
Ärztin und Psychiaterin Carmen Sanchez de Ca-
stro, die ein Jahr lang mit einem Team von 15
Spezialisten und modernsten technischen Mitteln unerklärbaren Phänomenen in dem Palast
nachging, der von der Stadt Madrid kürzlich erworben und bis 1992 in das Kulturzentrum „Ca-
sas de las Americas" umgewandelt werden soll.

Die Veröffentlichung der Forschungen von
Carmen Sanchez lockten 200 Journalisten, Para-
psychologen, Spiritisten und Neugierige in den
baufälligen neoklassizistischen Bau. Doch die
Geister hatten vor so viel Getümmel offenbar
Angst und blieben verborgen. Auch die von Frau
Sanchez einer Madrider Zeitung übergebenen
Negative von angeblichen Fotos der Gespenster
blieben nach der Entwicklung schwarz.

Seelen der Toten treiben ihr Unwesen

Dennoch behauptet das Forschungsteam steif
und fest, daß im „Palacio de Linares" die Seelen
seiner verstorbenen Bewohner ihr Unwesen trei-
ben und spielt Tonbandaufzeichnungen vor, auf
denen deutlich hörbar etwa eine Kinderstimme
ruft: „Mama, Mama, nie habe ich Mama sagen

hören." Eine Frauenstimme antwortet: „Schlaf,
meine Tochter Raimunda!" Eine männliche
Stimme fleht um Verzeihung und um Seelenfrieden. Nach einem ETA-Attentat in Madrid rief es
aus einem 28 Meter tiefen Brunnen: „Mörder,
Mörder!"

Die Forscher wollen ungewöhnliche Energien
gemessen, kalten Luftzug gespürt und sogar die
Gespenster gesehen haben. Das Madrider Fernsehen spielte am Dienstag abend in den Nachrichten einige Tonbänder ab und machte damit
den angeblichen Spuk zum Stadtgespräch.

100 Jahre alte Legende

Um den „Palacio de Linares" am Cibeles-Platz
rankt sich seit 100 Jahren eine Legende. Der Vater des Erbauers, der Marquis de Linares, soll im
vorigen Jahrhundert einen legitimen Sohn mit
seiner Frau und eine Tochter mit einer Straßen-
verkäuferin gehabt haben. Der Zufall — so die
Legende — wollte es, daß sich Sohn und Tochter,
die nichts von ihrem gemeinsamen Vater wußten, ineinander verliebten und nach dem Tod des
Vaters heirateten. Als sie dann die Wahrheit er-
fuhren, schworen sie, keusch zu leben. Den Palast erbte das Ziehkind Raimunda, die Tochter eines Palastbediensteten.

Das Gebäude steht seit Ende der 50er Jahre
leer und gehört seit April 1989 der Stadt. Der Kul-
turreferent Ramon Espinar hält die „Forschungsergebnisse" für einen „Ulk" und versichert, an den Plänen für ein Kulturzentrum
werde festgehalten.

Nürnberger Nachrichten 31.5.1990

US-Prozeß um Gespensterhaus

Urteil mit „Geist'

Käufer darf nicht aus dem Vertrag

NEW YORK (AP/dpa) — Sinn fürs
Übersinnliche hat ein New Yorker
Richter gezeigt: In einem Prozeß um
ein „Gespensterhaus" fällte er ein
geisterfreundliches Urteil.

Jeffrey Stambovsky hatte das
viktorianische 16-Zimmer-Haus erworben und eine Anzahlung von
etwa 55 000 Mark geleistet. Danach
war er mit seiner schwangeren
Frau in das Haus eingezogen. Als er
jedoch erfuhr, daß in dem Haus
Geister umgehen sollen, wollte er
seine Frau dort nicht alleine lassen
und den Kaufvertrag auflösen.

Der Richter entschied jetzt gegen
ihn: Gespenster in einem alten
Haus rechtfertigen nicht den Rück-
tritt von einem Kaufvertrag. Zudem
seien die Geister, wie die Vorbesit-
zerin Helen Ackley glaubhaft versi-
cherte, von freundlicher Art. Die
Stambovskys müssen jetzt entweder weiter mit den Hausgeistern leben oder ihre Anzahlung in den
Wind schreiben.

Nürnberger Nachrichten 17.3.1990

Zwei junge Mädchen in Klagenfurt der Hexerei verdächtigt

Lehrlingsspuk im Frisiersalon

Chefin hat sie in „Testurlaub" geschickt und droht mit Entlassung

WIEN (dpa) — Übersinnliches in einem österreichischen Frisiersalon:
Plastikbecher schmelzen, Papier beginnt zu brennen, Elektroleitungen
schmoren durch. Weil niemand eine
Erklärung im Salon „Iris" in Klagenfurt dafür fand, sind zwei Lehrlinge in
den Verdacht der Hexerei geraten.

Den beiden 16 und 17 Jahre alten
Mädchen droht jetzt die Kündigung.

Vorerst wurden Daniela und Astrid von
der Chefin in einen „Testurlaub" geschickt. Wenn es weiter spukt, kann es
nicht an den Mädchen liegen. Bleibt es
ruhig, sollen sie gehen.

In diesem Fall wird wohl das Ar-
beitsgericht das letzte Wort sprechen.
Denn im österreichen Berufsausbil-
dungsgesetz ist Hexerei nicht als Kün-
digungsgrund vorgesehen.

Nürnberger Nachrichten 15.11.1993

Geheimnisvoller "Faktor psi"

VI.

Sämtliche in den anderen Kapiteln geschilderten Phänomene haben eines gemeinsam: Sie nehmen das Vorhandensein von Kräften an, die sinnlich nicht wahrnehmbar sind. Als Kurzformel für dieses Unbekannte hat sich die Bezeichnung 'PSI' eingebürgert. Das Wort wurde aus dem Anfangsbuchstaben des griechischen Wortes psyché gebildet.

Die Parapsychologie will mit wissenschaftlichen Methoden den Beweis für außersinnliche Wahrnehmungen erbringen. Das Wort selbst besteht aus drei Teilen:

'Para' = neben,

'Psyche' = Seele,

'logos' = Lehre.

Das Duden-Lexikon definiert:

"Wissenschaft von den okkulten Erscheinungen, sucht vermutete übersinnliche Kräfte (Telepathie, Hellsehen, Gedankenlesen, Materialisation, Psychokinese) methodisch und experimentell zu erfassen."

Grafisch läßt sich dies so darstellen:

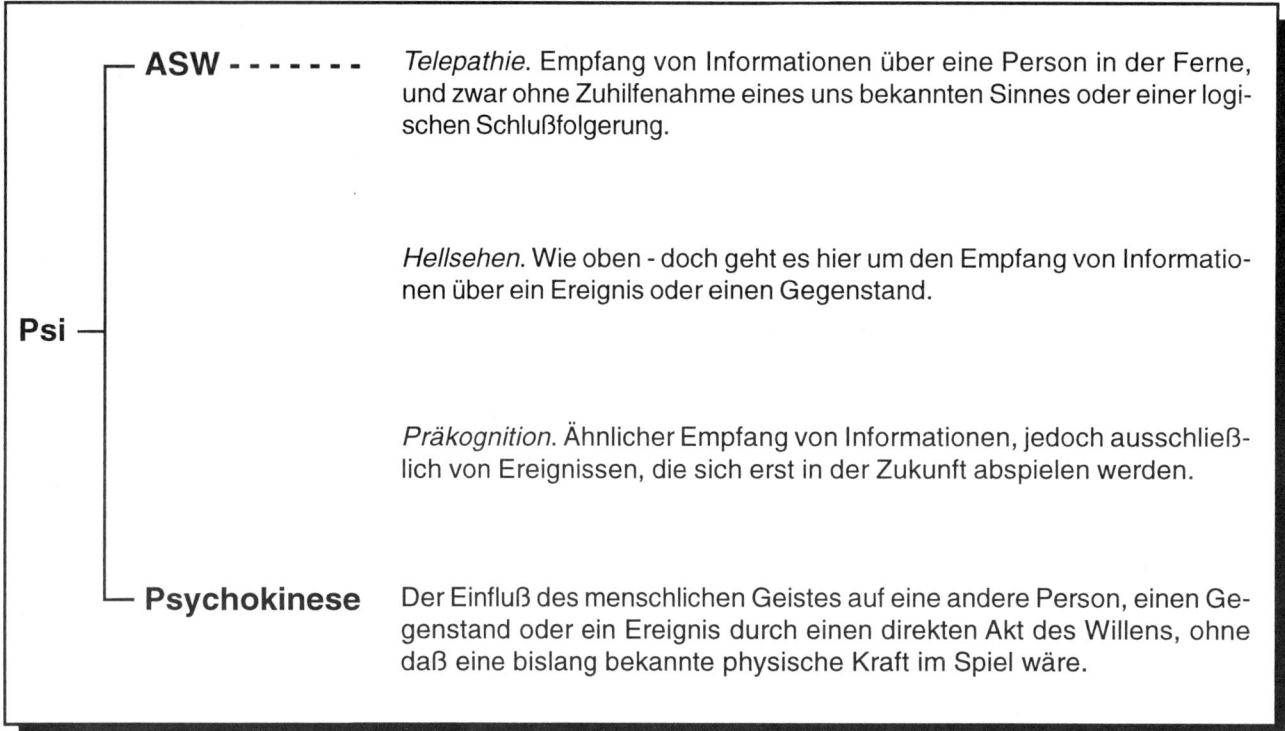

Psi

ASW - - - - - - - *Telepathie.* Empfang von Informationen über eine Person in der Ferne, und zwar ohne Zuhilfenahme eines uns bekannten Sinnes oder einer logischen Schlußfolgerung.

Hellsehen. Wie oben - doch geht es hier um den Empfang von Informationen über ein Ereignis oder einen Gegenstand.

Präkognition. Ähnlicher Empfang von Informationen, jedoch ausschließlich von Ereignissen, die sich erst in der Zukunft abspielen werden.

Psychokinese Der Einfluß des menschlichen Geistes auf eine andere Person, einen Gegenstand oder ein Ereignis durch einen direkten Akt des Willens, ohne daß eine bislang bekannte physische Kraft im Spiel wäre.

(Eysenck/Sargent 1984, 11)

In den letzten Jahrzehnten haben sich "Wissenschaftler" vieler Länder mit diesem umstrittenen Bereich befaßt.

Der bekannteste, am meisten zitierte und am heftigsten kritisierte ist Professor Joseph Banks Rhine, Direktor des von ihm gegründeten Parapsychologischen Instituts der Duke University in Durham (USA). In der Bundesrepublik Deutschland wurde 1950 von Prof. Hans Bender das "Institut für Grenzgebiete der Psychologie und Psychohygiene" gegründet. Er hatte von 1954 bis 1975 den ersten Lehrstuhl für "Parapsychologie und Grenzgebiete der Psychologie" an der Universität Freiburg inne. In den Medien wurde er oft als "Gespensterprofessor" bezeichnet, weil er von ihnen als "Sachverständiger" bei Spuker-

scheinungen oder anderen Psi-Phänomenen in Anspruch genommen wurde. In endlos langen Versuchsreihen wurde in den parapsychologischen Labors versucht, den mathematischen Beweis für das Vorhandensein von PSI-Kräften zu erbringen. Dazu wurden sogenannte ESP- oder Zener-Karten mit fünf einfachen Symbolen verwendet:

Die Vorgehensweise dabei (Grundvariante zahlreicher ähnlicher Tests) schildert Hans J. Bogen:

> Fünf verschiedene Karten, mit einem Kreis, einem Kreuz, einem Quadrat, mit Wellenlinien und einem Stern gekennzeichnet, sind fünfmal vertreten. Sie werden gemischt und nacheinander vom Versuchsleiter aufgenommen, ohne daß die Versuchs-Person (das Medium) die Symbole erkennen kann. Das Medium hat vor sich eine Fünferreihe mit den fünf verschiedenen Symbolen liegen und versucht nun, zu "erraten" oder durch "Außersinnliche Wahrnehmung" (ASW oder ESP = Extrasensory Perception) herauszubekommen, welche Karte der Versuchsleiter aufgenommen hat. Jede Angabe des Mediums wird registriert. Der Versuchsleiter führt seinerseits gleichfalls Protokoll über die aufgelegten Karten, beide werden verglichen, Übereinstimmung und "Fehlleistung" markiert. (Bogen 1982, 78)

Die parapsychologischen Laboratorien arbeiten auch mit elektronischen Geräten. Der PSI-Recorder 70, eine Konstruktion des Instituts für Allgemeine Nachrichtentechnik der TH Darmstadt, produziert mittels eines Zufallsgenerators Zielzeichen, die ein "Sender A" (oben) auf einen "Empfänger B" (unten) telepathisch zu übertragen versucht. Zielobjekte und Wahlen werden automatisch auf Lochstreifen gestanzt und in einem Computer ausgewertet. Kritiker sehen in der unnötigen Technisierung der Psi-Experimente den Versuch, Wissenschaftlichkeit vorzutäuschen, wo keine ist. (vgl. Bender 1971, 2 ff.)

Damit hat Bogen auch gleich die Hauptvorwürfe gegen die Rhine-Versuche angesprochen. Schon kurz nach Veröffentlichung der Ergebnisse wies der Mathematiker Prof. Dr. E. Tornier stichhaltig nach, welche statistischen Denkfehler gemacht wurden. Er stellte fest:

> Der Fall Rhine ist gänzlich erledigt, und man kann Gelehrte nur bedauern, die Rhine weiterhin zitieren oder gar nach seiner Methode unentwegt mit Aufwand teurer Apparate und viel Zeit stur sinnlose Zahlen produzieren.
> Die sogenannten Kontrollexperimente... haben allerdings für den Mathematiker nur humoristisches Interesse ...
> (zit. nach: Prokop/Wimmer 1987, 152)

Daß Rhine von seinen Versuchspersonen ganz einfach auch betrogen wurde, zeigte der Fall des Studenten Pearce, der einmal "25 Richtige" schaffte und der Beweis des Psychologieprofessors Hansel, der im Rhine-Institut die Möglichkeit des Betrugs demonstrierte.

Rhine selbst gab wohl auch ziemlich offen zu, daß er eine 'Todsünde' des wissenschaftlichen Arbeitens begangen habe, als er 'unpassendes' Material unterschlug. Er zählte nur die guten 'runs', die erfolglosen dagegen nicht! Diese Materialselektion ist bei wissenschaftlichen Arbeiten streng verboten. Bogen: "Dann ist es allerdings ein Kinderspiel, durch Addition der positiven 'runs' (astronomische) Unwahrscheinlichkeiten zu produzieren."
(Bogen 1982, 78)
Sein Nachfolger, Dr. Jay Levy, wurde im übrigen dabei ertappt, wie er die automatischen Trefferzähler bei Tierversuchen manipulierte.

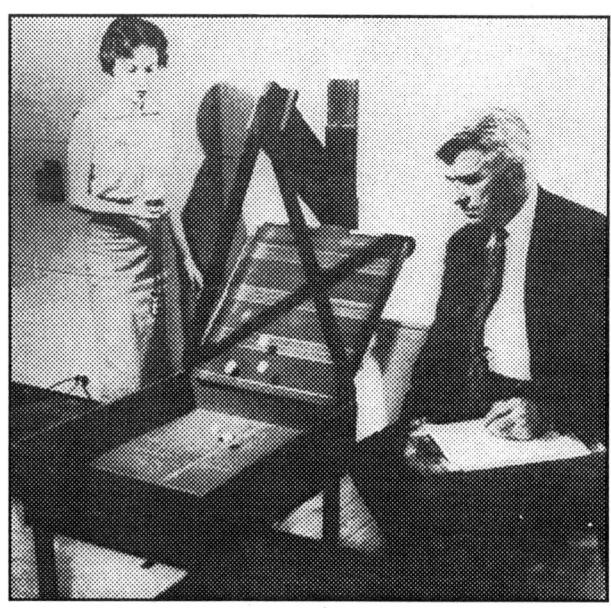

J.B. Rhine bei seinen Würfelexperimenten in der Duke University. Die Würfel sollen psychokinetisch von einem Medium in eine bestimmte Position manipuliert werden.

Prokop/Wimmer (1987) führen weitere Kritikpunkte an:

- Die Kontrollmaßnahmen gegen den Betrug der Versuchspersonen waren zu lax. Beispielsweise waren bei bestimmtem Lichteinfall die Kartensymbole zu erkennen.
- Wer garantiert, daß nicht die Experimentatoren betrogen?
- Es kamen auch unbewußte Verfälschungen der Ergebnisse durch okkultbefangene Voreingenommenheit der Untersucher vor - und Rhine ist überzeugter Okkultist. Zweifler erhielten meist negative Resultate.
- Bei Anwesenheit der Versuchspersonen im selben Raum waren Wahrnehmungen durch unbewußtes Flüstern oder Muskellesen möglich.
- Die Versuchsreihen wurden sofort abgebrochen, wenn "Leistungsabfall" eintrat, d.h. sie wurden stets in der Hausse beendet - Verfälschung der Statistik.
- usw.

Nachzutragen bleibt:

• Bis heute sind die Geldpreise in respektabler Höhe (z.B. 10 000 Dollar, 100 000 DM), die von James Randi und verschiedenen Zeitungen für den kontrollierten Nachweis einer echten Psi-Leistung ausgesetzt wurden, noch nicht ausbezahlt worden!

• "Auch bei der Auswertung einer großen Menge erstklassiger wissenschaftlicher Quellen" habe sich "kein Nachweis" für außersinnliche Wahrnehmung und Psychokinese ergeben. Die mittlerweile 130 Jahre währenden Versuche von Wissenschaftlern, die Existenz der geheimnisvollen Psi-Phänomene wissenschaftlich zu belegen, hätten sich als lückenloser Fehlschlag erwiesen. (zit. nach: Der Spiegel 2/1988)

Wer dies feststellt? Das amerikanische Verteidigungsministerium! Da es leider so ist, daß sich das Militär wissenschaftlicher Erkenntnisse jeglicher Art sofort bemächtigt und mit großen finanziellen Möglichkeiten aufwarten kann, wenn sie "vielversprechend" sind, liegt hier ein vernichtendes Urteil für die Parapsychologie vor.

Hans J. Bogen rekapituliert die bis heute nachwirkenden Versuche von Professor Rhine:

Die entscheidende Überlegung ist nun folgende: Wenn alles nur per Zufall läuft, dann ist bei einem Durchgang von 25 Karten (einem run) fünfmal Übereinstimmung zu erwarten = 20 Prozent, zwanzigmal keine Übereinstimmung = 80 Prozent. Alles, was über die 20 Prozent Übereinstimmung hinausgeht, kann dann nicht mehr zufällig sein, sondern muß (!?) auf Psi-Kräfte zurückgeführt werden. Dazu bedarf es allerdings sehr vieler Durchgänge. Bei einem einzelnen run können rein zufällig sechs oder acht "Erfolge" auftreten, aber auch drei oder gar keiner. Das sagt überhaupt nichts. Denn erst wenn man viele Durchgänge macht, hundert oder vielleicht tausend, heben sich die echten Zufallsabweichungen nach oben und nach unten gegenseitig auf.

Die Mathematiker haben verschiedene Methoden bzw. Formeln entwickelt, mit denen man den Zufall sozusagen berechnen und Überzufälliges sicher herausfinden kann. Das ist die sogenannte Standardabweichung. Mit ihrer Hilfe läßt sich ausrechnen, wie groß die "natürliche" = zufällige Streuung um den Mittelwert ist. Was darüber hinausgeht, ist allerdings noch nicht eine gesicherte Abweichung. Um die herauszufinden, bedarf es weiterer Formeln. Erst dann darf man sagen, die Abweichung ist signifikant - die Abweichung ist statistisch gesichert.

Streng genommen handelt es sich offensichtlich um eine Wahrscheinlichkeitsrechnung; den Zufall kann man (per definitionem!) nicht berechnen. Wer es dennoch tut (oder zu tun vorgibt), sagt nichts anderes als dies: Wir treffen eine Übereinkunft derart, daß es wahrscheinlich kein Zufall ist, wenn das und das so und so ist. In den Naturwissenschaften hat sich eine Signifikanzgrenze eingebürgert: Die Wahrscheinlichkeit, daß das abweichende Ergebnis dennoch rein zufällig ist, ist 1 zu 100. Andere sprechen von 99 Prozent Signifikanz oder der Wahrscheinlichkeit $p = 1$ Prozent oder $p = 0,01$ oder $p = 10^{-2}$ (was alles auf dasselbe hinausläuft). Es ist also tatsächlich eine Wahrscheinlichkeitsrechnung, und damit kommen alle ihre Risiken ins Spiel.

Was bei Rhines Versuchen herauskam, war ganz erstaunlich und, wenigstens auf den ersten Blick, sensationell. Aus zahlreichen Versuchsreihen ließen sich "Unwahrscheinlichkeiten" von $p = 10^{-6}$ und mehr herausrechnen. In die Umgangssprache übersetzt heißt das, die Wahrscheinlichkeit, daß das Ergebnis reine Zufälligkeit widerspiegelt ist 1 zu einer Million. Aber auch Milliarden- und Billionenwerte wurden ermittelt. Wenn also nur der Zufall im Spiel ist, findet sich unter einer Million (Milliarde, Billion) 25er Durchgänge nur ein einziger run mit dem notierten hohen Rateerfolg. Folgerung: Die Karten müssen mit außersinnlicher Wahrnehmung erkannt worden sein, also mit Psi-Kräften. (Anmerkung: Die Wahrscheinlichkeitsrechnung vermag nicht "vorauszuberechnen", wann dieser millionste Fall eintritt - das kann beim ersten run sein, beim 780. oder beim 999999. run.)

Gleich nachdem Rhine seine ersten Ergebnisse publizierte, erhob sich ein heftiger Gelehrtenstreit. Viele Mathematiker lehnten Rhines Berechnungen als falsch bzw. unzulässig ab, andere glaubten, da sei gemogelt worden, weil das Medium unter ge-

wissen Lichtverhältnissen sehr wohl die Karten des Versuchsleiter habe erkennen können. Wieder andere argwöhnten, Versuchsperson und Versuchsleiter steckten unter einer Decke. Aber es gab auch viele, die Rhine bescheinigten, daß seine Auswertung mathematisch einwandfrei sei. Und so ist es bis auf den heutigen Tag geblieben; noch immer gelten die Ergebnisse der Rhine-Schule als umstritten. (Bogen 1982, 80 ff.)

J.B. Rhine lieferte seit 1934 umstrittene Psi-Beweise

Zusammengefaßt kann man wohl sagen, daß die Vorwürfe gegen die Parapsychologie in zwei Richtungen laufen:

1. Die Durchführung der Experimente entspricht nicht den selbst erhobenen Ansprüchen der Wissenschaftlichkeit:
- Die Unvoreingenommenheit der Forscher ist nicht immer gegeben.
- Die geforderte Wiederholbarkeit von Versuchsanordnung, kontrollierter Durchführung und schließlich von den Ergebnissen ist nicht vorhanden (auch nach über 100 Jahren intensiver parapsychologischer Forschung nicht!).
- Die Abschirmung gegen Betrug bzw. gegen Täuschung ist meist unzulänglich.

2. Die Auswertung und vor allem die Deutung der gewonnenen Daten ist unangemessen:

- Einer der kompetentesten Kritiker der Parapsychologie, Percy Diaconis (Statistiker an der Stanford University und international renommierter Zauberkünstler) erkannte das grundsätzliche Defizit der Parapsychologen:

"Die meisten Parapsychologen haben nicht die statistische Fachkenntnis, um die Experimente, die sie durchführen, zu interpretieren, und manche können Hilfe von außerhalb einfach nicht hinnehmen."

- Es gibt in bezug auf eine beliebige Statistik nur folgende Möglichkeiten:
  a) Falsch aufgebaute Statistik mit falscher Auslegung = falsches Ergebnis.
  b) Falsch aufgebaute Statistik mit richtiger Auslegung = falsches Ergebnis.
  c) Richtig aufgebaute Statistik mit falscher Auslegung = falsches Ergebnis.
  d) Richtig aufgebaute Statistik mit richtiger Auslegung = richtiges Ergebnis.

Zahlen sind eben nicht Fakten, und die Gefahr, zu einem falschen Ergebnis zu kommen, ist ziemlich groß.

Gerhard Prause und Thomas v. Randow haben in ihrem ausgezeichneten Buch "Der Teufel in der Wissenschaft" (1989) im Kapitel "Kapriziöse Statistik" anschauliche Beispiele dafür gesammelt, wie u.U. nachlässig aus erhobenen Daten, die leichtfertig in Kausalbeziehung zueinander gesetzt werden, Trugschlüsse entstehen:

Forscher aller Fachrichtungen verstoßen gegen die simple Regel, daß eine statistische Korrelation zweier Ereignisse, und sei sie noch so eng, allein nichts besagt ...
Vollends sichern kann Statistik einen Kausalzusammenhang ebensowenig wie ein Experiment. Wohl aber läßt er sich in beiden Fällen höchstwahrscheinlich machen, beim statistischen Nachweis zum Beispiel dadurch, daß er viele Male unter verschiedenen Ausgangsbedingungen geführt wird. Doch es gibt warnende Beispiele dafür, wie leicht solche Bedingungen falsch gewählt werden können.

Anfang der dreißiger Jahre hatte ein Artikel in einer medizinischen Fachzeitschrift viel Aufregung hervorgerufen, weil er in dem Verdacht gipfelte, Milch könne krebserzeugend sein. Die Aussage stützte sich auf den Befund, daß in den Gegenden der USA, in denen die meiste Milch produziert und konsumiert wird, in Neuengland, Minnesota, Wisconsin, die Krebsrate besonders hoch war. Das gleiche traf auch für die Schweiz zu, die im Milchkonsum die Spitzenposition in Europa hielt. Gestützt wurde diese statistische Ermittlung durch eine zweite: In einigen Südstaaten Amerikas, wo der Milchkonsum besonders niedrig ist, war die

Krebsrate auffallend niedrig. Zudem gab es noch ein drittes statistisches Indiz: Engländerinnen, die viel Milch trinken, erkranken achtmal so häufig an Krebs wie Japanerinnen, die nur selten Milch trinken. Auf drei Wegen also hatte sich eine Korrelation zwischen Milchkonsum und Krebskrankheit herausgestellt. Sollten wir unter der drückenden Last so vieler massiver Gründe nicht lieber auf den Milchgenuß verzichten?

"Die statistische Korrelation zweier Ereignisse kann einen Kausalzusammenhang nicht hinreichend belegen!"

Nein, das ist wohl nicht nötig. Denn es lassen sich manche andere Gründe für die drei Zusammenhänge finden, zum Beispiel diesen: Neuengland, die US-Staaten Minnesota und Wisconsin waren zu jener Zeit Gebiete, deren Einwohner mit einer wesentlich höheren Lebenserwartung geboren worden waren als die der übrigen Vereinigten Staaten, und entsprechend hob sich die Schweiz unter den Ländern Europas hervor. Krebs aber ist eine Krankheit, die hauptsächlich im höheren Lebensalter entsteht. Mithin lebten viele Bewohner jener Regionen lange genug, um "ihren Krebs" noch zu bekommen, was Amerikanern aus anderen Gegenden, insbesondere den "kurzlebigen" Südstaatlern, erspart blieb. Das gleiche gilt für die Schweiz. Und was die Frauen in England und Japan betrifft: Engländerinnen lebten damals im Durchschnitt zwölf Jahre länger als Japanerinnen. (Prause/v.Randow 1989, 275)

Bei einer Tagung der deutschen Skeptikerorganisation GWUP (Gesellschaft zur wissenschaftlichen Untersuchung von Parawissenschaften e.V.) führte Prof. Kippenhahn folgendes Beispiel an:

"Gestern traf ich in München einen meiner Freunde...

a) einen von ca. 15:

1: 14

b) München hat ca. 1 200 000 Einwohner:

1 : 1 200 000

c) er hatte seinen braunen Anzug an
(von 8 Anzügen):

1 : 7

d) dazu die beige Krawatte
(von 25 Krawatten):

1 : 24

e) dazu die hellbraunen Schuhe
(von 12 Paar Schuhen):

1: 11

f) ...

Wenn ich nachträglich ausrechnen wollte, wie hoch die Wahrscheinlichkeit ist, daß ich ihn ausgerechnet in dieser Aufmachung in einer Großstadt treffe, habe ich Zweifel, ob ich ihm überhaupt begegnet bin!"

Wissenschaftliche Parapsychologie?

Mittlerweile sind ganze Bücherregale gefüllt mit heißen Diskussionen zu diesem strittigen Thema. Ohne tiefer in die Wissenschaftstheorie einsteigen zu wollen, sollen hier doch einige Kriterien angeführt werden, denen sich auch die Parapsychologie zu stellen hat (siehe dazu auch das schon vorher angeführte Beispiel von S. Freud über "Marmeladentheorien"). Charakteristika einer jeden Wissenschaft:

• Wissenschaft und Forschung sind frei. Es gibt weder Dogmen noch Tabus. Dies gilt auch für die Grenzgebiete.

• Diese Freiheit benötigt aber als Regulativ die Kritik, damit Hypothesen nicht unkontrolliert ins Uferlose wuchern.

• Die Beweislast trägt in der Wissenschaft stets derjenige, der eine neue These vorbringt. Ein "Beweist mir doch das Gegenteil!" zählt nicht zu den wissenschaftlichen Spielregeln. Nehmen wir z.B. die Behauptung: "Rentiere können fliegen!" James Randi:

Wir können nun tausend Rentiere auf die Spitze des New York World Trade Center bringen und eines nach dem anderen hinunterstoßen, um zu überprüfen, ob sie wirklich fliegen können. Aufgrund meines gesunden Menschenverstandes nehme ich aber stark an, daß wir mit einem großen Haufen von sehr unglücklichen Rentieren in sehr schlechter Verfassung enden werden!
Aber was haben wir damit bewiesen? Wir haben nur gezeigt, daß diese abgesonderten Tiere entweder nicht fliegen können, nicht fliegen wollten oder vielleicht bei dieser Gelegenheit nicht fliegen konnten. Wir haben damit nicht bewiesen, daß es nicht am Nordpol acht Rentiere gibt, die in einer Nacht im Jahr fliegen können und dies auch tun!" Daraus muß folgen: Die Beweislast liegt bei demjenigen, der die Existenz eines Phänomens bzw. eines Wunders behauptet!

• Wissenschaft heißt, die Wahrheit zu suchen und sich zu ihr zu bekennen. Die Geschichte zeigt, daß z.B. Manipulationen von Meßergebnissen bestenfalls vorübergehende Erfolge brachten. Auch unbewußtes Wunschdenken hat schon zu zahlreichen Irrtümern geführt, wie etwa zur Entdeckung der "Marskanäle". Gerade Grenzgebiete erfordern ein besonderes Maß an Unvoreingenommenheit, Strenge und Ehrlichkeit.

• Eine wissenschaftliche Theorie muß logisch aufgebaut sein und zu anderen bekannten Erschei-

nungen in sinnvoller Beziehung stehen. Sie muß kausal sein, d.h. Ursache und Wirkung verknüpfen, und nachprüfbare Vorhersagen liefern, also beweisbar sein. Ferner verlangt man universelle Gültigkeit.

- Wissenschaftliche Experimente müssen reproduzierbar sein. Wird ein Versuch zu einer anderen Zeit, von einem anderen Experimentator und mit anderen Nachweisgeräten wiederholt, so muß er zum gleichen Ergebnis führen. Streuen zahlreiche Einzelergebnisse, so muß zumindest eine statistisch signifikante Reproduzierbarkeit gefordert werden.

- Liegen zahlreiche Einzelbeobachtungen eines Phänomens vor, z.B. UFO-Sichtungen, so ist die Existenzbehauptung viel leichter aufzustellen als der entsprechende Gegenbeweis zu erbringen. Im ersten Fall muß nur eine einzige Beobachtung vorliegen, während der Gegenbeweis die Falsifizierung sämlicher Fälle erfordert. Dies sollte man beachten, wenn ein Phänomen mit umfangreichem Beobachtungsmaterial auch noch nach Jahren oder gar Jahrzehnten ungeklärt bzw. umstritten ist.

Kriterien für wissenschaftliche Reihentests:

1. Die Experimente müssen gewissenhaft, sorgfältig und korrekt geplant, durchgeführt und vollständig protokolliert werden, wobei alle möglichen und denkbaren Fehlerquellen von vornherein auszuschließen sind. Zufallstreffer müssen z.B. in Grenzen gehalten werden. Laufende Testreihen dürfen nicht wegen schlechter Ergebnisse abgebrochen werden.

2. Es muß eine genügend große Anzahl von Versuchspersonen und Einzeltests vorgesehen werden, damit die immer auftretenden zufälligen Ausnahmen und Ausreißer nicht die repräsentativen statistischen Ergebnisse verzerren.

3. Die Tests müssen streng doppelblind durchgeführt werden, d.h. weder die Versuchsperson, noch die Versuchsleiter, die mit ihr direkt zu tun haben, dürfen die Antwort bzw. die Lösung zu den gestellten Problemen kennen. Die Versuchsperson soll nämlich keinerlei Schlüsse, etwa aus dem Minenspiel des Versuchsleiters, ziehen können.

4. Die Meßdaten müssen statistisch sorgfältig analysiert und ausgewertet werden. Man kann die erzielten Ergebnisse an der Trefferwahrscheinlichkeit oder an der (weniger strengen) Irrtumswahrscheinlichkeit messen.

5. Die Dokumentation der Ergebnisse muß korrekt und - wie das gesamte Verfahren - für Außenstehende transparent sein.
   (nach: Löb 1991, 29)

Jager schreibt in diesem Zusammenhang:

"Der Unterschied zwischen Wissenschaft und Pseudowissenschaft ist, daß in letzterer einige oder alle der oben genannten Kriterien nicht berücksichtigt werden.

Die Pseudowissenschaft

- akzeptiert Resultate, die von qualitativ nicht ausreichenden Beweisen gestützt werden;

- verfälscht oder übergeht empirische Daten, die sich mit der favorisierten Annahme oder Theorie nicht in Einklang bringen lassen, sie beschränkt sich auf die Daten, die am besten passen;

- zieht Koinzidenz und Korrelation zur Beweisführung heran und verwechselt Korrelation mit Kausalität;

- legt oft übermäßig großes Gewicht auf die Theorie, in der Erwartung, diese werde alles, was noch unbegreiflich bleibt, erklären können." (Jager zit. nach: Randow 1993, 25)

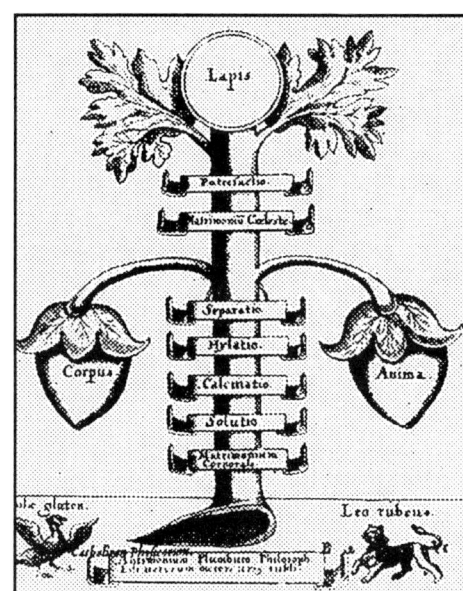

ARBOR PHILOSOPHICA, 1630, alchimistische Konstrukte waren vor Hunderten von Jahren noch oft sinnvoll und konstruktiv, heute sind sie schlicht überholt.

Im weiteren Verlauf seines fulminanten Aufsatzes zeigt Jager anschaulich auf, wie eine "übersteigerte Ehrfurcht vor zufälligen Übereinstimungen von Zahlen, und einhergehend damit Unterschätzung möglicher Anzahlen mathematischer Relationen zwischen einfachen Zahlen" parodistische Züge erhalten kann. Anhand der Maße seines Hollandrades (Warum gerade das? "Weil ein Fahrrad in meiner Heimat praktisch denselben Status besitzt wie die Pyramiden im alten Ägypten." - er begründet damit die neue Religion "Radosphie") zeigt er verblüffende Relationen zum Quotienten der Massen von Proton und Elektron, zur Gravitationskonstante, der Lichtgeschwindigkeit usw.

Er faßt zusammen:

> In numerischen Experimenten wie auch im tägli-
> chen Leben gibt es immer wieder Fälle von Koin-
> zidenz. Wer nicht begreift, daß solche zufälligen
> Übereinstimmungen nicht "selten" sind, verwen-
> det sie entsprechend unangemessen und inkor-
> rekt, um die Existenz paranormaler Vorgänge zu
> beweisen. Die meisten Menschen unterschätzen
> die gewaltige Menge möglicher Kombinationen
> von Zahlen. Und das hat es vielen pseudowis-
> senschaftlichen Auffassungen leicht gemacht,
> sich auszubreiten und allgemeine Anerkennung
> zu finden. (Jager, a.a.O.)

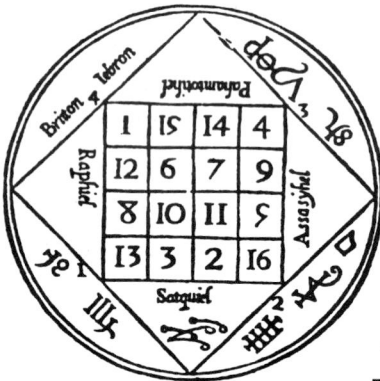

*Athanasius Kircher (1602 - 1680),
jesuitischer Universalgelehrter, entwarf
dieses Jupiter-Quadrat, das ein typi-
sches Beispiel der mathematischen
Darstellung göttlicher oder magischer
Prinzipien ist. Dem Wissenden sollten
sie Macht geben.*

Mit folgendem kleinen Versuch können Sie nachvollziehen, wie schnell scheinbar überzeugende Zusammenhänge konstruiert werden können und wie
ernsthaft debattiert werden könnte, welche tiefere
Bedeutung sie haben:
Analog zur Wahrsagetechnik der Numerologie wählt
man sich eine Zahl zwischen 4 und 8. ("Ich bin halt
ein typischer Fünfer-Mensch!"). Um diese Pseudo-
theorie zu untermauern, zu "beweisen", werden nun
alle Worte mit fünf Buchstaben gesammelt, die für
einen selbst Bedeutung haben: Vornamen, Nach-
namen, Wohnort, Stadtteil, Straße, Automarke, Vornamen der Geschwister, Kinder, Schwiegermutter,
Geburtsnamen der Mutter und Großmutter, Zahl der
Treppenstufen zum Haus, Lieblingsessen, Urlaubs-
ort, Haarfarbe, Hobby usw.
In kurzer Zeit hat man eine große Sammlung von
absolut verblüffenden Beispielen, die selbst für manche Sammler verunsichernd wirkt ("Vielleicht ist ja
doch was dran, denn das kann eigentlich kein Zufall sein!"). Aus diesem Grund sollte der Gegenbeweis mit einer anderen Zahl angetreten werden.

"Parapsychologe" oder Parapsychologe?

Einer der führenden deutschen Parapsychologen
(ohne ""), der Freiburger Eberhard Bauer, schreibt
in einem (durchaus kritischen) Vorwort zu einem
haarsträubend okkulten Buch ("Wenn Tische plötzlich schweben", London/Luzern 1987) richtig:

> Die Bezeichnung "Parapsychologe" oder "Para-
> psychologie" ist juristisch nicht geschützt; jeder-
> mann kann sich als Vertreter dieses Faches aus-
> geben und die abenteuerlichsten Behauptungen
> in die Welt setzen. Die häufig anzutreffenden Ar-
> beitsgemeinschaften oder Gesellschaften für "pa-
> rapsychologische Forschung" setzen sich in der
> Regel aus enthusiastischen Amateurforschern
> und gutwilligen Dilettanten zusammen - wenn man
> von den ebenfalls vertretenen raffinierten Ge-
> schäftemachern mit Psi einmal absieht, die du-
> biose Diplome oder Zertifikate vertreiben oder
> Schulungskurse für den "Sechsten Sinn" anprei-
> sen... (Bauer 1987, 8)

Daß dieser Abschnitt aber ausgerechnet in ein Buch
einführt, das nicht etwa eine objektive Darstellung
"geheimnisvoller Phänomene" im Sinn hat, sondern
eine absolut unkritische, sensationslüsterne Sammlung von Un- und Halbwahrheiten darstellt, ist wiederum symptomatisch für das Dilemma, in denen
sich die Parapsychologen (wieder die ohne "") seit
Jahren befinden.

Es sei gar nicht in Abrede
gestellt, daß es etliche
redliche Forscher gibt, die
sich bemühen, Licht in
das "Dunkel" zu bringen
und hinter den "Vorhang"
zu schauen, der uns den
Blick über die materielle
Welt hinaus verwehrt.
Die erste von Wissen-
schaftlern gegründete Vereinigung zur Erforschung
parapsychologischer Phä-

Frederic Myers

nomene war die Society for Psychical Research
1882 in England. Den Gründern Frederic Myers,
Henry Sidgwick und Edmund Gurney war damals
besonders am Spiritismus gelegen, der gerade en
vogue war.

Edmund Gurney

© Verlag an der Ruhr, Postfach 10 22 51, 45422 Mülheim an der Ruhr

Henry Sidgwick

Bauer schreibt zu seinem Verständnis seines Fachgebietes:

> Die Parapsychologie von heute ist ihrer Struktur nach eine interdisziplinäre Wissenschaft. Sie untersucht mit Hilfe bewährter natur- oder sozialwissenschaftlicher Methoden eine Reihe ungewöhnlicher ("anormaler") Erlebnis- und Verhaltensweisen des Menschen, die aus dem etablierten Erklärungsrahmen herauszufallen scheinen und die unter dem Kürzel "Psi" zusammengefaßt werden... (Bauer, a.a.O., 6)

Aus dieser Beschreibung wird der Anspruch der Parapsychologen (ohne "") deutlich: Nämlich eine wissenschaftliche Disziplin zu vertreten, die sich anerkannter Methoden (s.o.) bedient. Allzu oft wird aber schnurstracks genau dies wieder relativiert, sobald der (nun mal harte) Maßstab der Wissenschaftlichkeit angelegt wird.

Plötzlich heißt es, "Psi-Fähigkeiten" widersetzten sich nun einmal ihrer Natur nach der Forderung nach Reproduzierbarkeit...

Bauer ist auch einer der wenigen, denen man kritisches Bewußtsein unterstellen kann. Er sieht durchaus (was leider nicht selbstverständlich ist) die Ansatzpunkte zur Kritik:

> ... müssen bestimmte Kritiken (bzw. Gegenhypothesen) berücksichtigen, um wissenschaftlich zuverlässige Daten zu liefern: Der "Echtheitswert" eines Spontanberichts hängt zum Beispiel von der Glaubwürdigkeit der Zeugen ... und objektiven Dokumentationsmöglichkeiten ab. In der Feldsituation muß vor allem darauf geachtet werden, daß Betrug und Manipulation seitens der Versuchsperson(en) wie auch Selbsttäuschungen und Verkennen "normaler" Ursachen möglichst eliminiert werden. Die Ergebnisse des Laborzugangs müssen hauptsächlich gegen folgende Einwände gesichert werden: a) betrügerische Manipulation der Daten seitens des Experimentators; b) selektive Auswertung und Wiedergabe der Resultate; c) unzureichende oder fehlerhafte Schilderung von Versuchsplanung, -durchführung und -auswertung; d) Betrugsversuche seitens der Versuchsperson; e) mangelhafte sensorische Abschirmung zwischen Versuchsperson und Versuchsmaterial (Target) (Bauer, a.a.O, 7)

Daß sich Parapsychologen der wissenschaftlichen Richtung von Scharlatanen abgrenzen wollen, die mit dem geheimnisvoll und seriös klingenden Namen kommerzielle Interessen verfolgen, ist verständlich. Ein Blick in den Anzeigenteil einer beliebigen Illustrierten oder Fernsehzeitschrift demonstriert die enorme Präsenz der kommerziellen "Parapsychologie" in der Öffentlichkeit.

Nichtsdestotrotz müssen es sich auch die "wissenschaftlich arbeitenden" Parapsychologen gefallen lassen, auf ihre Persönlichkeitsstrukturen und Verhaltensmuster hin analysiert zu werden. In der Tat ist es ein "bunter Haufen", der vom ausgebildeten, promovierten/habilitierten Vollpsychologen bis hin zum Zoologieprofessor (für Psi-Phänomene bei Tieren?) reicht. Dazwischen ist das ganze Spektrum der wissenschaftlichen Fachrichtungen und Qualifikationen zu finden, was den Laien natürlich stark beeindruckt.

Wer und wie sind Parapsychologen?

"1) Parapsychologen sind meist Menschen, die einen vorgefaßten Glauben an außersinnliche Wahrnehmungen und andere Paraphänomene unbedingt bestätigt sehen wollen. Sie wollen um jeden Preis beweisen, daß es das gibt, woran sie glauben. Gegenbeweise werden ignoriert, das Gedankengebäude, in dem sie befangen sind, wird vehement verteidigt. "Ungläubige" werden emotionell heftig abgelehnt und angegriffen, als inkompetent hingestellt, was eine Immunisierung des eigenen Standpunktes bedeutet. Überhaupt verwenden ... Parapsychologen auffallend häufig Immunisierungstrategien.

2) An die Existenz von PSI-Phänomenen glaubende Personen interpretieren Experimente (oft unbewußt) zugunsten ihrer vorgefaßten Meinung.

3) Parapsychologen sind auch sonst leicht- und abergläubisch. Sie glauben an haarsträubende Horrorgeschichten, an UFOs, Astrologie oder an die in klassischer Form überholte Biorhythmenlehre. Eine Analyse parapsychologischer Forschungsarbeit ergab, daß in dieser Fachrichtung hauptsächlich mystische, okkultbefangene Menschentypen arbeiten und kaum harte, rigorose Experimentalisten. Die sogenannte wissenschaftliche Literatur im parapsychologischen Bereich ist deshalb auch heute noch, was sie schon vor 50 Jahren war: Aberglauben mit wissenschaftlichem Anstrich.

4) Telepathie, Hellsehen usw. sind nicht selten das Betätigungsfeld schizothymer Persönlichkeiten...

5) Psychologen und Ärzte haben herausgefunden, daß die meisten Spiritisten (und viele Parapsychologen glauben ja auch allen Ernstes an Jenseitskontakte!) aus Furcht vor dem nicht be-

wältigten Diesseits den Kontakt mit einem besseren Jenseits suchen.

6) Wahrscheinlich dürften alle okkulten Betätigungen - und nicht nur die auf eindeutig sexuellem Gebiet - auf psychosexuelle Störungen zurückzuführen sein, auch wenn sie manchmal nur ganz "harmlos" im Wahrsagen, Hellsehen oder in der Okkultheilung zutage treten ...

7) Wissenschaftler, die davon überzeugt sind, daß der Mensch außersinnliche Kräfte besitzt, treffen selten die richtigen Vorsichtsmaßnahmen, um die Möglichkeit des Betruges auszuschalten...

8) PSI-Gläubige sind blind für die eigentlichen Wunder dieser Welt und suchen daher eine Ersatzbefriedigung im Okkultbereich, sie suchen "synthetische Wunder". 'Wenn der irrationale Glaube an schicksalsbestimmende Übermächte zu sehr verstärkt wird, kann darunter die Kritikfähigkeit und die Realitätsangepaßtheit leiden.'

9) Unter "paranormal Begabten" sind neurotisch und psychotisch Veranlagte deutlich häufiger anzutreffen, als in der Durchschnittsbevölkerung, gibt selbst Uccusic (1978) zu." (Reutterer 1986)

Auch der größte Skeptiker wird allerdings zugeben müssen, daß in den vergangenen Jahrzehnten eine große Menge beeindruckender Arbeit mit immensem Aufwand und großen Bemühungen geleistet wurde - allerdings ohne zu schlüssigen Beweisen zu führen!
Gerade dies wird aber immer wieder - für den Laien nicht nachprüfbar - in der entsprechenden Literatur behauptet.

Zur Qualität dieser "Beweise"

Piet Hein Hoebens, einer der international führenden Kritiker der Parapsychologie, meint zusammenfassend, daß einhundert Jahre parapsychologischer Forschung in mehr oder weniger spektakulären Anekdoten ihren Ausdruck gefunden haben, die im Prinzip alle mit Hilfe skeptischer Gegenhypothesen "hinwegerklärt" werden könnten; denn diese Forschung hat uns kein einziges "wiederholbares Experiment" an die Hand gegeben, d.h. einen Satz von Regeln, dem der Skeptiker entnehmen kann, welche Bedingungen erfüllt sein müssen, um das Auftreten irgendeines "paranormalen" Phänomens zu garantieren.
Dieser Zustand ist für die häufig zu hörende folgende Behauptung absolut verhängnisvoll: "Psi" sei 'nachgewiesen in einer Weise, die keinen vernünftigen Zweifel zuläßt'.
"Unerklärliche" Ereignisse und "erfolgreiche" Experimente, von denen in der Psi-Literatur berichtet wird, können so lange nicht als "unerklärlich" bzw. "erfolgreich" gelten, wie Parapsychologen nicht in der Lage sind, ihre Anekdotensammlung in eine Reihe von "wenn - dann"-Aussagen zu überführen, die von anderen Forschern unabhängig überprüft werden können. (vgl. Hoebens 1986, 87 ff.)

Die wissenschaftliche Literatur versieht uns mit zahlreichen eindrucksvollen Beispielen von scheinbar narrensicheren Psi-Ereignissen, die später schlüssig als Resultate von Fehlbeobachtungen, Erinnerungsfehlern, Fehlidentifizierungen, Halluzinationen, Betrügerei seitens des getesteten "Sensitiven" oder Unredlichkeit seitens des Untersuchers entlarvt wurden...
Menschen, die sich im Bann des Okkulten befinden, reden Unsinn, lügen, betrügen, machen sich selbst zum Narren und legen eine Leichtgläubigkeit an den Tag, die sie selbst unter allen anderen Umständen tadelnswert finden würden.
(Hoebens, a.a.O., 89)

Vor allem der letzte Satz kann vom Verfasser aus (manchmal leidvoller) Erfahrung voll bestätigt werden!

Am intensivsten beschäftigen Zahlenmagie und pseudowissenschaftliche Zahlentheorien eine breite Öffentlichkeit im Zusammenhang mit Glücksspielen, wie folgende Artikel belegen:

---

44 Sechser und 22 617mal fünf Richtige

Der Zufall drückte erneut Lottogewinn

Tipper hatten Zahlen auf dem Schein, die am Mittwoch vorher gezogen worden waren

KÖLN — Nach dem Rekordsechser im Januar, den sich 222 Tipper teilen mußten, hat am vergangenen Wochenende erneut ein Zufall die Lottogewinne nach unten gedrückt.

Weil am Samstag abend nahezu die gleichen Zahlen gezogen wurden wie drei Tage zuvor im Mittwochslotto, und viele noch einmal auf diese Zahlen gesetzt hatten, gab es 44 Sechser. Die Gewinner konnten deswegen „nur" 176 692,80 Mark einstreichen. Immerhin war das aber mehr als das Doppelte von dem, was auf die 222 Gewinner im Januar entfiel (84 803,90 Mark). Damals hatte ein „Riesenjackpot" von rund 15 Millionen Mark die Lottospieler gereizt und zur größten Gewinnerzahl aller Zeiten geführt.

Ganz mager fiel der Gewinn diesmal für die Fünfer aus, den nicht weniger als 22.617 Spieler auf ihrem Zettel hatten. Dafür gab es nur kärgliche 515,60 Mark.

Nürnberger Nachrichten, 16.3.88

> ## Jahrhundertereignis in der Spielbank
>
> Bad Dürkheim - Helle Aufregung und Fassungslosigkeit am Roulettetisch in der Spielbank der pfälzischen Stadt: Fünfmal hintereinander war die Elfenbeinkugel auf die Nummer 23 gefallen. Ein Jahrhundertereignis: Nach den Gesetzen der Wahrscheinlichkeit nämlich beträgt die Chance für eine derartige Wiederholung 1:69 Millionen. Zum Vergleich: Die Aussichten auf einen "Sechser" im Lotto betragen rein rechnerisch "nur" 1:13 800 000. Die Direktion der Spielbank Bad Dürkheim erzählte später, daß zahlreiche Gäste die ungewöhnliche Serie in wachsender Erregung verfolgten und schließlich "bergeweise auf die 23 setzten". Jeweils weit über 100 000 Mark wurden an die Gewinner ausgezahlt.

Insbesondere überraschende Zufälle, die allen zu erwartenden Wahrscheinlichkeiten spotten, verleiten dazu, Sinnzusammenhänge zu konstruieren, wo keine sind:

- Eine Gehirnerschütterung erlitt in Warschau ein Mann, der von einer toten Gans getroffen wurde, die aus dem sechsten Stock einer Wohnung fiel. Sie war dort offensichtlich zum Auskühlen ans Fenster gehängt worden. Im Krankenhaus antwortete der Verletzte auf die Frage nach seinem Beruf: "Geflügelbrater".

- "Bisher allerdings ist es den Parapsychologen nicht gelungen, bloße Zufälle von sinnvollen Zusammenhängen zu unterscheiden oder gar bei spontanen außersinnlichen Wahrnehmungen mit Gewißheit sagen zu können, ob die Ergebnisse zufällig oder paranormal sind.
Wenn jemand eine Münze hochwirft, immer auf "Adler" setzt, und schon zehnmal hintereinander tatsächlich "Adler" oben lag, so ist das zwar eine bemerkenswerte Serie, aber keineswegs auf eine psychokinetische Begabung des Werfers zurückzuführen. Für eine Münze existiert die Vergangenheit nicht, sie hat kein Gedächtnis, sie weiß nicht, daß schon zehnmal "Adler" oben lag. Deshalb ist der elfte Wurf nicht anders als der erste: Die Chancen für Adler stehen 50 : 50 und nicht etwa 1 : 11."
(Feldes 1986, 142)

Psi - Einzelphänomene

Telepathie

Dieses "phantastische Phänomen" wird wohl von den meisten Menschen am ehesten als "wahrscheinlich existierend" angenommen, da man auch im Alltag immer wieder Situationen erlebt, bei denen eine Übertragung von Informationen oder Gefühlen ohne die üblichen Sinneskanäle zu erfolgen scheint - eben eine "außersinnliche Wahrnehmung":

- Zwei Menschen, die sich gut kennen: Der eine sagt etwas zu einem Thema, das vorher nicht besprochen wurde. Der andere zuckt zusammen, weil er "im gleichen Moment eben genau das sagen wollte"!

- Mütterliche Intuition: Mitten in einer Party wird eine Frau unruhig und bedrängt ihren Mann, schnell nach Hause zu fahren, weil mit ihrem Kind etwas geschehen sei. Beide finden bei ihrer Rückkehr tatsächlich das Kind krank vor.

- Bei einem gemütlichen Fernsehabend denkt man urplötzlich an eine Person, von der man lange nichts mehr gehört hat. Zehn Minuten später klingelt das Telefon - und genau diese Person ist am Apparat!

- Schweißgebadet wacht eine Frau im 2. Weltkrieg eines Nachts auf und schaut auf die Uhr. Mehrere Tage später erhält sie von der Front die Nachricht, daß genau zu dieser Zeit ihr Mann/Bruder/Vater gefallen sei!

Diese Beispiele ließen sich beliebig fortsetzen. Gemeinsam haben sie, daß es einem beim Erleben einer derartigen Situation heiß und kalt den Rücken herunterläuft ("übersinnlicher Schauer"). Eine rationale Erklärung scheint nicht denkbar. Oder doch?
Es ist in der Tat schwierig, die unbewußt und blitzschnell ablaufenden Gedankenstürme im konkreten Einzelfall nachzuvollziehen.
Ob es allerdings nötig ist, bei derartigen Geschehnissen gleich eine übersinnliche und paranormale Hypothese heranzuziehen, darf bezweifelt werden. Interessant ist oft das (gemeinsame) Nachforschen der durchaus weltlichen Hintergründe. Den Zufall allerdings kann man naturgemäß auch hier nicht als solchen beweisen. Bei den o.a. Beispielen könnte ein Hinterfragen z.B. folgendermaßen aussehen:

- Der Verfasser fährt mit seiner Ehefrau auf einer eintönigen Autobahn. Nach einer relativ langen Zeit des Schweigens sagt er plötzlich: "Eigentlich könnten wir wieder mal zum Tanzen gehen!" Die Partnerin 'trifft der Schlag', denn im gleichen Augenblick wollte sie das auch sagen, obwohl während der ganzen langen Fahrt davon nicht die Rede war. Beim Nachforschen (das dieses Mal ausnahms-

weise möglich war) stellte sich folgender Sachverhalt heraus: Einige Minuten zuvor waren wir hinter einem LKW hergefahren, der auf der Plane Werbung für "Hindelanger Käse" machte. Bereits einige Jahre lag ein Urlaub in Sonthofen zurück, bei dem wir öfter nach Hindelang zum Tanzen fuhren. Unbewußt lasen beide Partner (mit gemeinsamem Erfahrungs-/Erlebnishintergrund!) die Aufschrift, bei beiden setzten unbewußte Erinnerungen an Hindelang ein, und schließlich...

• Der bekannte Zauberkünstler Jochen Zmeck schildert ebenfalls ein beeindruckendes Erlebnis:

"Ich schlenderte mit meiner Frau durch die Straßen Berlins, das Gespräch war verstummt, jeder hing seinen Gedanken nach. Da stieß ich sie an und sagte: 'Was mögen wohl Schneiders jetzt machen?' Das Ehepaar Schneider hatten wir im letzten Urlaub kennengelernt, wir hatten uns dann auch noch ein-, zweimal geschrieben, doch seit Wochen bereits waren sie nicht mehr erwähnt worden. Meine Frau machte ganz erstaunte Augen, und dann sagte sie fassungslos: 'Du nimmst mir das Wort aus dem Mund, genau dasselbe wollte ich dich gerade fragen!' ...
Ein Tenhaeff oder Bender würde darin wahrscheinlich einen Beweis für echte Telepathie sehen. Ich tat es nicht, sondern nahm meine Frau bei der Hand und lief mit ihr etwa hundert Meter zurück, um dann noch einmal die gleiche Strecke entlangzugehen, die wir eben in Gedanken versunken spaziert waren, diesmal aber in angespannter Aufmerksamkeit. Und beide sahen wir zu gleicher Zeit die Ursache unserer Erinnerung: Eine aparte Kette in der Auslage eines Juweliergeschäftes. Genau die gleiche Kette hatte Frau Schneider beim Abschiedsabend im Jahr davor getragen. Und diese Kette hatten wir beide, meine Frau und ich, beim Schlendern gesehen, nicht bewußt, nur "so nebenbei", aber der flüchtige Eindruck genügte, um bei beiden die gleichen Vorstellungen wachzurufen. (Zmeck 1974, 136)

• Sowohl bei Müttern, als auch bei Verwandten im Krieg ist es selbstverständlich, daß die Gedanken immer wieder, mehr als man bewußt wahrnimmt, um das Kind bzw. um einen lieben Menschen in Gefahr kreisen. Ab und zu trifft es dann tatsächlich zu, daß die Befürchtungen eine reale Bestätigung erfahren. Dies wird selektiv in einem selbst verstärkt, während die zahllosen "Nieten", wenn solche Ahnungen nicht Realität werden, dagegen aus dem Gedächtnis verschwinden.

Ein ähnlicher Effekt tritt bei sog. "Wahrträumen" ein. Seit einiger Zeit machen "Ganzfeld-Experimente" von sich reden, bei denen endlich greifbare, weil wiederholbare und statistisch überzufällige Ergebnisse erhalten worden sein sollen. Dabei sitzt eine Versuchsperson, der "Empfänger", in einem schallisolierten Raum. Über die Augen sind halbierte Pingpongbälle geklebt, auf die Rotlicht strahlt. In die Ohren wird über Kopfhörer Rauschen eingestrahlt. Nach einigen Minuten soll sich die VP in einem Zustand befinden, der dem des Einschlafens ähnelt. Ein "Sender" in einem anderen Raum konzentriert sich auf Bilder, die von einem Computer über Zufallsgenerator ausgewählt und später dem "Empfänger" vorgelegt werden. Die dabei erzielten Ergebnisse sollten so signifikant sein, daß Telepathie nahe liegt. Erste Kritikpunkte richten sich (wieder einmal) auf die Versuchsanordnungen, doch darf man gespannt sein, ob nicht doch... Siehe Ringelnatz: "Sicher ist, daß nichts sicher ist. Selbst das nicht!" Schließlich kann niemand beweisen, daß es keine Telepathie gibt - und schön wär's schon!

Ein "Telepathie - Beweis"?

Ein anschauliches Beispiel dafür, wie sich "der geistige Habitus eines auf seinem Fachgebiete angesehenen Universitätsgelehrten total verändert, sobald er in die Okkultforschung hinüberwechselt", schildert Wilhelm Gubisch:

Bei einem nach dem Weltkriege zwischen Athen und Wien veranstalteten, von Akademikern überwachten Versuche geschah folgendes: In einer Stadt wurde das Bild eine Eichhörnchens (Abb. a) "telepathisch gesendet", auf die Weise, daß einige Personen zugleich und intensiv daran denken mußten. In der anderen Stadt, in welcher die telepathische Sendung empfangen werden sollte, wurde zu diesem Zeitpunkt nichts "aufgenommen". Es waren aber in dieser Empfangsstadt vor und nach der eigentlichen Sendung von mehreren Personen, die als "telepathische Empfänger" fungierten, einige Bilder gezeichnet worden ...

(Abb. b + c). Wäre auch nur von einem der "telepathischen Empfänger" ein Eichhörnchen entsprechend dem Sendebild gezeichnet worden, dürfte vielleicht ein mitwirkendes telepathisches Agens anerkannt werden. Es zeigen aber weder Bilder noch Sendezeiten eine Übereinstimmung. Trotzdem wurde eine telepathische Übertragung als "zeitverschobene Telepathie" anerkannt, über die Universitätsprofessor Dr. Carl Camillo Schneider, Zoologe an der Universität Wien, wie folgt urteilt:

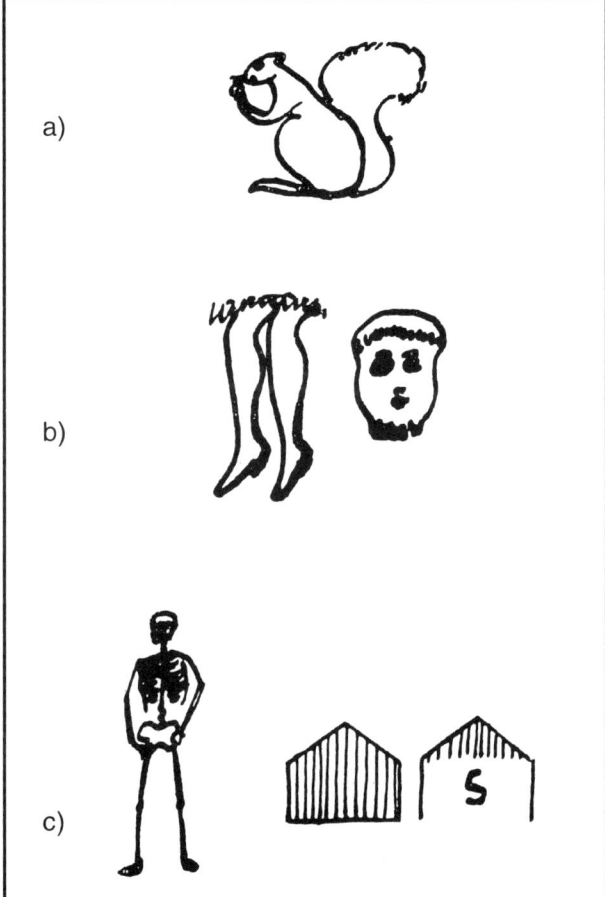

"Da möchte man nun zunächst wieder an keine Beziehung zwischen Sendung und Empfang glauben, und doch ist sie unverkennbar gegeben. Der Kopf des Eichhorns mit den ausdrucksvollen Augen findet seine Entsprechung im Menschenkopf des ersten und im Totenkopf des zweiten Empfangs. Ferner sind die weiblichen Beine des ersten Empfangs um so sicherer auf die Beine des Eichhorns zu beziehen, als die krause Struktur des Rockrandes an die büschelige Struktur des Eichhornschweifes gemahnt. Und gewiß ist auch die Längsstreifung der Hauswände nicht zufällig, sondern der Schwanzstreifung entnommen, wofür das S innerhalb der Hauswand spricht, das direkt die Form des Eichhornschwanzes wiedergibt. Man vergleiche übrigens auch die Haarfrisur des Kopfes mit der Schwanzstruktur." (Gubisch 1961, 29 ff.)

Diese Interpretation ist ein absolutes "Schmankerl"! Genießen Sie es gleich nochmal und vergleichen Sie mit den gesendeten und empfangenen Zeichnungen.
Die Folgerungen dieses Beispiels lassen sich mühelos auf etliche andere, hier geschilderte, okkulte Praktiken übertragen:

• "Man sieht das, was man sehen will! Man hört das, ... Man glaubt ..."

• Eine berufliche Qualifikation, sei sie noch so hoch (selbst bestätigt durch den Nobelpreis!) schützt nicht vor okkultem Scheuklappenglauben! Historisch bekannt ist der Fall Emanuel Swedenborgs (1688-1772): Er war ein genialer naturwissenschaftlicher Vordenker und Erfinder, bis er sich im Alter von 56 Jahren nach mehreren Visionen auf die Welt der Geistwesen und Engel spezialisierte. Aber auch der moderne Okkultismus kann auf hochrangige Gewährsleute verweisen: Professor Zöllner, Professor Tenhaeff, Professor Bender, Professor Blacher, ...

- Erstaunlicher als die "Leistungen" der Hellseher, Telepathen und Telekinetiker ist oft die Interpretationskunst ihrer Anhänger! (Beispiel Nostradamus; spiritistische Medien um die Jahrhundertwende, deren Anhängerschaft selbst bei Betrugsbeweis erhalten blieben; Tonbandstimmenforscher; Orakeldeuter, ...)

Das untenstehende "Telepathie-Experiment" erlebte der Autor bzw. seine Ehefrau als "Medium" hautnah mit.
Lesen Sie bitte zunächst den Artikel, und achten Sie auf das Ziel (Target) und die erzielten telepathischen Ergebnisse. Finden Sie, daß das Experiment erfolgreich verlaufen ist? Sind so große Übereinstimmungen zwischen Sender und Empfänger erreicht worden, daß ohne Interpretationsverrenkungen eine eindeutige positive Aussage getroffen werden kann? Versuchen Sie dann, die fehlende Überschrift über dem Artikel und das erste Wort zu erraten!

... verlief ein bislang einmaliger Großversuch deutscher Psi-Forscher zur Telepathie im Traum. Der "Arbeitskreis für Grenzgebiete der Naturwissenschaften und der Psychologie" wollte damit herausfinden, "ob es möglich ist, Versuchspersonen während des Schlafs Informationen zu übermitteln, die sie keinesfalls mit ihren gewöhnlichen physiologischen Sinnen aufgenommen haben können" ... meldeten sich 287 Interessenten, von denen sich schließlich 112 für das ungewöhnliche Experiment zur Verfügung stellten (darunter die Ehefrau des Autors, d. Verf.): 76 Frauen und

36 Männer, über das ganze Bundesgebiet verteilt, im Alter zwischen 17 und 90 Jahren. Vorweg wurde ihnen lediglich das Datum mit der genauen Uhrzeit mitgeteilt, zu der ihnen eine telepathische Botschaft übermittelt werden sollte.

Telepathische Träume? ...

Am Versuchstag hatten sich die Teilnehmer bis spätestens 23 Uhr schlafen zu legen. Kurz darauf begann der Leiter des Arbeitskreises J. mit der Auswahl des telepathischen Zielobjekts ... Er wählte nach einem Zufallsschlüssel das Foto einer stark stilisierten Lilienblüte aus. Um sich auf die Übermittlung einzustimmen, malte sich J. nun zunächst in der Vorstellung eine Landkarte der Bundesrepublik aus. Darauf projizierte er ein Streckennetz, das seinen Aufenthaltsort mit dem der anderen Teilnehmer verband. Nun konzentrierte sich J. auf das Lilienfoto. Zusätzlich versuchte er eine passende Geschichte zu übermitteln, die er sich spontan einfallen ließ: "Ich gehe auf einem Feldweg. Vor mir ist in einiger Entfernung ein Wald zu sehen, im Hintergrund Berge. Am linken Rand des Weges ist eine grüne Wiese. Plötzlich wächst eine grüne Pflanze aus dem Boden und öffnet wie in Zeitlupe ihre Blüte. Es ist eine Lilienblüte in leuchtenden Rottönen. Ich rieche einen starken moschusartigen Duft." Dazu fertigte er eine Zeichnung an. Rund eine Stunde blieb er so auf telepathischer "Sendung".

... träumerische Telepathen?

"Am darauffolgenden Morgen", so J., "sollte jede Versuchsperson ihre Nachtträume protokollieren und möglichst auch in Zeichnungen darstellen." Binnen einer Woche trafen die Traumprotokolle von 96 Teilnehmern ein. Zwei unabhängige Auswerterinnen untersuchten nun jeweils die Hälfte davon auf Ähnlichkeiten, ohne zunächst das eigentliche Objekt zu kennen: Bei 74 der 96 Träume, so fiel ihnen auf, stand eine deutliche Farbwahrnehmung im Vordergrund - entsprechend dem vorherrschenden Eindruck der Lilie. Über 55% davon entfielen auf die besonderen Farbtöne des ASW-Ziels: Rot, Weiß und Gelb. Auffällig häuften sich Träume von freier Natur: Fast jeder zweite Schläfer fand sich in Wäldern, auf Wiesen, an Seen, in den Tropen und ähnlichen Landschaften wieder. Fast jeder dritte Traumbericht wies eine "mittlere", jeder zehnte sogar eine "große Übereinstimmung" mit J.s Geschichte und Skizze auf. In manchen Träumen kamen Züge, Gleisanlagen, Verkehrslinien oder Netzpläne vor, passend zu dem Netz, das sich J. ausgemalt hatte.
Nun wurden den beiden Auswerterinnen alle zehn

vorbereiteten Zielobjekte vorgelegt: neben der Lilienblüte u.a. auch das Bild eines Babys, eines Fesselballons, einer belebten Straße, eines futuristischen Nachttischchens, eines Delphins im Sprung, eines vergitterten Fensters, eines Paars Damenschuhe. Allein anhand der Traumprotokolle sollten sie nun herausfinden: Welches war das eigentliche Target? Das mißlang ihnen allerdings - dafür gingen die Übereinstimmungen nicht weit genug... (esotera 11/1990)

Das erste Wort des Artikels hieß "Erfolgreich ..."! Die Überschrift des Artikels lautete: "Erfolgreicher Telepathie-Test"!

Telepathie aus dem Stand!
Die Grundidee:
Zwei nicht eingeweihte Zuschauer denken frei an je eine Zahl. Der "Telepath" empfängt diese mental (durch seine Gedankenkraft) und kreuzt sie auf einer Zahlentafel (auf Papier oder Overhead-Folie) rot an. Dieses Blatt wird gefaltet unter Kontrolle gegeben und erst nach Nennen der gewählten Zahlen geöffnet. Meist gibt es Übereinstimmungen.

Die Durchführung:
Zwei Zuschauer werden bestimmt.
Zum ersten Teilnehmer wird gesagt:
"Schreiben Sie eine zweistellige Zahl zwischen 10 und 50 auf! Beide Ziffern müssen ungerade sein und dürfen nicht gleich sein!"
Zum zweiten Teilnehmer wird gesagt:
"Schreiben Sie eine zweistellige Zahl zwischen 50 und 100 auf! Beide Ziffern müssen gerade und dürfen nicht gleich sein!"
Sie kreuzen auf dem Zahlenfeld die Zahlen 37 und 68 (auf der entsprechenden Overhead-Folie oder auf dem Papier) an, übergeben dieses Blatt einer Kontrollperson und lassen die gewählten Zahlen vorlesen. Meist stimmen beide Zahlen oder zumindest eine davon!
Wenn nicht?
"Experimente" haben nun mal die Eigenschaft, daß sie glücken können oder auch nicht! Gerade der Mißerfolg wird in der Paraszene, im okkulten Bereich als der Beweis für die "Echtheit" gedeutet, denn "wenn es ein Trick wäre, würde es ja jedesmal klappen!"
Meist haben Sie aber mit folgendem Vorgehen doch noch Erfolg, wenn die aufgeschriebenen Zahlen wider Erwarten nicht mit den von Ihnen angekreuzten übereinstimmen sollten:

"Merkwürdig - ich habe ganz deutlich die Zahl 37 (bzw. 68) empfangen! Hat vielleicht jemand in der Nähe diese Zahlen gedacht?... Sie?/Du?... Kein Wunder! Das hat mich abgelenkt, offenbar ein starker mentaler 'Sender'!"

PSI

Die Erklärung:

Es gibt Auswahl-Präferenzen für Worte, Farben, Zahlen und Objekte, denen jeder von uns unterliegt. Die Psychologie hat dazu ganze Listen aufgestellt, deren häufigste Beispiele mittlerweile allgemein bekannt sind (nichtsdestotrotz fallen die meisten Menschen unvorbereitet darauf herein).

Bei folgendem Vorgehen hat man daher meistens Erfolg und kann die Antworten mit ziemlicher Sicherheit "vorhersagen":

Gehen Sie schnell zu jemandem hin, sprechen Sie drängend:

"Sagen Sie mir ein Werkzeug ... **jetzt!**"
(Hammer)

"Sagen Sie mir ein Musikinstrument ... **jetzt!**"
(Geige)

"Sagen Sie mir eine Blume ... **jetzt!**"
(Rose)

"Sagen Sie mir ein wildes Tier ... **jetzt!**"
(Löwe)

"Sagen Sie mir eine Farbe ... **jetzt!**"
(Rot oder Blau)

Das "jetzt!" muß schnell und scharf gesprochen werden, damit wenig Zeit zum Nachdenken bleibt. Die in Klammern angegebenen Begriffe sind ebensolche klassischen Auswahlpräferenzen wie die Zahlen 37 und 68 im vorhergehenden Beispiel. Dieses ganz und gar nicht übersinnliche Phänomen machen sich viele Telepathen auch mit geometrischen Formen zunutze:

Fordert man jemanden auf, zwei einfache geometrische Formen zu zeichnen, wobei sich eine davon in der zweiten befindet, so wird meist ein Dreieck in einem Kreis gewählt.

Möglichkeiten der pädagogischen Arbeit:

Die Jugendlichen führen selbst entsprechende empirische Erhebungen im Verwandten- und Bekanntenkreis durch und überprüfen, ob die behaupteten Präferenzen stimmen.

Folgerungen werden gezogen, welchen Eindruck jemand erwecken kann, der diesen unbekannten Effekt ausnutzt, um "paranormale Kräfte" vorzuspielen.

Ein "Experiment" zur Veranschaulichung:
Was passiert?

Der "telepathisch Begabte" verläßt den Raum. Die Gruppe der Teilnehmer bestimmt eine Person im Zimmer,

- die etwas an sich versteckt und
- an die alle anderen denken.

Wenn der "Telepath" wieder hereinkommt, konzentriert er sich sehr, legt evtl. die Hand auf den Kopf eines Teilnehmers (um "die Wellen besser zu empfangen") und kann bald angeben, welche Person den Gegenstand an sich trägt.

Das kann sofort wiederholt werden!

Die Lösung:

Es wird mit einem geheimen Mitwisser gearbeitet (in der Para-/Okkultszene häufig)!

Dieser Helfer sitzt beim Hereinkommen genauso da, wie die von der Gruppe bestimmte Person!

Hier gilt wie so oft:

Nicht die Kompliziertheit macht es, sondern die Art und Weise, wie etwas abläuft.

Auch auf die anspruchsvollere Lösungsmöglichkeit sollten die Jugendlichen zumindest hingewiesen werden, da sie von Profis gerne praktiziert wird: Die Suche wird mit der unbewußten Hilfe eines Teilnehmers durchgeführt, der kein Komplize ist, aber weiß, wo der Gegenstand ist. Hier kommen die an anderer Stelle beschriebenen Phänomene des Cumberlandismus (Muskellesens) oder der Ideomotorik zum Tragen.

Man sollte sich nicht täuschen lassen: Mit derartigen Tricks können unter den entsprechenden Bedingungen viele Menschen getäuscht und eingeschüchtert werden!

Der Scharlatan Hanussen hat vor über 60 Jahren in Perfektion vorgemacht, wie Menschenmassen geradezu hysterisiert werden können durch Vorspiegelung "übernatürlicher Fähigkeiten".

Nachahmer hat er auch heutzutage genügend gefunden.

Damit sind nicht Vertreter der artistischen Zauberkunst gemeint, die seriöserweise nicht behauptet werden, "echt-magische" Fähigkeiten zu besitzen.

Die "Mentalmagie" (zu welcher das illusionäre Vortäuschen von Gedankenübertragung gehört) ist ein Spezialbereich der Zauberkunst. Sie dient aber ebenso wie etwa das "Zersägen einer Jungfrau" ausschließlich der Unterhaltung der Zuschauer.

Der in der Jugendarbeit Tätige wird also ein "Experiment" wie das oben geschilderte dazu verwenden, um die entstandenen Gefühle analysieren zu lassen, zu hinterfragen.

Hervorzuheben ist dabei immer, daß in einer entsprechenden individuellen Notlage, bei einer gewissen persönlichen Bereitschaft, in einer einschüchternden Umgebung, in der Gesellschaft "gläubiger"

Menschen betrügerische Machenschaften relativ schwer entdeckt werden können.

Die Motive, warum Menschen anderen "übersinnliche Fähigkeiten" vorspiegeln, sind vor allem in zweierlei Hinsicht zu suchen: "Geld" und "Macht ("Power") über andere."

Ein "Psi - Experiment"?

"Das Fingerorakel des Pythagoras"

... Unbestritten ist heute, daß jeder Mensch, ganzheitlich gesehen, eine biologisch aktive Sende- und Empfangseinheit darstellt. Das Gehirn und seine Nervenvernetzung, die Nervenstränge bis hin zu den feinsten Nervenverzweigungen, arbeiten mit kaum meßbaren elektrischen Spannungen. Arme und Beine kanalisieren diese elektromagnetischen Phänomene. Nicht umsonst faltet man beim Beten, also beim Senden, die Hände, um die Kraft zu verstärken. Ein Yogi faltet seinen ganzen Körper nach einem bestimmten Schema, um ebenfalls mit einer besonderen Antennenkonfiguration seines Körpers senden oder empfangen zu können. Das hier beschriebene Experiment benutzt also den "Ausfluß" der persönlichen Energie. Empfangen mit dem ganzen Körper als Antenne und kanalisieren, d.h. abstrahlen durch drei Finger unserer Hand.

Skizzieren Sie sich mit irgendeinem Schreibgerät folgendes Schema auf ein Papier:

Frage niederschreiben:

_____

nein   **ja**   **anders fragen**

Zuerst schreiben Sie in das obere Feld eine Frage, die Sie mit "ja" oder "nein" beantwortet haben möchten. Dann legen Sie Zeige-, Mittel- und Ringfinger Ihrer Hand locker und bequem in die drei darunterliegenden Felder. Nun denken Sie fest an Ihre Frage. Beobachten Sie sich selbst: Welcher der drei Finger wird nach einiger Zeit vom Gefühl "warm" durchzogen? Oder welcher der drei Finger beginnt unmerklich zu zucken? Oder welchen der drei Finger durchzieht ein leichter ziehender Schmerz?

Die Felder sind mit 1 für nein, 2 für ja und 3 für: die Frage anders stellen gekennzeichnet ...

Anmerkung: Sehr sensible Menschen werden auf Anhieb ohne Schwierigkeiten merken, daß sie tatsächlich ein bisher unbekannter Sender und Empfänger sind ... (PSI-Journal 3/1990)

Anmerkung des Verfassers:

Es wäre sehr erstaunlich, wenn nicht nach einiger Zeit bei irgendeinem Finger irgendein Gefühl auftreten würde. Ein ähnliches Phänomen liegt beim Pendeln und Gläserrücken vor, wo allein aufgrund der Muskelspannung früher oder später Bewegungen einsetzen. Aufgrund der (meist unmerklichen) Selbstsuggestion wird der Finger anfangen zu jukken..., der die mit der Frage verbundenen Hoffnungen oder Befürchtungen am ehesten wiedergibt (vgl. wieder den "Carpenter-Effekt" beim Pendeln).

Zu Beginn der 80er Jahre geschah im McDonnel Laboratory for Psychical Research an der Washington Universität von St. Louis Sensationelles. Zwei jugendliche "Medien" erzeugten unter Laborbedingungen paranormale Effekte, die die Parapsychologen aufschreien ließen.

So wurde unter anderem ein Super-8 Film unter wissenschaftlicher Aufsicht "mit Geisteskraft belichtet". Das folgende Einzelbild stammt aus der Sequenz.

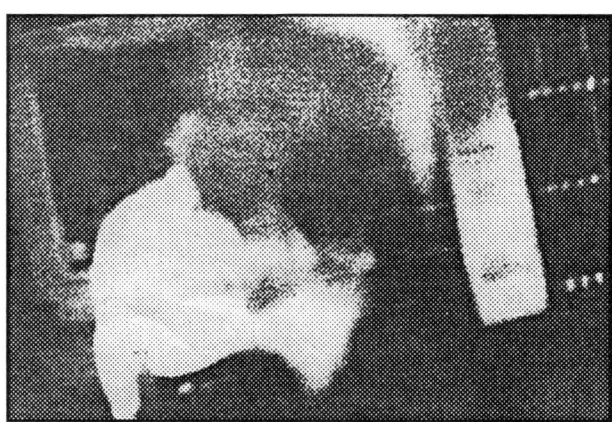

Es wurde von den Forschern interpretiert, die darin folgendes erkannten:

- einige sich bewegende Gesichter,
- ein Jesus-Porträt,
- ein UFO,
- einen weiblichen Rumpf mit Brüsten, Brustwarzen und Oberschenkeln,
- ein Baby, das gerade geboren wird.

Die Lösung: Das "Medium" war ein vom amerikanischen Zauberkünstler James Randi ausgebildeter und in das Labor eingeschleuster 'Trickser', der in einem unbewachten Augenblick auf die Linse der Kamera spuckte!

Randi und seine Mitarbeiter wollten damit beweisen, daß es sehr wohl möglich sei, die angeblich sicheren Kontrollen in parapsychologischen Labors zu unterlaufen und die Forscher zu täuschen. Daß diese durch die Interpretation des Bildes noch ein Paradebeispiel für selektive Wahrnehmung lieferten ("Man sieht das, was man sehen will ..."), war ein zufälliger Nebeneffekt.

Die auf den nächsten Seiten angegebenen Pseudo-experimente sollen nicht den Anschein erwecken, als ob hinter allen "okkulten Phänomenen" nur Zaubertricks stecken würden, als ob gerade im Bereich der Telepathie nur betrogen würde.

Vielmehr dienen die Beispiele aus dem Bereich der "Mentalmagie" einerseits der Veranschaulichung ("So könnte man sich vorstellen, daß Gedankenübertragung funktioniert!"), andererseits der Verunsicherung allzu festgefahrener Meinungen ("Alles Fauler Zauber!").

Die Zauberkunststücke machen gleichzeitig klar, wie schwierig oft die doppelblinde Gestaltung eines Überprüfungsexperiments sein kann.

Telepathie-Experimente

Die folgende "Demonstration" ist besonders verblüffend und überzeugend, weil (anscheinend) kein Trick möglich ist. Die eigentlichen Akteure sind zwei nicht eingeweihte Zuschauer, die beliebig bestimmt werden können.

Der Ablauf:

Ein Zuschauer zieht eine Karte aus einem Spiel und nimmt sie an sich, ohne sie jemandem zu zeigen. Er geht damit in eine Ecke des Raumes.

Ein zweiter Zuschauer erhält ein Streichholzbriefchen, entnimmt daraus ein Streichholz, das er entzündet und in Augenhöhe hält.

Wenn er durch die Flamme auf die mit dem Kartenrücken zu ihm gehaltene Spielkarte blickt, kann er deren Wert angeben (wenn sich der erste Zuschauer stark darauf konzentriert).

Auch wenn es unglaublich klingt - genau so läuft das Experiment ab!

Das Geheimnis:

Bitte werfen Sie keine faulen Eier, wenn Sie erfahren, was dahintersteckt! Es kommt nicht darauf an, sondern auf die Wirkung - und die ist gewaltig!

- Auf die Innenseite vom Deckel des Streichholzbriefchens schreiben Sie mit deutlicher Schrift den Namen der Spielkarte, besser noch, Sie zeichnen diese groß und deutlich (z.B. Herz As) und schreiben dazu: "Bitte mitspielen! Die gewählte Karte ist ..."

- Suchen Sie sich einen intelligenten Teilnehmer aus, der beim Öffnen des Streichholzbriefchens sofort wissen wird, worum es geht. Zwinkern Sie ihm hinterher zu, und er wird seinen Mund halten.

Bleibt eine Schwierigkeit:

Wie erhält der erste Zuschauer genau die Karte, deren Name im Briefchen steht? In der Zauberkunst

nennt man diesen Vorgang "Forcieren". Dazu gibt es unzählige Methoden, schwierige und leichte.

Möglichkeiten für Sie:

1. Sie kaufen in einem Zaubergeschäft (gibt es in vielen größeren Städten) ein entsprechend präpariertes Spezialkartenspiel (sog. Svengali-Spiel). Damit geht es "automatisch".

2. Sie stellen sich selbst ein Forcierspiel zusammen, indem Sie bei der Sparkasse oder bei einer Versicherung 32 zu Werbezwecken verschenkte Skatspiele "schnorren". Damit können

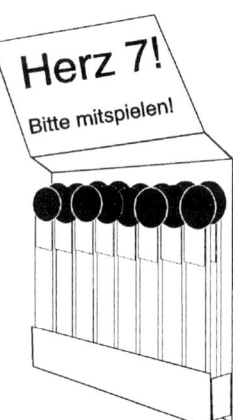

Herz 7! Bitte mitspielen!

Sie 30 Forcierspiele anfertigen, indem Sie jeweils ein Spiel mit 31 gleichen Karten und einer verschiedenen (nämlich der sichtbaren) zusammenstellen. Es müßte schon merkwürdig sein, wenn es dann nicht klappt. Halten Sie ein normales, vollständiges (allerdings ohne die forcierte Karte, denn "die" hat ja der Zuschauer!) zum Austauschen bereit.

Solche Spiele können Sie ebenfalls fertig im Zauberhandel erwerben.

3. Sie kaufen sich ein Taschenbuch über Zauberkunststücke und üben eine darin enthaltene, leichte Forciermethode ein.

Der geheime Mitwisser, der zu Beginn davon ja noch keine Ahnung hatte, braucht auch nicht zu lügen, wenn er (selbstverständlich!) von den anderen ins Verhör genommen wird. Fragen Sie ihn einfach: "Hatten Sie den Kartenwert plötzlich deutlich vor Augen?"

Das kann er mit ruhigem Wissen bejahen!

Scharlatane

Zu allen Zeiten gab es gewissenlose Scharlatane, (laut DUDEN: "Schwätzer, Aufschneider, Schwindler, Quacksalber, Kurpfuscher") die durch Ausnutzen der Unkenntnis, der Gesundheitssehnsucht, der finanziellen Gier usw. Schindluder mit ihren Mitmen-

---

schen getrieben haben.

Ob dies in der Vergangenheit der in höchsten Kreisen mit Elixieren, Spiritismus und Wunderkuren erfolgreich wirkende Graf Cagliostro (1743-1795), der in der Weimarer Republik in Berlin gefeierte "Star-Hellseher" Hanussen alias Hermann Steinschneider (1899-1933) oder in der Gegenwart deren eifrige Nachahmer auf dem Gebiet des Wahrsagens, der Wunderheilungen und der Psi-Kräfte waren bzw. sind, folgende Grundregel gilt immer:

Selbst bei nachgewiesenem Betrug und nach eindeutigen Entlarvungen war ein großer Teil der Anhängerschaft nicht einsichtig genug, dies zu erkennen bzw. zu akzeptieren. Wo die Sehnsucht nach charismatischen Telepathen und Magiern und der Wunsch 'zu glauben', vorhanden ist, hilft keine noch so schlüssige, aufklärerische Beweisführung.

Auch im Fall des allbekannten "Psi-Mediums" Uri Geller wiederholte sich dieses Phänomen:

Trickfachleute (spezialisierte Zauberkünstler) erklärten in den Medien, auf welche Art die Löffel und Schlüssel gebogen wurden (tricktechnisch), wie Geller die Illusion telepathischer Fähigkeiten erzeugte, auf welche Weise man den Eindruck erziele könne, daß Radieschensamen "in der Hand keimten"...

Die Antwort der Geller-Gläubigen war:

"Ja, diesmal hat er ausnahmsweise getrickst, weil der psychische Druck so stark war ... Aber neulich, da war Psi die Ursache ..."

Dabei ist die verwendete Tricktechnik oft relativ primitiv und manchmal sogar in allgemein zugänglichen "Zauberbüchern" für Kinder beschrieben.

Es kommt nicht darauf an, was man tut, sondern wie es dargeboten wird! Werden die auch sehr zeitbedingten Erwartungen und Bedürfnisse des Publikums glaubwürdig bedient, ist dieses für Kritik vollends unempfänglich.

Empfehlenswerte Literatur dazu:

Cziffra, G.v.: Hanussen - Hellseher des Teufels; München 1978

Prokop/Wimmer: Der moderne Okkultismus; Stuttgart 1987

Wimmer, W.: Wie man Hellseher entlarvt - Der Fall Hanussen III; Dokumentations-Edition 9 der Arbeitsgemeinschaft für Religions- und Weltanschauungsfragen (Postf. 500 107), München 1986

Das auf der folgenden Seite angegebene Hellseh-Kunststück wurde von Hanussen/Steinschneider wie auch von seinen Nachahmern als "echt" verkauft und in der entsprechenden Atmosphäre von den Teilnehmern auch so empfunden.

Röntgenblick

Der Ablauf:

Die Zuschauer werden mit postkartengroßen Zetteln und mit Bleistiften ausgerüstet. Der Magier hat versprochen, sich als Wahrsager und Hellseher zu betätigen. Jeder darf aufschreiben, was ihm gerade einfällt - ein Zitat, ein Sprichwort, ein Datum, einen Namen oder dergleichen. Die Zettel werden sorgfältig zusammengerollt, geknifft, eingesammelt und ungeöffnet auf den Tisch gelegt. Der Magier nimmt einen Zettel nach dem anderen auf, hält ihn ungeöffnet an die Stirn, denkt scharf nach und sagt dann, was auf dem Papier geschrieben steht. Erst dann überzeugt er sich, ob seine Aussage stimmte. Der betreffende Zuschauer muß sie bestätigen.

*Erik Jan Hanussen - bürgerlich:
Hermann Steinschneider*

Zubehör:

Zettel und Bleistifte für alle Zuschauer - außerdem ein Gehilfe, der im Zuschauerraum sitzt und mit dem sich der Magier vorher verabredet.

Vorführung:

Wie alle anderen Zuschauer beschreibt auch der Gehilfe des Magiers einen Zettel, verwendet aber ein leicht abweichendes Papier oder kennzeichnet seinen zusammengerollten Zettel mit einem Bleistiftkreuz. Diesen Zettel schiebt der Magier etwas zur Seite und hebt ihn sich bis zum Schluß auf. Er beginnt, indem er einen beliebigen Zettel an die Stirn drückt. Als Ergebnis seiner Hellseherei sagt er aber nicht, was auf diesem Zettel steht (woher sollte er es auch wissen?), sondern was

der Gehilfe auf seinen Zettel geschrieben hat - und das war vorher abgesprochen.

Der Gehilfe bestätigt, daß der Magier in seinem Fall richtig hellgesehen hat. Der Magier öffnet den Zettel, um sich davon zu überzeugen, daß seine "Voraussage" stimmte - und liest, was wirklich auf diesen Zettel geschrieben wurde. Den Zettelinhalt prägt er sich ein. Nun wird der nächste Zettel verschlossen an die Stirn gehalten. Als Ergebnis verkündet der Magier, was er kurz zuvor auf dem ersten geöffneten Zettel gelesen hatte. Der zu diesem Text gehörende Zuschauer bestätigt die Richtigkeit, der Zettel wird geöffnet - und so fort nach dem gleichen Schema.

Da alle Zettel gleich aussehen, fällt diese Manipulation nicht auf. Zuletzt hält der Wahrsager den Zettel des Gehilfen an die Stirn und verkündet, was er auf dem vorletzten Zettel gelesen hat. Damit ist der Kreis geschlossen. Alle Zuschauer waren einmal an der Reihe.

Nachzutragen bleibt, daß z.B. Hanussen sich auch bei weiteren Tricks sehr stark auf die Hilfe von eingeweihten Helfern und Mitwissern stützte. (Gööck 1981, 157)

Von Wahrsagern und Hellsehern

"Vom Wahrsagen läßt sich wohl leben, aber nicht vom Wahrheit sagen!"
(Georg C. Lichtenberg, 1742-1799)

In keinem anderen okkulten Bereich ist die Schar der prominenten, entlarvten Betrüger wohl so groß wie bei den Hellsehern und Wahrsagern.
Die Folge daraus? - Wahrsager und Hellseher vielfältiger Art haben heute wieder Hochkonjunktur, wie ein Blick in die Anzeigenspalten der Tageszeitungen und der Zeitschriften, wie zahlreiche Illustriertenberichte gerade der letzten Zeit zeigen.
Sie verstehen das nicht? - Ich auch nicht!

Dem "gebildeten" Menschen kommt sofort bei diesem Thema die berühmte Pythia des antiken Delphi in den Sinn, die mit ihren berüchtigten, vagen Sprüchen mehr Verwirrungen als Klarheit schaffte. Geradezu klassisch in seiner Doppeldeutigkeit ist ihr Spruch für den König Kroisos, der wissen wollte, ob er Krieg gegen die Perser führen solle. "Du wirst ein großes Reich zerstören!", war die Antwort. Was ja dann auch stimmte. Allerdings zerstörte er nicht das Perserreich unter Kyros II., sondern sein eigenes.
Die Tricks der antiken Seher

Das Orakel in Delphi

waren die gleichen wie die, mit denen ihre Nachfahren in der Neuzeit arbeiten: Vieldeutigkeit, Menschenkenntnis, Aushorchen, gute Nachrichtensysteme, eingeweihte Helfer.

Daß das Hellsehen/Wahrsagen in einer entsprechenden Atmosphäre stattfand, ist ebenfalls bekannt. Auch die wundersamen Hilfsmittel, die zu einem Blick in die Vergangenheit oder Zukunft des Kunden verwendet wurden und werden, sind vielfältig: Eingeweide von frisch geschlachteten Tieren, der Vogelzug, geworfene Knochen oder Steinchen, Kaffeesatz, Würfel, Karten, Kristallkugeln, Handlinien, Schriftzüge, ...

Berühmte Hellseher

Nostradamus (1503-1566)
Dieser bürgerlich Michel de Notredame genannte, vielseitige Mann war Mathematiker, Astrologe und Leibarzt des französischen Königs Karls IX. Seine erstmals 1558 veröffentlichten, dunklen Prophezeiungen müssen auch heute noch für viele Ereignisse herhalten, wobei die Interpretationskünste seiner Anhänger oftmals bewundernswert sind.

Emanuel Swedenborg (1688-1772)
Auch Swedenborg war zunächst Naturwissenschaftler, bis er sich zum spiritistischen Mystiker wandelte. Er "sah" z.B. in Göteborg einen gleichzeitig in Stockholm wütenden Großbrand. Ein Ereignis, über das Kant skeptisch berichtete. Letzterer hätte sich wahrscheinlich nicht träumen lassen, daß er damit zu einem Kronzeugen der Psi-Gläubigen werden würde. Unterschlagen wird von diesen sein Satz: "Ich bin es müde, die wilden Hirngespinste des ärgsten Schwärmers unter allen zu kopieren."
Heute ist unstrittig, daß Swedenborg an Schizophrenie erkrankt war.

Erik Jan Hanussen (1899-1933)
Der "Fürst der Hellseher" und "Rasputin von Berlin" sammelte mit seiner "Kunst" riesige Reichtümer, bis er 1933 von der SA erschossen wurde

(wahrscheinlich, weil er vom geplanten Reichstagsbrand Kenntnis erhielt und den Mund nicht halten konnte). Daß auch er mit Tricks arbeitete, wurde durch die eidesstattliche Versicherung seines Sekretärs Erich Juhn deutlich.

Gerard Croiset (1909-1980)

Croiset verdiente sein Geld in erster Linie als handauflegender Heiler. Die Grundlage seiner Popularität war, daß er namhafte Leiter parapsychologischer Institute von seinen Fähigkeiten überzeugen konnte: Professor Tenhaeff in Utrecht und Professor Bender in Freiburg. (vgl. dazu ausführlich Gubisch 1961, 174-196) Als Hellseher machte Croiset medienwirksam immer wieder Werbung mit seinen angeblichen Hilfsaktionen im kriminalistischen Bereich (wovon die Polizei aber typischerweise nichts wußte!).

Gerard Croiset

Im Bereich der Wahrsagerei und Hellseherei wird oftmals mit Tricks gearbeitet, von denen sich der Laie keine Vorstellung macht. Der Verfasser führte z.B. mehrmals mit Rechtsanwälten, Zeitungs- und Fernsehredakteuren die "Schlagzeilenvorhersage" über mehrere Wochen hinweg durch, wobei "eigentlich kein Trick möglich" sein kann. Auch Zauberkünstler können oft auf Anhieb keine Lösung erkennen.

Carl Willmann gab in seinem schon historischen Buch "Moderne Wunder" bereits 1897 ein gutes Beispiel (S. 251):

> Insbesondere gibt es durch lebhafte Vorstellungen unbewußt verursachte unwillkürliche Bewegungen, und diese sind es, welche das Gedankenlesen ermöglichen. Preyer versichert auf Grund zahlreicher mit sich selbst und andern vorgenommener Versuche, daß lediglich die Wahrnehmung solcher unwillkürlichen Muskelbewegungen den Gedankenleser leitet.
>
> Diesem werden die Augen verbunden, und er soll den, welcher eine einzige ganz bestimmte Vorstellung zum ausschließlichen Gegenstand seiner auf den höchsten Grad angespannten Aufmerksamkeit macht, dahin führen, wo das gedachte Objekt sich befindet, und es ergreifen. Worauf es hierbei vor allem ankommt, das ist eine Berührung an einem beweglichen Körperteil, sowie eine sehr große Konzentration der Aufmerksamkeit des nicht Sehenden. Er muß nämlich an gar nichts anderes als an das Fehlen und Auftreten unwillkürlicher Muskelbewegungen denken. Diese werden, auch wenn sie ganz schwach sind, von empfindlichen Individuen leicht wahrgenommen. Solche in vielen Fällen durchaus nicht schwache, sondern deutlich zuckende Bewegungen der Hand und des ganzen Unterarmes treten bei Unbefangenen sehr leicht ein, wenn sie an die Stelle kommen, wo der ihre Vorstellungsthätigkeit durchaus erfüllende Gegenstand sich befindet. Preyer behauptet, daß die Muskelbewegung des „Geführten" vom Gedankenleser, wenn dieser falsch gehe, deutlich als Hemmung oder wenn er richtig gehe, als Begünstigung der „Führung" empfunden werde, so daß in Wahrheit der Gedankenleser der Geführte ist. Die sichere Unterscheidung dieser oft sehr feinen Nüancen kann ebenso wie die dann und wann auftretende flüchtige Zunahme und Abnahme der Pulsfrequenz während der „Suche" ohne Zweifel durch Übung erlernt werden.
>
> Der „Gedankenleser" muß, ohne bewußtlos zu sein, sich wie ein Hypnotisierter verhalten können, in welchem das eigne Urteil aufgehoben ist und die leiseste Berührung genügt, eine Hebung oder Senkung des Armes, Gehen oder Umdrehen und dergl. zu veranlassen. Wer diese Eigenschaften besitzt, dem gelingt es ohne Vorübung, ganz verblüffende Aufgaben zu lösen.

Unwillkürliche Muskelbewegungen leiten den "Gedankenleser".

© Verlag an der Ruhr, Postfach 10 22 51, 45422 Mülheim an der Ruhr

PSI

Mit was für kruden Methoden auch heutzutage "Hellseher" Erfolg haben, belegen folgende Zeitungsartikel:

Teufel austreiben und aus Kaffeesatz lesen

cis. Nürnberg - Daß sie den Teufel austreiben könnten, "um den Seelenfrieden wiederherzustellen" - mit diesem Ammenmärchen nahmen zwei jugoslawische Hausfrauen gutgläubige Landsmänninnen aus. Schlichte Betrügereien in Höhe von 1800 Mark war es für den Nürnberger Amtsrichter. Ihre angeblichen Fähigkeiten, aus der Hand oder dem Kaffeesatz die Zukunft lesen zu können, öffneten Svetlana D. (39) und Mileva N. (38) mühelos die Wohnungstüren. Mit einer noch eindrucksvolleren Nummer warteten sie drinnen auf: Ein rohes Ei auf den Schallplattenspieler gesetzt, Tuch darüber und was kam raus mit viel Hokus-Pokus? Ein kleines, nur fünf Zentimeter großes, aber furchterregend aussehendes Teufelchen mit blinkenden Glasaugen und Raffzähnen.

Verkohlt im Aschenbecher lag ein falscher Tausendmarkschein, den die Angeklagten mit gutem Beispiel voran geopfert hatten für Zukunft, Seele, Glück und Portemonnaie. Schwer beeindruckt gab eine Familie 1000 echte Mark hin und noch den Ehering des verschwundenen Vaters.

Das nächste Opfer, eine 58jährige Witwe, mußte erfahren, daß auf ihrem verstorbenen Ehemann ein schlimmer Fluch laste. Nur durch materielle Opfer, "je größer, je wirkungsvoller", so die Angeklagten, könne er wieder zu seinem Seelenfrieden finden. Die Witwe trennte sich sofort von 800 DM Bargeld und ihrem gesamten Schmuck (Wert 4000 DM). In Weihwasser gelegt, sollte er von den Frauen besprochen und dann zurückgebracht werden, "gereinigt vom irdischen Fluch." Die Trauernde, bereit auch noch ihr Bankkonto mit 4000 DM zu räumen, erzählte zum Glück ihrer Tochter von der Wiedererlangung des Seelenfriedens. Die Medizinstudentin schaltete sofort die Polizei ein. Als das Teufels-Austreiber-Duo, wie verabredet, wieder bei der Witwe erschien, um weitere Opfer entgegenzunehmen, waren die Beamten schon da.

Das Urteil: Je zehn Monate Haft auf Bewährung für die Sozialhilfeempfängerinnen.

(Nürnberger) Abendzeitung, 21.5.88

Welche beeindruckenden Erfolge ein Trickexperte ohne einen Hauch von übersinnlichen Fähigkeiten erzielen kann, hat der Verfasser schon öffentlich demonstriert:

AZ-Schlagzeile vorhergesagt
Zauberkünstler erriet Thomas-Gottschalk-Überschrift

suk. Nürnberg - Minuten vor der Enthüllung seiner geheimnisvollen AZ-Schlagzeilen-Vorhersage standen dem Zauberkünstler Wolfgang Hund gestern doch noch die Schweißperlen auf der Stirn. "Es ist", gestand er seinem Publikum in der Schalterhalle der "Abendzeitung" kurz vor Öffnung des Umschlags, "wirklich ein großer Streß für mich." Der erhöhte sich noch, als der Hersbrucker schließlich um Punkt 11 Uhr zur Schere griff und das mit Tesafilm verklebte Kuvert öffnete.

Darin befand sich der originale Briefumschlag, wie er - verschlossen und versiegelt - vor zwei Wochen per Post in unserer Redaktion eingegangen war. Bis gestern früh hatte er im AZ-Tresor gelegen.

Verblüffung, als Reporterin Susanne Kölbl den Brief schließlich geöffnet hatte: Inhalt: die Vorhersage: "Bayern 3 holt Gottschalk zurück". Das Kunststück war gelungen! Der Beifall der erwartungsvollen Besucher hatte sich der Trickser nun aber redlich verdient. Auch zwei Nürnberger Zauberer unter den Zuschauern staunten nicht schlecht. Magie-Künstler Lothar Wegener meinte sogar: "Die Schlagzeile der "Abendzeitung" vorherzusagen ist jedenfalls schwieriger als eine Jungfrau zu zersägen". Wolfgang Hund, der - wie er betonte - nicht mit dem Anspruch kam, "übersinnliche Kräfte zu besitzen", war schließlich angetreten, um anderen Spaß zu bereiten.

(Nürnberger) Abendzeitung 16.6.1988

Wissenschaftliche Studie belegt: 90 Prozent der Italiener „glauben eher an Magie als an Gott"

Wahrsager werden konsultiert wie der Hausarzt

Die Finanz- und Wirtschaftsmetropole Mailand gilt als Hauptstadt der Hexerei — Hohe Umsätze

ROM — Im bläulichen Schein der Kristallkugel sieht Calibran das Unheil nahen. „Dein Leben ist bedroht", sagt der Magier mit dämonischem Blick und dumpfer Stimme. Gut 80 Personen suchen in seiner Praxis in Rom regelmäßig Rat in Zukunftsfragen — nicht immer sieht er schwarz. Calibran ist einer von 150 000 italienischen „maghi". Die meisten machen gute Geschäfte. Zwölf Millionen Italiener suchen genauso regelmäßig einen Wahrsager auf, wie andere ihren Hausarzt. Die Visiten sind nicht billig: Über 1000 Milliarden Lire (1,4 Milliarden Mark) werden jährlich in der Magie-Branche umgesetzt.

„Gut 90 Prozent der Bevölkerung glauben eher an Magie als an Gott", schätzt Cecilia Gatto-Trocchi, Professorin für Kultur-Anthropologie in Perugia. Sie hat in einer Studie für das römische Institut für Politik, Sozial- und Wirtschaftswissenschaften (ISPES) ausgerechnet die nüchterne Finanz- und Wirtschaftsmetropole Mailand als heimliche Hauptstadt der Magie in Italien ermittelt.

Mundpropaganda

Im Süden des Landes wisse man von Wahrsagern meist nur durch Mundpropaganda, berichtet Gatto-Trocchi, während im Norden Management und

Marketing auch auf diesem Sektor eingesetzt würden.

Individuelle Glücksbringer sind schon für umgerechnet 42 Mark zu haben. Auch das Kartenlegen ist mit durchschnittlich nicht mehr als 200 Mark noch relativ erschwinglich. Die Honorare schnellen in die Höhe, will sich der Klient durch „contrafattura", durch Gegenzauber, vor Unheil schützen lassen. Weit über 8000 Mark kann die „prova del Malocchio" kosten, die Probe des Bösen Blicks, bei der ein Tropfen Öl in vom Magier geweihtem Wasser Aufschluß über die zukünftigen Geschicke gibt.

Noch tiefer muß in die Tasche greifen, wer mittels der „fattura a morte", dem Todeszauber, ein böses Schicksal über einen ungeliebten Zeitgenossen heraufbeschwören will. In diesem Fall können bis zu 42 000 Mark verlangt werden. Nachfrage scheint durchaus zu bestehen, werden doch hin und wieder derartige Praktiken zum Gegenstand von Kriminalprozessen.

„Wir sind keine Hexer, keine Zauberer", betont der Magier Calibran. Der Blick in die Zukunft, so versichert er, verschaffe vielen im Guten wie im Bösen die Gewißheit, die ihnen fehle. Daher sehen sich Italiens Magier lieber als Therapeuten. Seit Jahren schon sind sie in gewerkschaftsähnlichen Verbänden um staatliche Anerkennung ihres Berufsstandes bemüht.

STEFAN BIER (dpa)

Gennaro Brianti liest einer Kundin mit einer „Zauberlupe" aus der Hand.

Archivfoto: rtr

Nürnberger Nachrichten 20.2.1991

Einfache Katoptromantie

Wenn Sie wissen möchten, wie lange es noch dauert, bis Sie heiraten

Sehen Sie sich in einem kleinem Handspiegel, möglichst in einem mit Silberschicht auf der Rückseite, den Vollmond an. Sie können dann die Jahre bis zu Ihrer Hochzeit aus der Zeit abschätzen, die vergeht bis eine Wolke den Mond verhüllt oder ein Vogel an ihm vorbeifliegt.

Wenn Sie Ihren zukünftigen Partner sehen möchten

Blicken Sie an Halloween um Mitternacht in einen Spiegel und halten Sie eine Kerze in der Hand; dann sehen Sie, wie Ihr zukünftiger Partner Ihnen über die linke Schulter blickt.

aus: "Das große Buch der Magie", 1995

PSI

**"Sag' mir deinen Namen -
und ich sag' dir, wie du heißt!"**

- Methoden des Wahrsagens -

Die bekanntesten Methoden der Zukunftsvorhersage greifen auf die Konstellation der Sterne, auf Karten oder auf die gute alte Kristallkugel zurück. Aber darüber hinaus gibt es zahllose Methoden, die im Laufe der Menschheitsgeschichte zum "Wahrsagen" und "Hellsehen" eingesetzt wurden:

Aeromantie:
durch atmosphärische Phänomene wie Luft, Himmel;

Alphitomantie:
durch Verzehren speziellen Gerstenbrotes;

Auspizien:
(lat.: auspicium - Vogelschau) Erkundung des göttlichen Willens im antiken Rom durch die Beobachtung des Vogelflugs;

Austromantie:
durch Windstudien;

Axinomantie:
durch einen Stein, der auf einer glühenden Axt balanciert;

Belomantie:
durch Pfeile;

Botanomantie:
durch Verbrennen von Wildrosen- oder Eisenkrautzweigen;

Ceromantie:
durch Wachsgebilde, die entstehen, wenn man geschmolzenes Wachs in kaltes Wasser gießt;

Chalcomantie:
durch die Interpretation der Töne, die beim Anschlagen von Kupfer- oder Messingbecken entstehen;

Chiromantie:
durch Deuten der menschlichen Handlinien;

Chresmomantie:
durch das Stammeln einer Person in Ekstase;

Chromniomantie:
durch Beobachten des Wachstums besonders vorbereiteter Zwiebeln;

Daphnomantie:
durch ins Feuer geworfene Lorbeerzweige und die Geräusche, die sie beim Verbrennen erzeugen;

Felidomantie:
durch das Verhalten von Katzen;

Floromantie:
durch die Beobachtung von Pflanzen;

Gelomantie:
durch Interpretation von hysterischem Gelächter;

Geomantie:
durch Deuten von Sandformen, - malereien;

Gyromantie:
durch das Stammeln eines nach einem wilden Tanz total Erschöpften;

Halomantie:
durch das Streuen von Salz in ein Feuer;

Hippomantie:
durch die Gangart von Schimmeln bei Prozessionen;

Hydromantie:
durch Beobachtung von Quellwasser, in das Gegenstände geworfen werden;

Ichthyomantie:
durch Deutung von Fischeingeweiden oder Beobachtung lebender und toter Fische;

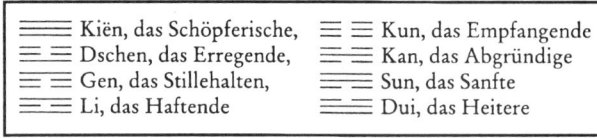

I Ging:
durch Werfen und Deuten von Schafgarbenstengeln (o.ä.);

☰ Kiën, das Schöpferische,	☷ Kun, das Empfangende
☳ Dschen, das Erregende,	☵ Kan, das Abgründige
☶ Gen, das Stillehalten,	☴ Sun, das Sanfte
☲ Li, das Haftende	☱ Dui, das Heitere

Die Symbole des I Ging

Kaffeesatz:
durch Deuten des ausgeschütteten Kaffeesatzes;

Katoptromantie:
durch im Wasser oder im Spiegel entstehende Bilder;

Kephalomantie:
durch Kochen eines Ziegen- oder Eselskopfes;

Kristallomantie:
durch Spiegelung von Kristallen;

Lithomantie:
durch die Reflexion von Kerzenlicht auf Edelsteinen;

Lychnomantie:
durch Beobachtung von drei brennenden Kerzen, die im Dreieck aufgestellt sind;

Macharomantie:
durch Schwerter, Dolche und Messer;

Margaritomantie:
durch das Verhalten einer Zauberperle in einem zugedeckten Topf;

Metopomantie:
durch Deutung der Stirnfalten eines Menschen;

Myomantie:
durch Verhalten, Geräusche oder plötzliches Auftauchen von Mäusen und Ratten;

Nephelomantie:
durch Wolkenformationen und Wolkenbahnen;

Numerologie:
durch Deuten von Zahlen;

Oenomantie:
durch Farbe, Aussehen und Geschmack von Weinen;

Omphalomantie:
durch Betrachtung des eigenen Nabels;

Oneiromantie:
durch Deutung von Träumen und nächtlichen Visionen;

Onychomantie:
durch den Widerschein von Sonnenlicht auf den Fingernägeln;

Ophiomantie:
durch Beobachtung von Schlangen;

Ornithomantie:
durch Deuten des Vogelfluges;

Ovomantie:
durch Beobachtung der Formen, die sich ergeben, wenn Eiweiß in Wasser tropft;

Pedomantie:
durch Beobachtung der Fußsohlen;

Phyllorhodomantie:
durch die Geräusche von Rosenblättern, die man gegen die Hand schlägt;

Pyromantie:
durch Beobachtung des Opferfeuers;

Sciomantie:
durch die Größe, Form und wechselnde Erscheinung von Schatten der Toten;

Sclenomantie:
durch Phasen und Erscheinungsformen des Mondes;

Sideromantie:
durch die Formen, die entstehen, wenn man trockenes Stroh auf heißes Eisen fallen läßt;

Skapulomantie:
durch die Kerben am Schulterknochen eines Tieres;

Splanchomantie:
durch Betrachten der Eingeweide von Opfern;

Sykomantie:
durch Trocknen von Feigenblättern;

Tarot:
durch Legen von Karten;

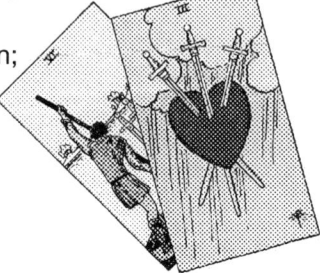

Transataumantie:
durch Ereignisse, die man zufällig sieht und hört;

Tyromantie:
durch das Gerinnenlassen von Käse;

Uromantie:
durch die Untersuchung von Urin;

Xylomantie:
durch das Deuten von dürren Ästen und Zweigen, die man auf seinem Weg findet, oder auch durch Beobachtung von brennenden Holzscheiten;

Zoomantie:
durch Berichte über Fabeltiere, z.B. Seeungeheuer.

Viele "Wahrsager und Hellseher" geben hinter der vorgehaltenen Hand zu, daß sie eigentlich die o.a. Hilfsmittel nicht benötigen, daß aber die "Kundschaft den Hokuspokus verlange"!

Viele Kunden von Wahrsagern und Hellsehern sind "erschlagen", wenn sie aus einer entsprechenden Sitzung kommen und fragen sich und andere:
"Was die Frau mir alles gesagt hat... und dabei habe ich doch überhaupt nichts von mir erzählt... mein ganzes bisheriges Leben war für die ein einziges, offenes Buch ... und dann wird ja wohl auch das stimmen, was sie mir für die Zukunft vorhergesagt hat..."

Die psychischen Vorgänge, die bei einer solchen "Lebensberatung" (so wird es meist angepriesen) ablaufen, sind äußerst diffizil und hinterher nur noch in Bruchstücken rekonstruierbar.
Allerdings kann man die grundsätzlichen psychologischen Strategien der Hellseher demonstrieren und damit auch praktisch erfahrbar und simulierbar machen.

Der amerikanische Psychologe und Skeptiker Ray Hyman formulierte allgemeingültige

"Regeln" für das 'Wahrsagen'

1. Denken Sie daran, daß der wichtigste Schlüssel für erfolgreiches Charakterlesen das VERTRAUEN ist!

2. Nützen Sie kreativ die letzten statistischen Erkenntnisse, Meinungsumfragen usw.

3. Seien Sie bescheiden in Ihrem Verhalten und mäßig in Ihren Behauptungen!

4. Gewinnen Sie fortschreitend die Mitarbeit des Kunden!

5. Benutzen Sie ein Hilfsmittel wie z.B. eine Kristallkugel, Tarotkarten oder die Handlinien!

6. Halten Sie eine Sammlung von Allgemeinplätzen bereit!

7. Halten Sie Ihre Augen offen!

8. Benutzen Sie die Technik des Paraphrasierens!

9. Lernen Sie, gut zuzuhören!

10. Dramatisieren Sie Ihre 'Kunst'!

11. Erwecken Sie den Eindruck, daß Sie mehr wissen, als Sie sagen!

12. Scheuen Sie sich nicht, bei jeder Gelegenheit zu schmeicheln!

13. Denken Sie an die goldene Regel: Sagen Sie Ihrem Kunden, was er hören will!

(Hyman 1977, 18 ff.)

Gründe für "richtige" Aussagen der Wahrsager
Wenn man diese "Regeln" berücksichtigt, dann gibt es im großen und ganzen folgende sechs Möglichkeiten, warum Vorhersagen oder Aussagen von "Wahrsagern" tatsächlich stimmen können - ohne daß man deshalb übersinnliche Kräfte ins Spiel bringen müßte!

1. SELBSTTÄUSCHUNG
Der Glaube an den Hellseher verfälscht die Erinnerungen unbewußt, bis sie mit der Darstellung des Wahrsagers übereinstimmen. Der Kunde macht das selbst wahr, was wahr sein soll. Weil etwas erwartet wird, erfüllt es sich als "selbsterfüllende Prophezeiung", die vor allem im negativen Bereich fatalerweise besonders gut "funktioniert".
Wenn etwas nicht genauso eintrifft, wird es soweit zurechtgebogen, bis es "stimmt": "Eigentlich hat er mir ja einen Verkehrsunfall vorausgesagt, aber ein Sturz von der Leiter ist ja was Ähnliches!"

2. ZUFALL
Zufällige Übereinstimmungen sind bei der Vielzahl von Prophezeiungen immer zu erwarten. "Treffer" werden von den Medien wie von den Betroffenen selbst hochgejubelt, Fehler unterschlagen.

3. VIELDEUTIGKEIT
"Prophezeiungen" sind so allgemein gehalten, daß man sie auf alle möglichen Ereignisse beziehen kann. Zahlreiche Beispiele aus der Geschichte sind überliefert. Man spricht hier auch vom "Barnum-Effekt" (benannt nach dem berühmten Zirkusdirektor): "Ein bißchen für jeden!"
Es gibt ganze Listen von vagen, mehrdeutigen Allerweltsfloskeln und Personenbeschreibungen, die so gut wie nichts ausschließen und von den meisten

Menschen als "für mich zutreffend" bezeichnet werden (siehe dazu die Beispiele für die praktische pädagogische Arbeit):
"rechtschaffen - aufrichtig - herzlich - anpassungsfähig - Sinn für Humor - einfühlsam - empfindungsfähig - freiheitsliebend - aktiv - pragmatisch - angenehm - ..."
In Kombination mit "wahrscheinlich - möglich - könnte - dürfte - eher - ..." ergeben sich eine Unzahl von "stimmigen" Aussagen.

Folgende Antworten können in jeden Wahrsagetext als "Extras" eingestreut werden:

- "Ich sehe eine Gefahr für Sie - durch einen plötzlichen Unfall. Seien Sie deshalb in den nächsten zwei Wochen besonders vorsichtig, dann wird Ihnen kein Schaden entstehen. Ohne Schrecken werden Sie allerdings nicht davonkommen."

- "Sie werden in den nächsten Tagen einen Brief erhalten, der für Sie eine größere Bedeutung haben wird, als Sie zunächst annehmen. Bewahren Sie das Schreiben auf, auch wenn Sie es im ersten Moment wegwerfen wollen!"

- "Über Ihrer gesundheitlichen Verfassung liegen dunkle Wolken. Wenn Sie mehr auf eine gesunde Lebensweise achten, können Sie Schäden noch abwenden. Gehen Sie mehr spazieren und ernähren Sie sich ausgewogener als in der letzten Zeit!"

- "In den nächsten zwei Wochen werden Sie Nachricht von jemandem bekommen, den Sie schon längst aus den Augen verloren haben. Nutzen Sie diesen überraschenden Kontakt überlegt!"

- "Ich sehe eine Veränderung in Ihrem Leben, was den Ort betrifft. Sie werden plötzlich mit dem Gedanken an eine Reise konfrontiert werden, an die Sie im Moment überhaupt noch nicht denken. Diese Veränderung steht unter einem sehr positiven Aspekt!"

- "Hinter Ihrem Rücken wird über Sie geredet! Seien Sie in der nächsten Zeit im privaten und beruflichen Bereich nicht zu vertrauensselig und zu offenherzig. Es befindet sich in Ihrer Nähe eine Person, die Ihnen gegenüber zwar schöne Augen macht, hintenherum aber gegen Sie hetzt!"

- "In der nächsten Zeit werden Sie mit einer guten Gelegenheit konfrontiert werden, die Sie beinahe übersehen hätten! Halten Sie die Augen offen und ergreifen Sie die Chance!"

4. BEWUSSTE TÄUSCHUNG

Alle "Hellseher", die öffentlich auftreten, arbeiten mit unlauteren Tricks. Dies unterscheidet sie von Zauberkünstlern, die sich als "Mentalisten" bezeichnen, aber nicht ernsthaft behaupten, übersinnliche Fähigkeiten zu besitzen, die man z.B. bei Privataudienzen gegen Bezahlung einsetzen könnte.

5. GUTE MENSCHENKENNTNIS

Präzise Einschätzung der Kunden aufgrund von Kleidung, Andeutungen, körperlichen Merkmalen und Verhaltensweisen gehört zum alltäglichen Handwerkszeug eines jeden Wahrsagers. Für einen scharfen Beobachter gibt es viele Kleinigkeiten, die mit einigermaßen großer Sicherheit bestimmte Rückschlüsse erlauben (Beispiele dazu siehe unten).

Daneben beherrschen viele Wahrsager die Kunst des "Muskellesens" ('Cumberlandismus'), wobei unbewußte Muskelbewegungen z.B. im Gesicht mit erstaunlicher Treffsicherheit erkannt und gedeutet werden können. Grundlage ist hierbei der sog. "Carpenter-Effekt" (siehe das Kapitel über "Pendeln").

Wenn der Klient "ja" oder "nein" denkt, führt er unbewußt minimale Kopf- bzw. Augenbewegungen aus, die für einen geschulten Menschen erkennbar sind!

6. WAHRSCHEINLICHKEIT

Es werden mittlerweile ununterbrochen in den Medien Meinungsumfragen, Trends, Statistiken und psychologische Wahrscheinlichkeiten veröffentlicht. Wer hier die Augen aufmacht, kann zu vielen Lebensbereichen Aussagen machen, die mit hoher oder höchster Wahrscheinlichkeit zutreffen. Neben allgemeinen gesellschaftlichen, politischen und wirtschaftlichen Trends gibt es aber auch eine hierarchische Präferenz bei persönlichen Problemen.

Ein "Wahrsager" täte gut daran, wenn ein Kunde zu ihm kommt, nach folgender Rangfolge vorzugehen:

I. Partnerschaftsprobleme

- unverheiratet (Mann/Frau - Verlobung - Heirat - Sexualität - Persönliche Erscheinung - Minderwertigkeitskomplexe),
- verheiratet (Ehepartner - Kinder - Verwandte - Rechtsfragen - Sexualität).

II. Gesundheit

- Eigene Gesundheit (pathologisch - psychologisch),
- Gesundheit anderer (Angehöriger - Freund - medizinischer Beruf).

III. Geld

- Verlust (zu Hause - geschäftlich - Ratenzahlung - Reisen - Schulden),
- Gewinn (Spekulation - Investition - Grundstücke - Darlehen - Ersparnisse - Diebstahl).

Ist der "Hellseher" ein "normaler" Mensch?

Rudolf Lang führt in einem ausgezeichneten (wenngleich manchmal etwas zu paragläubigen) Beitrag grundlegende Erkenntnisse an, die Tenhaeff bei einer Studie zur Persönlichkeit von "esoterischen Praktikern"/ "Hellsehern" gewonnen hatte (hier referiert nach: Lang 1988, 28 ff.) Anzumerken ist dabei, daß Tenhaeff u.a. dazu beigetragen hatte, daß der Hellseher Gerard Croiset (s.o.) zu einer Berühmtheit wurde.

Im einzelnen zeigen diese Hellseher folgende Persönlichkeitsmerkmale:

- Sie sind ich-schwach, finden in sich keinen Halt. Ihr inneres Gleichgewicht ist labil und extremen Stimmungsschwankungen unterworfen.

- Ihre Konzentrations- und Gestaltungskraft ist schwach. Sie zeigen oft eine gewisse Neigung zu Persönlichkeitsspaltung bzw. -wechsel, Verdrängung und explosiven Affekten.

- Ihr schwaches Selbstgefühl bessert sich nur, wenn sie Erfolg haben. Manche neigen zu Allmachtsphantasien und u.U. Anwandlungen von Größenwahn.

- Manche tragen unauflösbare Widersprüche in sich: die Tendenz zu Harmonie und Geistigkeit einerseits, eine deutliche materielle Orientierung andererseits.

- Viele sind gehemmt in bezug auf zwischenmenschliche Beziehungen und drücken ihre Gefühle nur schwer aus, sehnen sich aber nach Kontakt, Zugehörigkeit und Zärtlichkeit... Die Angst vor neuen Enttäuschungen treibt sie oft in die Flucht in eine Krankheit...

- In einer gewissen Realitätsferne übersehen sie die Wirklichkeit oder deuten sie um. Dabei ziehen Sie sich zurück in eine Scheinwelt, in der spirituelle und mystische Phantasievorstellungen vorherrschen. Viele haben das Gefühl, dämonischen Mächten ausgeliefert zu sein.

- Das Schicksal werten sie als Ausdruck einer unbeeinflußbaren überpersönlichen Instanz, die sie als übermächtig empfinden.

Ein zentraler Widerspruch der esoterischen Hilfsangebote liegt in der Frage, wie das hohe Sendungsbewußtsein zum Zwang des Geldverdienens paßt? Eigentlich gehört es zur esoterischen Tradition, daß der Esoteriker seine besonderen Fähigkeiten und Kräfte nicht in der Öffentlichkeit

demonstriert und zur Schau stellt, und er kein Geld dafür nimmt, wenn er sie anwendet - vor allem, daß er kein Gewerbe daraus macht ... (Lang 1988, 29)

Auf diesen Punkt wird später noch einmal zurückzukommen sein, da es sich um einen zentralen "Knackpunkt" der "Esoterik- und Okkultwelle" handelt.

Im folgenden Abschnitt bringt Lang das Verhältnis zwischen Klient und "esoterischem Lebensberater" komprimiert auf den Punkt:

Zwischen Berater und Klient spielt sich dasselbe ab, wie zwischen einem Schamanen und seinem Stamm: Der Schamane erkennt - wie ein guter Psychologe - die Bedürfnisse des Stammes und einzelner Stammesmitglieder und verspricht, sie zu befriedigen. Der Stamm bzw. der einzelne Stammesangehörige glaubt dem Wundermann, macht ihn zu seinem Führer und vertraut ihm. Der Schamane zeigt Proben seiner Kraft und befriedigt damit z.T. die Bedürfnisse des Stammes bzw. eines Stammesmitgliedes. Der Stamm oder ein einzelner bewundert das Können des Schamanen, dankt ihm und verspricht ihm Gehorsam und Treue. Die Rückmeldung des Stammes und dessen Vertrauen steigern die Fähigkeiten des Schamanen noch. Der Stamm verläßt sich immer mehr auf den Schamanen, daß er auch künftig helfen wird usw.: ein Regelkreis ist entstanden, der automatisch die Rollen verteilt und in dem sich die Beziehungen zwischen Schamane und Stamm abspielen ...

Auf diese Weise schafft sich der Berater einen Nimbus, der den Klienten gläubig und vertrauensselig macht. Die typische Kommunikation zwischen Berater und Klient spielt sich in einem "völlig kritikfreien Raum" ab ... Für manche wird der Berater zu einer Art Beichtvater ... (Lang, a.a.O.)

Jeder, der engen Kontakt hatte mit Menschen, die durch den Besuch bei Wahrsagern oder Hellsehern in große persönliche Nöte gerieten, kann die obigen Aussagen voll bestätigen.

Vor allem die Neigung zum Größenwahn und zum Realitätsverlust scheint momentan bei einzelnen selbsternannten Nachfolgern eines bekannten Scharlatans aus den 30er Jahren verbreitet zu sein (Hand in Hand mit finanzieller Raffgier unter skrupelloser Ausnutzung der persönlichen Nöte und Sorgen anderer Menschen).

Möglichkeiten der pädagogischen Arbeit:

Es gibt vielfältige Möglichkeiten, mit dieser Thematik handlungsorientiert in der Schule und in der freien Jugendarbeit zu arbeiten.

Notwendig ist das besonders in den letzten Jahren geworden, seit immer mehr Fälle bekannt wurden, in denen gewissenlose Scharlatane die persönlichen Notsituationen von Menschen kaltblütig ausgenutzt haben. Vor dem Hintergrund des offensiven, z.T. skrupellosen "Geschäftsgebahrens" vieler okkult-esoterischer "Unternehmer" ist eine rein verbale Beschäftigung praxisfremd.

Auf den folgenden Seiten werden deshalb verschiedene Möglichkeiten angeboten zur Demonstration, zum Hinterfragen und zum kreativen Weiterarbeiten.

Auch dabei sei wieder einmal darauf hingewiesen, daß es natürlich keinen "Beweis" für das Nichtvorhandensein von "echten paranormalen Hellsehfähigkeiten" darstellt, wenn der gleiche Effekt auch tricktechnisch hervorgerufen werden kann. Aber nachdenklich machen sollte es schon!

Zur Diskussion: Bitte lesen Sie im Kapitel II ("Rolle des Unterbewußtseins", Seite 41) die beiden Beispiele über das Nilpferd und den Nikolaus nach. Dabei wird deutlich, wie sehr gerade negative Aussagen einer Wahrsagerin abgespeichert werden und unbewußt in uns weiterarbeiten. Diesem Effekt entkommt niemand.

Das Arbeitsblatt auf der folgenden Seite können Sie einsetzen, um Ihren SchülerInnen/TeilnehmerInnen eine Einsicht in die Arbeitsmethoden der hellsehenden Zunft zu vermitteln. Konkret geht es hier darum, auf der Grundlage genauer Beobachungen vorsichtige Schlußfolgerungen über bestimmte Menschen zu ziehen.

Die Übung entmystifiziert die Wahrsage-Rhetorik nachhaltig. Jeder, der sich einmal auf dieses Beobachtungsspiel eingelassen hat, wird nicht so leicht jenes oft beschriebene Gefühl der Verunsicherung erleben, das sich schnell einstellt, wenn eine wahrsagende Person sehr zutreffende, charakterisierende Äußerungen "aus dem Hut zaubert". Die mit Erstaunen und ein wenig wonnigem Entsetzen an sich selbst gestellte Frage: "Woher weiß die das?", wird sich derjenige dann selbst beantworten können ...

"Hell-Sehen" oder "Gut-Sehen"????

Viele Kunden von Hellsehern sind verblüfft über die richtigen Aussagen, die scheinbar ohne Vorwissen gemacht werden.

Außer der Kunst des Zuhörens, des Aushorchens und des späteren Wiedergebens des Gehörten verstehen es viele "Hellseher" und "Wahrsager" auch sehr gut, aus anderen Beobachtungen Rückschlüsse zu ziehen.

Hier eine kleine Übung, um erste Ansätze dieser Fertigkeiten zu erwerben, bzw. ein Bewußtsein für diese zu entwickeln. Es geht darum

1. Vermutungen dazu anzustellen, was die aufgelisteten Beobachtungen, die man an möglichen Gesprächspartnern macht, bedeuten könnten!
2. selbst weitere, einigermaßen einordnungsfähige Einzelbeobachtungen (z.B. an Verhaltens- und Bewegungsauffälligkeiten, Ticks) zu finden!

- Abgebissene Fingernägel (vor allem bei Erwachsenen)

- Hände mit feinen Kratzern (Nikotinflecken ...)

- Markenetikette an Kleidungsstücken

- Wird die Jacke/der Mantel etc. über die Stuhllehne oder auf einen Bügel gehängt, achtlos weggelegt oder gefaltet auf den Schoß genommen...

- Schmuck (echt - falsch, viel - wenig .....)

- Bekleidung (teuer, billig, modisch, passend, Schuhabsätze ...)

- Zustand der Hände (sauber, gepflegt, Hornhaut ...)

- Mitgeführte Artikel (Plastiktasche mit Aufschrift ...)

- Stimme, Sprechweise (Wortschatz, Dialekt ...)

- Anstecknadel an Jacke (Verein ...)

- Gravierte Gegenstände (Ring, Feuerzeug, Uhr, Kette ...)

- Sternzeichen-Anhänger

- Alter (und evtl. Probleme, die damit zusammenhängen ...)

- Gesundheitszustand (Hinken, Übergewicht ...)

- Art des Auftretens (sicher, selbstbewußt, fahrig ...)

- Helle Stelle am rechten Ringfinger

- Narben

PSI

Hellsehen - Präkognition

Es gibt aus der Vergangenheit und in der Gegenwart viele Beispiele dafür, daß Menschen behaupten, ein bestimmtes Ereignis schon vor dessen Eintreffen vorhergesehen zu haben. Man spricht dabei von Hellsehen in die Zukunft, von Prophetie oder Präkognition.

Ein "Experiment" zur Veranschaulichung:

Ein Zuschauer wählt aus drei Karten mit Symbolen völlig frei (wirklich!) eine aus.
Der Vorführende kann sofort beweisen, daß er dies schon vorher vorausgesehen hat (oder dem Zuschauer "mental seinen Willen aufgezwungen" hat).

Das Geheimnis:

- Sie benötigen eine Streichholzschachtel und vier Kärtchen, die in die Lade passen.

- Auf drei Kärtchen zeichnen Sie jeweils ein Symbol: Quadrat, Kreis und Dreieck.

- Auf das vierte Kärtchen schreiben Sie:

  "Sie werden das Quadrat wählen!"

  und legen es umgedreht in die Schachtel. (Es wird am Anfang nicht mit den anderen drei Kärtchen herausgenommen, sondern wartet auf seinen Einsatz, s.u.)

- Auf die Rückseite des Kreis-Kärtchens schreiben Sie:

  "Sie werden diese Karte wählen!"

- Auf die Unterseite der Streichholzschachtel schreiben Sie:

  "Sie werden das Dreieck wählen!"

Muß nun noch erklärt werden, wie das "Wunder" zustandekommt, wenn der Zuschauer

- die Kreiskarte wählt (Karte umdrehen)?
- die Quadratkarte wählt (Schachtel aufmachen, Kärtchen herausholen ...)?
- die Dreieckkarte wählt (Schachtelboden zeigen)?

Auch bei folgenden "Experiment" kann bereits vor Beginn irgendwo eine Vorhersage hinterlegt werden. Zum Beispiel kann einem Teilnehmer ein verschlossener Briefumschlag übergeben werden, in dem ein Zettel mit der Aufschrift steht:

"Es wird der Stern gewählt werden!"

Ablauf:

- Ein Teilnehmer denkt sich eine Zahl zwischen 10 und 50.

- Er tippt auf das gekennzeichnete Feld auf der untenstehenden Abbildung und zählt "eins".

- Weiterzählend wird auf das nächste Symbol getippt, nach oben fort, im Kreis zunächst gegen den Uhrzeigersinn bis zur gemerkten Zahl.

- Diese wird jetzt die Nummer "eins", und es wird nun im Uhrzeigersinn weitergezählt (nur im Kreis), wieder bis zur gemerkten Zahl.

- Das Symbol, an dem zum Schluß angehalten wird, wird notiert und mit dem vorhergesagten verglichen -

Übereinstimmung!

← **Start**

Methoden der Wahrsager

Professionelle "Wahrsager" und "Hellseher" erstaunen ihre Kunden immer wieder mit der angeblichen Treffsicherheit ihrer Aussagen. Hierzu kommen verschiedene Faktoren zusammen, die in Stichworten aufgeführt sein sollen:

a. Selbsttäuschung der Kunden (Verifikationsphänomen),

b. Zufall,

c. Vieldeutigkeit,

d. bewußte Täuschung,

e. gute Menschenkenntnis,

f. Wahrscheinlichkeit.

Zu c:

Lesen Sie folgenden Text vor (oder noch besser: projizieren Sie die Kopiervorlage (s. S. 125) mit Hilfe einer OH-Folie), und lassen Sie die Teilnehmer entscheiden, ob bzw. in welchem Umfang die Beschreibung auf sie zutrifft.

Lassen Sie die Teilnehmer Vermutungen anstellen, was die Wahrsagerin allein aus diesen wenigen Beobachtungen entnehmen kann.

Konfrontieren Sie die Teilnehmer dann mit den tatsächlichen Schlußfolgerungen:

> Sie sind in Ihrem Verhalten und Ihrer Beziehung zu anderen Menschen völlig normal. Sie bewältigen die Dinge ohne große Mühe. Die Menschen mögen Sie, und Sie sind anderen oder sich selbst gegenüber nicht übermäßig kritisch eingestellt.
> Sie sind weder übermäßig förmlich noch allzu individualistisch.
> Ihre Stimmung ist meist optimistisch, Sie verfügen über Schaffenskraft, und Sie fühlen sich nicht von Phasen der Depression, von psychosomatischen Krankheiten oder nervösen Symptomen beeinträchtigt.

Dieser Text stammt vom amerikanischen Psychologen Ray Hyman, der ihn seinen Studenten vorlegte, zusammen mit einer detaillierten Charakterstudie, die jeweils von Psychologen erstellt worden war. Die Studenten fanden zu 57 % den allgemeinen Text als für sie passender als die fundierte psychologische Studie!

Zu e:

Projizieren Sie folgenden Text (siehe Kopiervorlage S.125):

> Eine junge Frau (Ende 20, Anfang 30 Jahre alt) kommt zur Wahrsagerin. Sie trägt teuren Schmuck, einen Ehering und billige schwarze Kleidung. An ihren Füßen hat sie Schuhe, die laut momentaner Werbung für Leute mit Fußproblemen geeignet sind.

Mit Menschenkenntnis und genauer Beobachtung kann man oft schon überraschend präzise Aussagen zu seinen Mitmenschen treffen. Informiert man sich zudem über aktuelle Trends, kann man diese Aussagen noch mit Gemeinplätzen anreichern, die fast jeder auf sich beziehen kann. Nur, mit "Hellsehen" hat das nichts zu tun!

Die (wirkliche) Wahrsagerin nahm an:

- Sie kommt wie die meisten weiblichen Klienten wegen Liebes- oder Finanzproblemen.
- Die schwarze Kleidung und der Ehering läßt vermuten, daß kürzlich ihr Mann starb.
- Der teure Schmuck sagt, daß es ihr während der Ehe finanziell gut ging, aber die billige Kleidung läßt schließen, daß ihr Mann sie finanziell schlecht gesichert zurückließ.
- Die Gesundheitsschuhe sagen aus, daß sie jetzt mehr steht, als sie es gewöhnt war, daß sie also wahrscheinlich eine Arbeit annehmen mußte.

Die Wahrsagerin folgerte also scharfsinnig (und richtig!):

"Die Frau hat einen Mann, der ihr einen Antrag gemacht hat. Sie will ihn heiraten, um ihre wirtschaftliche Position zu verbessern, hat aber noch Bedenken, weil ihr Mann erst vor kurzem gestorben ist."

Die Hellseherin sagte ihr, was sie hören wollte: Daß es richtig ist, ohne Zögern zu heiraten!

© Verlag an der Ruhr, Postfach 10 22 51, 45422 Mülheim an der Ruhr

Sie sind in Ihrem Verhalten und Ihrer Beziehung zu anderen Menschen völlig normal.

Sie bewältigen die Dinge ohne große Mühe. Die Menschen mögen Sie, und Sie sind anderen oder sich selbst gegenüber nicht übermäßig kritisch eingestellt. Sie sind weder übermäßig förmlich, noch allzu individualistisch. Ihre Stimmung ist meist optimistisch, Sie verfügen über Schaffenskraft, und Sie fühlen sich nicht von Phasen der Depression, von psychosomatischen Krankheiten oder nervösen Symptomen beeinträchtigt.

Eine junge Frau (Ende 20, Anfang 30 Jahre alt) kommt zur Wahrsagerin.

Sie trägt teuren Schmuck, einen Ehering und billige schwarze Kleidung.

An ihren Füßen hat sie Schuhe, die laut momentaner Werbung für Leute mit Fußproblemen geeignet sind.

Die Auslegemethoden zum Befragen der Karten sind durchaus nicht einheitlich, ebensowenig die Bedeutung der einzelnen Karten. Ein Vergleich verschiedener Sets bietet sich an. Am weitesten verbreitet ist inzwischen das Karten-Set mit 78 Karten (Groß-Tarock), verziert mit den traditionellen italienisch-spanischen Farbsymbolen (Schwerter, Pokale etc.) und festgelegten Trumpfkartensymbolen (Die Liebenden, Der Herrscher, Der Teufel, ...).

Die beliebteste Methode, "in die Zukunft zu schauen", ist momentan sicherlich das Kartenlegen (wie ein Blick in die Kleinanzeigen-Spalte einer beliebigen Tageszeitung beweist).

Dabei sind Skatkarten "out", Tarotkarten müssen es schon sein. Um die (steigende?) Nachfrage zu befriedigen, haben namhafte deutsche und ausländische Spielkartenhersteller eine Vielzahl (graphisch bestechend schöner) Kartensets auf den Markt geworfen. So bietet z.B. die Firma F.X.Schmid in ihrem Katalog 1991/49 (neunundvierzig!) verschiedene Wahrsagekartensets an, zum größten Teil in Schatulle mit entsprechenden Anleitungen bzw. Büchern.

Einige Beispiele: Tarot-Sets "Spiegel des Lebens"/"Spiegel des Schicksals"/"Spiegel deiner Beziehungen"/"Wege zum Leben"/"Spiegel der Seele"/"Tarot-Psychologie"/"Tarot der weisen Frau"/"Tarot 2000"/"Tarot of the Witches"/"Jungianisches Tarot"/"Tarot der Liebe"/"Zigeuner-Tarot"/"Aleister Crowley Toth Tarot"/"Celtic Tarot" ...

"Muskellesen"?

Eine der Grundannahmen in der Okkultszene ist die, daß es bestimmte Personen gäbe, die besondere Sensibilität in bezug auf die Kontaktaufnahme mit jenseitigen Wesen bzw. in bezug auf "Ausstrahlungen" anderer Menschen besitzen sollen.
Liest man den abgedruckten Zeitungsartikel (s. S. 115 f.), erhält man einen Eindruck wie weit verbreitet solche Vorstellungen am Ende des 20. Jahrhunderts (Beispiel Italien) auch in Europa sind und welche drastischen Konsequenzen sie im Einzelfall nach sich ziehen.

In der Tat wird man selbst vielen Scharlatanen eine gute Menschenkenntnis bescheinigen müssen, und "Muskellesen" ist tatsächlich möglich (ein Spezialgebiet in der Zauberkunst, "Cumberlandismus" genannt).

Dies ist demonstrierbar:

• Eine Versuchsperson (VP) denkt sich intensiv eine Zahl bis 60.

• Sie erhält ein Päckchen mit Karten. Jede Karte, die die frei gedachte Zahl enthält, gibt sie dem Versuchsleiter (VL) in die rechte Hand, die übrigen in die linke.

• Die Karten werden weggelegt, der VL faßt beide Hände (am Handgelenk) der VP, schaut dieser in die Augen und fragt nach Zahlen:
"Ist in der gewählten Zahl eine 5?" "... eine 3?" "Steht die 4 vorne?" "Ist die Zahl unter 20?"

• Die VP soll immer "nein" sagen - selbst da, wo "ja" richtig wäre! Der VL kann schließlich (nach intensivem Hineinhorchen in sich selbst!) die gewählte Zahl stückweise angeben, bzw. der VP ganz genau sagen, wann sie gelogen hat (durch "ganz genaues Beobachten der Gesichtsmuskeln"!).

Lösung:

Selbstverständlich hat alles dies nichts zu tun mit (echtem) Muskellesen, mit dem Ertappen beim Lügen, mit dem Erfühlen einer "Aura" o.ä.
Grundlage ist ein Zaubertrick, der in beinahe jedem Kinderzauberkasten enthalten ist!

Genau dazu soll dieses Beispiel dienen:

Es kommt nicht darauf an, was man macht, sondern wie man die "Demonstration" aufzieht!
Führt man dieses Experiment mit Jugendlichen durch und analysiert es hinterher (mit Auflösung!, s.u.), werden sich viele erinnern, daß sie das Kunststück auch mal gekonnt haben. Dies führte aber nicht dazu, daß sofort "der Groschen fiel" und eine rationale Erklärung möglich wurde.

Man kann den größten Unsinn erzählen, wenn man dies nur mit tiefem Ernst und großer Sicherheit tut, wird man immer Leute finden, die einem glauben.

Der Trick liegt bei den Zahlenkarten:

Wenn Sie als VL die Karten erhalten (rechte Hand), auf denen die gewählte Zahl enthalten ist, addieren Sie jeweils die Zahl links oben (also die erste Zahl). Die Summe ist die gesuchte Zahl! Aber jetzt beginnt alles erst richtig (nämlich das Drumherum, der "Hokuspokus", der "Geller-Effekt", ...)!

Kleben Sie die Zettel auf Karton und probieren Sie es aus. Es funktioniert übrigens bei Erwachsenen wie bei Kindern!

2	3	6	7	10	11	14	15
18	19	22	23	26	27	30	31
34	35	38	39	42	43	46	47
50	51	54	55	58	59	62	63

4	5	6	7	12	13	14	15
20	21	22	23	28	29	30	31
36	37	38	39	44	45	46	47
52	53	54	55	60	61	62	63

32	33	34	35	36	37	38	39
40	41	42	43	44	45	46	47
48	49	50	51	52	53	54	55
56	57	58	59	60	61	62	63

8	9	10	11	12	13	14	15
24	25	26	27	28	29	30	31
40	41	42	43	44	45	46	47
56	57	58	59	60	61	62	63

1	3	5	7	9	11	13	15
17	19	21	23	25	27	29	31
33	35	37	39	41	43	45	47
49	51	53	55	57	59	61	63

16	17	18	19	20	21	22	23
24	25	26	27	28	29	30	31
48	49	50	51	52	53	54	55
56	57	58	59	60	61	62	63

Telekinese - "Uri, Uri ..." und kein Ende!

Wenn sich Gegenstände verformen oder bewegen, ohne daß eine auf sie einwirkende physikalische Kraft erkennbar ist, wird für viele Menschen die Annahme von "übersinnlichen Fähigkeiten" naheliegen.

Paradebeispiel dafür ist der Israeli Uri Geller, der in den siebziger Jahren die ganze Welt verrückt machte, weil er medienwirksam

- Nägel, Gabeln und Schlüssel verbog,
- Ringe zerbrach,
- Kompaßnadeln bewegte,
- Zeiger einer Waage verbog,
- Streichhölzer über eine Glasplatte gleiten ließ,
- Geschriebenes mit verbundenen Augen "sah",
- Würfelzahlen erriet,
- Radieschensamen zum Keimen brachte,
- kaputte Uhren wieder zum Laufen brachte,

und vieles mehr.

Ganze Fernsehnationen spielten verrückt, wenn er auftrat. Viele namhafte Persönlichkeiten zeigten sich beeindruckt und attestierten ihm übernatürliche Kräfte.

Selbst als bekannte Trickexperten wie James Randi und Werner Geissler-Werry seine Tricks enthüllten, die gleichen Effekte vormachten, wurde seine Anhängerschar kaum kleiner. Immer wieder wurde er von den Medien hochgejubelt und zahllose Zuschauer schworen, daß sich bei ihnen daheim wirklich Gabeln in der Schublade verbogen oder kaputte Uhren wieder liefen. Uri Geller ist ein klassisches Beispiel dafür, wie selbst handfeste Beweise bei den "Gläubigen" nicht zur Kenntnis genommen werden. Die Reichtümer, die der clevere Showman sammelte, hätte er mit Sicherheit mit seinem ursprünglichen Beruf nicht sammeln können: Er war früher ein "ganz normaler Zauberkünstler".

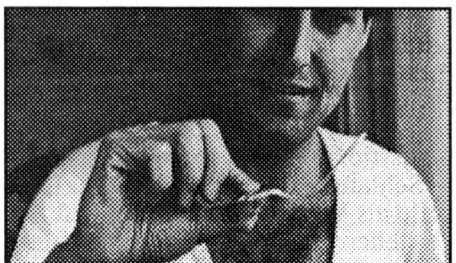

Die massenpsychotische Wirkung macht ein Experiment deutlich, das Oskar Rombar (früher Berufsillusionist, dann Produktionsleiter beim Fernsehen Hamburg) in der Fachzeitschrift "Magische" Welt schilderte:

Nach Absprache mit der Fernsehredaktion lief die Sendung folgendermaßen ab:

Zu Beginn stellt der Moderator einen Mann vor und behauptet von ihm, daß er die gleichen Fähigkeiten wie Uri Geller besitze. Das Medium wird kurz eingeblendet. Es schaut - ohne irgendwelche Effekte zu zeigen - einfach in die Kamera. Der Moderator bittet die Zuschauer, darauf zu achten, was im Laufe der Sendung in drei Meter Umkreis des Fernsehgerätes passiert, und bei außergewöhnlichen Beobachtungen das Studio anzurufen.

Plötzlich bricht die Hölle los, sämtliche Leitungen sind blockiert.

Eine Frau aus Celle meldet eine verbogene Gabel, aus Kiel kommt die Nachricht, daß die Katze starr die Zimmerdecke fixiert, in Stade hat sich ein Klavier bewegt, in Hamburg ist eine Tischantenne verbogen, in Osterholz kommen die Flügel einer Windmühle aus Porzellan in Bewegung. 42 Anrufe in nur 18 Minuten berichten nicht nur von plötzlichen Nierenschmerzen (!), sondern von kaputten Uhren, die wieder tikken. Ein Zuschauer erzählt von seinen verwelkten Blumen.

Am Schluß der Sendung die ernüchternde Aufklärung. Der Moderator ermahnt die Zuschauer, mit angeblich paranormalen Phänomenen künftig kritischer umzugehen, denn die vorgestellte Person sei kein Wundermann, sondern ein Schauspieler; Günther Dockerill, der sich in seinem Leben nie mit PSI beschäftigt hat. Dockerill nimmt seine Brille ab, befreit sich von dem angeklebten Bart und lächelt. Darauf klingelt das Telefon, der Mann mit den Blumen meldet sich wieder. Ihm wäre es egal, wer das Medium sei, die Blumen wären doch verwelkt! (Magische Welt 3/1987, 178 ff.)

Sie wollen wissen, wie Geller die Gabeln verbog und die "Gedanken" las?

Sicherlich haben Sie schon vom Ehrenkodex der Zauberkünstler gehört, wonach Trickgeheimnisse nicht verraten werden! Nur - solange eine Erscheinung mit dem gleichen Effekt auf natürliche Art und Weise von Zauberkünstlern vorgemacht werden kann, gibt es keinen Grund, übernatürliche Mächte ins Spiel zu bringen!

Gellers Manager packte allerdings ohne Rücksichten aus (im folgenden SPIEGEL-Artikel). Grundsätzlich gibt es mehrere Methoden, metallische Gegenstände zu verbiegen und dann so zu tun als ob...: Die Gabeln waren schon vorher verbogen, chemi-

sche Hilfsmittel wurden eingesetzt, die Gabeln werden erst mit schnöder Gewalt verbogen, nachdem die Aufmerksamkeit der Anwesenden durch ein Täuschungsmanöver abgelenkt wurde. Jeder Uhrmacher wird Ihnen auch bestätigen und erklären, daß und warum Uhren auf einmal wieder laufen können, wenn man sie nach Monaten aus einer Schublade holt.

Auch andere Medien wurden als Betrüger entlarvt, obwohl sie monatelang ganze Scharen von Wissenschaftlern zum Narren hielten.

Die Parade-Psychokinetikerin Kulagina hatte z.B. starke Magnete in ihrem BH verborgen. Wundert es Sie, daß sich eine Kompaßnadel bewegte, wenn sie sich darüberbeugte?

Wußten Sie auch, daß Uri Geller kraft seiner telepathischen Kräfte für die Friedensinitiative von M. Gorbatschow verantwortlich war? - Nein? Er behauptet es aber!

„Geller war hier" Daily Mirror

Bombe im Parkett

Der israelische Löffelbieger Uri Geller, angeblich mit übersinnlichen Fähigkeiten begabt, wurde nachträglich entlarvt: Sein ehemaliger Manager Jasche Katz packte aus.

Nicht nur "Bild" ("... verbiegt ganz Deutschland") und Burdas "Bunte" ("stoppt sogar Ozeanriesen"), auch Katharina Focke und das Reporter-Team vom "Stern" glaubten an die übersinnlichen Fähigkeiten des Löffelbiegers Uri Geller. Auf die Schliche kamen ihm damals schon, 1974, die Angehörigen jener Zunft, zu der sich der schwarzhaarige Israeli mit dem stechenden Blick in der Zeit vor seinem "Para"-Trip selbst bekannt hatte: die berufsmäßigen Magier, allen voran der britische Zauber- und Entfesselungskünstler James ("The Amazing") Randi. Reihenweise hatte er Gellers angebliche "Psi"-Taten als fingerfertige Zaubertricks durchschaut und nachgeahmt.

Speziell die Löffel- und Gabeltricks ließen sich aufklären: Geller hatte, als geschulter Magier, die Aufmerksamkeit der Beobachter geschickt abgelenkt und das Metall blitzschnell mit brutaler Kraft gebogen, oder er hatte Gelegenheit gefunden, die Bestecke vorher chemisch zu präparieren, und die Sollbruchstellen unauffällig bedeckt gehalten.

Ein Kronzeuge dafür, daß es bei Uri-Shows stets handfest und ganz ohne "Psi" herging, trat jetzt im italienischen Fernsehen auf: Interviewt von Randi, erzählte Jascha Katz, langjähriger Manager und Reisebegleiter Uri Gellers, mit welchen oft simplen Tricks der "Löffelschreck" (Wiener "Kurier") und "Gedankenleser" Übernatürliches vorgegaukelt hatte.

In einer der jüngsten Ausgaben der britischen Wissenschaftszeitschrift "New Scientist" wurden die Geständnisse des Geller-Managers referiert. Danach war es eine Sammlung von geradezu klassischen Variete-Tricks, mit denen Geller, als "Cassius Clay der Telepathie" ("Hamburger Abendblatt"), immer wieder agierte. Bei allen größeren Shows fungierten Katz und ein Geller-Assistent namens Schipi Schtrang als Helfer. Mal mußte sich Katz am Eingang des Theaters aufstellen und dem Meister kurz vor Beginn der Vorstellung Details übermitteln, die er über bestimmte Zuschauer, beispielsweise über deren Tascheninhalt, Autotyp und Autonummer, ausgespäht hatte.

Dann wieder, so bei einem Interview mit dem Reporter des französischen Nachrichtenmagazins "L'Express", schleuderte Gellers Manager verabredungsgemäß (und von allen Anwesenden unbemerkt) einen Löffel gegen die Zimmerdecke - gläubig bestaunt als gelungenes Beispiel für geheimnisvolle "Teleportation" ("L'Express": "Ein Wunder").

In einem Londoner Hotel, so berichtete Katz, habe Geller einen Verleger mit einem simplen Telephon-Trick überlistet. Geller verließ das Zimmer, hörte aber über einen nicht aufgelegten Telephonhörer heimlich mit, wie der zurückgebliebene Katz dem Besucher im Gespräch einige persönliche Details entlockte. Geller konnte dann wenig später, angeblich dank seiner telepathischen Fähigkeiten, den Gesprächsinhalt wiedergeben.

Aber manchmal mußte Katz auch direkt das Rätsel lösen helfen - so einmal bei Fernsehaufnahmen in San Francisco. Während Geller die Aufmerksamkeit der Umstehenden in eine andere Studio-Ecke lenkte, mußte Katz blitzschnell den Umschlag öffnen, der die nachher zu entziffernde Botschaft barg. Als die Sendung lief, war es für Geller dann ein leichtes, unter Aufbietung all seiner "Psi"-Kräfte den Inhalt des Kuverts zu erahnen. Magier-Kollegen, die mit geschultem Auge seine Tricks hatten durchschauen können, mied Geller bei seinen Vorführungen wie die Pest. Auch dafür schildert Katz ein Beispiel. Ein Geller-Auftritt im Februar 1974, zu dem 1500 Menschen in die Stadthalle von Birmingham gekommen waren, wurde in letzter Minute abgesagt - angeblich weil der Meister "eine Attentatsdrohung" erhalten habe. Doch die Bombe im Parkett, so enthüllt nun Katz, war damals frei erfunden. Uris Angst vor dem Auftritt hatte einen anderen Grund: In seiner Garderobe war ihm gemeldet worden, daß die erste Reihe im Saal mit berufsmäßigen Magiern besetzt sei.

DER SPIEGEL, 18/87

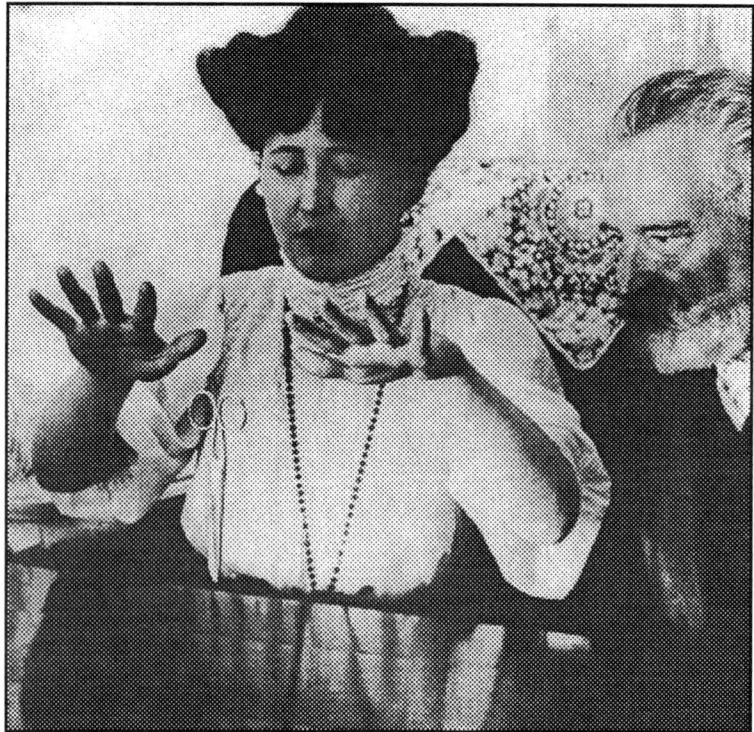

Unter dem wachsamen Auge des Psychologen und PSI-Forschers J. Ochorowicz läßt die aus Polen stammende Stanislawa Tomczyk 1913 eine Schere durch die Luft fliegen. Da man vor jeder Séance die Hände des Mediums untersuchte und wusch, gelangte Ochorowicz zu der Vermutung, daß die Bewegung des Gegenstandes von paranormalen "Strahlen" gelenkt wurde, die den Fingern des Mediums entströmten. (Life-Buch 1989 a)

Fragen an

Uri Geller, 41. Als Löffelbieger wurde der Israeli weltberühmt. Dann bot er seine angeblich übersinnlichen Kräfte als Ölsucher internationalen Konzernen an. Nun meldet sich Geller von seinem Landsitz bei London als Kosmetikhersteller.

SPIEGEL: Wollen Sie jetzt zur Abwechslung mal Nasen geradebiegen?
GELLER: Das kann nur der Schönheitschirurg. Aber meine Mittel revitalisieren die Haut.
SPIEGEL: Mit Hilfe Ihrer übersinnlichen Kräfte?
GELLER: Mit Oxygen. Das ist sehr wichtig. Denn die Haut atmet.
SPIEGEL: Aber Oxygen ist schlicht Sauerstoff.
GELLER: Wir haben eine geheime Substanz erfunden, mit deren Hilfe stabilisiertes Oxygen einer Creme beigemischt werden kann.
SPIEGEL: Und die Luftcreme ist nun Ihr Hit, der Schlaffes strafft?
GELLER: Und Geller Cosmetics wird auch ein einmaliges Parfüm auf den Markt bringen. Jede Flasche enthält ein Kristall.
SPIEGEL: Nährt PSI nicht mehr seinen Mann, oder warum gehen Sie in die Kosmetikbranche?
GELLER: Weil ich ein kreativer Mensch bin. Ich bin Maler, Designer, habe etliche Erfindungen gemacht. Jetzt werde ich als Modeschöpfer Modelle herausbringen, die es noch nie gegeben hat.
SPIEGEL: Bleibt denn da noch Zeit, Löffel zu verbiegen?
GELLER: O ja, aber nur auf Wohltätigkeitsveranstaltungen.
Auf dem geraden Weg kann ich viel mehr Geld verdienen.
(DER SPIEGEL 31/88)

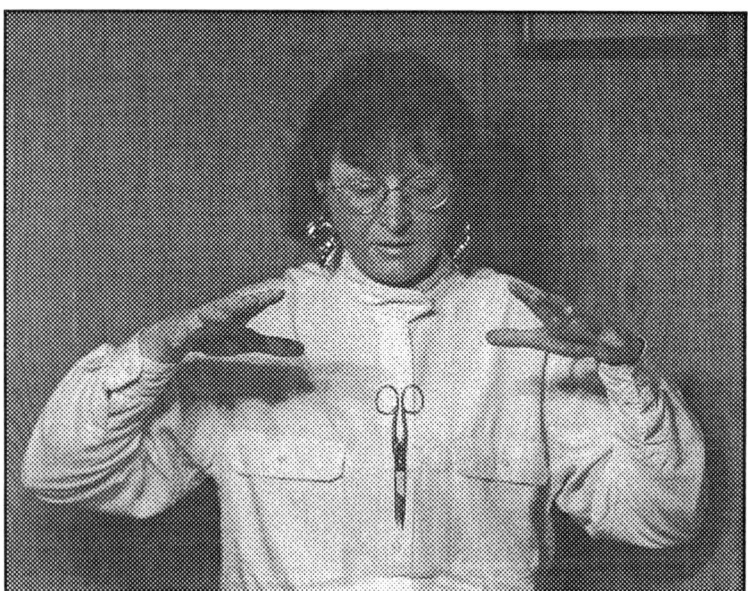

Unter dem wachsamen Auge des Pädagogen und PSI-Forschers Wolfgang Hund läßt die aus Deutschland stammende Gabriele Hund 1991 eine Schere durch die Luft fliegen. Da man vor jeder Séance die Hände des Mediums untersuchte und wusch, gelangte Hund **nicht** zu der Vermutung, daß die Bewegung des Gegenstandes von paranormalen "Strahlen" gelenkt wurde, die den Fingern des Mediums entströmten.

Lauter neue "Psi - Medien"?

Wie in vielen anderen Lebensbereichen treten in der Folge eines publizistisch wirksamen Para-Ereignisses binnen kurzer Zeit "Folgetäter" auf. Sehr gut ist dies bei jedem UFO-Phänomen, das eine Lawine von weiteren Sichtungen nach sich zieht, und bei der Telekinese zu beobachten.

Kaum hatte Uri Geller in Fernsehsendungen in Deutschland, England, Rußland, ... seine Fähigkeiten gezeigt, da schossen schon neue Psi-Medien wie Pilze aus dem Boden. Vor allem Kinder und Jugendliche scheinen fähig zu sein, metallische Gegenstände mental zu verbiegen ...

- Ob die ältere Dame in Würzburg eine Ausnahme ist, die nach einer Geller-TV-Demonstration die Polizei rief, weil sich das Familiensilber total verbogen hatte? Am nächsten Tag war die Dame in der größten Tageszeitung fassungslos vor dem Besteckkasten abgeBILDet. Ein halbes Jahr dauerte es ungefähr, bis sich herausstellte, daß diese liebenswürdige, nette, ehrliche ... Frau mit eigenen Händen die Löffel und Gabeln verbogen hatte, weil sie "wollte, daß der nette junge Mann im Fernsehen recht hat"!

- Oder die sechs Kinder, die an der University of Bath auf ihre behaupteten telekinetischen Fähigkeiten überprüft wurden: Mit einer versteckten Kamera konnte beobachtet werden, wie die lieben Kleinen, wenn sie sich unbeobachtet glaubten, auf ganz natürliche Weise mit Hilfe von Händen, Füßen, Werkzeug, Löffel usw. durchaus kreativ verbogen!

- Oder "Psi-Star" Monica aus Spanien, die monatelang hochgejubelt wurde mit phantastischen Berichten, sensationellen Fotos, z.B. BUNTE in der Serie "Unheimliche Geschichten" des Bestsellerautors Johannes von Buttlar:

Bei Monica stehen alle vor einem Rätsel - sie hat übersinnliche Kräfte. Sie verbiegt Metall, ohne es zu berühren. BUNTE-Autor Johannes von Buttlar, der große Parapsychologie-Experte, wollte nicht glauben, was er über ein 15jähriges Mädchen aus Spanien hörte. Bis er Monica gegenübersaß.

Es folgt ein sensationeller Bericht über die erlebten Experimente, der folgendermaßen schließt:

"Ich verabschiedete mich von einem unbekümmert fröhlichen Teenager, der von seinen ungewöhnlichen Kräften vorläufig noch ganz unbelastet erscheint. Wie lange wird es so bleiben?" (BUNTE 26/1988)

Daß ausgerechnet dann die Zeitschrift 'esotera' (Heft 10/1988) nachwies, wie das Mädchen trickste, war schon mehr als peinlich.

Auch für Monica hätte die Herausforderung des amerikanischen Zauberkünstlers James Randi gegolten, die er seit vielen Jahren aufrecht erhält.

Randi war 1964 in einer Fernsehsendung von einem Gegner aufgefordert worden, "to put your money where your mouth is".

Aus diesem Grund forderte Randi in einer notariell bestätigten Erklärung alle angeblich paranormal befähigten Personen auf, sich um einen Preis zu bewerben:

I will pay the sum of 10,000 Dollars (U.S.) to any person who can demonstrate any paranormal ability under satisfactory observing conditions. Such a demonstration must be performed under these rules and limitations:

(es folgen 10 Bedingungen, die Betrug ausschließen sollen)

(11) this offer is open to any and all persons in any part of the world, regardless of sex, race, educational background etc., and will continue until the prize is awarded ...

(Randi 1987 a, 253)

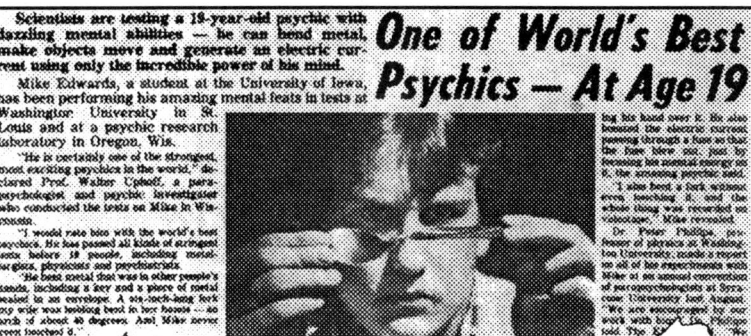

One of World's Best Psychics — At Age 19

Amazing Mike examines a spoon he twistet with his mind

aus: National Enquire, 19.1.1982

Der Nachwuchs-Geller ...?

Trotz etlicher "Tests" (wobei großangelegte Versuchsreihen mit Wünschelrutengängern durchgeführt wurden) besitzt Randi sein Geld heute (1995) noch.

Auch etliche andere Preisgelder, ausgesetzt von namhaften Zeitungen, wurden nicht vergeben.

Leicht verdientes Geld, sollte man meinen, wenn man sieht, wie viele "Parapsychologen" und "Medien" in der Öffentlichkeit ihre fantastischen Berichte breit treten.

Levitationen - Der Traum vom Fliegen

Zu allen Zeiten gab es Berichte über Menschen, die angeblich die Schwerkraft ohne Hilfsmittel überwinden konnten.

Im 19. Jahrhundert war es vor allem Daniel D. Home, der in sensationellen Séancen (im kleinen Kreis) z.B. einen Raum unbemerkt verließ und zum Fenster wieder hereinschwebte. Eine Zeichnung davon ist auch heute noch in vielen okkulten bzw. parapsychologischen Büchern zu finden.

In der neueren Zeit ist es z.B. das britische Medium Colin Evans, das bei öffentlichen Aufführungen "schwebte". Eine Erklärung? Wie so oft sind die Schilderungen über die Bedingungen, unter denen das Phänomen stattgefunden hat, dermaßen vage, von nicht geschulten Beobachtern wiedergegeben, daß man nur Vermutungen anstellen kann, wie Evans "schweben lernte".

Ein versierter Trickfachmann wird ein Schmunzeln nicht vermeiden können, wenn er die äußerst unscharfen Abbildungen betrachtet. Es ist darauf immer die Hauptbedingung erfüllt, die auch beim trickmäßigen "Schweben", z.B. bei einer Unterhaltungs-Zaubershow vorhanden sein muß.

Welche? Mmmhhh..., der Ehrenkodex der Zauberkünstler macht es mir leider unmöglich ...

Inzwischen sind dem Verfasser mehrere Menschen begegnet, die selbst die phantastisch durchgeführten Schwebeillusionen des Ausnahme-Zauberkünstlers David Copperfield für "echt" hielten, obwohl gerade er nie einen Zweifel daran ließ, daß er mit natürlichen Mitteln arbeitet.

Fotos, die Anhänger der Transzendentalen Meditation (TM) beim angeblichen Levitieren zeigen, sind nachweislich dadurch entstanden, daß jemand im richtigen Moment auf den Auslöser der Kamera drückte, wenn die Meditierenden im Schneidersitz von der Matte hochgehüpft sind.

Auch Aum-Guru Asahara kann "schweben".

Der holländische Skeptiker J.W. Nienhuys berichtet von einer Herausforderung an Anhänger der TM:

> Wenn sie es schafften, während einer Sekunde bewegungslos ohne äußere Unterstützung in einem Meter Höhe in der Luft zu verharren, würden wir ihnen auf der Stelle 10.000 holländische Gulden bar auf die Hand zahlen... (DER SKEPTIKER 4/1990)

Zwei TM-Lehrer nahmen die Herausforderung an. Der Test fand am 29.10.1990 vor 600 Menschen statt:

> ... Im Anschluß daran vollführte einer von ihnen dreimal seinen "Sprung" vor einer Leinwand mit auf-

gezeichnetem Meßgitter, wobei eine Videokamera mit Zeitangabe im Bild alles aufnahm. Die tatsächlichen Sprungwerte waren irgendwie enttäuschend: 40 cm vor- und 20 cm aufwärts.
Die Jury aus zwei Physikern und einem Magier fällte daraufhin das Urteil, daß der Versuch fehlgeschlagen war ... (ebd.)

Möglichkeiten der pädagogischen Arbeit

Es wäre fatal zu glauben, daß es sich beim "Phänomen" der Telekinese um ein harmloses Herumexperimentieren handeln würde. Gerade in diesem Bereich wurde und wird getrickst und betrogen "auf Psi komm raus" - wohl weil es mit "Action" verbunden ist!

Ein eindrucksvolles Beispiel für die Gratwanderung, die überall bei der Beschäftigung mit "okkulten Phänomenen" zu beobachten ist, schildert ein "Pastor der Freien Christengemeinde" in dem Themenheft "Okkultismus" einer "christlichen Lehrzeitschrift" (Untertitel):

> Als 15jähriger besuchte ich eine Fete meiner Schulklasse. Der Abend begann recht locker. Im Hintergrund lief Musik, wir tranken Cola und knabberten Salzstangen. Einige spielten Schach, andere diskutierten mit dem Klassenlehrer. Dieser Ablauf wurde plötzlich von unserer Klassensprecherin unterbrochen. Sie erklärte uns, daß sie eine besondere Darbietung vorbereitet habe, für die sechs Mitspieler und die schwerste Person der Klasse gebraucht würden.
> Alles war schnell organisiert. Manfred, unsere "deutsche Eiche", mußte sich auf einen Tisch legen, und die Mitspieler sollten sich um ihn herumstellen. Ich war mit von der Partie. Es folgte eine Konzentrationsübung, während der unsere Klassensprecherin mystische Formeln sprach. Einige lachten verkrampft, mir wurde unheimlich. Danach sollten wir Manfred nur mit den Zeigefingern hochheben. Gerne hätte ich dieses mittlerweile unheimliche Spiel unterbrochen. Aber mir fehlte der Mut; ich wollte kein Spielverderber sein. In der Tat hoben wir Manfred hoch. Keiner von uns spürte ein Gewicht. Steif wie ein Brett schwebte er auf unseren Fingern. Es war kaum zu fassen. Der Beifall war groß, aber für mich begannen neun schwere Monate.
> Als bewußter Christ merkte ich, daß ich mich in das Spiel mit magischen Kraftwirkungen eingelassen hatte. Zu Hause und in der Gemeinde schwieg ich über diesen Vorfall. Mein Glaube an Gott schwand mehr und mehr. Eine große Lebensunlust befiel mich und ich dachte oft: "Wen kümmert es schon, wenn ich mich jetzt umbringe." In großer Verzweiflung offenbarte ich das Erlebnis endlich einem erfahrenen Christen. Wir beteten gemeinsam um Gottes Hilfe. Innerhalb von drei

Tagen verließen mich die lebensverneinenden Symptome und meine gewohnte lebensbejahende Haltung kehrte zurück. (Der Auftrag 34/Januar 1990, 32)

Hier wird bedrückend deutlich, daß in einer entsprechenden Situation selbst ein seit Jahrzehnten durchgeführter Partygag einschneidende Folgen haben kann, wenn als Lösung die okkulte, magische Hypothese herangezogen wird.

Die folgende Beschreibung wurde um 1900 veröffentlicht:

"Die Kunst, eine auf einem Stuhle sitzende Person mit den Fingerspitzen zu heben."

Auf zahllosen Partys wurde und wird seit langer Zeit dieses erstaunliche Experiment durchgeführt. Bereits in Zauberbüchern um die Jahrhundertwende ist es beschrieben (daher stammt auch die Überschrift):

"Hierzu sind fünf Personen erforderlich. Die zu hebende Person, welche erwachsen und sogar recht schwer sein kann, setzt sich auf einen Stuhl. Zwei Personen nehmen hinter dem Stuhle, zwei neben demselben und eine vor demselben Aufstellung. Die beiden hinteren Personen legen die Spitze ihres Zeigefingers der rechten Hand unter die Spitze des Ellbogens der mit verschränkten Armen auf dem Stuhle sitzenden Person, die seitlich stehenden Herren legen ihre Zeigefinger unter die Kniebiegung der betreffenden Person, und die vor dem Stuhle stehende Person legt ihren Zeigefinger unter das Kinn der sitzenden Person.

Der Vorführende erklärt nun, daß alle fünf hebenden Personen gleichmässig so viel Luft wie möglich mit einem Zuge einatmen und dabei gleichzeitig den Versuch machen mögen, die auf dem Stuhle sitzende Person zu heben. Ist die Ausführung eine gleichmäßige, so kann die betreffende Person mit Leichtigkeit gehoben werden. Bei etwas Übung genügen hierzu drei Personen, so daß die hinten stehenden fehlen können, wenn die seitlich stehenden Personen den Zeigefinger der einen Hand unter die Kniebiegung, und den der anderen Hand unter den Ellbogen legen."

Folgende Kontroll-Experimente mit zwei getrennten Gruppen bieten sich an dieser Stelle an:

1. Lassen Sie eine Gruppe den Versuch ohne den Hinweis auf intensive Konzentration und auf gleichzeitiges Agieren durchführen.

2. Lassen Sie die zweite Gruppe den Versuch mit großem zeremoniellen Aufwand absolvieren: Alle Hebenden legen langsam ihre Hände auf den Kopf des Sitzenden, konzentrieren sich stark, auf ein Kommando strecken sie ihre beiden Zeigefinger, legen sie nebeneinander unter die Achselhöhlen und Kniekehlen der sitzenden Person. Auf das Kommando "Heben" bewegt sich diese, scheinbar unter Aufhebung der Schwerkraft und "ohne besonderen Krafteinsatz" der Hebenden, über einen Meter hoch. Auch entsprechende Atemübungen verstärken die Konzentration.

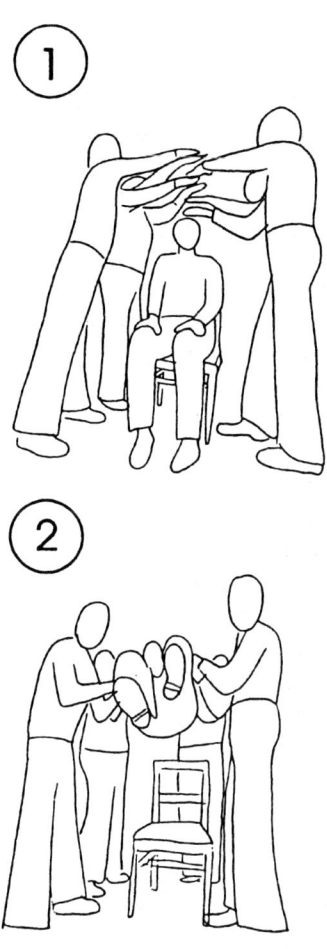

Erklärung:
Mit "Levitation" oder "Psychokinese" hat dieser Effekt überhaupt nichts zu tun (so wird er in neuesten okkulten/parapsychologischen Büchern nach wie vor beschrieben!).

Es handelt sich um eine reine Konzentrationssache, wobei die wirkenden physikalischen Kräfte leicht berechnet werden können.

Die Person wird nicht etwa "nur mit den Fingern" gehoben, sondern mit beiden Armen (die Zeigefinger liegen ausgestreckt, versteift nebeneinander und bilden so das äußere Ende der kräftigen Arme). Selbstverständlich kann unter starker Konzentration (= unter Anspannung aller Kräfte) auch eine schwere Person kurzzeitig von vier Leuten (= der konzentrierten Kraft von acht Armen) hochgehoben werden.

Verblüffend sieht es nichtsdestotrotz aus!

Ein Schlüssel dreht sich "psychokinetisch"

Dieser Effekt ist unglaublich, sowohl für den Vorführenden wie für die Zuschauer:
Ein normaler Schlüssel dreht sich auf dem Finger aufgrund "mentaler Kräfte"!

1. Besorgen Sie sich einen möglichst alt aussehenden Schlüssel.

2. Stützen Sie Ihren Ellenbogen auf einen Tisch, strekken Sie den Mittelfinger aus, und legen Sie den Schlüssel waagerecht darauf. Der Schlüsselbart muß etwas auf Ihren Körper zuweisen, außerdem muß der Schlüssel selbst genug Platz auf der Fingerspitze haben, um sich in Richtung auf den Fingernagel bewegen zu können (siehe Abbildung).

3. Konzentrieren Sie sich nun stark auf den Schlüssel! Stellen Sie sich vor, daß Sie mit Ihren Geisteskräften in der Lage sind, ihn in Richtung auf den Fingernagel zu rollen! Runzeln Sie stark dazu die Augenbrauen!

4. Wenn Sie sich stark genug konzentrieren, dreht sich der Schlüssel tatsächlich millimeterweise langsam, ohne daß bewußte Fingerbewegungen nötig bzw. erkennbar sind!

Erklärung:

Wie so oft sind auch hier winzige Muskelbewegungen die Ursache. Die starke Vorstellung, daß sich der Schlüssel drehen soll, bewirkt entsprechende, nicht bewußte Bewegungsausführungen (siehe auch: "Carpenter-Effekt" beim Pendel).

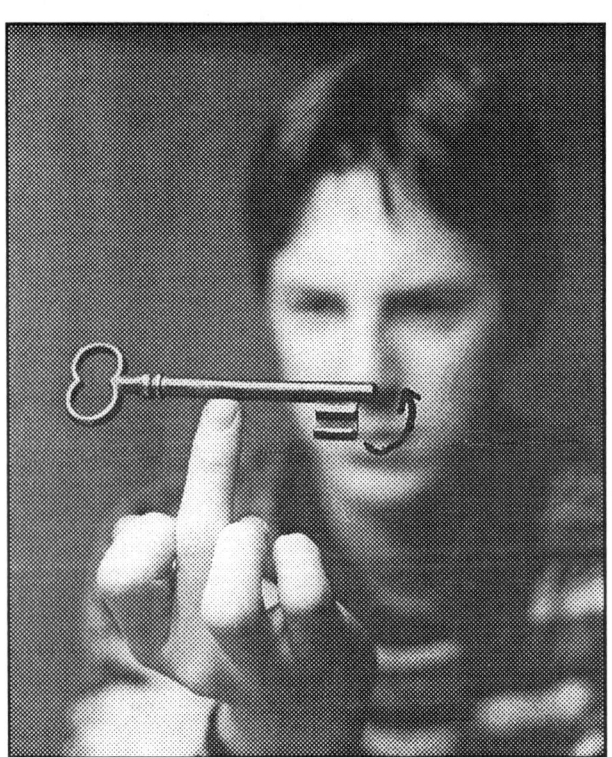

"Bitte recht freundlich!" - Geister und Psi vor der Kamera

Nachdem die um die Jahrhundertwende sehr beliebten "Geisterfotos" mit dem zunehmenden Wissen der Allgemeinheit um die fotografischen Manipulationsmöglichkeiten verschwanden, kamen 1967 neue erstaunliche Foto-"Dokumente" auf den Psychomarkt: Die Gedankenfotos des Ted Serios.

Da (alle!) Menschen täuschbar sind, suchten Paraforscher der neueren Zeit immer wieder technische Möglichkeiten, um unwiderlegliche Beweise für das Vorhandensein spiritistischer Mächte oder anderer paranormaler Kräfte zu schaffen.

Daß Wissenschaftler oft ihre ganze, zweifellos vorhandene, berufliche Reputation (auf einem anderen, anerkannten Gebiet erworben) in die Waagschale warfen und dabei das Risiko eingingen, sich lächerlich zu machen, ist aus der Ferne oft nicht mehr begreiflich. Immer wieder gerieten namhafte Fachleute an Scharlatane, die von den abgegebenen "Gutachten" profitierten. Zwei besonders deutliche Beispiele sind zum einen Prof. Zöllner (Astronom), der auf den Betrüger Henry Slade hereinfiel (Geisterschriften erschienen auf "leeren" Schiefertafeln), zum anderen der amerikanische Psychoanalytiker Dr. Jule Eisenbud.

Sein Buch *"The World of Ted Serios"* (deutsch: *"Gedankenfotografie - Die PSI-Aufnahmen des Ted Serios"*, Freiburg 1975) enthält auf der Umschlagseite folgende Angaben zum Inhalt:

> Dies ist der aufsehenerregende Bericht eines Mediziners über eine ungewöhnliche Reihe parapsychologischer Experimente, die präzise Darstellung der rätselhaften Fähigkeit eines Menschen, Bilder allein aus der inneren Vorstellung heraus auf einen Film zu projizieren - mit den bemerkenswertesten Bildern, die jemals veröffentlich wurden: Ted Serios' Gedankenprojektionen auf Film. Als die Berichte aus Chikago ihn erstmals erreichten, war Dr. Eisenbud, bekannter Psychiater und Psychoanalytiker, ausgesprochen skeptisch... Bei normalen Lichtverhältnissen und unter Anwesenheit von zwei weiteren Zeugen beobachtete Dr. Eisenbud in einem Hotelzimmer in Chikago, wie Ted Serios eine Polaroidkamera (Land) auf sich richtete (Dr. Eisenbud hatte sowohl die Kamera als auch einen neuen Film zur Verfügung gestellt), aufmerksam in die Kamera starrte, den Verschluß auslöste und die erkennbare Fotografie eines Gebäudes mit dem beleuchteten Schild "Stevens" über dem Eingang produzierte. Danach zog Ted Serios nach Denver und nahm in den folgenden zwei Jahren unter der Leitung von Dr. Eisenbud an Experimenten unter kontrol-

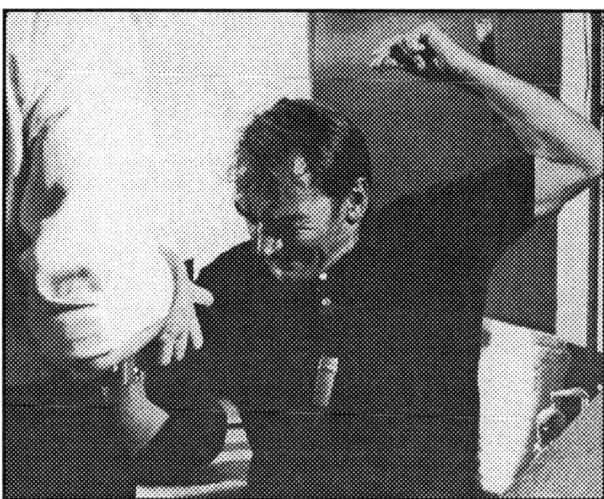

Ted Serios bei der Arbeit

lierten Bedingungen teil. Von Anfang an wurde nicht nur jede Vorsichtsmaßnahme gegen die Möglichkeit der Täuschung, bewußt oder unbewußt, getroffen, sondern auch aktiv die Teilnahme der wissenschaftlichen Kreise der Universitätsstadt gesucht. Am Ende unterzeichneten mehr als 25 Vertreter der Wissenschaft, z.B. Mediziner, Physiker, Chemiker, Psychologen, Erklärungen, die die Gültigkeit der Experimente, denen sie beigewohnt hatten, bestätigten. In keinem Fall war es möglich, die gewonnenen Ergebnisse auf normalem Weg zu duplizieren oder gar eine Erklärung für sie zu finden ...

... nennt Marie Coleman Nelson dieses Buch "ein einzigartiges Dokument". Es stellt den bedeutendsten Beitrag zu unserer Kenntnis innerer Vorgänge dar ...

Manchen Leser wird dieses Buch zu eigenen Versuchen anregen. Der Verlag würde sich freuen, über deren Ergebnisse informiert zu werden.

Dies wurde so umfangreich zitiert, weil in der Tat die Personen Serios und Eisenbud seither in der entsprechenden Szene als Paradebeispiele fungieren, wobei man peinlich darauf bedacht ist, etwaige Gegenmeinungen zu verschweigen.

Typisch ist weiterhin, daß zwar Wissenschaftler aller Fakultäten die o.a. Erklärung unterzeichneten, aber kein namhafter Trickspezialist (= Zauberkünstler)! Diese waren von Anfang an skeptisch in bezug auf die behaupteten Fähigkeiten. Vor allem der Gebrauch eines sogenannten Gismo durch Serios war verdächtig: Um seine Gedanken zu "konzentrieren" hielt er vor die Linse einen kleinen, angeblich leeren Kartonzylinder.

Folgende Anmerkungen von kritischer Seite lassen allerdings starke Zweifel an der Echtheit der "Gedankenfotos" aufkommen:

Im gleichen Jahr, als das Buch ... erschien, besuchte ein Team der amerikanischen Fachzeitschrift "Popular Photography" Jule Eisenbud und Ted Serios. Nach einer Reihe von Vorversuchen,

die zu keinem positiven Resultat führten, glaubten Charles Reynolds, Fotograf und Amateurtäuschungskünstler, und Persi Diaconis, ein weiterer Trickexperte, daß Ted Serios eine verdächtige Bewegung gemacht habe. Nachdem Ted das Röhrchen wieder vor die Linse gehalten hatte und eine weitere Aufnahme gemacht wurde, ließ er die Hand mit der Röhre zur Seite sinken. Diaconis faßte nach dem Röhrchen und wollte es untersuchen, Ted wich aber aus und steckte es schnell in die Hosentasche. Als Eisenbud danach fragte, holte er es wieder heraus und gab es ihm. Das Gismo war leer. Für die beiden Täuschungskünstler lag nun die Vermutung nahe, daß Serios vorher etwas in das Röhrchen geschmuggelt hatte und es dann in seiner Hosentasche zurückließ, bevor er das Röhrchen Eisenbud reichte. ...

Oktober 1967 waren Eisenbud und Serios Gäste der NBC-TV-Show "Today". Der Moderator Hugh Downs bat Serios, eine Demonstration zu geben. Ted fühlte sich aber nicht in Stimmung. Ein anderer Gast war James Randi, ein amerikanischer Täuschungs- und Entfesselungskünstler. Randi ließ ein Röhrchen untersuchen, hielt es dann vor die Linse der Fernsehkamera und erzeugte auf dem Bildschirm Schatten und Formen ähnlicher Art, wie sie Ted Serios früher einmal bei einer Denver TV-Show gelungen waren. Randi betonte, daß an diesem Effekt nichts Paranormales sei, es sei einfach ein Trick ..." (Müller 1980)

Prokop/Wimmer (1987) fassen die Kritikpunkte folgendermaßen zusammen:

- Dr. Eisenbud hatte kein großes technisches Wissen von der Fotografie.
- Serios wünschte einen bestimmen Apparate-Typ mit kleiner Blende.
- Serios steckte den Kartonzylinder wiederholt vor oder nach der Aufnahme schnell in die Hosentasche (die er nicht entleerte!).
- In Gegenwart von Tricksachverständigen brachte er keine Psychofotos fertig. Dieser "Psi-Missing-Effekt" ist auch bei anderen Berichten immer wieder zu finden.
- Bei einer Sitzung kam immer nur das gleiche Bild (zwar fotografisch verzerrt) zum Vorschein.

Hinzuzufügen ist, daß zumindest manche Testreihen extrem lange unter starkem Alkoholeinfluß (bei Serios) stattgefunden haben. Es scheint übermenschlich, als Beobachter stundenlang in angespannter Erwartung zu bleiben und fortwährend Kontrolle über die Testbedingungen zu halten, bis Serios endlich in richtiger Stimmung war.

Die folgenden Fotos zeigen

- das Laden der Gismohülle mit dem Pappzylinder, der eine einfache Linse und ein Dia enthält,
- die Entstehung des Fotos,

- das Leerzeigen des Gismo (für einen Zauberkünstler kein Problem),
- ein unter "Testbedingungen" (= Beobachtung durch die eigene Familie, bei der alle Mitglieder "tricktechnisch gebildet" sind) entstandenes Psychofoto, das mit der einfachsten, auf dem Markt befindlichen Sofortbildkamera gemacht wurde.

Gerade der letzte Punkt ist bei Versuchen mit technischen Hilfsmitteln wichtig: Gefordert wird immer wieder ein bestimmtes Modell, das längst nicht mehr auf dem Markt ist. Die modernen Fotoapparate sind wenig geeignet, weil sie kaum mehr die Möglichkeit einer manuellen Einstellung zulassen - die Automatik triumphiert. Auch bei den Tonbandstimmenforschern wird meist ein möglichst billiges (= schlecht abgeschirmtes) Gerät gefordert. Das hier abgebildete Foto ist mit primitiven Mitteln entstanden und zeigt das Dia eines großen Buddha in Japan.

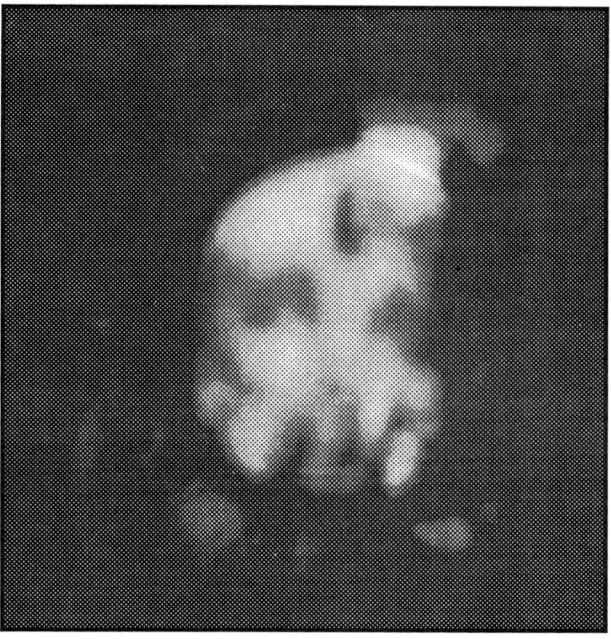

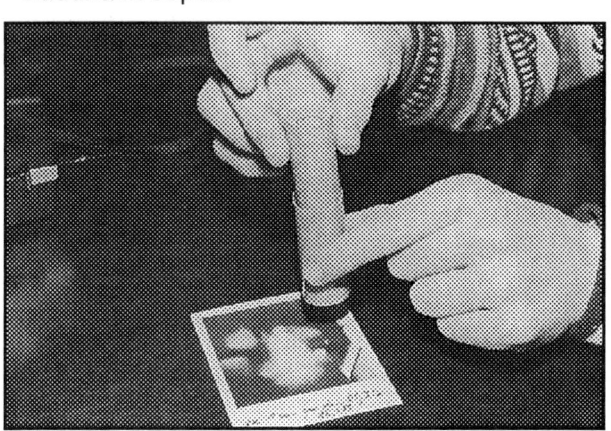

Obwohl vor allem James Randi in einigen seiner Bücher eigentlich dieses "Psychorätsel" endgültig gelöst hat, scheint Aufklärung auf diesem Gebiet doch ein Kampf gegen Windmühlen zu sein. W. Geißler-Verlag, der führende deutsche Trickexperte, berichtet in seiner Zeitschrift "Magische Welt" von neuen illustren Gewährsmännern für Ted Serios' Fähigkeiten bei der Belichtung merkwürdiger Bilder:

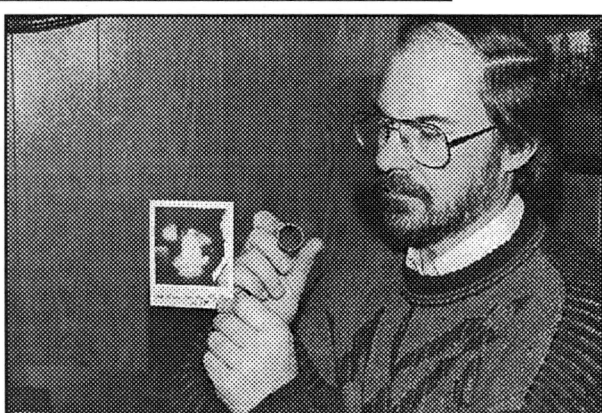

... Professor Anton Neuhäusler von der Ludwig-Maximilians-Universität in München meint, daß Serios über eine Art umgekehrtes Sehvermögen verfügt, bei dem normalerweise ein Bild durch das Auge zum Gehirn gelangt. Bei Serios könnte es über den Sehnerv wieder auf die Netzhaut des Auges zurückkehren. Und auf der Netzhaut, so die Hypothese, wandelt sich dieses Bild in Lichtimpulse um, die ihren Weg schließlich zum Film der Kamera finden ... ("Magische" Welt, 43. Jg., 2/1994, 146)

Ja dann ...!

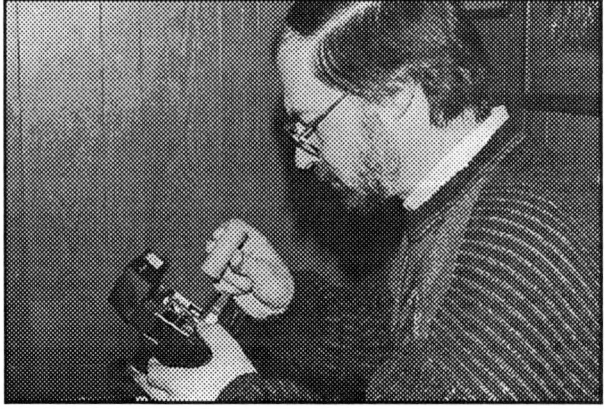

© Verlag an der Ruhr, Postfach 10 22 51, 45422 Mülheim an der Ruhr

VII.

"Wer heilt, hat recht!" - Wirklich? Oder: Das Geschäft mit der Gesundheit

"Wunderheilungen" machen immer wieder Schlagzeilen, berechtigt oder unberechtigt. Auf welche Art und Weise eine Heilung erfolgt, ist dem Kranken zunächst einmal egal - hauptsache, er ist wieder gesund. Dies trübt allzuoft die klare Sicht auf das, was abgelaufen ist. Heilungen mit Hilfe "geistiger Kräfte" oder sonstiger besonderer Fähigkeiten, die nichts mit der naturwissenschaftlich orientierten, oft als "Schulmedizin" geschmähten "normalen" ärztlichen Kunst zu tun haben, werden in zahlreichen Variationen angeboten.

Von den rein betrügerischen, mit Taschenspielertricks arbeitenden, philippinischen Wunderheilern, über pseudoreligiöse amerikanische Scharlatane bis hin zu redlichen "Handauflegern" reicht die Spanne. Welche Geldsummen dabei verdient werden, übersteigt oft das Vorstellungsvermögen.

Die philippinischen und brasilianischen Wunderheiler

Obwohl gerade sie oft genug eindeutig von Wissenschaftlern, vor allem aber von Zauberkünstlern eindeutig als Trickser entlarvt wurden, läuft das Geschäft weiterhin auf Hochtouren.

Christopher berichtet über ein Beispiel, das in einer Fernsehsendung dokumentiert wurde (in Deutschland hat Hoimar v. Ditfurth entsprechende Aufklärungsarbeit geleistet):

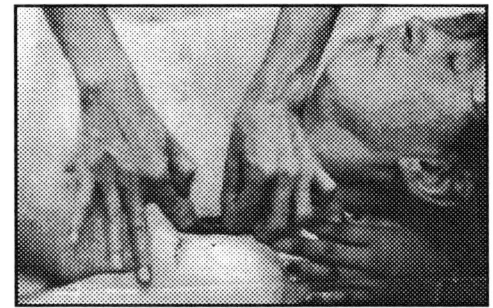

"Geistheiler-Operation" (Szene aus Ditfurth-Film)

"Der 'Chirurg' knetete den Unterleib seiner falschen Patientin, machte eine ruckartige Bewegung mit seiner rechten Hand - und schon spritzte Blut aus dem 'Einschnitt'. Der 'Chirurg' griff hinein und zog eine häßliche rote Masse heraus. Nachdem er die Hautpartie wieder mit seiner anderen Hand massiert hatte, hob er beide Hände hoch, um zu zeigen, daß die Wunde zugeheilt war. Anschließend wurde das Verfahren genau erklärt.

Während der Massage des Unterleibs bildete der 'Chirurg' mit der linken Hand eine Hautfalte, die er mit einer roten Flüssigkeit füllte, indem er einen in der rechten Hand verborgenen Schwamm ausdrückte. Gleichzeitig machte er mit der rechten Hand den 'Einschnitt'. Das Wegwischen des 'Blutes' bot dem 'Chirurgen' Gelegenheit, ein Stück Tiergewebe in die Hand zu nehmen und es in die Hautfalte zu legen, während er mit seinen Fingern in den Körper 'hineingriff'. Dann zog er dramatisch die blutige Masse aus der 'Wunde'. In der Zwischenzeit kniffen die Finger seiner linken Hand möglichst fest in die Haut des Patienten, um bei diesem den Eindruck zu erwecken, das Gewebe sei tatsächlich durchschnitten worden. Schließlich bedeckte er die 'Wunde' mit seiner rechten Hand und ließ die Hautfalte los. Das Gewebe nahm wieder seine normale Festigkeit an, bevor er seine rechte Hand hochgenommen hatte. Und da es keinen Einschnitt gegeben hatte, konnte man natürlich auch keine Narben sehen." (Christopher 1977, 73)

Es gelang übrigens mehrere Male, die 'aus dem Körper entfernten Tumore' zu untersuchen. Sie entpuppten sich z.B. als Hundehoden.

Neben diesen (und vielen anderen) rein betrügerischen Machenschaften ist in den letzten Jahren ein breiter Markt entstanden an "alternativen Heilmethoden". Unter dem positiv besetzten Begriff "Naturmedizin" tummelt sich eine "komplementäre, ganzheitliche, holistische, unorthodoxe, nicht-traditionelle, zeitgenössische New-Age-Medizin".

Der Verbraucher, Kunde bzw. der Patient ist beeindruckt und - verunsichert.

Folgende Kritikpunkte werden gegen die rein naturwissenschaftlich orientierte Medizin ins Feld geführt: Apparategläubigkeit, Übertechnisierung, "Rollschuhdiagnostik", Überspezialisierung, der Patient als Mensch gerät aus dem Blickfeld, Mißachtung des psychischen Anteils vieler Krankheiten.

In ihrem hervorragenden Buch *Die andere Medizin - Nutzen und Risiken sanfter Heilmethoden* schreiben Federspiel/ Herbst:

> Der Trend geht aber in eine andere Richtung: Heiltourismus greift nach der Sensation exotischer Heilangebote. Man importiert und konsumiert fremdartige Medizin ohne Rücksicht darauf, daß

sich beim Wechsel von einer Kultur in die andere auch ihre Inhalte ändern. Esoterik-Institute und Versandhandel bieten zu stattlichen Preisen Amulette und "Abschirmgeräte" gegen (angeblich) schädliche Strahlen an (siehe Magnettherapie ... und Wünschelrute...). Unzählige Bücher verbreiten eigenwillige, verunsichernde Theorien und unsinnige Anleitungen für die Selbsttherapie. Und man beruft sich auf die höchstmögliche Instanz: "Apotheke Gottes" nennt Maria Treben ... ihre Heilpflanzen-Rezeptesammlung. Der Markt der Alternativtherapien boomt und macht Umsätze in Milliardenhöhe.

Auf den Kongressen der Ganzheitsmedizin präsentiert man komplizierte Diagnose- und Therapieapparate, die nichts messen und nichts bewirken können ... Eine neue Apparatemedizin prunkt mit technischem Outfit, das jedoch den Wirksamkeitsnachweis nicht ersetzen kann. Diese Angebote kommen der unter Patienten verbreiteten Konsumhaltung entgegen. Viele Menschen, die sich nicht wohl fühlen, begeben sich auch zum "alternativen" Arzt, als gingen sie in eine Werkstatt. Der Heiler soll ihre Gesundheit wieder herstellen und sie wieder funktionieren lassen. Nur wenige sind bereit, ihr Leben naturgemäß zu gestalten und einen Beitrag zum Gesundwerden zu leisten. Eigeninitiative und Selbstverantwortung sind jedoch die Grundlagen aller Naturheilverfahren. (Federspiel/Herbst 1991, 14)

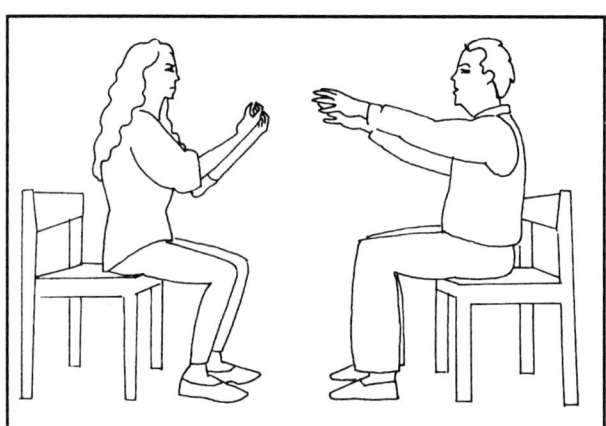

Die Wirkstoffe ganzheitlicher Heilmethoden sind oft atmosphärischer und emotionaler Art.

In der Tat haben vor allem diejenigen Angebote auf dem Heilmarkt Chancen beim deutschen Kunden, die möglichst fremdartig klingen. Ayurveda, Ohrenkerzen der Hopi-Indianer, Reiki, Shiatsu, Qigong usw. sind nur einige wenige Beispiele dafür.

Ärgerlich ist ebenfalls der unreflektierte, oberflächliche Gebrauch des Wortes "Energie". Überall da, wo Erklärungsnot zu bestehen scheint, wird von "energetischem Heilen", von "Energieübertragung" und "kosmischer Energie" geredet. Geistheiler bezeichnen sich als "Energetiker". Spekuliert wird damit, daß der Normalbürger diesen Begriff positiv

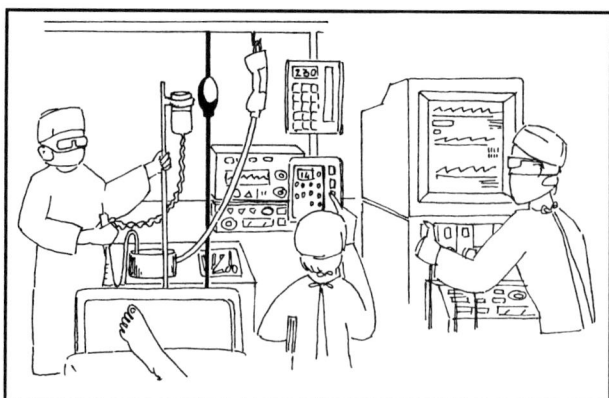

Die Schulmedizin wird dagegen oft als reine Apparatemedizin bezeichnet, die den Menschen nur selektiv wahrnimmt.

besetzt, da Energie bekanntlich kostbar ist, man damit sparsam umgehen muß. Den Nachweis für etwa "fließende Energie" kann man, zumindest in diesem Bereich, nicht erbringen. Rein subjektives Empfinden der "behandelten" Patienten ("Es wird warm, es kribbelt...") ist begründet durch die Konzentration auf bestimmte Körperstellen (erhöhte Blutzirkulation, erweiterte Gefäße), vor allem, wenn noch dazu Demonstrationen bzw. Pseudoexperimente in bestimmten Fernsehsendungen vorgeführt werden. Nichtsdestotrotz stellt sich beim Zuschauer der übersinnliche Schauer ein ...

Obwohl sich mittlerweile herumgesprochen haben müßte, daß es im Bereich der sogenannten Geistheiler vor Betrügern, Scharlatanen und Spinnern (Entschuldigung, aber ein anderes Wort wäre eine Untertreibung) nur so wimmelt und daß längst nicht alles, was das Wort "Natur" im Namen hat, auch automatisch "gesund" ist, scheint dies keine Folgen zu haben. Die hinter vielen "Alternativmethoden" stehende Ideologie wird vom Patienten meist gar nicht gesehen bzw. verdrängt.

Immer lauter wird der Ruf nach einer gleichberechtigten Zulassung von Heilern (mit den gleichen öffentlichen Kontroll- und Lizensierungsmechanismen?) neben den etablierten Ärzten und Heilpraktikern. Organisationen werden gegründet, um der Geistheilung auch offizielle Anerkennung zu verschaffen, wobei das englische Vorbild bis zum Überdruß als Beispiel herhalten muß.

Dabei wird geflissentlich übersehen, daß die so geschmähte "Schulmedizin" inzwischen aus der Kritik gelernt hat: Psychosomatische Abteilungen sind mittlerweile beispielsweise fast überall etabliert, auch wenn manches noch stark verbesserungsfähig ist. Es ist auch ärgerlich, daß 1995 immer noch kein annehmbares Psychotherapeutengesetz in Sicht ist! Ein Unterschied, der Scharlatanen weiterhin Tür und Tor öffnet - die Bezeichnungen "Therapeut", "psychologisch" usw. sind nicht geschützt.

Federspiel/ Herbst nennen Kennzeichen seriöser Heiler:

Heiler?

- Er dokumentiert seinen beruflichen Werdegang und ist bereit, entsprechende Fragen zu beantworten.
- Es gibt feste Praxiszeiten.
- Er fragt, ob ein (anderer) Schulmediziner bereits eine Diagnose erstellt hat und läßt sich diese mitteilen.
- Er fragt nach Beschwerden, Lebensumständen und Arbeitsbedingungen.
- Er fragt, ob und wie die Beschwerden bisher behandelt wurden.
- Er untersucht Ihren Körper.
- Er sagt, wie er die Krankheit diagnostiziert.
- Er bespricht mit Ihnen das Untersuchungsergebnis.
- Er teilt mit, welchen Behandlungsweg er einschlagen möchte.
- Er zeigt eventuelle Behandlungsalternativen auf.
- Er begründet, warum er gerade zu dieser Therapie rät.
- Er bespricht, wie Sie sich hinsichtlich der Medikamente verhalten sollen, die Ihnen andere Behandler verordnet haben.
- Er erstellt einen Behandlungsplan.
- Er holt Ihre Zustimmung ein, bevor er vom besprochenen Behandlungsplan abweicht.
- Er bespricht mit Ihnen die Finanzierung der Behandlung und eine eventuelle Kostenübernahme durch die Krankenkasse.

Folgende Verhaltensweisen sollten Sie mißtrauisch machen:

- Der schnelle Rat zu einer teuren Kur, aber nur wenig Zeit für das Erstgespräch.
- Die Behandlung muß unbedingt sofort beginnen, obwohl keine akute Erkrankung vorliegt.
- Die Prophezeiung einer schweren Krankheit oder gar des Todes, wenn Sie die Behandlung ablehnen.
- Manipulationen an Ihnen, noch bevor Sie genau wissen, was geschehen soll und bevor Sie dem zugestimmt haben.
- Ablehnung Ihres Wunsches, sich vor der Behandlung noch mit jemand anderem zu beraten.
- Die Behauptung, die Behandlung sei absolut risikolos und nebenwirkungsfrei.
- Die Forderung, alle anderen Medikamente abzusetzen.
- Ablehnung Ihres Wunsches nach Information und einem genauen Behandlungsplan.
- Unwirsche Reaktion auf die Bitte, Barzahlungen zu quittieren.

- Das Verlangen von Vorauszahlungen für eine länger dauernde Behandlung.
- Abfällige Bemerkungen gegenüber schulmedizinischen Behandlungsmethoden. (nach Federspiel/Herbst, a.a.O., 15)

Während der Recherchen zu ihrem Buch suchte die Journalistin Krista Federspiel verschiedene "alternative" Heiler auf und ließ sich mit ihrem Kollegen Hans Weiss "durchchecken". Was sie dabei erlebte, kann nur als Alptraum bezeichnet werden.

Triumphierend vermerkte man in der Esoterikpresse, daß selbst so kritische und nüchterne Zeitschriften wie STERN und SPIEGEL "auf einmal" umgeschwenkt seien und 1994 positiv über das geistige Heilen berichtet hätten. Entsprechend verteilte man auch dickes Lob. Nur - so revolutionär war das auch wieder nicht.

Zwar sind die Ergebnisse der Psychoneuroimmunologie (PNI) faszinierend, doch belegen sie nur mit wissenschaftlichen Methoden die uralte Weisheit, daß der Glaube Berge versetzen und selbstverständlich Kranke gesund machen kann.

Im SPIEGEL berichtet der Krebsarzt Gallmeier von einer "Wunderheilung":

> Ausgerechnet während einer Geschäftsreise ins ferne New York befällt einen Mann aus Kalifornien ein so unerträglicher Zahnschmerz, daß er sich gezwungen sieht, einen Zahnarzt aufzusuchen. Dieser diagnostiziert eine schwere Zahnentzündung. Vor jeder weiteren Behandlung will der Notfallpatient zunächst seinen "faith healer" an der Westküste konsultieren. Der Geistheiler läßt sich die Sache erklären und bietet seinem Klienten eine Fernbehandlung an: Genau um acht Uhr abends solle der sich in seinem Hotelzimmer auf den Heiler konzentrieren. Der werde seinerseits exakt um diese Zeit heilende Energien über den Kontinent schicken. Der Geschäftsmann tut wie ihm geheißen - und kurz nach acht verflüchtigt sich das Zahnweh wie von selbst. Am nächsten Morgen sucht er noch einmal den Zahnarzt auf, zur Nachuntersuchung der transkontinentalen Therapie. Der Dentaldoktor glaubt erst seinen Ohren, dann seinen Augen nicht zu trauen: Von einer Entzündung, einem vereiterten Zahn keine Spur. Eine Wunderheilung? ... Dem ratlosen New Yorker Zahnarzt ... ließ die "Wunderheilung" keine Ruhe. Er rief den für das Psi-Ereignis verantwortlichen Geistheiler in Kalifornien an und fragte ihn, was zum Teufel er denn am Vortag um fünf Uhr nachmittags - acht Uhr Ostküstenzeit - angestellt habe. "Gestern um fünf?" fragte der Heiler verständnislos zurück. Wie er denn die verblüffende Fernheilung des vereiterten Zahnes fertiggebracht habe? "Fernheilung? Au verdammt, den Termin habe ich völlig verschwitzt." (DER SPIEGEL 45/1994)

"Placebo hilft bei mir nicht mehr. Ich nehme jetzt Placebo forte!"

Auf den in zahllosen Party- und Stammtisch-gesprächen auftauchenden Begriff "Placebo" soll hier näher eingegangen werden, da bei ihm grundlegende psychosomatische Erkenntnisse deutlich werden, die auch auf andere Gebiete übertragen werden können.

"Wer heilt, hat recht!"

Ist mit diesem Spruch nicht jedem Scharlatan ein Freibrief gegeben, der ihn an keinerlei Grundregeln im Umgang mit Patienten mehr bindet?
Ist es aber letztlich dem Kranken nicht völlig egal, ob er durch ein hochentwickeltes Pharmazeutikum, eine komplizierte elektronische Apparatur, einen Zauberspruch, den Dämonenabwehrtanz eines Schamanen oder zerriebenen Pinguinkot geheilt wird?

Der SPIEGEL zitiert die Präsidentin der "Gesellschaft zur wissenschaftlichen Untersuchung von Parawissenschaften e.V. (GWUP) anläßlich einer Titelgeschichte über das Verbot von Naturheilmitteln, die Gerichtsmedizinerin Prof. Dr. Irmgard Oepen:
"Eine lange Anwendung und angebliche Bewährung eines Phytotherapeutikums über die Jahrhunderte ist kein Beweis für die Wirksamkeit, sondern höchstens ein Hinweis auf Unschädlichkeit." (DER SPIEGEL 51/1988)
In der okkult-esoterischen Vorstellungswelt gilt oft das Gegenteil: "Die Astrologie (das I Ging, Tarot...) gibt es seit xtausend Jahren, was ja wohl für ihre Richtigkeit spricht!"
Wenn es um die Gesundheit geht, werden viele unkritisch gegenüber den angeblichen Behandlungserfolgen obskurer Scharlatane. "Und schließlich hat es ja dem Nachbarn geholfen!"
DER SPIEGEL schreibt weiter:

Wie erklären sich dann aber die so vielfach bezeugten Heilwirkungen der umstrittenen Kräuter? Dafür bieten die Kritiker zwei Erklärungen an, die Ärzte und Patienten gleichermaßen kränken: die "Spontanheilung" und das "Placebo"-Phänomen. Mit vielen Krankheiten wird der menschliche Organismus ganz von allein fertig, "spontan", ohne Medikamente und ärztlichen Rat. Ein Schnupfen dauert ohne Doktor sieben Tage, mit Arzt eine Woche. Spontan heilen auch viele andere Infektionskrankheiten aus.
Gut zwei Drittel aller Krankheiten, die der Allgemeinpraktiker verarztet, sind Befindlichkeitsstörungen oder psychosomatische Beschwerden, denen kein organischer Schaden zugrunde liegt,

sondern eine Fehlregulation des unbewußten ("vegetativen") Nervensystems. Oft bessert sich das Leiden durch den schieren Ablauf der Zeit, die verordnete Bettruhe oder eine arztferne Änderung der sozialen Situation. Weil jedoch, meist auf beiderseitigen Wunsch, zugleich auch immer Medikamente verordnet werden, sind Arzt und Patient geneigt, die spontane Genesung dem verordneten Medikament zuzuschreiben. Gott läßt genesen, und der Arzt holt die Spesen.
Zugunsten der Heilkunst werden auch alle "Placebo"-Effekte abgerechnet. Placebos sind Scheinmedikamente - "ich werde gefallen" heißt das lateinische Wort "placebo" - , wirkstofflose Arzneien, meist bunte, zuckrige Dragees oder physiologische Kochsalzlösung für die Injektion. Trotzdem lassen sich mit Placebo ... "starke Wirkungen erzielen", die allesamt auf Suggestion beruhen. Der Glaube hilft ...
Für die Wirkung spielen Alter, Geschlecht und Intelligenz des Kranken keine Rolle, wohl aber die Persönlichkeit des verordnenden Arztes. Ein kontaktfreudiger, Optimismus ausstrahlender Medikus "erzeugt viel bessere Placebo-Effekte ... als ein kontaktarmer, Pessimismus zeigender Kollege".
Am stärksten sind die Placebo-Effekte, wenn Arzt und Patient gleichermaßen an das Heilmittel glauben. Diese Glückskonstellation ist bei den Homöopathen und ihrer Klientel besonders häufig ...
Vielleicht sollte man, wie unter Ärzten schon diskutiert, von der Fiktion Abschied nehmen, Medizin sei nichts als "angewandte Naturwissenschaft", mithin Vernunft, Logik und dem reproduzierbaren Beweis verpflichtet. Man könnte doch auch sagen, Heilkunst sei gar keine Wissenschaft und auch keine Kunst, sondern nur eine Aufgabe - dem einzigen Zweck zugetan, die Gesundheit zu erhalten und die Heilung des Kranken zu fördern, mit welchen (Naturheil-) Mitteln auch immer. Dann hat, wer heilt, auch recht.
(DER SPIEGEL, a.a.O.)

Der Verfasser gesteht, daß vor allem der letzte Abschnitt seine eigene Meinung auf den Punkt trifft. Leider wird die "heilende Kraft des eigenen Willens" und das "Placebo-Mittel" weithin eher (noch?) negativ gesehen. Viele Menschen ziehen es vor, irgendwelche Wundermänner oder Wundermittel für eine Heilung verantwortlich zu machen, als den psychischen Bestandteil vieler Heilungserfolge zu akzeptieren.

Die exakte Definition eines Placeboeffektes lautet folgendermaßen:

"Ein Placebo ist jede Therapie oder jeder Therapiebestandteil, der wegen seiner unspezifischen, psychischen oder psychophysiologischen Wirkung ein-

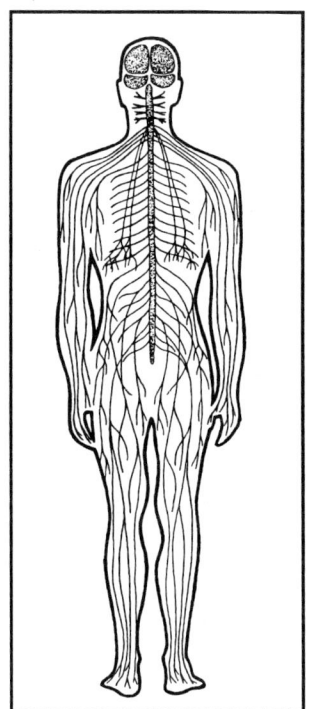

Viele Menschen unterschätzen ihre körpereigenen Selbstheilungskräfte

Einige Krankheiten, die besonders gut durch den Placeboeffekt gelindert werden können (verschiedene Quellen):

Kontrolle d. Blutzuckerspiegels (Diabetiker)	*66 %*
verschiedene Schmerzen	*0 - 67 %*
Kopfschmerzen	*46 - 95 %*
Schlafstörungen	*0 - 8 %*
Heuschnupfen	*22 %*
Seekrankheit	*58 %*
Erkältungen	*35 - 61 %*
Angina pectoris	*0 - 57 %*
Magen-Darm-Störungen	*21 - 56 %*
Multiple Sklerose	*0 - 73 %*
Bluthochdruck	*17 %*

gesetzt wird, aber selbst keine spezifische Aktivität in bezug auf die Therapie entfaltet. Ein Placeboeffekt wird definiert als Befindensänderung des Patienten, die dem symbolischen Gehalt des Heilungsvorganges und/oder der unspezifischen pharmakologischen oder physikalischen Wirkung zuzuordnen ist. (...) Aus dieser Definition ergibt sich, daß jede aktive Behandlung Placebokomponenten enthält."

(Netter, zit. nach: König 1988, 141)

Bei den angegebenen Beschwerden handelt es sich zum größten Teil um häufig vorkommende, in der Funktion der Organe begründete Schmerzen, die auf der Wechselwirkung von Psyche und Körper beruhen. Jeder Mensch leidet ab und zu an solchen "funktionellen" Schmerzen. Diese Beschwerden reagieren außerordentlich gut auf eine Beeinflussung durch die Psyche. So kann man diese Schmerzen durch Suggestion oder Änderung der Lebensgewohnheiten wirkungsvoll bekämpfen. Interessant ist dabei, von welchen Faktoren die Wirkung eines Placebos abhängt:

Der Effekt hängt unter anderem davon ab, wie das Placebo aussieht und wie es verabreicht wird. Placebo-Kapseln wirken besser als Tabletten. Rote, orange- oder rosafarbige Pillen sind wirksamer als blaue oder vielfarbige, weiße wirksamer als braune; mittelgroße wirken besser als kleine, bittere besser als solche, die nach nichts schmecken. Spritzen wirken im allgemeinen stärker als Tabletten, selbst wenn sie exakt die gleichen Substanzen in identischer Dosis enthalten. Placebos wirken besser, wenn sie angeblich aus dem Ausland stammen; wenn sie vom Arzt verabreicht werden und nicht bloß von einer Krankenschwester; und wenn die Versuchsperson sie nicht kostenlos bekommt, sondern dafür bezahlen muß. (Wiesendanger 1994, 250)

Daß diese Wirkungen viel umfassender sind, als der Laie annimmt, zeigt auch das allbekannte "Besprechen" von Warzen, das immer wieder (auch von Leuten, die es eigentlich besser

Untersuchung bestätigt Wirksamkeit des Placebo-Effekts

Glaube heilt auch Krankheiten

Wirkungslose Medikamente erzielen beste Erfolge bei Patienten

LOS ANGELES (AP) — Der Glaube kann nicht nur Berge versetzen, sondern offenbar auch Krankheiten heilen.

Der bei Ärzten seit langem bekannte Placebo-Effekt — die erfolgreiche Behandlung mit wirkungslosen Medikamenten — wurde in einer medizinischen Studie, die in der Fachzeitschrift *Clinical Psychology Review* erschien, zweifelsfrei bestätigt.

Den Ergebnissen zufolge fühlten sich 70 Prozent von knapp 7000 Patienten nach einer Behandlung mit Placebos von ihrer Krankheit geheilt.

„Selbst wenn die Behandlung keine Wirkung erzielt, haben zahlreiche Menschen den Eindruck, ihnen werde geholfen, wenn nur Arzt und Patient an die Effektivität der Therapie glauben", erläutert der Hauptverfasser der Studie, Alan Roberts, den Placebo-Mechanismus.

Roberts warf Ärzten auch vor, zu schnell mit neuen Behandlungsmethoden aufzuwarten, deren Wirksamkeit noch nicht ausreichend getestet ist. Patienten versprächen sich von unkonventionellen Heilungsmethoden anscheinend viel mehr, obwohl ihnen mit herkömmlichen Therapien durchaus gedient sei.

Vergleichende Therapie

Roberts, Leiter der Psychologischen Abteilung der Scripps-Klinik in Los Angeles, wertete mit Kollegen von der Staatsuniversität San Diego und der Universität von Michigan Daten über fünf verschiedene, in den sechziger Jahren übliche Behandlungsmethoden bei Asthma und Herpes simplex aus, die sich inzwischen als unwirksam erwiesen haben. Nach einer Therapie mit den Medikamenten fühlten sich 40 Prozent der Patienten „ausgezeichnet" und 30 Prozent „gut".

Nürnberger Nachrichten 2.7.1993

wissen sollten) als Beispiel für paranormale Effekte herangezogen wird:

Als magische Symbolhandlung soll man Löwenzahn auf die Warze legen mit dem Spruch: *"Reiß die Warzen aus, Warzen fort!"* Hintergrund ist die völlig abwegige Übertragung des von der Form der Blätter inspirierten Namens in dem Sinne, daß der Löwe als starkes Raubtier sein Opfer (hier: die Warze) mit den Zähnen reißt.

Eine andere Methode: Man solle während einer Beerdigung auf den Friedhof gehen und beim Begräbnisgeläut leise murmeln: *"Warze fall ab, wie der Tote ins Grab!"*

Meistens wird man die Warzen tatsächlich los, weil diese eine Virusinfektion der Haut sind und man sie wegen ihres unangenehmen Aussehens ständig beobachtet. Durch das zeremonielle Besprechen wird die Aufmerksamkeit von den befallenen Stellen abgelenkt und der Selbstheilungsprozeß im Körper in Gang gesetzt (also wieder Suggestion).

Immer wieder wird auch von verschiedenen Seiten versucht, den Placebo-Effekt "mieszumachen" und gleichzeitig eigene (oft ziemlich verquere) Mittel oder Methoden anzupreisen, indem man behauptet, der Placebo-Effekt wirke ja "bekanntlich nicht bei Tieren und kleinen Kindern". Dem ist nicht so! König zitiert dazu den Tiermediziner Koch:

... Nun gibt es aber auch bei Tieren, und gerade bei solchen, die in innigem Kontakt mit Menschen leben, Krankheitssymptome, die nicht auf eigentlichem Krankheitsgeschehen beruhen, sondern ... Ausdruck von Verhaltensstörungen sind. ... So ist es durchaus möglich, auch bei angeblich nicht suggestiblen Tieren, wenn auch meist solchen, die durch innigen Kontakt mit Menschen, mit einem einzigen Menschen besonders beeinflußbar sind, eine Placebowirkung zu erzielen ... (König, a.a.O., 143)

Zusammenfassend kann man wohl sagen, daß es dem Kranken letzten Endes wohl wirklich egal ist, wer ihn auf welche Art heilt.

Kriminell aber wird es dort, wo lebenswichtige Operationen unterlassen oder andere wichtige ärztliche Maßnahmen unterbrochen werden, weil es der "Wunderheiler" für nötig hält.

Entsprechende Todesfälle sind bekannt, entsprechende gerichtliche Verurteilungen ebenfalls.

Magnetarmbänder oder "Wundermedaillons" schaden sicher nicht, sie helfen auf jeden Fall dem Erfinder, Hersteller oder Vertreiber. Sie können auch dem helfen, der sie trägt - wenn er an ihre Wirkung glaubt.

Prominente aus Film, Funk und Fernsehen werden oft als besonders glaubwürdige Zeugen angeführt, wenn es um exotische Methoden des Gesundwerdens geht - und die müssen es ja schließlich wissen.

"In der Vergangenheit glaubte man, daß sehr unterschiedliche Stoffe wirksam gegen Krankheiten helfen könnten: das Blut von Eidechsen, zermahlene Spinnen, verfaultes Fleisch, die Exkremente von Krokodilen, das Fett von Bären, die Lungen von Füchsen, das Fett von Eunuchen, das Moos, das man vom Schädel eines gehängten Verbrechers kratzte. Aber auch Aderlässe, Blutegel, Schröpfen und andere "Verfahren" bekamen ihre Chance. Wenn beide, Arzt und Patient, an diese Mittel glaubten, waren sie machmal hilfreich." (Benson, Kardiologie an der Harvard-Universität, PSYCHOLOGIE HEUTE, 9/1993)

Deftiges Bußgeld
400 000 Mark Strafe für Kaufmann

HANNOVER (dpa) — Weil er offenbar wirkungslose „Biogeneratoren" (für die der bekannte Münchner Heilpraktiker Manfred Köhnlechner mit seinem Namen geworben hätte) verkauft hatte, ist ein Kaufmann vom Amtsgericht Burgwedel (Landkreis Hannover) zu 400 000 Mark Geldbuße verurteilt worden.

Der Geschäftsmann hat nach Angaben eines Justizsprechers zwischen Oktober 1987 und Februar 1988 etwa 50 000 Stück des streichholzschachtelgroßen Halsanhängers zum Preis von je 89 Mark verkauft. Durch seine Werbung für das angeblich Biowellen abstrahlende Gerät als Heilmittel gegen Streß, Rheuma und Schlafstörungen ohne nähere Prüfung hat der Angeklagte nach Auffassung des Gerichts fahrlässig gegen das Heilmittelwerbegesetz verstoßen. Zusätzlich wurde dem Kaufmann eine Strafe von 40 000 Mark „aufgebrummt", weil er etwa 300 „Sperrgitterfolien gegen Erdstrahlen" (Stückpreis 89,90 Mark) vertrieben hatte. Diese entpuppten sich jedoch nach einem Gutachten als billige Kunststoff-Folien.

Gegen das Urteil des Burgwedeler Gerichts will die Verteidigung des Kaufmanns Rechtsmittel einlegen. (AZ: 68 Ls 13/89)

Nürnberger Nachrichten 16.9.1989

Man vergleiche damit auch Aphrodisiaka, die allein wegen der äußeren Ähnlichkeit mit männlichen oder weiblichen Geschlechtsorganen bestimmte anregende, potenzsteigernde Wirkungen haben sollen und wohl manchmal auch haben, wenn man daran glaubt. Das Wort von der "Droge Arzt" wird jedem klar, wenn er manchen bekannten "Geistheilern" persönlich begegnet: Sie sind wandelnde Superplacebos, weil sie entsprechende Vertrauenswürdigkeit, Verständnisbereitschaft, Ruhe, Gelassenheit, Seriosität, Selbstsicherheit, Prominenz... austrahlen - ob echt oder nur gespielt, ist dabei zweitrangig. Anfällig für Publicity (verbunden mit Eitelkeit, Selbstüberschätzung, Arroganz und auch Geldgier) sind viele allemal!

Heiler?

Die Erzählung "Er war mein Vorbild" schildert anschaulich, daß auch der gute alte Hausarzt wie alle Heiler etwas von der schamanenhaften Rolle eines wandelnden Placebos hat:

> Die Menschen von Troy wußten, daß mein Vater sie nie im Stich lassen würde. Und sie glaubten fest, daß er und seine schwarze Tasche voller Pillenfläschchen, Salben, Spritzen und Fäden Tote wieder zum Leben erwecken konnten. "Kannst du das wirklich?" fragte ich ihn. "Noch nicht", antwortete er bescheiden. "Vorerst spezialisiere ich mich auf die Halbtoten." Und das tat er. Von den Arzneien abgesehen, heilte er einen Kranken oft schon dadurch, daß er ins Zimmer trat. Er hatte das gewisse Etwas aller großen Schamanen, eine Aura, die dem Kranken vermittelte, daß sein Arzt über geheime Heilkräfte verfügte ... (Das Beste 9/1993)

Geheimnisvolle Hypnose

Nach öffentlichen Vorträgen werden oft von vielen Teilnehmern Fragen zum Bereich Wünschelrute und Erdstrahlen (Motiv Angst), ebenso zum Bereich "Kreise in Kornfeldern" und UFOs (Motiv Neugier/Science Fiction), zu den "Wundern der Fakire" (Motiv Gruseln) und schließlich zum Thema "Hypnose" (Motiv?) gestellt.

Hypnos, der griechische Gott des Schlafs, Sohn der Nacht und Zwillingsbruder des Todes

Was soll durch Hypnose nicht alles möglich sein?

- Abgewöhnen des Rauchens und Heilung der Bulimie;
- Heilungserfolge bei
  - Stottern,
  - Depressionen,
  - Neurosen,
  - Krebs,
  - Angstvorstellungen;
- Förderung der
  - Außersinnlichen Wahrnehmungen (ASW),
  - sportlichen Leistungen,
  - Kommunikation mit Geistwesen,
  - sinnlichen Wahrnehmungen;
- Linderung von
  - Schmerzen,
  - des Ticks zu Erröten,
  - Prüfungsängsten;
- Hervorrufung von Katalepsie (Veränderung des Muskeltonus): Entweder als extreme Steifheit einer Muskelgruppe (kataleptische Starre) oder als große Schlaffheit;
- Menschen veranlassen, sich völlig wesensfremd zu verhalten - zum Gaudium der Zuschauer in der Diskothek, wo die "Hypnose-Show" aufgeführt wird;
- Zeugenvernehmungen, in denen nicht mehr gelogen werden kann;
- Menschen begehen wie ferngesteuert ohne eigenen Willen Verbrechen (Banküberfall, sexueller Mißbrauch, Mord...), ohne daß der Täter dafür verantwortlich ist;
- Erlebnisse aus einem früheren Leben sind abrufbar und wiedererlebbar (im Zusammenhang mit der Reinkarnationsannahme).

Erfolgreicher Versuch in Tübingen

Dank der Hypnose Examen geschafft

Wissenschaftler experimentierten mit prüfungsängstlichen Studenten

TÜBINGEN (AP) — Mit Hilfe von Hypnose haben Tübinger Wissenschaftler Testpersonen, die unter Prüfungsangst litten, mit Erfolg durchs Examen gebracht.

Nach Angaben von Projektleiter Dirk Revenstorf ist Prüfungsangst ein unter Hochschulstudenten weit verbreitetes Problem, das sich in Lern- und Arbeitsstörungen, depressiven Verstimmungen, Schlafstörungen und anderen Beschwerden äußern kann. Bei dem Tübinger Experiment wurden 22 prüfungsängstliche Examenskandidaten, von denen die meisten schon einmal in einer Prüfung versagt hatten, einer hypnotherapeutischen Behandlung unterzogen. Alle haben ihre Prüfung danach bestanden.

Weniger Schmerzen

Zu ähnlichen Ergebnisse kamen die Wissenschafler bei einem zweiten Experiment, mit dem sie die Wirksamkeit hypnotischer Techniken auf die Schmerzempfindlichkeit untersuchten. Dabei wurden zwei Gruppen von Versuchspersonen im Labor Schmerzen zugefügt. Sie mußten ihre rechte Hand in eiskaltes Wasser tauchen. Gemessen wurde dabei, wie lange die Kandidaten die Hand im Wasser lassen konnten und wie sie den Schmerz in seiner Intensität auf einer Skala beurteilten.

Die Wissenschaftler stellten fest, daß die Teilnehmer der Gruppe, die das Experiment in Trance erlebten, den Schmerz deutlich geringer empfanden. Dieses Testergebnis kann nach Einschätzung der Tübinger Psychologen bei der Bekämpfung von absehbaren Schmerzen etwa beim Zahnarzt, beim Entfernen von Drainage-Schläuchen nach Operationen oder beim Wechseln von Verbänden von Bedeutung sein.

Nürnberger Nachrichten 16.9.1989

Betrachtet man diese unvollständige Sammlung an wahren oder für wahr gehaltenen "Leistungen" der Hypnose, so verwundert nicht, daß dem Normalbürger ein wohlig-geheimnisvoller Schauer über den Rücken läuft, wenn die Sprache auf dieses so rätselhafte Phänomen kommt.

In der Tat beschleicht einen ein ungutes Gefühl (aber auch gleichzeitig Erleichterung, weil man selbst nicht betroffen ist!), wenn man einen Show-Hypnotiseur auf der Bühne erlebt. Da werden Menschen anscheinend völlig willenlos gemacht, hüpfen wie Hühner auf der Bühne herum, essen und trinken mit größtem Genuß "Speisen", die real nicht vorhanden sind, ziehen sich auf Befehl Kleidungsstücke aus, steigen auf Stühle usw.
Und das alles auf ein Fingerschnippen des großen Meisters hin, der unumschränkte Macht über den Geist seiner Mitmenschen zu besitzen scheint. Auf der anderen Seite werden unzweifelhafte medizinische Erfolge beim Einsatz der Hypnose gemeldet, von ausgebildeten, vertrauenerweckenden Wissenschaftlern und Ärzten.

Was ist Hypnose?
"Obwohl Hypnose stets ein Rätsel war, bleibt sie doch eines der sieben Wunder der Psychologie. Wie in der Fabel vom Elefanten, den vier Blinde an verschiedenen Körperstellen berührten, so formuliert auch jeder Forscher eine andere Theorie. Solange sich die Theorien über die Natur des menschlichen Charakters unterscheiden, wird es auch verschiedene Theorien über die Hypnose geben." (Kruger, zit. nach: Silva 1975, 170)

Momentan sind wohl drei Hauptrichtungen zu finden, auf die hier aber nicht näher eingegangen werden soll: Die Pawlowsche Theorie, die in der experimentellen Psychologie wurzelnden Theorien und die psychoanalytischen Theorien.

Die Hypnose wird schon in den ältesten Schriftquellen - z.B. den altindischen Veden, den babylonischen Keilschriften und den ägyptischen Papyri (d.h. vor über 3000 Jahren) - erwähnt und auch bei Naturvölkern praktiziert. Die neuere Geschichte aber beginnt (wie so vieles) bei Franz Anton Mesmer, einem österreichischen Arzt des 18. Jahrhunderts, der glaubte, Kranke durch Zuführen einer unsichtbaren, magnetischen Kraft heilen zu können (Mesmerismus). Seine Theorien hielten einer Überprüfung nicht stand, doch konnte er zahlreiche Neurosen heilen. Mit der Esoterik- und Okkultwelle wuchs seit Anfang der 80er Jahre die Popularität Mesmers so stark an, daß inzwischen schon Kinoverfil-

Franz Anton Mesmer (1734-1815)

Mesmers Behandlungsmethoden gelten als Beginn der heute noch praktizierten Hypnotherapie

mungen seines Lebens produziert werden.
Sein Schüler Marquis de Puységur entwickelte die Hypnose weiter, als es ihm eher zufällig gelang, einen seiner Patienten in tiefe Trance zu versetzen. Allerdings ahnte weder er noch ein anderer zeitgenössischer Mesmeranhänger, daß sie sich der Hypnose bedienten.
Der Begriff selbst wurde vom englischen Mediziner James Braid geprägt (1843). Er kommt aus der griechischen Sprache (hypnos = Schlaf) und bezeichnet einen suggestiv herbeigeführten schlafähnlichen Zustand.
Das Bewußtsein des Hypnotisierten ist dabei so verändert, daß er sich vollkommen auf den Hypnotiseur einstellt und dessen Anordnungen befolgt. Auch den Befehl, sich später nicht zu erinnern.
Die Intensität einer Hypnose hängt zu einem großen Teil von der Beeinflußbarkeit des Hypnotisierten ab. Es gilt allgemein als unmöglich, jemanden gegen seinen Willen zu hypnotisieren.
Hemminger schreibt dazu:

Eine besondere Suggestionstechnik ist die Hypnose. Sie zeichnet sich dadurch aus, daß ein Trancezustand entsteht, in dem die Aufmerksamkeit auf den Therapeuten gerichtet bleibt. Man spricht vom "Rapport" zwischen Therapeut und Klient. Und da der Hypnotisierte auf die Suggestion des Hypnotiseurs extrem stark reagiert, können in Hypnose äußerst merkwürdige Verhaltensweisen und Erlebnisse ausgelöst werden. Trotzdem gibt es keinen Grund zu der Annahme, daß bei der Hypnose mehr mitspielt als physiologische und psychologische Gesetzmäßigkeiten im menschlichen Gehirn - die, nebenbei gesagt, auch ohne okkulte Deutung geheimnisvoll genug bleiben. (Hemminger 1989, 32)

Eysenck/Sargent stellt ein Hauptproblem vor, wenn sie feststellen, daß die Hypnose "sich nicht mit objektiven Mitteln registrieren oder aufzeichnen läßt. Man hat viele erfolglose Versuche unternommen, um eine besondere Hirnstromaktivität während der Hypnose festzustellen. Der Vorstellung von einem spezifischen "hypnotischen Zustand" scheint keine

Heiler?

Validität oder Gültigkeit innezuwohnen - oder aber dieser Zustand kennt keine meßbare Grundlage." (Eysenck/Sargent 1984, 87)

Das Potential und die Grenzen der Hypnose sind in folgenden Punkten zusammenzufassen:

1. Hypnose gibt es, sie "funktioniert" wirklich, bei den weitaus meisten Menschen (die Schätzungen reichen von 70 - 95%). Es scheint aber nicht möglich zu sein, jemanden gegen seinen Willen zu hypnotisieren. Auch gewisse moralische Hemmschwellen bleiben erhalten (z.B. in bezug auf Verbrechen).

2. Was auf der Bühne oder in der Disko teilweise dargeboten wird, muß nicht Hypnose sein (es ist eher eine Illusion der H.).

3. Wirkliche Hypnose gehört weder auf den Rummelplatz noch zu einer sonstigen Unterhaltungsveranstaltung! Das ist ein "Spiel" mit der Entwürdigung eines oder mehrerer Menschen, zum Gaudium der anderen!

4. Hypnose birgt zweifelsfrei Gefahren vielfältiger Art. Selbst in der esoterisch-okkulten Szene wird mittlerweile vor der Reinkarnationshypnose gewarnt - nicht ohne Grund! Nichtsdestotrotz finden weiterhin entsprechende Seminare statt.

5. Hypnose kann in der Hand eines verantwortungsvollen Arztes oder Psychotherapeuten zweifellos Heilungsprozesse unterstützen, Ängste lindern und traumatische Erlebnisse aufarbeiten helfen.

6. Es stimmt nicht, daß in der Hypnose immer die Wahrheit gesagt wird (schön wäre es für die Rechtsprechung), im Gegenteil wird häufig gelogen, daß sich die Balken biegen. Der häufigste Grund für das Lügen in Hypnose ist folgender: Dem Willen des Hypnotiseurs, der sich oft unbewußt in Suggestivfragen niederschlägt, wird vom Hypnotisierten gerne entsprochen.

7. Suggestibilität und Hypnotisierbarkeit ist gleichzusetzen. Dies gilt auch für die Selbsthypnose mit allen ihren Möglichkeiten hinsichtlich des physischen und psychischen Bereichs.

Aus der mittlerweile unübersehbaren Vielfalt an Literatur und "Literatur" einige Beispiele, die weiterhelfen können (eine zugegebenermaßen subjektive Auswahl!):

König, R.: Sanfte Heilverfahren - Geistige Heilung, Akupunktur, Homöopathie, Irisdiagnostik, Pendeln und Wünschelrute, Chiropraktik u.a.; Neuhausen - Stuttgart 1988 (skeptisch)

Mattig/Gertler: Wunderheiler? Medizin mit Pendel, Nadeln, Strahlen; Berlin 1989 (skeptisch)

Oepen/Propkop (Hg.): Außenseitermethoden in der Medizin - Ursprünge, Gefahren, Konsequenzen; Darmstadt 1986 (skeptisch)

Oepen, I. (Hg.): An den Grenzen der Schulmedizin - Eine Analyse umstrittener Methoden; Köln 1985 (skeptisch)

Oepen/Scheidt: Wunderheiler heute - eine kritische Literaturstudie; München 1989 (skeptisch)

Federspiel/Herbst (hg. Stiftung Warentest): Die andere Medizin - Nutzen und Risiken sanfter Heilmethoden; Berlin 1991 (skeptisch)

Wiesendanger, H.: Das große Buch vom geistigen Heilen - Möglichkeiten, Grenzen, Gefahren; München 1994 (positiv gegenüber der "Geistheilung", aber umfassend; damit diese Aufstellung nicht zu einseitig wird)

Kann man mit der Wünschelrute "Wünsche ruten"?
oder: Das Geschäft mit der Angst!

Mancher Leser mag sich wundern, daß dieses geheimnisumwitterte Gerät dem Kapitel "Heiler" zugeordnet wurde.
In der Tat scheint damit ja vielerlei gefunden (= gemutet) zu werden:

• Wasser,
• "Erdstrahlen" (krankmachend),
• Bodenschätze jeglicher Art,
• vergrabene Schätze,
• Kornkreise,
• "Kraftfelder" und "Kraftorte",
• Krankheiten,
• verlorene Gegenstände.

Beim erwachsenen Normalbürger gehört es mittlerweile zu einem der "phantastischen Phänomene", denn sobald bei einem Vortragsabend (zu einem anderen Thema!) das Wort "Wünschelrute" fällt, finden sich mehrere Personen, die zu diesem Bereich konkrete Fragen stellen.

Die folgenden historischen Abbildungen der versch. Wünschelruten alle aus: Zeidler, Joh. Gottfried: Pantomysterium; Magdeburg 1700.

Messer und Gabel Creutzweise in einander gesteckt, und fest zusammen gedruckt geben auch eine Wuendschelruthe.

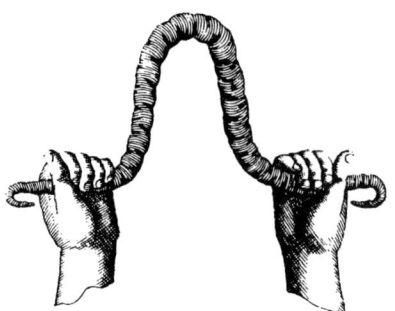

Eine Knackwurst nach der ersten Art gefuehret, gibt auch eine perfecte Wuendschruthe, und drehet sich in der Hand so starck, dass sie zerbricht und knackt.

Eine Schneiderscheer gibt gleichfalls eine Wuendschruthe, wenn man die Handhaben umgreiffet, also dass das Untertheil in der Lebens Linie zu ligen koempt.

Vor allem, seitdem durch die Berichterstattung in bestimmten Medien die Ängste vor den unsichtbaren, mit keinem herkömmlichen Meßgerät feststellbaren, angeblich krebserregenden "Erdstrahlen" geradezu geschürt werden, trauen sich viele Bauherren nicht mehr, ohne Rutengänger den Grundstein zu legen. Von der bloßen Wassersuche haben sich die "Strahlenfühligen" in den letzten Jahren immer mehr auf den Bereich der direkten "Gesundheitsvorsorge" verlegt. Da sich mit der Angst treffliche Geschäfte machen lassen, gibt es hier Scharlatane in Hülle und Fülle.

Ein Buch in hoeltzerne Tafeln gebunden, also gehalten, wie hier vorstellt.

Gerade mit dem Wünschelrutenausschlag und den damit behaupteten Leistungen der Rutengänger hat sich die geschmähte Schulwissenschaft im Laufe der letzten 80 Jahre immer wieder intensiv befaßt und eindeutige Ergebnisse veröffentlicht. Zusam-

menfassend kann man sagen, daß die Rutengänger nicht halten können, was sie versprechen.

Unabhängig von der Frage, ob es "Erdstrahlen" der von Rutengängern angenommenen Art überhaupt gibt (die Physiker verneinen dies, siehe dazu den Aufsatz von Prof. Löb, s. S. 150), muß sich doch jeder Radiästhesist selbstverständlich gefallen lassen, daß man überprüft, ob er seine behaupteten Leistungen erbringen kann. Vor allem, wenn Geld dafür genommen wird und Folgerungen aus den angeblichen Ergebnissen gezogen werden, die massiv in die Lebensführung der Klienten eingreifen. Die Kontrolle der radiästhesistischen Analysen ist zudem besonders deswegen geboten, da sie Aussagen zu Gesundheit bzw. Krankheit der Klienten machen.

Da niemand beweisen kann, daß es keine Erdstrahlen gibt, ist auch hier die Beweispflicht für das Vorhandensein bestimmter "geopathogener Zonen" o.ä. bei den Anhängern der Radiästhesie.

Eine Vielzahl von entsprechenden Versuchen, die sowohl von den Befürwortern, als auch von unabhängigen Forschern durchgeführt wurden, findet man bei Prokop/Wimmer (1985). Dieses Buch bildet die wohl gründlichste, skeptische Abhandlung zum gesamten Bereich.

Mysteriöse Erdstrahlen

Kann ein „Bio-Schlafzimmer" wirklich Schutz bieten?

Ist die Baubiologie der nahtlose Übergang zwischen Aberglauben und Sehnsucht nach ökologischen Lebensweisen? Eine neue „Wissenschaft" macht von sich reden.

Eine Bonner Ärztin hatte alle Mühe, prominenten Patientinnen zu erklären, warum sie nicht in der Lage sei, zusammen mit einem stadtbekannten „Rutengänger" ihre Bungalows nach „Störzonen" mit Erdstrahlung zu untersuchen. Inzwischen befassen sich medizinische Kapazitäten in einschlägigen Fachzeitschriften mit diesem Phänomen, während andererseits unverdrossen „Bio-Schlafzimmer", „erdstrahlenfreie Baugrundstücke" und teure „Entstörungsgeräte" naivster Bauart angeboten werden.

Nach Angaben der Hersteller sind überwiegend ältere Frauen die Hauptabnehmer solcher Erzeugnisse, die ihre Vorläufer in „strahlenabweisenden" Kupferarmbändern und kupferfadendurchzogenen Matratzenschonern fanden. Am Physikalischen Institut der Universität Gießen spricht man in diesen Fällen von rein psychischen oder psychosomatischen Wirkungen beim Käufer und einem „Placebo-Effekt" (Placebos − „Null"-Tabletten ohne jede pharmazeutische Substanz, auch zur Beruhigung eingebildeter Kranker verwendet).

Was die gefürchteten „Erdstrahlen" betrifft, so entbehren sie jeder physikalischen Grundlage. Die moderne Physik hat längst nachgewiesen, daß die vermuteten elektromagnetischen Strahlungsfelder reine Erfindung sind.

Dennoch blüht das Geschäft mit der „neuen Physik", das „Bio-Betten" und „Bio-Auslegware" in die Schlafzimmer bringt.

Hersbrucker Zeitung 8/1989

Die Wünschelrute schlägt aus - aber zeigt sie auch etwas an?

Zweifellos ist an der Echtheit des Rutenausschlages und an den wirkenden Kräften nicht zu zweifeln. Die physiologischen, mechanischen und psychologischen Grundlagen dabei wurden seit langem untersucht, die erzielten Ergebnisse befinden sich im Einklang mit den sonstigen Erkenntnissen der Biologie, Physik und Psychologie.

Heiler?

Warum also trotzdem der "übersinnliche Schauer"? In Kurzfassung (ausführlich siehe dazu u.a. Prokop/Wimmer, a.a.O): Wirklich "wundersam" wäre es, wenn eine Wünschelrute ausschlagen würde, die man locker zwischen den Fingern hielte. Das tut sie aber nicht! Vielmehr muß sie nach allen Anweisungen ziemlich kompliziert und fest gehalten werden: Die beiden Gabelenden (bei der Standardrute) werden mit Kammgriff in je eine Hand genommen, wobei die beiden Enden mit dem Daumen vom Körper weggedrückt werden, das Mittelstück aber mit den kleinen Fingern oder der Handkante dem Körper entgegengedrückt wird. Es entsteht also ein verkrampfter Spannungszustand, der durch winzige, unmerkliche Beeinflussungen - es genügt ein Lufthauch, ein Schritt, ein leichtes Erschrecken des Rutengängers, eine winzige Muskelzuckung z.B. durch emotionale Befindlichkeiten - aufgehoben wird, woraufhin die Rute ausschlägt. In vielen Versuchen wurde im Labor dieser Halteapparat in Spannung nachgebaut. Auch dabei schlug die Rute bei der kleinsten Störung aus. Beim Menschen treten weitere Faktoren hinzu: So entsteht ein "Versteifungstremor" durch das Bemühen, das Ausschlagen zu verhindern. Dieser hat zur Folge, daß der Rutengänger um so bessere Voraussetzung für einen Ausschlag schafft, je stärker er es verhindern will. Der innere Spannungszustand des Rutengängers, der sich ja in ständiger Erwartung des Ausschlagens befindet, verstärkt diesen Effekt zusätzlich. Es genügt die geringste Veränderung in der Muskelspannung, sogar die rein gedankliche Vorstellung einer Bewegung, um die Rute in Tätigkeit zu bringen. Damit werden zahlreiche Parallelen zum Kapitel "Pendel"/"Carpenter-Effekt" (s. Kap. V) usw. erkennbar! In der Tat werden ja neben den vielfältigen Rutenarten auch Pendel in der "Radiästhesie" eingesetzt.

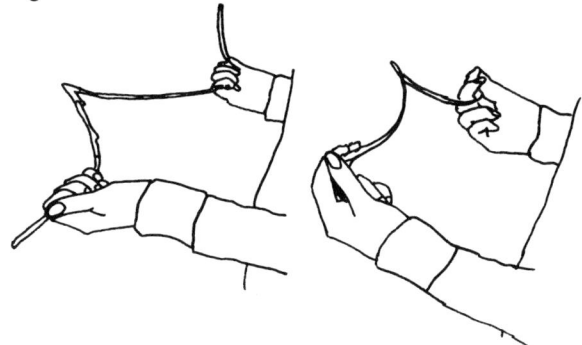

Die gespannte Haltung führt sehr leicht zum Rutenausschlag

Betrug muß dabei nicht im Spiel sein, denn der Rutengänger hat die Empfindung, daß die Rute sich selbständig und ohne seine Mitwirkung bewege.

Mit Recht hat Herbert Schäfer in seinem Buch "Der Okkulttäter" das Erdstrahlungswesen dem magischen Welterlebnis und nicht der rationalen Naturerkenntnis zugeordnet. Der Glaube an die Wünschelrute verleiht eine pseudoreligiöse Sicherheit. Die Handhabung dieses seltsamen und überflüssigen Instruments, die gleichzeitig mit einer Art Geheimlehre verquickt ist, weckt die (gerade von unsicheren und neurotischen Menschen heiß begehrte) Gewißheit, "auserwählt" zu sein, eine besondere Rolle zu spielen, und auch das Missionsverlangen findet hier ein großes Betätigungsfeld. Die Erdstrahl-Literatur gleicht der einer religiösen Sekte." (verändert nach: Leithäuser 1964, 373)

Genauso ist es! Der Verfasser hat bei vielen Begegnungen mit Wünschelrutengängern eine geradezu unglaubliche Intoleranz gegenüber anderen Meinungen, einen erschreckenden Fanatismus und einen unüberwindbaren Widerstand, sich mit kritischen Argumenten auseinanderzusetzen, erfahren. Rational geführte Gespräche sind (ähnlich wie bei Astrologen) kaum möglich. Obwohl sich der Autor für viel Geld eine beeindruckende radiästhesistische Ausrüstung, viel rutenpositive Literatur und etliche Lehrvideos anschaffte und damit kundig machte, konnte nicht der kleinste Ansatzpunkt dafür gefunden werden, daß der "Boden der Realität" verlassen wird hinsichtlich irgendwelcher paranormaler Kräfte.

"Eher könnte man aus Nebel eine Eisenbahnbrücke bauen, als einen Rutengänger und Erdstrahlen-Gläubigen mit seinen eigenen Behauptungen einfangen!" (Prokop/Wimmer 1985)

Warum aber die "magischen" Ergebnisse?

Im Zusammenhang mit der massenhaft betriebenen Wassersuche faßt Binder zusammen:

... Rutengänger suchen und "finden" z.B. immer noch "Wasseradern", auch wenn es solche überhaupt nicht gibt, sondern nur flächig mit Wasser durchtränkten Untergrund über undurchlässigen Schichten und in Fels- und Berggestein in den vielen kleinen und wenigen großen Klüften, die alle zusammen ein Kammersystem bilden, das mit Sickerwasser gespeist wird und dessen Wasserführung von den Niederschlagsverhältnissen abhängt. (Binder 1992, 100)

Dieser zentrale Punkt muß wiederholt werden: "Wasserader" im Sinne von "unterirdischen Bächen" gibt es (so gut wie) nicht! Diese gesicherte Erkenntnis der Geologie wird völlig übergangen. Natürlich steht das Grundwasser an manchen Stellen höher, an manchen tiefer. Dies ist in freier Landschaft oft schon am Pflanzenwuchs gut erkennbar. Mag sein, daß ein naturverbundener, feinfühliger Rutengänger genau dies unbewußt "erkennt". Zusammen mit seiner Gläubigkeit an den Rutenausschlag erfolgt dieser dann auch an dieser Stelle! Wird dort gebohrt, findet man Wasser. Beweis geglückt?

© Verlag an der Ruhr, Postfach 10 22 51, 45422 Mülheim an der Ruhr

Viele Gartenbesitzer erzählten dem Verfasser schon von erfolgreichen Brunnenbohraktionen, bei denen der Rutengänger genau die Stelle angab, an denen dann auch Wasser gefunden wurde. Auf die Frage, ob man auch 20 Meter weiter nördlich, fünf Meter weiter östlich, 47 Meter weiter südlich und 3,76 Meter weiter westlich gebohrt und dort dann kein Wasser gefunden habe, erfolgte immer ein nachdenkliches Verneinen.

Die Landesgeologen der Bundesrepublik Deutschland gaben schon 1950 bei ihrer Jahreskonferenz folgende Erklärung ab:

... Die Geologie fast aller Kulturstaaten, besonders in Deutschland, hat sich seit langen Jahren, um nichts unversucht zu lassen, mit zahlreichen exakten Prüfungen der Wünschelrute (des Pendels und Apparaten nach Art der Wünschelrute) beschäftigt. Sie hat keine Gelegenheit unterlassen, Angaben von Wünschelrutengängern mit den tatsächlichen Verhältnissen des Untergrundes zu vergleichen. Das klare Ergebnis ist, daß ein Zusammenhang zwischen Wünschelruten- (Pendel-) Ausschlag und Untergrund nicht erwiesen, ja noch nicht einmal wahrscheinlich gemacht worden ist.

Die Direktoren der genannten Geologischen Landesämter müssen daher nachdrücklichst darauf aufmerksam machen, daß die Wünschelrute zum Aufsuchen von Bodenschätzen jeglicher Art, einschließlich Wasser, völlig unbrauchbar ist. Vor allem muß bei allen Arbeiten, die ganz oder teilweise durch öffentliche Mittel finanziert werden, auf Grund dieser wissenschaftlichen Erkenntnis die Verwendung der Wünschelrute entschieden abgelehnt werden. (es folgen die Unterschriften der Direktoren, zit. nach: Prokop/Wimmer 1987, 28)

Man kann in Deutschland bohren, wo man will - man findet (so gut wie) immer Wasser!

Radiästhesie und die Erdstrahlen

Hier sei zusammengefaßt wiedergegeben, was Federspiel/Herbst zu diesem Thema schreiben. Diese Stellungnahme enthält alle wesentlichen Gesichtspunkte, die z.B. in der u.a. Literatur noch vertieft werden.

Radiästheten meinen, daß die Erdstrahlen von geologischen Verwerfungen und Wasseradern ausgehen und auf Magnetismus, Elektrizität, Bodenleitfähigkeit, mikroseismische Bodenschwingungen, Ausdünstungen, Aerosole und so weiter zurückzuführen seien. Diese angeblich gefährlichen Stellen werden "Reizstreifen" genannt. Der Rutengänger und Elektrophysiker Herbert König meint, daß die Reizstreifen auf der Erdoberfläche netzförmig verlaufen, ihr Abstand minde-

stens zwei Meter betrage und daß die Kreuzungsstreifen "krankheitsschädlich" (!) seien.

Immer wieder meinen Radiästheten, "Erdstrahlen" würden die normalen Lebensvorgänge stören. Der Arzt Hartmann behauptete 1951, daß beinahe alle Krankheiten, einschließlich Krebs, auf Erdstrahlen zurückzuführen seien.

Die "Geopathie" - so behaupten die Radiästheten - soll nicht nur unbestimmte Beschwerden, Erschöpfung, Schlaf- und Appetitlosigkeit auslösen, sondern auch an der Entstehung von Rheumatismus, Neuralgien, Kopfschmerz, Asthma, Gicht, Ischias, Darmbeschwerden, Durchblutungsstörungen, Hämorrhoiden, Ekzemen und nicht zuletzt Krebs beteiligt sein...

Risiken:

Die Gefahr ist groß, daß bestehende Krankheiten übersehen werden oder daß der Rutengänger unbegründete Angst vor Krankheiten verstärkt.

Kritik:

Die Unsinnigkeit des Rutens wurde international in kontrollierten Großversuchen vielfach nachgewiesen.

Reizstreifen:

- Die behaupteten physikalischen Strahlen gibt es nicht. Wasser tritt unter der Erdoberfläche nicht in Adern, sondern flächig als Grundwasser auf.

- Der Ausschlag der Rute läßt sich wissenschaftlich erklären und beruht auf mehreren Faktoren, auf unwillkürlichen und sogenannten ideomotorischen Bewegungen (man bewegt den Körper in die vorher gedachte Richtung) und Nachbewegungen der Armmuskeln des Rutengehers. Die Rute wird nicht durch äußere Einwirkung bewegt.

- Daß Funde von Wasser, Erzen, Lawinenopfern, Reizzonen und anderem mehr mit Ruten Zufallstreffer nicht überbieten, wurde bereits in unzähligen Experimenten in aller Welt bewiesen. 1989 wurde in den USA ein Preis in der Höhe von 100.000 Dollar ausgesetzt, wenn Rutengänger ihre besonderen Fähigkeiten unter Beweis stellen könnten. Das Geld wurde bisher nicht abgeholt. Bei einem Test, der im November 1990 vor

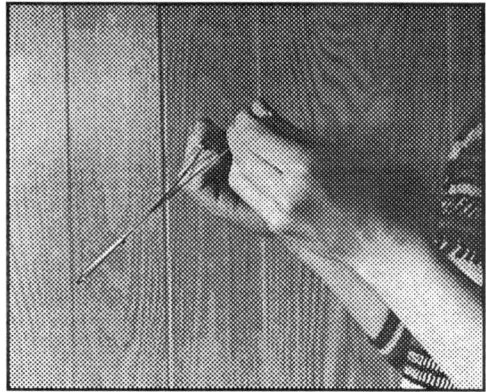

© Verlag an der Ruhr, Postfach 10 22 51, 45422 Mülheim an der Ruhr

laufenden Kameras des Hessischen Rundfunks lief, wurde das Preisgeld von 20 000 DM nicht ausbezahlt, weil die Rutengänger keine überzeugenden Ergebnisse erzielen konnten. (1000,- DM des Preisgeldes stammten vom Verf.; detaillierte Unterlagen zu diesem umfangreichen Test können gegen Kostenerstattung angefordert werden von der "Gesellschaft zur wissenschaftlichen Untersuchung von Parawissenschaften e.V.", GWUP e.V., Postfach 1222, 64380 Roßdorf, Tel. 06154/ 695021, Fax 06154/ 695022, der Verf.)

Geopathie:

- Ein Zusammenhang zwischen "Reizstreifen" und erhöhten Krankheitsraten, von Krebs- oder Todesraten ist bis heute nicht erwiesen.

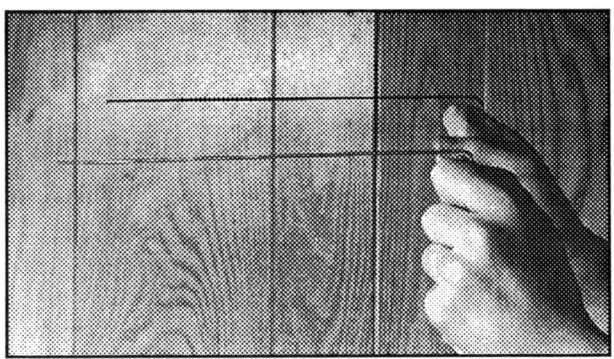

- Bekannte Radiästheten wurden von der Tierärztlichen Hochschule Hannover im Jahr 1936 aufgefordert, bei 19 Rindern Krankheiten zu diagnostizieren. Die Befunde der Muter wichen nicht nur voneinander ab, sie waren überwiegend falsch. Das bestätigte der Befund nach Schlachtung der Tiere. Die Radiästheten hatten auch gesunde Rinder für krank erklärt und, wenn ihnen ein und dieselbe Kuh mehrmals vorgeführt wurde, unterschiedliche Krankheiten festgestellt. Auch über die "Reizstreifen" konnten sich die Muter nicht einigen.

- Die zur Abschirmung von "Erdstrahlen" angebotenen Geräte können nichts bewirken. Untersucher fanden darin Fensterkitt, Erde, Tee, Kupferdrähte, Kieselsteine, Salatöl, Gummiringe, Kerzen, Wolle und anderes mehr. Viele der Geräte tragen die Aufschrift "Bei Öffnung wirkungslos!".

- Rutengeher können bei einem Test selbst nicht feststellen, ob ihr Abschirmgerät aufgestellt und eingeschaltet war.

- Mehrere Gerichtsverfahren führten bereits zur Verurteilung von Radiästheten, die behaupteten, mit ihrer Rute Krankheiten zu diagnostizieren, beziehungsweise Abschirmgeräte verkauften.

Die Rute kann angebliche geopathische Faktoren nicht ergründen und Krankheiten nicht diagnostizieren.

Empfehlung:

Rutengehen ist abzulehnen, es ist nicht geeignet, krankmachende Faktoren oder Krankheiten aufzuspüren. Fehldiagnosen sind wahrscheinlich. Geräte zur "Abschirmung", "Entstrahlung von Erdstrahlen" oder "Erdung" sind eine Irreführung des Käufers." (Federspiel/Herbst 1991, 250 f.)

Erwähnt sei noch eine Untersuchung der letzten Zeit, die in Diskussionen immer wieder angeführt wird als positives Beispiel. Finanziert wurde dieser Test durch Steuergelder!

Der SPIEGEL schreibt dazu:

> Statt skeptische Wissenschaftler mit dem 400 000 Mark-Projekt zu betrauen, verfielen die Geldgeber (das Bundesforschungsministerium, d. Verf.) auf die Münchner Physik-Professoren Herbert L. König und Hans Dieter Betz - Namen, die bei Kennern der Rutenszene übersinnliches Kribbeln auslösen.
>
> Schon 1982 hatten die beiden Wissenschaftler in einem Aufsatz in der "Zeitschrift für Parapsychologie und Grenzgebiete der Psychologie" gleichsam den harten Kern ihrer Überzeugung zu erkennen gegeben: Das "Grundphänomen" des ortsabhängigen Rutenausschlags ... lasse "sich bei aller Kritik keinesfalls leugnen. (DER SPIEGEL 10/1987)

Weiterer Kommentar überflüssig - oder welches Ergebnis würden Sie erzielen, wenn man Ihnen einen stattlichen Betrag zur Verfügung stellen würde, mit dem Sie untersuchen sollen, ob Ihre persönliche Überzeugung stimmt? Material zur kritischen Auseinandersetzung mit dem zur Untersuchung erschienenen "Wünschelrutenreport" erhalten Sie bei der o.a. Adresse der GWUP.

Abschließend sei noch ein Artikel von Professor Horst Löb in Gänze wiedergegeben, da er in kompakter, kompetenter Form zusammenfaßt, was von physikalischer Seite zum Erdstrahlen-Phänomen zu sagen ist:

... entbehren jeglicher physikalischer Grundlage

Um es gleich zu sagen: Die Physik kennt den Begriff "Erd-Strahlen" nicht. Nun könnte man natürlich die "Dinge zwischen Himmel und Erde" zitieren, "von denen sich unsere Schulweisheit nichts träumen läßt". Tatsächlich sind die heutigen Naturwissenschaften noch weit davon entfernt, alles zu verstehen. Und je weiter die Physik in die subatomar-kleinsten oder kosmologisch-größten Dimensionen vordringt, um so mehr neue Fragen tauchen auf. Aber das, was sich auf unserer Erde abspielt, kennen wir inzwischen doch recht gut.

Wenn wir zeigen wollen, daß es etwas wie die "Erdstrahlen" nicht gibt, so ist dies schwieriger, als einen Existenzbeweis zu führen. Denn wir müssen sämtliche nur denkbaren Möglichkeiten überprüfen. Gehen wir also systematisch vor und fragen zunächst, welche Strahlungen es überhaupt gibt. Wir finden zwei Kategorien:

Da sind einmal die schnell und gerichtet bewegten "materiellen" Teilchen, also z. B. die Elektronen in Röntgen- oder Fernsehröhren, die Alpha- und Beta-Partikel der Radioaktivität, der Neutronenfluß aus einem Kernreaktor usw. Zum zweiten gibt es Wellen- oder Quantenstrahlen, die dann auftreten, wenn sich Kraftfelder zeitlich ändern. Nun ist es der Physik gelungen, die große Vielfalt der Erscheinungen auf nur drei fundamentale Kräfte zurückzuführen, nämlich auf die Gravitation, den Elektromagnetismus und die Kernkraft. Nichts deutet darauf hin, daß es daneben noch weitere "Wechselwirkungen" gäbe. Zwei der drei Grundkräfte (und die darauf zurückgehenden Wellenstrahlungen) können wir sofort ausscheiden: Die Gravitation ist so schwach, daß unsere

hochempfindlichen Detektoren nicht einmal die gravischen Wellen explodierender Sterne erfassen; die Kernkraft ist zwar überaus stark, wirkt aber nur über so winzige Entfernungen wie 10-15 m.

Was übrig bleibt, sind die elektromagnetischen oder Photonen-Strahlungen. Sie entstehen, wenn sich elektrische oder magnetische Felder zeitlich ändern, und überspannen hierbei das riesige Spektrum von den kilometerlangen Radiowellen bis hin zu den ultraharten Gamma-Quanten. Damit haben wir alle denkbaren Möglichkeiten genannt.

Welche Strahlung erzeugt nun unsere Erde? Wir kennen die natürliche Radioaktivität von (ungefährlichen) 100 mrem pro Jahr und sonst - nichts. Nun könnte man sich darauf hinausreden, daß die "Erdstrahlen" vielleicht gar keine Strahlen im physikalischen Sinn, sondern nur Felder wären, deren Kraftlinien "strahlenförmig" verlaufen. Man könnte dabei an das irdische Magnetfeld denken, dessen mittlere Feldstärke von etwa 1 Gauß sogar gewissen lokalen und zeitlichen Schwankungen unterliegt. Dieses Feld ändert sich aber nur über größere Entfernungen (nicht "von Zimmerecke zu Zimmerecke") und während astrono-

mischer Zeitspannen, so daß dabei auch keine elektromagnetischen Strahlen entstehen. Im übrigen sind keinerlei gesundheitliche Schäden bei Personen bekannt, die sich in der Nähe technischer Magnete mit über tausendfacher Feldstärke aufhielten oder die mit starken elektromagnetischen Sendern arbeiten. Eigentlich erübrigt sich auch der Hinweis, daß unterirdische Wasseradern - genau wie oberirdische Bäche oder Flüsse - völlig unmagnetisch sind, ebenso wie das als "Schutz" gepriesene Kupfernetz; es besitzt keinerlei Abschirmwirkung. - Wir wollen noch ein weiteres Argument hinzufügen: Die Physik besitzt heute für alle überhaupt in Frage kommenden Felder und Strahlungen so ausgezeichnete Meßgeräte, daß zum Beispiel einzelne Alpha-Partikel oder Lichtquanten registriert und gezählt werden können. "Erdstrahlen" irgendwelcher Art blieben uns mit Sicherheit nicht verborgen. Verglichen mit unseren modernen Detektoren besitzt die Wünschelrute die gleiche apparative Aussagekraft wie Kaffeesatz.

Ziehen wir das Fazit: Die "Erdstrahlen" entbehren jeglicher physikalischer Grundlage. Ihre "Wirkungen" mögen psychisch oder psychosomatisch zu erklären sein bzw. auf Auto- oder Fremdsuggestion zurückgehen. Das Bettrücken oder ein Kupfernetz unter der Matratze bringt nichts anderes als einen Placebo-Effekt. Leider ist auch in unserem Zeitalter der Aberglaube noch nicht ganz ausgestorben, und es gibt immer noch Leute, die damit Geschäfte machen.

Horst Löb, Gießen*)

*) Prof. Dr. rer. nat. Horst Löb ist am 1. Physikalischen Institut der Universität Gießen tätig.

Deutsches Ärzteblatt 14.9.1984

Vertiefende Literatur:

Binder, H. (Hg.): Macht und Ohnmacht des Aberglaubens - Magie, Wissenschaft und Pseudowissenschaft; Pähl 1992

Leithäuser, J.: Das neue Buch vom Aberglauben; Berlin 1964

Oepen/Prokop: Außenseitermethoden in der Medizin - Ursprünge, Gefahren, Konsequenzen; Darmstadt 1986

Prokop, O. (Hg.): Medizinischer Okkultismus; Stuttgart 1977

Prokop/Wimmer: Der moderne Okkultismus; Stuttgart 1987

dies.: Wünschelrute - Erdstrahlen - Radiästhesie; Stuttgart 1985[3]

Die sinnigerweise vom Bundesministerium für Forschung und Technologie geförderte Studie mit 100 'Probanden' an TU München erregte zwar viel Aufsehen, brachte aber genau betrachtet keine weiterführenden, neuen Erkenntnisse:

Mit schwarzer Maske auf Zickzackkurs
Münchner Wissenschaftler schauten Wünschelrutengängern auf die Finger

Wünschelrute (virgula mercurialis), nach Volksglaube ein magisches Instrument zum Auffinden von unter der Erde liegenden Metallen" — steht im seriösen Meyers-Konversationslexikon. Und dann erfährt der begierige Leser noch, daß mit der Haselnußgabel auch Wasser aufgespürt werden kann, im Alten Testament Aaron damit einen Strahl aus dem Fels schlug und auch die männerbetörende Circe mit diesem fabelhaften Stab hantiert hat. Aktualität bekommt das Phänomen, wenn wieder einmal ein Rutengänger mit zweifelhaften Erfolgen aufhorchen läßt. Ein Thema für die Wissenschaft war es lange nicht. „Denn die befaßt sich erst mit etwas, wenn es seriös ist, und seriös ist etwas erst dann, wenn sich die Wissenschaft damit befaßt hat", nimmt der Münchner Atomphysiker Hans-Dieter Betz die eigene Zunft auf die Schippe.

Betz kann sich diese Kritik ungescholten erlauben. Denn er und sein Kollege Herbert L. König, Professor für Elektrophysik an der TU München, haben diesen „Teufelskreis" jetzt durchbrochen: Unter ihrer Leitung lief unter Beteiligung von 14 Wissenschaftlern aus neun Instituten das vom Forschungsministerium mit 400 000 Mark geförderte Projekt über die „Errichtung und den Betrieb von Testanordnungen mit künstlich variablen Feldern niedriger Energie zum Studium der Reaktionen in biologischen Makrosystemen", das vor kurzem abgeschlossen worden ist. Im Klartext: Sie gingen dem Geheimnis der Wünschelrute auf die Spur, wollten wissen, ob sich „bei bestmöglicher Ausschaltung der üblichen Sinne bei Menschen ortsabhängige Spontanreaktionen feststellen lassen."

Um es vorwegzunehmen: Solche Leute gibt es in der Tat. Allerdings: Von den über 500 Rutengängern, welche die Wissenschaftler in Vereinen und auf Wochenendtagungen aufspürten und einen Großteil von ihnen dann im Raum München, im Inntal, im Odenwald, im Taunus und Spessart als Testpersonen losschickten, blieb nur ein kleiner „harter Kern" als wissenschaftlich interessant übrig.

Bis auf besagten „harten Kern", der im Boden „reproduzierbar und sehr sicher Wasser fand." Und zwar „Spalt-und Kluftwasser in kristallinem Gestein". Denn, einfach nur von einer Wasserader zu sprechen, könne man, so Professor Betz, „nicht so stehenlassen."

Die Ergebnisse waren aber offensichtlich so frappierend, daß selbst der nüchterne Atomphysiker Betz ins Schwärmen gerät: „Sie sind Künstler. Diese Rutengänger können ihren biologischen Filter so einstellen, daß er an der entsprechenden Stelle durch Kribbeln im Körper reagiert." Die Konzentration sei etwa vergleichbar mit der eines Konzertbesuchers, der aus einem Gewirr sich einspielender Instrumente ein einziges voll und ganz raushöre.

Wie diese phänomenale Reaktion biophysikalisch zu erklären ist, darauf wollen die Professoren Betz und König in ihrem Buch „Erdstrahlen? - der Wünschelrutenreport" näher eingehen, das im Eigenverlag hergestellt wird und Ende April auf den Markt kommt (Preis: 19.80 Mark).

Von Karl Roithmeier

aus: Nürnberger Nachrichten, 18.3.1989

VIII.
Holt der Teufel unsere Kinder?

Zunächst sollen hier einige allgemeine Bemerkungen zum Themenbereich 'Satanismus und neues Hexentum' gemacht werden.

"Machen Sie auch Vorträge über 'Satanismus'?" Immer wieder wird diese Frage von verunsicherten, ratlosen Eltern und Lehrern gestellt, wenn wieder einmal ein Illustriertenbericht über Schwarze Messen und die dabei vorkommenden angeblichen Gruseligkeiten erschienen ist.

Hier eine kleine Auswahl saftiger Überschriften der letzten Jahre:

- "Satansmessen am Grab von Mildred Scheel",
- "Bremen, die Hochburg der Teufelsjünger",
- "Vorsicht - wenn Ihr Kind die Wände schwarz streicht",
- "Ich habe die Stimme des Teufels gehört",
- "Blutige Messen im Namen des Satans",
- "Der Satan rief - und Patrick legte sich auf die Schienen",
- "In Deutschland gibt es heute 3000 Hexenmeister",
- "Im Satans-Rausch wurde der unbescholtene Kaufmann zum Muttermörder",
- "Hexe von Köln kassierte Todkranke ab",
- "Sekten-Befehl: 'Opfere Dein Baby dem Satan!'",
- "Der Teufel kommt wieder!",
- "Satan gab den Mordbefehl",
- "Nächtliche "Spiele" mit Särgen und Totenköpfen",
- "Mordauftrag bei Schwarzer Messe: Männer waren Hexe hörig",
- "Wo Teufel und Hexen regieren - Schüler feiern nachts auf dem Friedhof".

In diesen - wahllos zusammengestellten - Zeitungsüberschriften wird deutlich, welche Ängste, aber auch welche sensationslüsternen Elemente die Berichterstattung beherrschen.

Da hier weder der Raum noch die inhaltliche Notwendigkeit vorhanden ist, das behauptete Phänomen des Jugendsatanismus in erschöpfender Ausführlichkeit zu behandeln, werden hier nur einige grundsätzliche Anmerkungen gemacht und ansonsten auf weiterführende Literatur verwiesen.

DEN Satanismus gibt es nicht!
Sicher könnte man einen fundierten Vortrag, besser eine ganze Vorlesungsreihe über "Satanismus"

als solchen ausarbeiten und halten, doch würde dieser je nach individuellem Hintergrund völlig verschieden aussehen, je nachdem, ob man das Phänomen

- katholisch,
- evangelisch,
- atheistisch,
- pädagogisch,
- psychiatrisch,
- historisch,
- kriminalistisch,
- ethologisch,
- ethnologisch, ... angeht.

Der leider viel zu früh verstorbene evangelische Sektenbeauftragte Pfarrer Friedrich-Wilhelm Haack unterschied grob folgende Varianten:

a) Der historische Satanismus:
Sieht Satan als Gegenspieler Gottes. Er bezieht sich auf die Kirche, indem er ihre Riten unter umgekehrten Vorzeichen nachahmt und die verwandelte Hostie als Gegenstand negativer Zeremonien (Schändung, Blasphemie) benutzt. Er ist ohne die röm.-kath. Liturgie nicht vorstellbar. Bei der "schwarzen Messe" stand die christliche "weiße" Messe Pate. Sakramentenlehre und gottesdienstliches Ritual der röm.-kath. Kirche finden sich in pervertierter Form in dieser "schwarzen Messe" wieder... Die Literatur hat diese Form zum Hauptbild des S. erhoben.

b) Der rituelle Satanismus:

Vom radikalen Sozialisten zum okkulten Ordensgründer (Fraternitas Saturni): Eugen Grosche

Bildet Kirchen und Orden, auch wenn die christliche Kirche keineswegs mehr sein echtes Gegenüber ist. Seine Rituale und Geheimlehren bilden den Kern des derzeitigen S. Zum rituellen S. gehören u.a. der 1895 vom österreichischen Papierfabrikant-

en Karl Kellner gegründete *Ordo Templi Orientis* und seine Abspaltung, die 1928 von dem Buchhändler Eugen Grosche (alias Gregor A. Gregorius) gegründete *Fraternitas Saturni*. Beide Organisationen sind bis heute z.T. in konkurrierenden Abspaltungen aktiv. Der rituelle S. ist von seinem Lehrgut her neugnostisch, in seiner Erscheinungsform oft geprägt von der Freimaurerei nachempfundenen "Logen".

c) Der ambulante oder latente Satanismus:
Er liegt ebenso vor bei ad hoc-Feiern wie bei satanistischen "Ritual"-Morden, bei "Schwarzen Messen" als Faschings-Happening, bei manchen Gruppen der sogenannten "Grufties" wie bei spontanen Jugendzirkeln, die "einmal was erleben wollen" und darum "mal was auf Satan machen".

CD-Cover der Band Testament: "Souls of black", 1990

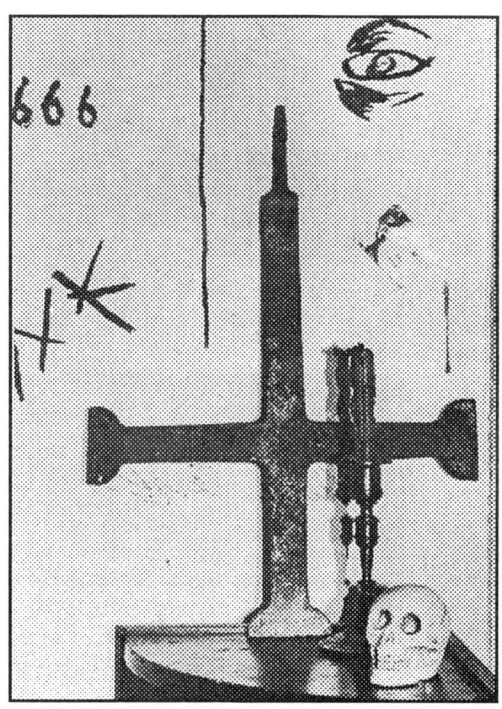

Auf Friedhöfen gestohlene Kreuze, Plastiktotenköpfe, schwarze Kerzen und die unvermeidliche '666' aus der Offenbarung des Johannes zählen zu den "angesagten" Utensilien

d) Der Wahnsatanismus:
Dabei handelt es sich um Lügenformen des S., wie sie schon in manchen Enthüllungsbüchern über Rock und S. vorgelegt werden. Lügengeschichten ... und manche "Ich war eine Hexe/ein Satanspriester"-Geschichten prägen das landläufige Bild des S. und sind in nicht wenigen Fällen die Ursache für nicht sachgemäße Behandlungen des S. sowie Reaktionen auf den S.
(Haack, A. u. F.-W. 1989 a, 16 ff.)

e) Der kulturelle Satanismus:
Er hat vor allem in der bildenden Kunst (Teile des Wiener Aktionismus), im Film (Polanski, ...) sowie im Heavy Metal Rock sein Revier.

Was sehr häufig als "Satanismus" angesehen und getrieben wird, ist ein Durcheinander halbverstandener, irgendwo aufgeschnappter, für "magisch" gehaltener, aufgeilender, gänsehauterzeugender, ... Rituale und Handlungen. Mit den bei Haack aufgeführten "echten" satanistischen Bewegungen hat dies so gut wie nichts mehr zu tun. Der Aufschrei der Kirchen wegen dieser "antichristlichen Bewegungen" ist zwar verständlich, verstärkt diese aber nach meinem Eindruck völlig unnötigerweise noch. Hauptbeweggrund für viele "Satanisten" ist die Power, die Macht über andere Menschen. Nicht Satan als "Antichrist", sondern als Machtquelle für die Verwirklichung "pubertärer" Allmachtsphantasien steht im Vordergrund, und das nicht nur für "soziale Underdogs"!

Die Gefahr der Überbewertung von satanistischen Jugendgruppen ist groß. Unter Umständen werden gerade dadurch erst deren Mitglieder ins endgültige Abseits gedrängt. Nicht jeder, der irgendwelche okkulten Symbole umgehängt hat (Pentagramm, umgekehrtes Kreuz, Zahl 666) ist deswegen gleich ein Satansanbeter.

Auf der anderen Seite aber müssen entsprechende Beobachtungen auch ernst genommen werden, wie der Mordfall im thüringischen Sondershausen 1993 zeigte.

Es ist modisch geworden, sich in bestimmten Frauenkreisen als "Hexen" zu bezeichnen und diesem Wort einen neubestimmten Sinn und Zweck zu geben. Dies sollte aber vor dem nicht zu verleugnenden historischen Hintergrund gesehen, reflektierter und sensibler gehandhabt werden.

Verantwortungslos wird von bestimmten "Jugendzeitschriften" immer wieder der "spiritistische, okkulte oder satanistische Kick" als das "Spiel" oder "Experiment" mit dem Übersinnlichen verharmlosend interessant gemacht (vor allem in den spezi-

ellen Mädchen-Ausgaben).

Völlig kritiklos, ohne das geringste Fragezeichen oder den kleinsten Hinweis auf eine eventuelle Gefährdung brachte z.B. BRAVO im Herbst 1994 (Hefte 37-44/1994) eine achtteilige (= achtwöchige), realistische Fotoromanserie, in der, reißerisch-aufgeilend fotografiert, eine ganze Fülle von okkulten Praktiken quasi in Gebrauchsanleitungsform dargestellt wurden. So wurden Voodoo-Puppen zum Verhexen eines Mädchens hergestellt (genau beschrieben mit Ritual) und anschließend der Beweis für das Funktionieren dieser Form von Magie gleich mitgeliefert: Das Mädchen Vanessa, das überhaupt nichts davon weiß, bricht im gleichen Moment zusammen, als der jugendliche Satanist weit entfernt von ihr eine Nadel in den Arm der Puppe stößt und hält sich denselben Körperteil vor Schmerzen!

auf die Auflagenhöhe, okkulte Praktiken dargestellt, wobei die Form des Fotoromans einen sehr authentischen, fast dokumentarischen Anspruch vermittelte. Eine Gruppe von Konfirmanden wollte dann auch wissen, wie tief man die Nadeln denn stechen müsse, damit es so richtig weh tue!

In der letzten Folge, als die Hauptdarstellerin (mittlerweile selbst Mitglied der Satansgruppe) endgültig dem Teufel geopfert werden sollte (fotografisch kaum zu unterscheiden von einem Sado-Maso-Magazin), dringen ihre Freunde in den Raum ein, eine Schlägerei beginnt und der Satanspriester verbrennt innerhalb von Sekunden zu einem Häufchen Asche! Ende!

Die "Fachberatung" der Serie hatte eine 20jährige Münchener "Hexe"! In der Mädchenausgabe BRAVO-Girl! wurde sie im nächsten Heft auf einer Doppelseite ausführlich nochmals vorgestellt - wiederum ohne die geringste Distanz oder einen kritischen Unterton, der Form nach ein zum Nacheifern anregender Star-Bericht. Sogar die Rezeptur eines "Liebestranks" (mit beigemischten Fingernägeln) war angeführt.

Eine groß angelegte, private Aktion des Verfassers mit einem offenen Brief an die BRAVO-Redaktion (S. 157) hatte neben einigen darüber berichtenden Zeitungsartikeln auch zur Folge, daß das bayerische Landesjugendamt eine "Jugendgefährdung" bestätigte und Indizierungsantrag bei der Bundesprüfstelle für jugendgefährdende Schriften stellte. Der deutsche Presserat erhielt drei Beschwerden. Eine der jüngsten kritischen Veröffentlichungen zum Thema Satanismus greift den Vorgang auf und faßt zusammen:

"Der Deutsche Presserat in Bonn wies Hunds Beschwerde gegen die BRAVO-Hefte 37-44/1994 zurück. Mit einer merkwürdigen Begründung: 'Das Happy-End des fiktiven Foto-Romans weist eine eindeutige Distanzierung von okkulten Praktiken aus.' Die 'magische Selbstverbrennung' eines Jugendlichen ein 'Happy-End'? " (Grandt, Grandt 1995, 42)

Merkwürdigerweise hielt sich die katholische Kirche, obwohl vom Verfasser ausführlich informiert, völlig zurück. Dies war um so unverständlicher, als in der Serie selbst ein katholischer Religionslehrer karikiert wurde, gegen den der Pfarrer "Kindlein" von L. Thoma realistisch ist. Vanessa, bereits in der Satansgruppe, sagt zu diesem Lehrer mehrmals während des Religionsunterrichts: "Ich kann deinen Scheiß nicht mehr hören."

Fünfzehnjähriger wurde von drei Mitschülern erdrosselt

Mord im Namen Satans

Im Hintergrund der Tat scheinen „Schwarze Messen" zu stehen

NORDHAUSEN (dpa) — Drei 17jährige Anhänger des Satanskults haben gestanden, einen 15 Jahre alten Mitschüler im thüringischen Sondershausen getötet zu haben.

Die Tatverdächtigen gaben zu, ihr Opfer Ende April 1993 mit einem Elektrokabel erdrosselt und die Leiche in einem Waldstück am Rande von Sondershausen vergraben zu haben. Es könne nicht ausgeschlossen werden, daß der Schüler Opfer des Satanskults wurde, sagte der zuständige Staatsanwalt Gerd Störmer. Gegen die drei Festgenommenen wurde Haftbefehl wegen Mordes erlassen. Sie sitzen in Untersuchungshaft.

Die Ermittlungen seien noch nicht abgeschlossen, so Störmer. Unklar sei auch noch die Rolle eines 15jährigen Mädchens, das den gleichaltrigen Jungen zu der Stelle gelockt haben soll, an der er von den drei Tatverdächtigen bereits erwartet worden sei. Der Staatsanwaltschaft lägen Hinweise vor, daß es im Umfeld der aus Sondershausen stammenden Beschuldigten Schwarze Messen gegeben habe.

Okkulte Musik

Der Stadtjugendpfleger von Sondershausen, Thomas Weinrich, berichtete, daß die drei 17jährigen sich bereits seit mehr als einem Jahr als „Kinder des Satans" bezeichnet hätten. Trotz der okkulten Musik ihrer Black-Metal-Band „Absurd" und mehrerer Hinweise anderer Ju-

gendlicher auf „kultische Handlungen der Gruppe" hätten städtische Behörden darin zunächst keine Gefahr gesehen. Die 17jährigen hätten durch ihren Geheimbund vor allem Aufmerksamkeit erregen wollen, sagte Weinrich.

Der Jugendpfleger warnte davor, den Mord an dem Mitschüler als Kulthandlung zu betrachten. Er gehe davon aus, daß ein persönlicher Streit der Auslöser für die Tat gewesen sei.

Renate Eichler, Direktorin des Gymnasiums, das einer der drei Tatverdächtigen besuchte, sagte, von dem Satanskult hätten alle gewußt. Die Schulbehörde hätte aber nichts unternehmen können.

Im Weg gestanden

Die *Bild-Zeitung* hatte berichtet, daß der Junge von seinen älteren Mitschülern umgebracht wurde, weil er deren Satanskult im Wege gestanden hätte. Nach Informationen des Blattes sollen die Beschuldigten in einem Wald bei Sondershausen an Schwarzen Messen und geheimen Opferritualen teilgenommen haben.

Am Rande des Teufelsberges — der Stelle, an der das Opfer vergraben wurde — hätten die Jugendlichen nachts den Satan beschworen. Der 15jährige habe sich der Gruppe anschließen wollen, die das aber abgelehnt habe. Daraufhin habe er gedroht, die Treffen auffliegen zu lassen, hieß es.

aus: Nürnberger Nachrichten, 11.5.1993

Schon kurz nach Beginn der Serie erhielt der Verfasser die ersten Anrufe von evangelischen Pfarrern, deren Konfirmanden urplötzlich das Thema "Satanismus" wünschten, von Lehrern, deren Grundschüler (4. Klasse!) aufgrund des Fotoromans Alpträume und panische Ängste hatten.

Acht Wochen lang wurden, ausschließlich mit Blick

Satanismus

Heute noch "Schmierereien", morgen vielleicht die Vorlage für ein bebehrtes Produkt?: Auslegeware 'Satan', qm 29,- DM

Ein "Kampf gegen Windmühlen"?

Auf Gerald Büchelmaier, Chefredakteur von BRA-VO (1,3 Millionen Auflage pro Woche), macht der Okkultismus-Experte (d.h.: d. Verf.) eher "einen verwirrten Eindruck". Seine Vorwürfe kann er nicht verstehen: "Das ist eine fiktive Geschichte mit Unterhaltungscharakter", so der 43jährige. Außerdem: Die mündigen BRAVO-Leser (Durchschnittsalter 13 - 17) könnten zwischen Fiktion und Wirklichkeit unterscheiden. "Wir machen eine Jugend- und keine Kinderzeitschrift", kehrt er die Bedenken von Wolfgang Hund vom Tisch. Und: Gegenüber der AZ dachte er gestern bereits laut über eine Fortsetzung der bisher "besten Foto-Love-Story" nach.
(Nürnberger) Abendzeitung 3.11.1994

Erst, als die offiziellen Beschwerden beim Presserat bekannt wurden, erschienen flugs einige Artikel und Leserbriefe, die auch auf Gefahren hinwiesen. Selbst wenn keine Rüge o.ä. ausgesprochen wird, so kann durch eine derartige Aktion (die viel Zeit, Geld und Nerven kostet) doch eine Sensibilisierung von Eltern und Lehrern erreicht werden. Wenn sich einige Väter und Mütter mal wieder dafür interessieren, was ihre Kinder lesen und darüber reden, wäre einiges gewonnen. Ob eine Fortsetzung in der gleichen aufreißerischen Art erfolgt, darf bezweifelt werden.

Ein zweites Beispiel: Mehrmals wurde in der Mädchen-Ausgabe von BRAVO die Hexe Sandra vorgestellt. Sie machte am Telefon Lebensberatung ("Hexe Sandra, bekomme ich meinen Traumboy?") und die Leitungen glühten, weil "Tausende von Leserinnen" anriefen! Die bei einem namhaften Verlag erschienenen Taschenbücher dieser Hexe (die in zahllosen Talkshows anzutreffen war und ist) wurden zu heimlichen Bestsellern unter der Schulbank. Da zu viele Anfragen bei ihr und der Redaktion eintrafen, gab sie in einem Heft dann auch eine Gebrauchsanleitung, wie die Leserinnen mit Hilfe der Numerologie ihre Fragen selbst beantworten konnten. Die Bücher (*Ich, die Hexe. Bekenntnisse*

und Rituale aus einem magischen Leben, München 1991; *Hexenrituale. Meine magischen Rezepte für Liebe, Glück und Gesundheit*, München 1992) erscheinen interessanterweise in einer Esoterikreihe. Eine Probe? Ein Liebeszauber, um die "Liebe aufzufrischen":

> Wenn die Distanz ein wenig zu groß geworden ist, nehme ich Haare vom Geliebten und mache mir aus Holz, Stroh oder Teig zwei Puppen, eine weibliche, eine männliche. Die männliche bekommt seine Haare an den Kopf geklebt, die weibliche Haare von mir. In einer sehr meditativen Stimmung sende ich all meine Energie in die Puppen, stelle mir intensiv vor, daß sie uns beide verkörpern, und schicke meinen tiefen Wunsch mit, daß wir beide zusammenbleiben. Dann vergrabe ich die Puppen zusammen bei Vollmond an einem schönen, romantischen Platz, in der Nähe eines Baumes, der Früchte tragen kann; am besten eignet sich ein Kirschbaum dafür. Dieses Ritual bringt viel neue, verbindende Energie in eine Beziehung. Achtung: Die Puppen müssen an einem guten Platz vergraben werden, damit sie nicht versehentlich von Fremden gefunden und ausgegraben werden. Das würde sehr schaden. (Sandra 1991, 86)

Empfehlenswerte Literatur:

Billerbeck/Nordhausen: Satanskinder - Der Mordfall Sandro B.; Berlin 1994

Bischöfliches Generalvikariat Aachen (Hg.): Neue Kultbewegungen und Weltanschauungsszene, Band 2; Mönchengladbach 1990

Das sechste und siebente Buch Mosis; Berlin 1984

Graichen, G.: Die neuen Hexen - Gespräche mit Hexen; München 1989

Grandt, G. und M.: Schwarzbuch Satanismus; Augsburg 1995

Griffith, H.: Hexentochter; Ravensburg 1992 (Jugendbuch ab 12 Jahre, Ravensburger Taschenbuch, als Lektüre geeignet)

Haack, A. und F.-W.: Jugendspiritismus und -satanismus; München 1989

Haack, F.-W.: Satan - Teufel - Luzifer; Alter Aberglaube - Neuer Satanskult; München 1987

Haack F.-W.: Hexenwahn und Aberglaube in der Bundesrepublik; München 1988

Höhn M. und M.: Kontake ins Jenseits? Über die Faszination des Okkulten; Köln 1989

Honegger, C. (Hg.): Die Hexen der Neuzeit - Studien zur Sozialgeschichte eines kulturellen Deutungsmusters; Frankfurt a. M. 1978

Knaut, H.: Das Testament des Bösen; Kulte, Morde, Schwarze Messen - Heimliches und Unheimliches aus dem Untergrund; Stuttgart 1979

Leithäuser, J. G.: Das neue Buch vom Aberglauben; Berlin 1964

Müller, U.: Das Leben und Wirken des "Satanisten" T. - Eine Dokumentation; Regensburg 1989

Ricarda, S.: Satanspriesterin - Meine Erlebnisse bei der schwarzen Sekte; Frankfurt a. M. 1989

Riezler, S.v.: Geschichte der Hexenprozesse in Bayern; Stuttgart o.J.

Ross C.: Michael im Teufelskreis; Recklinghausen 1990 (Jugendbuch, Roman)

Ruppert, H.-J.: Die Hexen kommen - Magie und Hexenglaube heute; Wiesbaden 1987

Sebald, H.: Hexen damals - und heute; Bindlach 1993

Tarnowski, W.: Hexen und Hexenwahn; Ein WAS ist WAS - Buch; Nürnberg 1994 (Jugendbuch)

Twele, K.-H.: Hexen unter uns; Rastatt 1988

Zacharias, G.: Satanskult und Schwarze Messe - die Nachtseite des Christentums; München 1990

Materialien

Im folgenden werden neben dem offenen Brief des Verfassers an die BRAVO-Redaktion anläßlich ihrer reißerischen Foto-Story einige leider alltägliche Zeitungsartikel abgedruckt, die deutlich machen wie lebendig die Satanisten-Szene auch in den 90er Jahren ist.

Okkultisten als Grabräuber?

ALTDORF – In der Nacht zum Montag haben Unbekannte auf dem Altdorfer Stadtfriedhof ein schmiedeeisernes Kreuz gestohlen und von anderen Gräbern die noch fehlenden Teile für ein Grab-Ensemble mitgehen lassen: ein stilisiertes aufgeschlagenes Buch mit Engelkopf und eine Laterne. Bei der Altdorfer Polizei geht man davon aus, daß die Täter die Gegenstände ganz gezielt ausgesucht haben. Kreuz, Marmorbuch und Grableuchte stammen von Kindergräbern. Das schmiedeeiserne Grabkreuz scheint versponnene Okkultisten auf den Plan gerufen zu haben.

Hersbrucker Zeitung 25.8.1991

CD-Cover der Band Danzig: "Danzig", 1988

Tarot und Teufelsdreck

Im Hexenarchiv des Hamburger Museums für Völkerkunde hat sich der Teufel bislang noch nicht blicken lassen. Statt dessen hat es die ausgebildete Historikerin Staschen, die diese in Deutschland einzigartige Einrichtung seit ihrer Gründung vor einem Jahr betreut, viel mit Lehrern zu tun: "Sie bitten meist um Materialien zur Unterrichtsvorbereitung. Im Gespräch stellt sich dann allerdings oft heraus, daß in ihrer Klasse der Okkultismus grassiert. Schüler praktizieren Tischerücken oder legen Tarot-Karten. Und die Pädagogen fragen sich, wie sie darauf reagieren sollen."

Die Sorge der Erzieher überrascht nicht. Denn neuere Umfagen belegen, daß sich drei Viertel aller Schüler schon mit übersinnlichen Erscheinungen beschäftigt haben. Meist handelt es sich um einen harmlosen Spaß, etwa, wenn ein Pennäler das Pendel über ein Klassenfoto schwingen läßt, um herauszubekommen, welcher Junge sich in welches Mädchen verlieben wird. Doch für psychisch labile Teenager kann der Glaube an magische Praktiken zur Falle werden - im Extremfall sogar zur tödlichen. Das zeigt das Schicksal von Markus K. (19) und Markus B. (15) aus Forchheim. Sie vergifteten sich im Sommer des Jahres mit Autoabgasen, weil ihnen während einer spiritistischen Sitzung ein "Geist" zum Selbstmord geraten hatte - nachzulesen ist das in der Dokumentensammlung des Hexenarchivs.

... Mit dem Esoterik-Boom der siebziger Jahre erwachte in feministisch orientierten Zirkeln die Neigung, sich offensiv zu weiblicher Spiritualität und zur Hexerei zu bekennen. "Dieser Trend hält immer noch an", weiß die Historikerin. "Ich merke das deutlich an den Seminaren, die ich an der Volkshochschule veranstalte. Während sich früher die Teilnehmerinnen oft allein über die Geschichte der Hexenverfolgung informieren wollten, geht es heute vielen Frauen um die Rituale und vermeintlichen Kenntnisse der Hexen." Die Solidarität mit den verfolgten Geschlechtsgenossinnen von einst stößt freilich auf ein großes Hindernis: Die Opfer konnten weder lesen noch schreiben, haben folglich auch keine Aufzeichnungen hinterlassen.

Den "neuen Hexen", meist zwischen 25 und 45 Jahre alt und oft überdurchschnittlich gebildet, sind solche Bedenken egal. Was Erfahrung und Überlieferung nicht hergeben, das erschafft ihre Einbildungskraft.

Nürnberger Nachrichten 12.10.1991

Satanismus

Wolfgang Hund Seminarrektor Postfach 324 **91212 HERSBRUCK**
Leiter des Studienseminars Tel 09151/4716 Fax 09151/4363

Mitglied der

Wolfgang Hund Postf. 324 91212 HERSBRUCK Gesellschaft zur wissenschaftlichen Untersuchung
von Parawissenschaften (GWUP e.V.)

BRAVO
- Chefredaktion -

- Offener Brief -

Betr.: BRAVO - Fotoroman "Im Bann des Teufels" ; Hefte 37 - 44/94

Sehr geehrte Damen und Herren,

da ich in früheren, konkreten Fällen nie eine Antwort Ihrer Redaktion auf meine Schreiben erhielt (was wohl auch nicht unbedingt ein Zeichen für seriösen Journalismus ist!), wähle ich diesmal die Form eines "offenen Briefes", der mit gleicher Post an Politiker, Journalisten, kirchliche Beauftragte, das bayerische Staatsministerium für Unterricht und Kultus und andere interessierte Stellen geht.

Wie Sie aus den Anlagen zu meiner Person ersehen können, beschäftige ich mich seit Jahren (gezwungenermaßen und ohne missionarischen Eifer!) mit dem Problem des Jugendokkultismus.

Aufgrund der dabei gesammelten, zum Teil erschreckenden, Erfahrungen mit ganz konkreten Fällen muß ich zusammenfassend feststellen, daß mir seit langer Zeit kein Druckerzeugnis in die Hände gefallen ist, das ganz verantwortungslos und sensationslüstern okkulte Praktiken hochjubelt, wie die o.a. Fotoroman - Serie in acht Teilen!

Bereits seit der zweiten Folge erhielt ich Anrufe von Jugendpfarrern und Lehrkräften aller Schularten, die hilflos vor den verstörten, total desinformierten und bezüglich des dargestellten "Übersinnlichen" experimentierbereiten Jugendlichen standen.

Acht Wochen lang wurden ohne die geringsten Fragezeichen oder Hinweise auf Gefährdungen Praktiken hochgejubelt, die auch für Erwachsene nicht als "Spiel" oder "Experiment" zu gelten haben.
Die nach der zweiten Folge abgedruckte Doppelseite "Das gefährliche Spiel mit dem Übersinnlichen" ist nur als absolute Farce zu bezeichnen, da hierbei die "Fachberaterin" der Serie, die 20jährige Hexe Cleo als übersinnlicher Star herausgestellt wird. Was wohl die wirkliche Fachfrau, Heide - Marie Cammans vom Sekten - Info Essen, zu dem üblen Mißbrauch ihres Namens sagt?
Diese Pseudo - Aufklärung jedenfalls hatte nur den gegenteiligen, nämlich erneut anheizenden, Effekt!

In Ihrem Fotoroman werden u.a. folgende Behauptungen als Tatsachen dargestellt:

- Satanismus macht interessant, gibt übernatürliche Kräfte (durch die ganzen Folgen); u.a. werfen die Hauptdarsteller Vanessa und Cai andere Personen mühelos weit von sich;

- Das "Spiel" mit dem Witch - Board (Hexenbrett, Hilfsmittel zur Kontaktaufnahme mit jenseitigen Kräften) ist kribbelnd und "gibt Antwort auf jede Frage, die euch interessiert" (so der Satanspriester Cai). Die entsprechende Zeremonie zur Anrufung Satans wird ausführlich (fast in Form einer Gebrauchsanweisung) dargestellt, mit entsprechenden Fotos.
Es funktioniert dann auch tatsächlich, da eine Antwort aus dem Jenseits gegeben wird, die "keiner wissen kann" (ob das Mädchen Babsi in Indien war).

- "Schwarze Messen" (oder besser wohl das, was die "fachberatende Hexe" darunter versteht!) sind irre geil und geben den erwünschten Kick! Der verstorbene Pfarrer Haack, früherer Sektenbeauftragter der ev. Kirche, bezeichnete das als "Geisterbahn zum Nulltarif". Dies wird auf mehreren Seiten entsprechend aufreizend illustriert und aufgrund der detaillierten Angaben (Anrufungsgebete u.ä.) wohl auch in der nächsten Zeit überall im Verbreitungsgebiet Ihrer Zeitschrift entsprechend nachgestellt!

- Der absolute, völlig verantwortungslose Höhepunkt war aber die zweimalige, "beweisfähige" Darstellung des Voodoo - Zaubers an der Hauptdarstellerin Vanessa: Der Satanspriester Cai besorgt sich hinterlistig Haare des Mädchens und verwendet diese beim Bau einer Voodoo - Puppe (die Gruppe benötigt eine Jungfrau für ihre Zeremonie).
Als das Mädchen zuhause (bei ihr!) gerade ihrem neuen Freund in den Armen liegt, sticht der Satanist Cai (meilenweit entfernt von ihr und ohne daß es sie weiß!!!) eine Nadel in den Arm der Puppe. Im gleichen Augenblick "krümmt sich Vanessa plötzlich mit einem markerschütternden Schrei zusammen und schreit: "Auuuu!! Mein Arm...es ist wie ein Stich! Bitte hilf mir, Benny!" Benny ist ratlos...usw." Fortsetzung folgte erst im nächsten Heft: "Was ist mit Vanessa passiert?"
Das fragte ich mich auch eine Woche lang, denn einen klassischeren Beweis für das wirkliche Funktionieren der Voodoo - Magie habe ich nie gelesen und ich war schon gespannt darauf, wie die Redaktion dies relativieren würde.
Oder sollte Ihnen entgangen sein, daß bereits vor Jahren Pressemeldungen über den Bau von Wachspüppchen durch Schüler auftauchten, mit deren Hilfe (und der entsprechenden magischen Rituale) sie sich für schlechte Noten bei ihren Lehrern rächen wollten?
Auch die bei Ihrer Schwesterzeitschrift BRAVO - Girl! als "Lebensberaterin/ Telefonseelsorgerin" tätige deutsche Oberhexe Sandra (!) hat ja zwei Taschenbücher mit entsprechenden magischen Praktiken veröffentlicht, die leider schon einiges Unheil angerichtet haben und als heimliche Lektüre unter der Schulbank (vor allem bei Mädchen) kursieren.
Nicht genug damit: In der nächsten Folge wurde der gleiche Vorgang nochmals ausführlich dargestellt und sogar noch verstärkt: Satanspriester Cai sticht mit einer Nadel in den Bauch der Puppe und "in diesem Moment krümmt sich plötzlich Vanessa vor Schmerz..." beim Rollschuhfahren und hält sich genau die bei der Puppe malträtierte Stelle! Wieder wußte sie nichts von dem Vorgang, und wieder funktioniert es!

- Der daraufhin dargestellte Hypnosevorgang bei Vanessa (Satanist Cai gibt vor, ihr bei den Schmerzen zu helfen und erteilt ihr in Trance den posthypnotischen Befehl: "Höre meine Worte: Wenn du den Namen Beelzebub hörst und jemand in die Hände klatscht, wirst du willenlos seinem Befehl folgen!") ist so albern und hat mit wirklicher, echter Hypnose so wenig zu tun, daß die behauptete Fachkompetenz der Beraterin ad absurdum geführt wird!

- Der Stiefbruder Vanessas (Angehöriger der Satansclique) kommt mitten in der Nacht in Vanessas Zimmer, klatscht in die Hände und spricht das Schlüsselwort. Daraufhin folgt ihm das Mädchen "willenlos".
Im weiteren Verlauf (auch in einer späteren Folge) wird von seiten der Fotoredakteure wohl viel Wert auf eine sexuell stimulierende Atmosphäre bei der Schwarzen Messen gelegt, so wie sich der Spießbürger wohl eine derartige Veranstaltung vorstellt: als Mischung zwischen sexueller Orgie, religiöser Zeremonie und Horrortrip!
Bei der "Messe" wird Vanessa mit viel Blut (und viel "Liebe zum Detail" bei den Darstellern/ Redakteuren) bereit gemacht für die Satansweihe.

- Ein weiterer Höhepunkt (eigentlich ein Tiefpunkt) ist die karikaturhafte Darstellung des katholischen Religionslehrers von Vanessa und ihren Freunden. Der bekannte Pfarrer Kindlein (L. Thoma) ist dagegen fast noch realistisch.
"Während die anderen (Freunde im Religionsunterricht, W.H.) gelangweilt zuhören, wird Vanessa kreidebleich und sitzt wie erstarrt auf ihrem Platz...", weil sie nämlich auf das Kreuz des Pfarrers starrt und schließlich ausflippt: "Ich kann diesen Scheiß nicht mehr hören!!!"

Hier hatte die BRAVO - Redaktion wohl ihr Ohr sehr nah an der "Stimme des Volkes"? Oder ist es nicht vielmehr so, daß überall auch bemühte Religionslehrer den "Scheiß" aus bestimmten Jugendzeitschriften nicht mehr hören können? Daß sie es leid sind, immer wieder den Scherbenhaufen zusammenzukehren, wenn wieder einmal BRAVO - Girl! Tarotkarten oder Aszendentenuhren als Bastelbeilage beilegt und jugendliche Leserinnen ihr künftiges Schicksal erpendeln? Gerade in der sensiblen Phase der Pubertät?
Ich kenne jedenfalls sehr viele Religionslehrer beider großen Konfessionen, die jugendnäher unterrichten, als die dargestellte Karikatur!
Bei einem ganztägigen Workshop zum Thema "Okkultismus bei Jugendlichen" anläßlich der Jahrestagung für Jugendseelsorge des Erzbistums München in der vergangenen Woche am 18.10.94 war die Empörung berechtigterweise groß, als ich die Serie vorstellte.

Auf eine weitere, detaillierte Darstellung der Serie, die ich nur als verantwortungsloses Machwerk bezeichnen kann, verzichte ich, da sich die Adressaten dieses offenen Briefes wohl auch so ein Bild machen können.

Ein erwartetes "Happy - End" mit "Auflösung" der "magischen Vorgänge" (wie immer die auch sein sollte - ich kann sie mir nicht vorstellen) erfolgte jedenfalls nicht, denn auch der Schluß war entsprechend. Satanspriester Cai verbrennt in Sekundenschnelle zu einem Häufchen Asche!

Zusammenfassend: Ich protestiere hiermit aufs Heftigste gegen dieses verantwortungslose Hochjubeln von "okkulten" Praktiken, bei denen der Anschein erweckt wird, daß die Beschäftigung mit "Magie" aufregend, kribbelnd und vor allem erfolgreich sein kann!

Die öffentlich bekannt gewordenen Fälle (und viele, mit denen ich persönlich konfrontiert wurde) müßten vor allem in der Jugendpresse dazu führen, daß eher aufklärerisch darauf hingewiesen wird, welche gefährlichen Mechanismen in Gang gesetzt werden können. Damit sind nicht irgendwelche obskure "magische" Praktiken gemeint, sondern bekannte psychische Effekte wie etwa die "selbsterfüllende Prophezeiung".

Bei sämtlichen Vorträgen in der nächsten Zeit (vor allem in der Lehrerfortbildung, an VHSen u.ä.), bei allen Interviews in Presse, Funk und Fernsehen werde ich mein Möglichstes tun, um alle an der Erziehung Verantwortung tragende Personen bezüglich Ihrer Veröffentlichungen zu sensibilisieren.

Zu fragen wäre weiterhin auch, was die in Ihrer Zeitschrift inserierenden Firmen z.B. bezüglich eines öffentlich angeregten Boykotts der entsprechenden Produkte meinen. Bei den privaten Fernsehsendern scheint eine entsprechende Bürgerinitiative (ausgehend vom Elternbeirat der Grundschule Altdorf) jedenfalls erstaunliche Wirkungen zu zeigen!
Um nicht mißverstanden zu werden: Ich rufe nicht nach der großen Zensurpeitsche, sondern appelliere an das Verantwortungsbewußtsein der Redaktion!
Wie kann ein entsprechendes "Produkt" nur wenige Wochen nach dem Prozeß um den "Satanistenmord" in Sondershausen (Thüringen) die Redaktionskonferenz passieren?

Mit wenig freundlichen Grüßen

U. Hd

Wolfgang Hund

Beauftragter des Bayerischen Lehrer- und
Lehrerinnenverbandes (BLLV) für den Bereich
"Okkultismus bei Jugendlichen"

Ist der Teufel wirklich in der Rock-Musik?

Der Teil der Jugendszene, der sich in erster Linie über satanische oder okkulte Rock-Musik definiert, ist ausgesprochen resistent gegen jede Form aufklärerischer oder auch nur kritischer Auseinandersetzung. Oft findet man sich nach stundenlangen Diskussionen an deren Ausgangspunkt wieder.

Hier hinsichtlich der eigenen Meinungsbildung festen Boden unter die Füße zu bekommen und sich sachkundig zu machen, kostet zunächst einmal viel Zeit und Einfühlungsvermögen, dann aber auch Durchhaltekraft, um in der permanent sich verändernden Szene auf dem Laufenden zu bleiben.

Auch dann allerdings wird es immer wieder zu einem Wechselbad der Gefühle kommen, wenn in einer Runde die verschiedenen Meinungen erbittert aufeinanderprallen. Von totaler Ablehnung und Verteufelung der gesamten Rockmusik bis hin zur absoluten Verharmlosung auch der übelsten Horrordarstellung reicht die Spannbreite.

Grundsätzlich muß beim Phänomen des Okkult-Rock folgendes bedacht werden:

1. neigen Jugendliche generell dazu, in intensiven Gemütsverfassungen zu schwelgen.

2. trifft das in der Musikszene besonders zu: Zu allen Zeiten gab es für alle möglichen musikalischen Richtungen fanatische Anhänger der Interpreten und ihrer Darstellungsformen.

3. wechselt der Musikgeschmack in der Jugendzeit oft von heute auf morgen. Neue Gruppen tauchen auf, viele verschwinden wieder in der Versenkung, neue Richtungen werden (z.T. wieder-) entdeckt und sind bald wieder "out".

4. basiert vieles auf Gerüchten, die in Jugend- bzw. Musikzeitschriften wiedergegeben werden, um Publicity zu machen. Auch "eine schlechte Nachricht ist eine gute Nachricht", weil sie eben ins Gespräch bringt.

Vor diesem Hintergrund sind die folgenden Ausführungen zu sehen. Sie können naturgemäß keine Antwort auf die oft gestellte und in diesem Zusammenhang nur bedingt sinnvolle Frage geben: "Was steckt wirklich dahinter?"

Wer sich mit Jugendlichen zu diesem Thema auseinandersetzen will oder muß, der ist gut beraten, wenn er sich nach eigener Einarbeitung weitgehend darauf beschränkt,

• Material anzubieten,

• die Diskussion zu leiten und

• die eigentliche inhaltliche Darstellung an die Jugendlichen selbst abzugeben. Nicht aus Feigheit, sondern wegen der didaktischen Grundsätze der Selbsttätigkeit, des Entdeckenden Lernens, ...

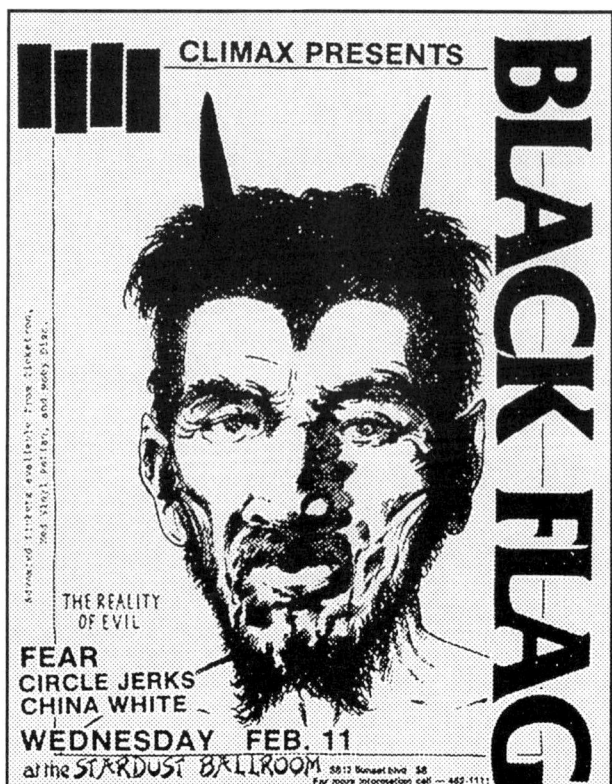

Konzertankündigung der U.S.-amerikanischen Punk-Band Black Flag, 1981

Was wird behauptet?

• In der Rockszene soll es bestimmte Richtungen geben, die verderbliche Einflüsse auf die Musikhörer haben sollen. Oft wird die Kette gebildet: Pop-Musik, Rock-Musik, Hard Rock-Musik, Heavy Metal-Musik, Black Metal-Musik = Satansmusik.

• Dabei sollte man aber von Anfang an nicht den Blick für das rechte Verhältnis verlieren: Der Anteil der Heavy Metal-Musik macht nur einen verschwindend geringen Teil der gesamten Rockmusik aus. Eine vorsichtige Schätzung sieht so aus:

gesamte Musikproduktion	100%
davon Rock und Pop	90%
davon Rock	50%
Hard Rock-Anteil am Rock	10%
Heavy Metal-Anteil am Hard Rock	50%
Occult Metal-Anteil an Heavy Metal	10%

Das heißt für den Bereich Occult Metal: sein Anteil an der gesamten Rock- und Pop-Produktion beträgt etwa 0,25%! ... (nach: Tischer 1989, 7)

• Die behaupteten schädlichen Wirkungen werden (grob) auf drei auslösende Ursachen zurückgeführt:
1. Texte,
2. Unbewußte Botschaften/Backward Masking,
3. Verhalten der Musiker.

© Verlag an der Ruhr, Postfach 10 22 51, 45422 Mülheim an der Ruhr

Satanismus

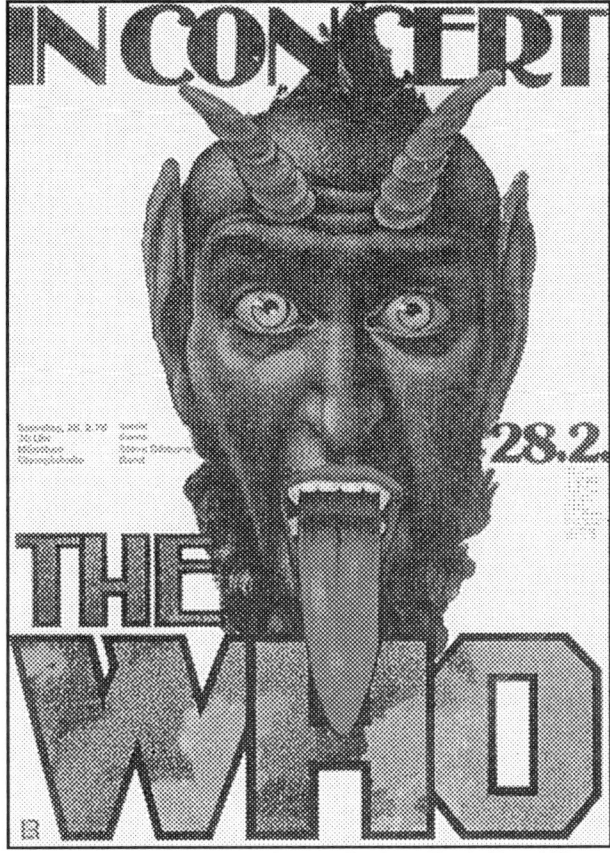

Konzertankündigung der englischen Rock-Band The Who, 1976

𝒯𝑒𝓍𝓉𝑒

Welchen Stellenwert die Texte des Okkult-Rock vom Inhalt her für den Musikkonsumenten tatsächlich haben, ist sehr umstritten. Bei vielen Songs sind sie vollkommen nebensächlich und nur ein unwichtiger Bestandteil des "Gesamtkunstwerks". Eine Verbindung zwischen Satanismus und Rockmusik wurde wohl zum ersten Mal 1967 durch das Album "Their Satanic Majesties Request" der Rolling Stones geschaffen. In ihrer damaligen Drogenphase freundete sich Mick Jagger mit einem Schüler Aleister Crowleys an, was den Stil der gesamten Gruppe beeinflußte. Der Hit "Sympathy for the Devil" wurde allerdings nicht als Bekenntnis zum Satanismus verstanden, sondern als Gesellschaftskritik. Nach einem tragischen Zwischenfall (Mord an einem jungen Mann bei einem Festival in Altamount) nahmen die Stones Abstand von satanistischen Texten.

Kein Zweifel kann aber daran bestehen, daß manche Texte von nachfolgenden Bands bis heute blutrünstig Gewalt verherrlichen, Satansanbetung propagieren und antichristliche Tiraden enthalten.

Zwei Beispiele:
a) Die Gruppe "AC/DC":
Der Name der Band wurde zunächst als die gängige Abkürzung für "Gleichstrom/Wechselstrom" (al-

ternating **c**urrent - **d**irect **c**urrent) gelesen, wird heute aber oft (undementiert) so gedeutet: "**A**nti-**C**hrist/ **D**eath to **C**hrist"). Auf ihrer LP "Highway to Hell" (1979) findet sich folgender, inzwischen vielzitierter Titelsong:

Leichtes Leben, freie Liebe
Und eine Dauerkarte für eine
Fahrt ohne Wiederkehr
Keine Fragen, laß mich sein
Ich nehme alles mit auf meinem Weg
Brauch' keine Begründungen,

Angus Young, Sänger bei AC/DC (Plattencover-Detail von "Highway to Hell")

Keine schönen Sprüche
Es gibt nichts, was ich lieber täte
Als nach da unten zur Party zu gehen
Wo auch meine Freunde sein werden

Ich bin auf dem direkten Weg zur Hölle
Auf dem direkten Weg zur Hölle
Direkten Weg zur Hölle,
Ich bin auf dem direktem Weg zur Hölle

Keine Stoppschilder, kein Tempolimit
Niemand der mich bremsen kann
Wie ein Rad werde ich dahinrasen
Niemand wird mich aufhalten

Hey Satan, ich zahle meine Schulden
Denn ich spiele in einer Rockband
Hey Mama, schau mich an
Ich bin auf dem Weg
Ins gelobte Land, wow

Halt mich nicht auf, hey, hey, hey...
Yeah, ich geh' den Weg bis zum Ende, wow
Auf dem direkten Weg zur Hölle

b) Die Gruppe "Slayer" ("Totschläger"):
Auf der LP "Hell Awaits" (1985) findet sich folgender Text:

Der Priester, am Rande der Verdammnis
lebend, hatte nie gedacht, Zeuge eines
so brutalen Schauspiels von gestürzter
Macht zu werden.

Ziellos kämpfende Engel, die still durch
das Schwert sterben; unsere Legionen
töten alle, die sie sehen, um denjenigen
zu fassen, der "Herr" genannt wird.

Die Pforten der Hölle stehen offen, wie du siehst; es kostet nichts; folge mir nur nach! Ich kann deine verlorene Seele aus dem Grabe holen, und Jesus weiß, Daß deine Seele nicht zu retten ist. Kreuzigt den sogenannten "Herrn", er wird mir doch bald zufallen! Eure Seelen sind verdammt; und euer Gott wird in Ewigkeit mein Sklave sein. Die Hölle wartet...

Einsame Kinder der Nacht, es gibt sieben Wege zu gehen; aber jeder führt zu dem brennenden Ganzen, das Luzifer kontrolliert...

Satanische Gesetze gewinnen die Oberhand, dein Leben ist vorbei...

Band-Signet von Slayer 1985: Das umgekehrte Pentagramm, Symbol für den Teufel

Bewertung:

Es ist sehr fraglich, ob deutsche Jugendliche bei der üblichen Phonzahl, dem nicht im Geringsten um Verständnis bemühten Gesang, dem Slang, dem Spezialwortschatz und der unüblichen "Grammatik" die Texte überhaupt inhaltlich verstehen! Selbst bei deutschen Songs ist es in dieser Musik-Sparte oft überaus schwierig, mehr als einzelne Wortfetzen herauszuhören. Die auf manchen Plattenhüllen deshalb abgedruckten Texte sind ebenfalls meist in englischer Sprache und müßten mühsam übersetzt werden. Dies wird kaum durchgeführt, zumindest nicht vom Durchschnittskonsumenten. Beinahe amüsiert kann man beobachten, daß ausgerechnet die Übersetzungen unter der Schulbank kursieren, die "Experten" zur Warnung angefertigt haben.

Ob die Musiker selbst Satansanhänger sind bzw. inhaltlich hinter dem stehen, was sie textlich von sich geben, darf bezweifelt werden. Ihr Satanismus ist eher eine von Marketing-Experten entworfene und aufwendig gepflegte "corporate identity".

Die Zeitschrift "Metal Hammer" erhielt von der o.a. Gruppe "Slayer" auf die Frage, ob sie sich selbst als Satanisten verstünden, folgende Antwort:

Wenn ich diese Frage verneine, würden viele Leute an unserem Image zweifeln. In dieser Beziehung soll jeder für richtig halten, was er denkt. (zit. nach: Hunfeld/Dreger 1990, 71)

Unbewußte Botschaften/ Backward masking

Die geheimnisumwittertste Sache bei der "Okkulten Rockmusik" ist seit Jahren die Legende von den unbewußten Botschaften, die unhörbar vermittelt werden sollen.

Zum Teil sollen sie in Form des Backward Masking rückwärts auf Musikstücken enthalten sein, was man durch entsprechendes Umdrehen des Keilriemens des Plattenspielers oder durch die Verwendung geeigneter Tonbandgeräte überprüfen können soll.

Zurückgehen soll diese Methode (wieder einmal) auf A. Crowley, der seinen Anhängern das Rückwärtssprechen einzuüben empfohlen habe. Damit solle das Unterbewußtsein des Menschen beeinflußt werden.

Aleister Crowley, zu Gast bei den Beatles

Sgt. Pepper's Lonely Hearts Club Band, 1967

Als die Beatles auf ihrer LP "Sergeant Pepper's" Crowley mit auf der Hülle abgebildet hatten, kamen auch sie in den Verdacht, Satanisten zu sein. Vor allem, weil ihr Lied "Revolution No. 9" rückwärts "deutlich vernehmbar" die Satzfetzen "Turn me on, dead man; turn me on, dead man..." enthalten soll. Paradebeispiel ist der Song "Stairway to heaven" von Led Zeppelin, das in allen Abhandlungen auftaucht. Die versteckte satanistische Botschaft soll lauten: "Listen, I will sing, because I live with Sa-

Satanismus

tan, turn me up, serve me, there ist no escaping it, with Satan, if we go to live with Satan. Master Satan."

Mittlerweile gibt es einige "Experten" (oft Jugendliche mit fundamentalistisch-christlichem Weltbild), die mit Musikbeispielen zu Vorträgen durch die Lande ziehen und meist empörte Zuhörer ("Was es so alles gibt!") zurücklassen.

Was ist backward masking?

Es ist eine Technik, mittels zwei verschiedener Methoden unterschwellige Botschaften rückwärts auf die LPs bzw. Bänder zu bringen. Das geschieht entweder dadurch, daß man eine der Spuren des 24 oder 32 Spuren breiten Bandes bei der Aufnahme eines Stückes rückwärts einspielt, bevor man alles durch entsprechenden Soundmix auf ein Band normaler Breite überträgt. Die verschiedenen Tonspuren werden meist für getrennte Aufnahmen der einzelnen Instrumente bzw. des Gesanges benutzt. Auf einer dieser Spuren kann man somit ohne größere Schwierigkeiten einen Text rückwärts einspielen. Hört man Bänder, bei denen dies der Fall ist, rückwärts, so ist der Text ziemlich deutlich zu verstehen. Der Nachteil: Man hört den Text rückwärts, wenn die Platte bzw. das Band vorwärts läuft.

Die zweite Methode ist die häufiger angewandte: Man wählt die Texte der Lieder so aus, daß sie - rückwärts gespielt - den gewünschten Wortlaut ergeben. Diese eingeschleusten Texte sind bei rückwärtigem Abspielen sehr viel schwerer zu entschlüsseln, aber bei einer gewissen Eingewöhnungszeit ist es doch deutlich zu verstehen. (Weirauch 1985, 146)

Bewertung:
Zu diesem behaupteten Phänomen gibt es enorm viel zu sagen.

In vielen Veranstaltungen, bei denen "Beispiele" vorgeführt wurden, war der gleiche Effekt zu beobachten, wie er auch beim "Tonbandstimmen-Phänomen" bemerkt werden kann. Viele Punkte, die dort angeführt wurden, könnten mühelos auch hier aufgezählt werden (siehe dazu das entsprechende Kapitel).

- Vor allem ist die Interpretation und die Hilfestellung durch Eingeweihte notwendig, damit man überhaupt etwas zu hören glaubt. Suggerieren diese entsprechend stark und oft eine entsprechende Erwartungshaltung, klappt der Hörtest meist. Trotzdem bleibt sehr häufig ein großer Rest an Einbildung übrig. "Man hört das, was man hören will!"

Die Existenz von phonetischen Backward Maskings muß als nicht gesichert angesehen werden. Die bisher veröffentlichten Messages scheinen in vielen Fällen Phantasieprodukte oder beim Abhören entstandene Artefakte (Plattenspieler von Hand drehen) zu sein. (Heimann 1990, 120)

- "Der Einsatz von technischen Rückwärtsbotschaften kommt zwar vor, steht aber in keiner Relation zu der Gesamtheit der bisher veröffentlichten Rock- und Pop-Songs. Die technischen Backward Maskings scheinen nur harmlose Inhalte zu verbreiten (Ausnahme: die Stilrichtung Black Metal)."

... Schwarzbraun ist die Haselnuß

- "Ich schließe das [Übermitteln von Botschaften durch Backward Masking, d.Verf.] aus, weil einfach die Wahrnehmung gar nicht in der Lage ist, in einer anderen Richtung zu funktionieren. Es gibt in der Musikgeschichte viele Beispiele in der Kunstmusik, wo der sogenannte Krebs bei Bach oder bei den Niederländern eingesetzt wurde und man Melodien rückwärts gespielt hat. Dieses Phänomen erschließt sich in erster Linie über das Auge. Es ist also mehr ein visuelles Phänomen. Man kann die Intervallfolge, wenn man sehr geübt ist, sogar auch rückwärts konstruieren, aber bei Texten ist es schier unmöglich für den normalen Hörer, dies zu entschlüsseln... Es ist eine Art Hysterie ausgebrochen, die diese Wirkungen unterstellt. Ich bin sehr vorsichtig, was die Wirkung von Musik betrifft, und ich finde auch, daß satanische oder sonstige Einflüsse, zum Beispiel in der Heavy Metal-Musik, gefährlich sind, aber diese Rückwärtsmusik ist aus meiner Sicht in keiner Weise gefährlich." (Rauhe, zit. nach: Heimann, a.a.O., 107)

- Die Absicht, die dahinter steckt, wenn tatsächlich eine Band bei einzelnen oder mehreren Musikstücken "unterschwellige Botschaften" einbaut, ist eindeutig: Es geht nur um kommerzielle Auflagensteigerung der Platten. Das Gerücht, es "sei wieder was drauf...", rast in Windeseile durch die Fangemeinde und sorgt für entsprechende Verkaufsziffern. Der Wiedererkennungswert in der Rockszene ist durch die Musik allein sehr gering geworden, man muß sich etwas einfallen lassen (siehe dazu auch die Aussagen zur Bühnenshow u.a.).

- Außerdem wird auf das wohlig-angenehme Gruseln spekuliert, welches wohl jeden Menschen überfällt, wenn er sich vorstellt, daß er unbewußten Botschaften ausgesetzt sein und dadurch manipuliert werden soll.

- "Ein Kausalzusammenhang zwischen Rückwärtsbotschaften und Okkultismus konnte nicht nachgewiesen werden, die popgeschichtliche Entwicklung der letzten 25 Jahre spricht eher dagegen." (Heimann, a.a.O., 121)

Exkurs: Subliminale Botschaften

Im gesamten Esoterikbereich wird mit der Behauptung, es sei möglich, durch unbewußte Botschaften bestimmte positive Dinge (z.B. Heilung, Ruhe, Streßfreiheit, Gewichtsverminderung usw.) zu erreichen, kräftig verdient.

Viele Verlage bieten mittlerweile eine Fülle von Audiokassetten an, denen diese Botschaften unhörbar unterlegt sein sollen ("Beim Überspielen verschwinden diese!" - leider! Oder logisch?). Wahre Wunderdinge werden versprochen:

- "Sich der Liebe öffnen",
- "Freude und Lust am Leben",
- "Selbstvertrauen und Stärkung des Selbstwertgefühls",
- "Innere Ruhe und Frieden finden",
- "Gesundsein in körperlicher Harmonie" usw.

Überprüfen lassen sich die Behauptungen vom Käufer nicht, doch stellte Goldner fest:

...Einige Bänder wurden in verschiedenen Münchener Tonstudios getestet. Bei der Mehrzahl der Untersuchungen konnte außer den wahrnehmbaren Geräuschen überhaupt nichts festgestellt werden. Bei einer Untersuchung allerdings, durchgeführt in einem Tonstudio des Bayerischen Rundfunks, konnte im Infraschallbereich von etwa 0,5 - 1,5 Hz gelegentlich eine sogenannte "Schwebung" ausgemacht werden, eine näher nicht differenzierbare leichte Verfremdung; darüber hinaus waren unrhythmische Schwankungen der Lautstärke zu verzeichnen, die der Musik eine Art "Wahwahwah"-Effekt verliehen. Bei diesem einen Band war also etwas im Infraschallbereich festzustellen gewesen, was dies jedoch war, ließ sich nicht weiter bestimmen. Es könnte sich um beabsichtigte niederfrequenzige Überlagerungen handeln, genauso aber auch einfach um eine schlechte Aufnahmequalität. (Psychologie Heute 8/1989)

Grundlage der unterschwelligen Botschaften sind Untersuchungen in Amerika, die angeblich die Manipulationsfähigkeit des Menschen optisch und akustisch bewiesen hätten:

- So sei in mehreren Stellen eines Spielfilms eine lecker aussehende Portion Speiseeis eingeblendet worden, die jedoch nur während eines Sekundenbruchteils auf der Leinwand erschien. Die Zuschauer hätten nicht das geringste bemerkt. Gleichwohl sei aber in der Pause auffallend mehr Eis (bei einer anderen Untersuchung Cola bzw. Popcorn) verkauft worden als bei Vorführungen des Films ohne Einblendungen.

- In einer Supermarktkette in den USA konnte angeblich durch den Einsatz subliminaler Botschaften vom Tonband ("Ich stehle nicht") die Diebstahlquote um 37 Prozent gesenkt werden. Später war sogar von 75% die Rede!

- Diese Erkenntnisse wurden so ernst genommen, daß 1958 im Bundesstaat New York ein Gesetz verabschiedet wurde, das jede Art von unterschwelliger Werbung verbot.

Die Subliminal-These ist ein klassischer Fall von falschen Behauptungen, die immer wieder, anscheinend unausrottbar, weiter verbreitet werden! Längst ist "die unterschwellige Beeinflussung in der Akte 'Peinliche Irrtümer' bei den Experimentalpsychologen abgelegt" (Wiener, zit. nach: Prause/v. Randow 1989, 230), die angeblichen Versuche in den USA wurden immer wieder ohne bestätigende Ergebnisse wiederholt, aber: "Mit Lehrbüchern ist es wie mit Möbeln. Wenn sich einmal in einem Schrank der Holzwurm eingenistet hat, steckt er bald auch in allen anderen Möbelstücken." (Wiener, zit. nach: Prause/v. Randow, a.a.O.)

Goldner schließt mit den Worten des Psychologieprofessors Shevrins seinen Artikel "Subliminal-Kassetten: Unterschwelliger Betrug?":

Von welcher Seite aus man das Geschäft mit den Tonband-Kassetten auch ansehen mag, es ist ... ganz einfach "Beschiß".

Wenn "Unterschwellige Botschaften" also schon "vorwärts" nicht "funktionieren", wie denn dann "rückwärts"?

Was also bleibt mehr als ein umsatzsteigernder Werbegag, den viele Musiker und Produzenten auch offen zugeben?

Der evangelische Kenner der okkulten Szene Friedrich-Wilhelm Haack hält das angebliche Phänomen des Back Masking denn auch schlicht für "Schwachsinn". (zit. nach: Hunfeld/Dreger 1990, 69) Zu einem ähnlichen Fazit kommt der erfahrene Musikjournalist Frank Laufenberg: "Ich halte das Ganze für Mumpitz!" (zit. nach: Heimann 1990, 111)

Verhalten der Musiker

"Alle Jahre wieder" zieht der Altgruselrocker Alice Cooper durch die Lande, und alle Jahre wieder geht ein Aufschrei durch Pädagogen- und Kirchenkreise

Alice Cooper 1991

wegen der blutrünstigen Bühnenshow dieses Rock-oldies. Protestkundgebungen finden statt, Flugblätter werden verteilt, Zeitungsartikel putschen die allgemeine Aufgeregtheit weiter hoch - und der Veranstalter reibt sich die Hände wegen der ausverkauften Hallen und Freilichtbühnen! Eine reichhaltige Auswahl an zugehörigen "Devotionalien" wird im Umfeld der Fangemeinde zum Kauf angeboten: Poster, Kleidungsstücke, Aufkleber usw.

Bewertung:

Hier gilt das bereits oben Gesagte hinsichtlich des Wiedererkennungswertes, der allein durch die Musik zu gering ist. Alice Cooper inszeniert extrem öffentlichkeitswirksam und damit effizient seine "corporate identity". Man muß sich als Musiker, als Band aus

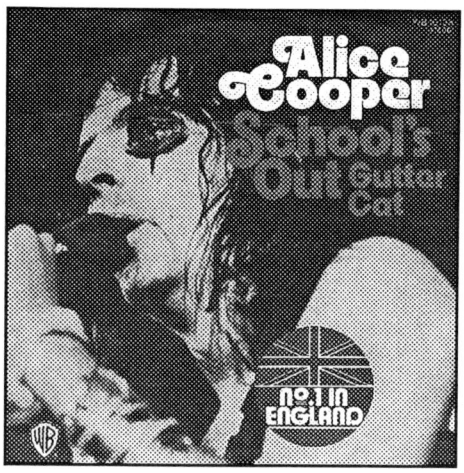

*Alice Cooper
1972*

der Masse der Musiker herausheben. Auch hier wird dann allerdings eine Spirale in Gang gesetzt, bei der immer Sensationelleres, immer Gruseligeres, immer Gotteslästerlicheres verlangt wird. Hunfeld/Dreger schaffen aus historischer Perspektive eine angemessen relativierende Distanz zu den heutigen satanistischen Varianten in der sich stark über Musik definierenden Jugendkultur:

Während seiner Konzerte zelebriert Cooper eine grausig-perfekte Horrorshow, in deren Verlauf Puppen die Köpfe abgeschlagen werden und literweise künstliches Blut fließt. Am Ende des Konzertes wird dann Alice Cooper selbst von einem Scharfrichter mittels Guillotine enthauptet. (Hunfeld/Dreger 1990, 73)

Viel Rauch um nichts

Geisterbahn mit Musik: Rocky-Horror-Show mit Alice Cooper in der Nürnberger Frankenhalle

Wer hat Angst vor Alice Cooper? Außer ein paar besonders empfindsamen Naturen in der bayerischen CSU, die den Auftritt des alternden Schock-Rockers in Nürnberg aus Jugendschutzgründen verbieten lassen wollten, wohl niemand. Die Intervention der selbsternannten Rock-Kritiker blieb jedenfalls erfolglos, und das Konzert ging in einer trotz Verkleinerung nicht vollbesetzten Frankenhalle programmgemäß über die Bühne.

Die Aufregung um den mittlerweile 42jährigen Ex-Bürgerschreck wird wohl nach dem Konzert kaum noch ein Besucher nachvollziehen können. Viel Rauch um nichts, denn die aktuelle Alice-Cooper-Show hat mit Provokation — oder gar Jugendgefährdung — ungefähr soviel zu tun wie eine Folge der billigen Horror-Serie „Freitag der 13.".

Wo früher eine verschwenderische Materialschlacht mit Show-Requisiten und Comic-Strip-Grusel inszeniert wurde, soll heute über weite Strecken die Musik für den nötigen Kitzel sorgen.

Mit mäßigem Erfolg, denn die rechte Begeisterung stellt sich bei den Fans erst am Schluß ein. Nur bei den großen Hits aus älterer und jüngerer Vergangenheit wie „Poison", „School's Out" oder „Elected" brandet erwartungsge-

Horror aus der Mottenkiste: Alice Cooper bei seinem Nürnberger Auftritt.   Foto: Distler

mäß der Beifall. Doch diese Perlen muß man suchen.

Das Gros seines Programms hat Alice Cooper — nach den Chart-Erfolgen seiner letzten Alben „Trash" und „Hey Stoopid" — auf kantenlosen Mainstream-Metal getrimmt. Harmlos, nett zum Mitsingen kommen die Songs von der mit Totenkopf und Klauenhänden dekorierten Bühne. Alles garantiert aus Plastik, wie es sich für eine richtige Rock-Geisterbahn gehört.

Dazu kann es Alice Cooper immer noch nicht lassen, sich permanent als

Hexenmeister des Grusel-Rock zu inszenieren. Eine lächerliche Pose, die ihm längst niemand mehr abnimmt. Ganz in Leder stakst er über die Bühne, fuchtelt mit Plastikpuppen, hängt sich eine Boa Constrictor um den Hals und droht mit einem blutigen Riesen-Nagel in Richtung Publikum.

Wer das heutzutage noch ernst nimmt, ist selber schuld. Der Besuch einer Provinz-Geisterbahn ist allemal aufregender.   ANDREAS BECKER

Aktuelle LP: Alice Cooper: „Hey Stoopid" (Sony).

Nürnberger Nachrichten, 18.10.1991

Den gleichen Effekt - rote Ohren und Entsetzen bei dem erwachsenen, heilen Amerika und Begeisterung bei der Jugend - hatte Elvis Presley zehn Jahre zuvor (d.h. 1958, d.Verf.) noch erreicht, indem er sein Becken lasziv vor einem Mikrofonständer kreisen ließ und erotisch angehauchte Belanglosigkeiten ins Mikrofon stöhnte. Rockmusik hat ihren Ursprung irgendwo ganz unten, ist Teil einer Subkultur, soll das Etablierte provozieren, gesellschaftliche Normen sprengen, ...

...wer provozieren wollte, mußte neue Grenzen suchen und sie durchbrechen. Im christlich geprägten Amerika der späten Sechziger war nach langen Haaren, freier Liebe und Drogenkonsum der Teufel ein solches Tabu. Die "Rolling Stones" sangen nicht vom Teufel, weil sie an ihn glaubten, ihn verehrten ..., sondern weil die große Mehrheit der Amerikaner, Engländer und (mit Verspätung) der Deutschen darüber empört waren, daß sie von ihm sangen. Der Teufel und die Hölle wurden zu Synonymen für eine Absage an das Establishment. (Hunfeld/Dreger 1990, 64f.)

Ein weiteres Beispiel für diesen Effekt aus der Szene sind die "Gruftis" u.ä., die schwarzgekleidet und weißgepudert durch Fußgängerzonen ziehen, den dort anzutreffenden Spießbürger zu erschrecken und zu schockieren. Diese Gruppe z.B. in einen Topf mit "Satanisten", "Satansanbetern" usw. zu werfen, wäre töricht und zeugte von mangelhaften Kenntnissen der Jugendszene.

Seit Anfang der 90er Jahre scheint sich der Trend zu verstärken, daß eine Verbindung zwischen rechtsextremen Gruppierungen und Black Metal-Musik entsteht. Eine neue, stark gewaltbereite Szene scheint von Norwegen aus auf Gruppierungen in Deutschland Einfluß zu nehmen (siehe dazu oben: Billerbeck/Nordhausen 1994).

Abschließend sei ein Zitat von Battista gebracht,

London 1991: Grufties sind nicht gleich Satanisten.

das ursprünglich nur auf das Layout der Plattencover bezogen war, meiner Meinung nach aber zum gesamten Kapitel paßt. Übertriebenes Angstgeschrei, Bangemachen und Schwarzsehen ist nicht angebracht, aber:

Es entsteht ein neues Bewußtsein: Friedhöfe, Särge, Leichen, Grabschänder, Totenköpfe, Galgen, Grabsteine, Gräber, Ratten und ähnliches sind nun nicht mehr abscheuliche Dinge, sondern sie werden mit zunehmendem Besuch jener Konzerte zu etwas Alltäglichem, man verliert das Gespür dafür, daß all diese Dinge doch etwas Schreckliches sind. Darauf baut der Satanismus und Okkultismus auf. (zit. nach: Haack 1989 a)

Empfehlenswerte Literatur:

Battista, U.: Satanismus im Hardrock/Heavy Metal; Stuttgart 1985 (EZW - Materialdienst Nr. 7/1985)

Bischöfliches Generalvikariat Aachen (Hg.): Neue Kultbewegungen und Weltanschauungsszene; Mönchengladbach 1990

Goldner, C. G.: Subliminal-Kassetten: Unterschwelliger Betrug?, in: Psychologie Heute, Heft 8/1989

Grandt, G. und M.: Schwarzbuch Satanismus; Augsburg 1995

Haack, A. und F.-W.: Jugendspiritismus und -satanismus; München 1989, Münchener Reihe

Heimann, D.: Backward Masking - Fluch oder Flop?; Asslar 1990

Helsper, W.: Okkultismus - Die neue Jugendreligion?; Opladen 1992

Höhn M. und M.: Kontakte ins Jenseits? Über die Faszination des Okkulten; Köln 1989

Hunfeld/Dreger: Magische Zeiten - Jugendliche und Okkultismus; Weinheim 1990

Kremer/Staudel (Hg.): Entzaubert. Magie, Mythos, Esoterik - Themen für den naturwissenschaftlichen Unterricht?; Marburg 1991

Prause v./Randow: Der Teufel in der Wissenschaft - Wehe wenn Gelehrte irren: Vom Hexenwahn bis zum Waldsterben; München 1989

Tischer, R.: Religiöse Zeitzeichen in der Rock- und Popmusik; Stuttgart 1989 (EZW - Information Nr. 109)

Weirauch, W.: nataS - Satan; "Backward - Masking" bestätigt; in: EZW-Materialdienst 5/1987, Stuttgart

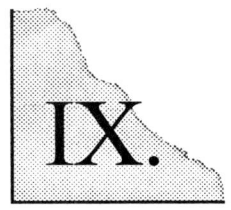

IX. "Religiöser Okkultismus" - "Okkultistische Religion"

Ein persönliches Wort vorweg:
Wer sich mit dem Gebiet des Okkultismus beschäftigt und sich gar zutraut, in der Öffentlichkeit bzw. in den Medien darüber zu sprechen, Vorträge zu halten, Aufsätze und Bücher zu veröffentlichen, gerät schnell in das Kreuzfeuer der Kritik.

Da es eine immense Vielfalt von Meinungen quer durch alle Bevölkerungsgruppen, Weltanschauungen, Religionen, Berufsgruppen usw. gibt, ist fast zwangsläufig die Zahl derjenigen, die anderer Meinung sind größer als die derjenigen Menschen, welche die gleiche oder zumindest eine ähnliche Meinung haben.

Ich besitze mittlerweile einen ganzen Ordner an Droh-, Schmäh- und Warnbriefen, auf den ich durchaus nicht stolz bin. Diese Briefe sind vielmehr ein Hinweis darauf, daß viele Menschen sich ganz persönlich betroffen fühlen, wenn es um okkulte, spiritistische oder paranormale Dinge geht.

Bis jemand einen emotional geladenen Brief schreibt oder einen wütenden Telefonanruf tätigt, muß ihn etwas überdurchschnittlich aufgebracht haben.

Traurig dabei ist nur, daß der Auslöser dazu in den seltensten Fällen persönliche, direkte Informationsaufnahme war, sondern eine "Information" aus zweiter oder dritter Hand, etwas flüchtig Gelesenes, mit halbem Ohr Gehörtes.

Die wütendsten Angriffe bei oder nach Aufklärungsveranstaltungen kamen von religiösen, fundamentalistischen, charismatischen, "christlichen" Sektierern, von denen zumindest die beiden großen Kirchen allerdings abrücken. Oft wurde aber ebenso im Vorfeld einer Veranstaltung, die von einem evangelischen oder katholischen Träger ausgerichtet wurde, der verantwortliche Gastgeber zu seinem maßlosen Erstaunen massiv unter Druck gesetzt.

Da die "Stempel", die mir im Laufe der Zeit aufgedrückt wurden, ziemlich weit gestreut sind (vom "Superrationalisten" und "Atheisten" bis hin zum "eindeutig evangelischen/katholischen/christlichen Parteigänger und deshalb Voreingenommenen"), scheinen die Argumentationen der verschiedenen Seiten doch recht ausgewogen berücksichtigt worden zu sein.

Allerdings habe ich lange die Grauzone zwischen Religion und Okkultismus gemieden. Da jeder Mensch in diesem Bereich des fließenden Übergangs zwischen als selbstverständlich anerkannten Glaubensinhalten und okkulten Vorstellungen eine sehr subjektive, persönliche Grenze zieht, scheint er für eine kritische, um Objektivität bemühte Darstellung nicht geeignet.

Erst auf Drängen von seiten kirchlicher Stellen (evangelischer wie katholischer) begann ich, Material unter dem Stichwort "Religiöser Okkultismus" zu sammeln und auszuwerten.

Zu etlichen der nachfolgend aufgeführten Erscheinungen und Phänomene werden auch innerhalb der Religionsgemeinschaften zum Teil erbitterte Auseinandersetzungen geführt. Es kann hier aber nicht darum gehen, auch nur annähernd endgültige Aussagen zu machen. Zu viele Menschen sind davon innerlich tief berührt und könnten sich verletzt fühlen. Daß ich, wie jeder Leser auch, selbstverständlich eine

In Erwartung der Madonna

Vergeblich haben am Wochenende mehr als 300 000 Pilger in der nordphilippinischen Stadt Agoo das Erscheinen der Jungfrau Maria erwartet. Sie waren gekommen, weil ein Madonnenbild im Besitz einer Familie in Agoo Tränen aus Blut vergossen haben soll. Der zwölfjährige Sohn Judiel Nieva (Bild), der in Agoo als Seher bezeichnet wird, behauptete, die Gottesmutter sei ihm seit 1989 regelmäßig an jedem ersten Samstag im Monat und an allen hohen katholischen Feiertagen erschienen. Am Samstag beschrieb der Zwölfjährige im Beisein katholischer Priester seine bisherigen Marienerscheinungen und betete mit den Gläubigen für die Kinder in Somalia. Einige der Pilger glaubten tatsächlich, Maria gesehen zu haben. Bischof Salvador Lazo will erst die Ergebnisse einer Kommission abwarten, bevor er sich äußert.   Foto: rtr

Nürnberger Nachrichten, 8.3.1993

eigene, aber niemals "zementierte" Meinung zu einzelnen "Rätseln" habe, ist klar.

Der zur Verfügung stehende Platz reicht allerdings nicht aus, um auch nur einen Teilbereich ausführlicher anzugehen. Deshalb wird auf exemplarische Literatur verwiesen.

Wenn Okkultismus religiös wird...

Viele Scharlatane und Geschäftemacher hängen sich das "religiöse Mäntelchen" um, nicht nur um damit religiöse Menschen anzusprechen, sondern auch um den Ruch obskurer Scharlatanerie gar nicht erst aufkommen zu lassen.

Es werden deshalb im gesamten esoterischen, okkulten und spiritistischen Bereich immer wieder Versatzstücke aus den christlichen Religionen verwendet: Symbole, Pseudogebete, christlich anmutende Rituale und Bezeichnungen.

Viele Laien sind darüber erstaunt und zutiefst verunsichert ("Da ist ja sogar ein Gebet mit abgedruckt, also kann das ja nichts Unerlaubtes, nichts Okkultes sein!").

Beispiele

Ein "Kabbalistisches Gebet", das laut detaillierter Gebrauchsanweisung nach dem Entzünden magisch geweihter Kerzen vom Leiter bei einer spiritistischen Sitzung (also einer Geisterbeschwörung) zu sprechen ist, bei der ein Schreibendes Tischchen (Planchette) benutzt wird:

> Wir rufen die Geistigen
> Wesenheiten im
> A K A S H A - R E I C H
> Laßt uns den Herrn des Universums
> anbeten!
> Heilig bist Du, der Du alle Dinge bist
> in dem alle Dinge sind.
> Stiege ich hinauf in den Himmel,
> so bist Du auch dort.
> Nähme ich die Flügel des Morgens
> und flöge bis zum äußersten Teile
> der Meere,
> auch dort würde Deine Hand mich
> führen und
> Deine rechte Hand mich halten.
> Auch wenn ich sage, vielleicht wird
> die Dunkelheit mich verhüllen,
> sogar die Nacht
> wird zum hellsten Lichte für Dich.
> WIR RUFEN DIE GEISTIGEN
> WESENHEITEN DER 4 ELEMENTE AN
> Dein ist die Luft mit ihren Bewegungen
> Dein ist das Feuer mit
> seiner lodernden Flamme
> Dein ist das Wasser
> mit seiner Ebbe und Flut
> Dein ist die Erde
> mit ihrer ewigen Beständigkeit
>
> A M E N

Aus einer Anleitung zum Gläserrücken stammt folgender Text:

> Nehmen mehrere Personen teil, dann die Finger auf den Rand des Gläschens legen. Jetzt sprechen Sie ein Gebet. Zum Beispiel: "Ich bitte Gott den Allmächtigen, einem guten Geist zu gestatten, sich mir zu offenbaren und das Gläschen rücken zu lassen. Ich bitte auch meinen Schutzengel, mir gütigst beizustehen und alle bösen Geister abzuwehren und zu entfernen."

So ungefähr sollte eine Anrufungs-Gebet lauten. Man kann natürlich auch den Namen des Verstorbenen gleich mit nennen, mit dem man Kontakt haben möchte.

Warten Sie nach dem Gebet noch so lange, bis Sie die Anwesenheit des "Geist-Wesens" spüren (zum Beispiel durch Kerzenflackern, Rauchkräuseln, kalter Finger oder Luftzug usw.).

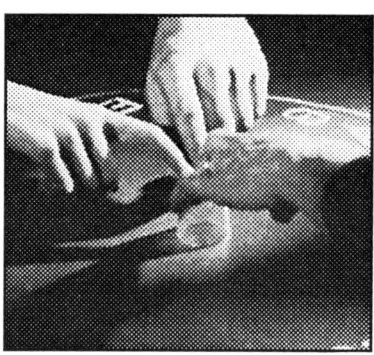

Aus einer Anleitung zu einem "Witchboard" mit Herz-Planchette (von einer Person zu bedienen):

> Bevor Sie die Fragen stellen, sollte ein Gebet gesprochen werden, es muß nicht laut sein, schon in Gedanken, das genügt. Welches Gebet Sie sprechen ist gleichgültig, es muß nur von Herzen kommen und ein Anrufungsgebet sein.
> Der Heilige Augustin hat gesagt:
> 'Ihr wißt, es gibt keine absolute Formel. Gott ist zu groß, um den Worten mehr Wert beizulegen als den Gedanken. Die Wirksamkeit derselben besteht in der Aufrichtigkeit des Gefühls, das sie diktiert... Keiner von jenen, die sich derselben nicht von Herzen bedienen, würde daraus Nutzen schöpfen.'
> Sprechen Sie also ein Anrufungsgebet, wie Sie es für richtig halten. Ein Beispiel hat uns der Heilige Augustin gegeben:
> 'Ich bitte Gott den Allmächtigen, mir gute Geister zu schicken, um mir beizustehen und jene zu entfernen, die mich in einen Irrtum führen könnten. Verleihe mir das nötige Licht, um die Wahrheit vom Betruge unterscheiden zu können. Wenn es einige versuchen sollten, sich hier einzuschleichen, so beschwören wir sie im Namen Gottes, sich zurückzuziehen.
> Gute Geister lasset euch herab mir zu antworten

und macht mich empfänglich für eure Lehren. Ich bitte dich großer Gott, daß du als mein besonderer Beschützer mir deinen Beistand angedeihen läßt.'

(Alle Texte wurden vom Verfasser orthographisch überarbeitet.)

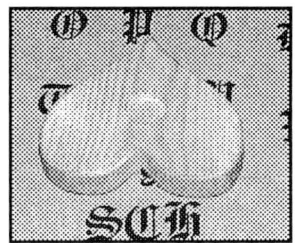

Das sechste und siebente Buch Mosis:

Seit langer Zeit werden verschiedene Ausgaben dieses "magischen" Buches in hohen Auflagen gedruckt, verkauft - aber kaum einer hat sie!

In Bibliotheken werden Ausleiher gewarnt, daß allein die Beschäftigung mit den Büchern gefährlich sein könnte, aus verliehenen Exemplaren werden zauberkräftige Teile herausgeschnitten, unter der Schulbank kursieren schlechte Kopien einzelner Seiten bzw. besonderer Zaubersprüche.

Kaum jemand weiß etwas Genaueres, aber viele zucken bei der Nennung des Titels zurück.

Schon 1964 zitierte Leithäuser eine Anzeige, in der eine Neuauflage angepriesen wird:

> Neu erschienen! Das 6. und 7. Buch Mosis mit uralten Rezepten gegen allerlei Gebrechen. Erstmalig erschienen in Philadelphia (USA) nach dem im Jahre 1522 aufgefundenen Urtext in deutscher Übersetzung. Das ist Moses' magische Geisterkunst, das Geheimnis aller Geheimnisse. Jedes Buch wird versiegelt geliefert gegen Nachnahme...
> (Leithäuser 1964, 317 ff.)

Im Prinzip handelt es sich bei allen Variationen dieses so geheimnisvollen Buches mit religiösem Titel um eine Sammlung von mehr oder weniger appetitlichen alten Zaubersprüchen und -mitteln gegen alle nur denkbaren Probleme und Krankheiten.

Die Renaissance dieses und anderer ähnlicher Bücher ist sicher auf eine als übermächtig empfundene Technisierung der modernen Welt (auch in der Medizin) zurückzuführen, die das Bedürfnis nach Magie und Mythos bei vielen Menschen weckt. "Das Bemerkenswerteste ist, daß derlei Gedankengut heute weit mehr verbreitet ist, als jemand, der nicht in den ländlichen Gebieten Schleswig-Holsteins, Niedersachsens oder Bayerns wohnt, auch nur ahnt." (Leithäuser, a.a.O., 320)

Der "Hexenbanner" ist auch heute noch unterwegs und verwendet durchaus Rituale u.a. aus dem 6./7. Buch Mosis.

Einmal wahllos durchgeblättert, bleibt das Auge z.B. hängen an Abschnitten wie:

Mittel gegen Warzen:
Man lasse sie sich von einem anderen zählen, so bekommt sie dieser...

Bettnässen:
Man sucht eine Kartoffel, durch die eine Quecke durchgewachsen ist ..., kocht sie und läßt sie den Kranken verzehren.

Mittel gegen Behexung:
Damit ein Roß nicht müde werde, hänge man ihm einen Wolfszahn um.

Bosheitszauber:
Wie man jemandem die Kraft nimmt.
Man nimmt jemand die Kraft, wenn man spricht:
Ich, ... , tue dich anhauchen;
Drei Blutstropfen tu ich dir entziehen,
Den ersten aus deinem Herzen,
den andern aus deiner Leber,
den Dritten aus deiner Lebenskraft:
Damit nehme ich dir deine Stärk und Kraft.
Im Namen des Vaters, des Sohnes und des heiligen Geistes.

Will man es anstellen, daß ein Mann ein Mädchen zu lieben aufhöre, so bestreiche man die Türschwelle des Hauses, in dem das Mädchen wohnt, auf der einen Seite mit dem Herzen, auf der anderen mit der Leber oder Lunge eines Igels und vergrabe selber zuletzt die gebrauchten Fleischstücke unter der Schwelle.

Wie man es anstellt, mit denen Leute allzeit gut auszukommen:
...Falle einem feinem Menschen nicht ins Wort, sondern laß jedermann ausreden; du selbst rede langsam und bedächtig, weder zu laut noch zu sachte, doch deutlich und vernehmlich; mußt du aus Noth widersprechen, so bitte um Erlaubnis, und rede mit niedergeschlagenem Gesichte fort.

Wenn die Religion okkult wird...

Bei den folgenden Beispielen möge der Leser selbst entscheiden, welches "Phänomen" er nach dem jetzigen Stand seiner Erkenntnisse oder seiner Gefühle zu seinen Glaubensinhalten zählen oder dem Bereich des Okkulten zuordnen würde:

• Wunderheilungen in Lourdes,

Pilger vor der Basilika in Lourdes

- Marienerscheinungen im jugoslawischen Medjugorje (Pilgerreisen dorthin wurden mittlerweile vom Vatikan verboten),
- das Sonnenwunder von Fatima,
- Maria erscheint bildlich am Boden im Dezember 1990 im Waschraum eines Geschäftes in Texas,
- beim Blutwunder von Neapel verflüssigt sich das Blut des Heiligen Januarius dreimal jährlich,
- beim Heiligen Exorzismus werden Teufel und Dämonen nach kirchlichem Ritual ausgetrieben,
- eine Madonna auf einem Bild in Chicago beginnt zu "weinen",
- der italienische Kapuziner-Mönch Padre Pio war an Händen und Füßen stigmatisiert, d.h. die Wundmale Jesu waren an seinem Körper erschienen. Darüber hinaus war der 1967 verstorbene Mönch schon zu Lebzeiten in Europa als Wunderheiler zur Legende geworden.

Angebliche Hexen wurden von der Inquisition der "Wasserprobe" unterzogen.

Padre Pio

- in der Regenbogen-Frauenpresse erscheinen 1990 ganzseitige Anzeigen, in denen "Heiliges Taufwasser vom Heiligen Jordan-Fluß" für 39,90 DM angeboten wird,
- beim Grabtuch von Turin sind die Umrisse des Leichnams von Jesus erkennbar,
- Therese von Konnersreuth soll in Ekstase fremde Sprachen verstanden und gesprochen haben; ferner soll sie auch genau an den Stellen der Hände und Füße geblutet haben, an denen einst Jesus ans Kreuz genagelt wurde (Stigmatisierung).

Am letzten Beispiel soll ausführlicher dargestellt werden, wie auch bei diesen "heiklen" Thematiken durchaus mit dem Verstand herangegangen wer-

den kann (ohne Superrationalist zu sein):

Der "Fall Therese Neumann, genannt Therese von Konnersreuth", wurde jahrzehntelang mit wissenschaftlicher Sorgfalt und Akribie vor allem von einem katholischen Theologen untersucht: Von Dr. theol. Josef Hanauer.

Bespielhaft für alle zwischen "Wunder" und "Okkultismus-Phänomen" angesiedelten Fälle ist in diesem konkreten Fall, wie man diesem Mann von kirchlicher Seite mitgespielt hat. Er berichtet darüber in seinem Buch: *Der Schwindel von Konnersreuth - Ein Skandal ohne Ende?* (Eigenverlag, Regensburg 1989).

Ich selbst kann es nur als "Trauerspiel" bezeichnen, was hier "hinter den Kulissen" abgelaufen ist und noch abläuft.

Aus meiner Sicht ist es kaum möglich, angebliche Wunder korrekter, sorgfältiger, ausgewogener und objektiver zu untersuchen, als Dr. Hanauer es getan hat. Die Schwierigkeiten, die man ihm bereitete und nach wie vor bereitet (zuletzt beim Druck seines Buches), sprechen nur dafür, daß seine Untersuchungen für bestimmte Kreise innerhalb der Kirche unbequem sind. Anstatt sich aber detailliert und offen mit den Ergebnissen auseinanderzusetzen, wird "unter der Decke" intrigiert. Die Angriffe gegen diesen Theologen vor allem von seiten des "Konnersreuther Kreises", erschrecken oft durch ihre brutale Gehässigkeit.

Auf der anderen Seite werden aber die Probleme beklagt, welche die Kirchenmitglieder mit okkulten Bereichen haben.

Nur einige Details seien aus Bogen zitiert:

Dr. Hanauer überprüfte die Therese-Geschichten mit wissenschaftlicher Sorgfalt und fand Seltsames heraus: So beispielsweise,

- daß Therese allenfalls einzelne Worte verstand oder gelallt habe;

- daß sie nur nachgesprochen habe, was fromme Bewunderer ihr vorgesagt hätten (auch bei ande-

Seit 28 Jahren wird der Theresa von Konnersreuth gehuldigt

Ein frommer Rekord

Rund um die Uhr wechseln sich je eine Nonne und zwei Laien ab

KONNERSREUTH (lby) — Die Leistung steht — noch — in keinem Buch der Rekorde: Seit über 28 Jahren, bisher rund 117 000 Stunden lang, beten Frauen in einem Kloster im ostbayerischen Dorf Konnersreuth bei Waldsassen in Erinnerung an Theresa Neumann. Die „Resl", die auch heute noch von vielen Gläubigen verehrt wird, war mit den Wundmalen Christi am ganzen Körper 1962 gestorben.

Die angeblichen Wunder, die das Wirken der Frau zu ihren Lebzeiten begleiteten, sind auch kirchlich umstritten. Die Schar von Laienbeterinnen und Klosterschwestern hält das aber nicht davon ab, seit 1963 im Stundenwechsel nur unterbrochen von der Nachtruhe, in der von Theresa Neumann gestifteten Klosterkirche in „ewiger Anbetung" zu verharren.

Zimmer frei

Während Bayerns Altenheime aus allen Nähten platzen, sind im Theresianum in Konnersreuth noch Zimmer frei. Dabei müssen Seniorinnen in dem Stift nur 940 Mark pro Monat für Unterkunft, Vollpension und die Pflege im Krankheitsfall bezahlen. Die Nonnen vom Orden der „Marienschwestern von Karmel", die das Altenheim betreuen, haben sogar Auslastungsprobleme, denn Aufnahme in dem von Theresa Neumann gestifteten Kloster findet nur, wer sich an der „ewigen Anbetung" beteiligt.

Im Theresianum bestimmen die Stundenschichten der Anbetung den Tagesrhythmus. Jeweils drei Frauen, eine Nonne flankiert von zwei Laien, beten gemeinsam.

Das hat der ehemalige Regensburger Bischof Rudolf Graber in den Regeln für die „ewige Anbetung" festgeschrieben, nachdem Theresa Neumann ihrer Heimatgemeinde das Kloster gestiftet hatte. In jüngster Vergangenheit aber mußten die Heimbewohnerinnen — normalerweise pro Tag einmal an der Reihe — Überstunden beten, um das „ewige Gebet" lückenlos fortsetzen zu können.

Gesegnetes Alter

Die älteste Heimbewohnerin ist mittlerweile 94 Jahre alt, einige haben ihren 80. Geburtstag längst hinter sich. Ausgedünnt wurde die „Personaldecke" nach Angaben der Klosterleitung außerdem durch den überraschenden Tod von sechs Heiminsassen sowie die Erkrankung mehrerer Seniorinnen.

Das Theresianum steht deshalb für „Nachwuchs" offen. „Aufgenommen wird jede katholische oder verwitwete Frau unter 70 Jahren. Pflegefälle können wir nicht brauchen. Wir haben nur drei Pflegebetten, und die sind belegt", umreißt die 77jährige Klostervorsteherin, die Bedingungen für Bewerberinnen.

Nürnberger Nachrichten, 4.11.1991

ren Glossolalie-Beflissenen oft beobachtet);

- daß insbesondere die - wenigen - aramäischen Worte von Professor Wutz stammten; dieser berichtet selbst treuherzig seinem Freund, dem Bischof von Lemberg: "Ja, denken Sie, ich brauchte ein volles Vierteljahr dazu, um schließlich ein Wort aus ihr herauszukriegen." Als der des Aramäischen kundige Professor gestorben war, hörte man kein weiteres Wort dieser Sprache in Thereses Lallen;

- daß ihr Griechisch die gleichen Fehler enthielt, die ihr Betreuer, Pfarrer Nader, machte (sein Schulfreund Professor Waldmann: "(...) ein guter Hebräer, aber ein schlechter Grieche");

- daß Therese, als sich in ihrem Empfangszimmer zwei Besucher in Portugiesisch unterhielten, sagte: "Mir scheint, diese Sprache habe ich in der Ekstase gehört." Sie vermochte allerdings nicht anzugeben, wann das geschehen sein sollte. Aber Pfarrer Nader half ihr und meinte, das könne nur bei der Vision vom Fest des Hl. Antonius gewesen sein, was Therese späterhin denn auch ohne zu zögern bestätigte;

- genaue Wortanalysen ergaben, daß viele der lallenden Laute, von Priestern und Gläubigen für Worte aus fremden Sprachen gehalten und sehr unterschiedlich protokolliert, lediglich oberpfälzische Dialektworte waren (Konnersreuth liegt in der Oberpfalz). Eines von vielen Beispielen: aisehuba, biasebua, beisebua usw. wurden von Professor Wurz zunächst als völlig unbekannt,

dann als "Beelzebub" (hebräisch) und schließlich als aramäisch deklariert - offenkundig hatte Therese aber "böser Bub" (Bua!) gelallt. (Bogen 1982, 226)

Auch andere Phänomene wie die wochenlange Nahrungslosigkeit, die Stigmatisierungen, Visionen, Hellsehen usw. sind von Dr. Hanauer und anderen Theologen untersucht worden, mit negativem Ergebnis.

Hanauer schließt:

Wenn all das, was jahrzehntelang zum Besten gegeben wurde, mit unserem Glauben in Einklang stehen soll, dann müssen wir unsere ganze Theologie umkrempeln. Merkt man denn immer noch nicht, wie leichtfertig durch einen derart verrannten und verblendeten Glauben an eine Pseudomystikerin dem, was Glaube wirklich, das heißt im eigentlichen theologischen Sinn bedeutet, schwerster Schaden zugefügt wird? (Hanauer 1989, 128)

Auch Wimmer hat sich mit dem Fall Therese Neumann auseinandergesetzt:

Es wird wohl unmittelbar einsichtig, weshalb von Gläubigen kein relevanter Beitrag zur Klärung frommer Wunder erwartet werden kann. Dazu bedarf es eben der kriminalistischen Denkweise, die "gegenüber einem Ereignis, das den Anschein von etwas Übernatürlichem hat, Verdacht fassen muß" (Walder). Das gilt gegenüber allen okkultistischen Behauptungen, erst recht auf dem unsicheren Terrain der "heavenly deceptions" (Haack). Und: Vom ersten Argwohn an muß der Kriminalist dann nicht nur fachgerecht, sondern auch mit unbeugsamem Willen zur Wahrheitsfindung "durchermitteln", bis auch die letzten Aufklärungsmöglichkeiten ausgeschöpft sind. Wenn eine Madonna aus Gips weint, muß er sie notfalls auseinandernehmen, und wenn angeblich seit tausend Jahren geronnenes Blut wieder fließt, muß er es chemisch analysieren, anstatt auf halbem Weg stehenzubleiben und bloß von weitem zuzusehen, wie das Parapsychologen und andere Okkultgläubige zu tun pflegen. "Was nützen Augen, wenn der Geist blind ist!" soll schon St. Columbanus gesagt haben.

Es sind also die falschen Leute, die da "iudicialiter" Wunder beweisen wollen. Solche Veranstaltungen gleichen den pseudowissenschaftlichen "Untersuchungen" der Parapsychologen, die bisher auch kein einziges wissenschaftlich anerkanntes Resultat zustandebrachten - trotz jahrhundertelanger Bemühungen (s. Prokop/Wimmer 1985). In keinem Falle wurden die allein zuständigen Fachleute, Betrugs- und Taschenspieler- und Trickexperten zugezogen. Oder hat man je davon gehört, daß bei der kanonischen "Überprüfung" von Wundern Kriminalkommissare und

Berufszauberkünstler mitwirkten?

Solche Sachverständige sind um so mehr zu fordern, als kirchliche "Prozesse" ihrerseits gewissenlosen Manipulationen ausgesetzt sein können. Man muß sich das vergegenwärtigen: Betreiber von Selig- und Heiligsprechungen sind keine Muster an unparteiisch-neutralen Gutachtern, vielmehr glühende Anhänger und Verehrer "ihres" Kandidaten, den "zur Ehre der Altäre erhoben" zu sehen, nicht nur Ehre und Ansehen auch für sie selbst, sondern auch, wie gezeigt, erheblichen materiellen Gewinn für ihre Umgebung bedeutet (Wallfahrtsstätten). Kein Wunder, daß die Verlockung, bei der Wundersuche notfalls etwas "nachzuhelfen", übergroß ist. Mit welchen Machenschaften man hier rechnen muß, hat Hanauer 1989 am Fall der Therese Neumann aus Konnersreuth aufgezeigt. Obwohl die Schwindeleien der "Heilandsresl" - u.a. vorgetäuschte Nahrungslosigkeit - längst entlarvt sind (Nachweise bei Wimmer 1976), wurden auf Betreiben von Anhängern Vorbereitungen zur Einleitung eines Seligsprechungsverfahrens getroffen. Zahlreiche Zeugen wurden vernommen. Einer der wichtigsten jedoch, nämlich der Gewährsmann für die Entlarvung des sog. Fastenwunders, wurde trotz mehrfacher an das zuständige bischöfliche Ordinariat gerichteter Hinweise auf das hohe Alter des Zeugen übergangen. Dieser, ein Priester, äußerte ganz unverblümt die Befürchtung, man wolle abwarten, bis er gestorben sei (Hanauer 1989)...

Auf diese Art werden "Wunder" letztlich dadurch "bewiesen", daß man die Gegenbeweise aussterben läßt. Da wird dann auch der vielbeschworene "advocatus diaboli" zur Farce - ihm fehlt für Einwände ganz einfach das Material.

Daß religiöse Fanatiker bei Wunderkonstruktionen selbst vor Dokumentenfälschungen nicht zurückschrecken, beweist ad oculos eine kürzlich entdeckte Fälschung eines Papstbriefes im Fall La Salette... (Wimmer, in: Binder 1992, 34)

Zum jetzigen Zeitpunkt (1995) bleibt nur noch nachzutragen, daß sich die o.a. Befürchtungen bezüglich des Seligsprechungsverfahrens im Fall Konnersreuth genau so entwickelt haben, wie Wimmer vorhersagte.

Ausgewählte Literatur:

Hanauer, J.: Fatima-"Erscheinungen" und "Botschaften"; Bad Honnef, 1979

ders.: Die stigmatisierte Seherin Anna Katharina Emmerick; Bad Honnef, 1979

ders.: Der Schwindel von Konnersreuth - Ein Skandal ohne Ende?; Eigenverlag Dr. Hanauer (Laaberstr. 9a), Regensburg 1989

ders.: Der stigmatisierte Pater Pio von Pietrelcina; Bad Honnef, 1979

ders.: WUNDER oder Wundersucht? Erscheinungen, Visionen, Prophezeiungen, Besessenheit; Aachen 1991; (umfassende Darstellung neuerer und älterer, umstrittener bzw. fragwürdiger Erscheinungen, wie z.B. Medjugorje, weinende Madonnen, Prophezeiungen Mariens, neue "Religiöse Bewegungen, Turiner Grabtuch, ...)

Kratz, M.: Das Blutwunder von Neapel - Über 200 Experimente und Versuche für Freiarbeit und Projektunterricht zu Hause und im Labor; Lichtenau 1994

Schallenberg, G.: Visionäre Erlebnisse - Erscheinungen im 20. Jahrhundert; Augsburg 1990

Thurston, H.: Die körperlichen Begleiterscheinungen der Mystik; Luzern 1956

Wimmer, W.: "Schwindel mit religiösem Wunderglauben - Zur Geschichte der pia fraus"; in: Binder, H. (Hg.): Macht und Ohnmacht des Aberglaubens; Pähl 1992

Das Blutwunder des Heiligen Januarius (ital. Gennaro): Januarius wurde als Bischof von Neapel 305 enthauptet. Seit dem Spätmittelalter wiederholt sich das "Blutwunder": In einer hermetisch geschlossenen römischen Phiole soll sich das Blut des Januarius an bestimmten Tagen verflüssigen. Januarius ist heute der Schutzpatron (Tag: 19.9.) von Neapel.

X. "Channeln" mit den Außerirdischen - Ufos

Es ist außerordentlich schwierig geworden, dieses "Phänomen" in wenigen Zeilen in seinen zahlreichen Varianten darzustellen.

Noch vor wenigen Jahren hätte es genügt, unter der Überschrift "UFOs" einige Bemerkungen zur angenommenen Sichtung von außerirdischen Flugobjekten (Unknown Flying Objects - Unbekannte Flugobjekte) zu machen, um dieses Thema abzuhandeln. Ein paar Hinweise auf Erich von Däniken hätten dazugehört, ebenso wäre der Prophet Hesekiel zu erwähnen gewesen, der Visionen von "Himmelsmaschinen" gehabt haben soll, die auch heute noch in vielen Büchern abgebildet werden.

Außerirdische lernen Sächsisch

DRESDEN (rtr) — Der Schweizer Ufo-Forscher Erich von Däniken behauptet, Außerirdische wollten „die sächsische Sprache und lokale Bräuche lernen". In der letzten Zeit meldeten sich wiederholt Privatpersonen bei Zeitungen in Sachsen, die Ufos gesehen haben wollen. Däniken hat mit diesen Augenzeugen gesprochen.

Nürnberger Nachrichten, 6.1.1995

Aber die Okkultwelle hat auch in diesem Bereich einen Boom ausgelöst:

Heute übernimmt der Weltraum die Rolle des großen mysteriösen Ortes, aus dem unerklärliche Phänomene sich bis zu uns ausbreiten können. Die Science-Fiction-Autoren und Ufo-Zeugen besiedeln ihn mit einer großen Zahl grotesker und menschenähnlicher Lebewesen, und viele der modernen Begegnungen mit Weltraumpiloten sind nichts anderes als technologisch verbrämte Sagen: Die moderne Sage von der Entführung und Schwängerung durch Außerirdische enthält alle Elemente der alten Griechensagen von Wassermännern. Die Nixen und Meermänner kehren in fliegenden Untertassen zu uns zurück, weil sie unter Wasser nicht mehr wohnen können - um zu überleben, paßt sich die Sage den veränderten Umweltbedingungen an. (Magin 1993, 20)

Mittlerweile hat sich also die Esoterik- und New-Age-Bewegung des Gebietes angenommen und mit einigen anderen "okkulten" Bereichen verquickt, so daß es von Ignoranz zeugte, wenn man diese weltweite Bewegung in die Nähe der beliebten Science-Fiction Romane oder Filme rücken würde. Damit hat das "Channeln" mit den Außerirdischen kaum mehr etwas zu tun.

Die Vielfalt an ausgezeichnet aufgemachten, den Laien durch die hervorragenden Fotos und den anspruchsvollen Druck völlig verwirrenden oder auch überzeugenden Büchern und technisch nicht minder versiert produzierten Videofilmen ist unübersehbar. Im Fernsehen treten in Talkshows redegewandte junge Männer und Frauen auf, die im Brustton der Überzeugung von ihren Begegnungen der ersten, zweiten oder dritten Art erzählen. Ehrwürdige alte Damen berichten von ihrem Flug zur Venus mit einem Raumschiff, von der dortigen Besichtigung der Städte und von ihrer Befruchtung durch den Raumschiffkommandanten auf dem Rückflug. Bei Versammlungen von mehreren hundert UFO-Gläubigen wird in gottesdienstähnlichen Feiern versucht, zu einem Raumschiff die geballte mental-konzentrierte Kraft zu senden und so einen Channel (= einen Kanal) zu bauen, um mit den Außerirdischen Kontakt aufzunehmen.

Es wäre vielen kommerziellen (oft sehr jungen) Wichtigtuern zuviel der Ehre getan, wollte man auf ihre versponnenen Thesen näher eingehen, die in erster Linie dazu dienen, sich selbst darzustellen und zu vermarkten.

Leider findet man auch hier viele Menchen, die sich zu UFO-Experten stilisieren, nur um sich von der Masse ihrer Mitmenschen abzuheben und als wertvolles Individuum zu empfinden. Die psychologische Bezeichnung lautet wohl: Profilneurose.

Dem Gesamtphänomen wird man damit aber nicht gerecht!

Im folgenden wird zu unterscheiden sein zwischen den reinen UFO-Sichtungen und dem esoterischen Beiwerk.

So stellte man sich um 1840 die Bewohner der Sonne vor.

Das Ufo-Phänomen

Wellenförmig haben sich in der Vergangenheit über die ganze Welt Meldungen über die Sichtung von unbekannten Flugobjekten ausgebreitet (siehe Beispiele in der Materialsammlung am Ende des Kapitels).

Zunächst allerdings ist der Begriff "UFO" durchaus wertneutral, denn er bezeichnet in der Fliegersprache nur "unbekannte Flugobjekte" (Unknown Flying Objects), wie sie in der Flugüberwachung tagtäglich auftauchen. Nur - die meisten werden sehr schnell zu IFOs, zu identifizierten Flugobjekten, nämlich Lufthansa-Flug Nr. 4711 o.ä.

Ab und zu aber tauchen Meldungen auf, daß Menschen aller Berufssparten (selbst Piloten) fliegende Objekte gesehen hätten, die nicht irdischen Ursprungs seien. Die Beobachtungen sind teilweise detailliert hinsichtlich des Aussehens und der Flugbewegungen.

Als sich in den USA die Meldungen häuften und der Druck der Öffentlichkeit immer stärker wurde, setzte die NASA das "Project Blue Book" in Gang, das alle UFO-Meldungen untersuchen sollte. Dies dauerte mehrere Jahre und wurde schließlich ergebnislos abgebrochen. Auf die Anhänger der UFOlogie machte dies allerdings keinen Eindruck, denn schnurstracks wurde behauptet (bis heute), daß seit Jahren Geheimmaterial von der amerikanischen Regierung bzw. der NASA unter Verschluß gehalten werde, daß Außerirdische in den USA gefangengehalten würden, daß wieder einmal geheime Dokumente aufgetaucht seien, amerikanische Geheimdienstagenten ausgepackt hätten usw. (siehe dazu: Klass, P.: "Die geheimen Ufo-Papiere"; Young, R.: "Der Kecksburg-Zwischenfall"; beide in: Randow v. 1993)

Völlig unabhängig von der Frage, ob "wir allein im All" seien, so läßt sich doch zu den UFO-Sichtungen einiges sagen, da sich Organisationen damit befassen, die angeblichen Beobachtungen zu überprüfen (in Deutschland z.B. die CENAP in Mannheim, "Centrales Erforschungsnetz außergewöhnlicher Himmelsphänomene", die GWUP in Roßdorf):

UFOs können sein:

Flugzeuge, Ballons, Raketen, Raketentrümmer, Satelliten, Satellitentrümmer, meteorologische Radiosonden, Planeten oder sonstige helle Gestirne (sehr oft wird die Venus als UFO gemeldet), Sternschnuppen, Meteore, Vulkanstaubwolken, Wolken, Blitze, Elmsfeuer, Sumpfgas, verfaulendes Holz, Leuchtkäfer, Luftspiegelungen, optische Täuschungen, Nordlichter, Zodiakallicht, Nebensonnen, Reflexionen von Lichtbündeln an Inversionsschichten, Reflexe von Scheinwerfern an Wolken (so z.B. bei einem der berühmtesten "UFO-Photos": eine Formation von Fliegenden Untertassen über dem Kapitol in Washington entpuppte sich als Reflexion der Straßenlaternen im Linsensystem), in die Luft geworfene Radkappen, Pfannkuchen, Kaffeemaschinendeckel, Laserlichtspiele, Ultraleichtflugzeuge...

Henke (in: Der Skeptiker 1/1992, 55) gibt einen Überblick über Untersuchungsergebnisse aus 15 Jahren (1976-1991), welche die CENAP gesammelt hat. Danach gab es in Deutschland 314 UFO-Meldungen: Identifizierte Beobachtungen: 73%; Fälle mit ungenügenden Informationen: 17%; Fälle mit geringer Merkwürdigkeit: 9%; UFO-Fälle ohne wissenschaftlichen Wert: 1%; UFO-Fälle mit wissenschaftlichem Wert: keine;

Bei den 230 identifizierten UFO-Meldungen handelte es sich um:

1. Modell-Heißluftballons **(30%)**,
2. Planeten, Sterne **(21%)**,
3. Meteoriten **(10%)**,
4. Wetterballons **(8%)**,
5. Flugzeuge oder Helikopter **(6%)**,
6. Schwindel oder Jux **(6%)**,
7. Spielzeugballons **(4%)**,
8. Scheinwerfer, Lasershows u.ä. **(3%)**,
9. Psychologische Fälle **(3%)**,
10. Sonne/Mond **(2%)**,
11. Re-Entries **(2%)**,
12. Sonstiges (Reflexe, Zeppelin, Polarlicht, Drachen, Leuchtrakete, Styropor, Ortsschild) **(5%)**.

Henke bezeichnet die Modell-Heißluftballons als beinahe idealen Stimulus, denn:

- es handelt sich um ein nicht häufig zu sehendes Objekt;

- er sorgt durch seine orangerote "Warnfarbe" für Aufsehen;

- er kann nur aus der Nähe wahrgenommen werden und wird daher oft von nur wenigen Zeugen gesehen;

- er bewegt sich lautlos;

- er fällt bisweilen durch ungewöhnliche Flugmanöver (rascher Aufstieg, Hin- und Herpendeln durch lokale Windstöße) auf. Mehrere Zeugen berichteten von Geschwindigkeiten "schneller als ein Düsenjäger"!

Hobbyflieger Ken Arnold löste 1947 die erste Welle von UFO-Beobachtungen aus, als er berichtete, bei einem Flug "untertassenartigen Objekten" begegnet zu sein.

- je nach Entfernung und Sichtwinkel kann er als Mehreck, Kugel bzw. Scheibe oder sogar als "Untertasse" erscheinen, in einem Fall wurde er sogar als "bumerangförmig" beschrieben;

- wenn die Befeuerung erlischt, wirkt er auf den Beobachter "wie ausgeschaltet";

- gelegentlich fängt die Hülle während des Fluges Feuer, so daß das Objekt in der Luft zu explodieren scheint;

- in einem Fall wurden fliegende Funken als "Beiboote" interpretiert. (Henke 1992, 5)

Gerade beim UFO-"Phänomen" wird sehr oft getrickst, gefälscht, betrogen und gelogen, aus den verschiedensten Gründen. Selbst eindeutige Entlarvungen haben aber höchstens zur Folge, daß einige "fotodokumentarische Beweise" für eine gewisse Zeit verschwinden, um aber endlich doch wieder in Neuauflage zu erscheinen. (André Gide: "Alles ist schon einmal gesagt worden, aber weil niemand zuhört, muß man es immer wieder von neuem sagen!")

"Channeln" mit den Außerirdischen

Der Wissenschaftsjournalist Claus Schwing berichtet in der Zeitschrift "SKEPTIKER" über die "Erste internationale Channeling-Konferenz - Kanal zum Kosmos" im Juni 1988:

Hesemann, Organisator der viertägigen Konferenz und Herausgeber des 'Magazin 2000', läßt keinen Zweifel aufkommen: 'Es sind mit Sicherheit unbekannte Flugobjekte gesichtet worden - Lichtarbeiter aller Länder vereinigt euch!'
Über 500 Teilnehmer, Teilnahmegebühr 350 DM ... bereiten sich auf den Kontakt vor, begleitet von Sphärenmusik und "Originalaufnahmen" von Geräuschen kreisender Plejaden-Raumschiffe des amerikanischen UFO-Propheten und ehemaligen NASA-Physikers Frederick Bell. Freudige Erregung breitet sich im überfüllten Saal aus. Die "erste öffentliche Kontaktaufnahme" mit galaktischen Intelligenzen konnte beginnen.

... Eine gigantische Raumschiffflotte formiere sich über den Häuptern der Gläubigen, nur zwei Meilen über dem Kurgästehaus. In medialer Telekommunikation mit dem Raumschiffkommandanten des Mutterschiffs "Excalibur" verbunden, gibt er imposante technische Daten des kosmischen Vehikels bekannt: 'Es ist 3,5 Meilen breit und trägt über 100 000 Seelen.' In ehrfürchtiger Erstarrung verharrend, wartet die Gemeinde auf den ersehnten Kontakt mit den Außerirdischen.

Winkende "Ufonauten" über Papua-Neuguinea, Zeichnung eines Zeugen (?) dieser Szene.

Was anfänglich wie die Jahreshauptversammlung der Freunde und Gönner des Perry-Rhodan-Fanclubs, des Weltraumhelden einer beliebten Groschenromanserie, erschien, entpuppte sich als Versammlung tief gläubiger Menschen...
Visionen einer Zukunft, von phantasiebegabten Autoren in utopischen Romanen skizziert, werden Wirklichkeit. Die profanen Helden einer drittklassigen Science-Fiction-Trivialliteratur avancieren zu lebenden Sternenwesen, willig, die Menschheit zu erlösen. Ihr Heiland ist ein Raumfahrer...
Stille im Saal. Wird der Kontakt gelingen? Mit geschlossenen Augen und halb geöffneten Händen bereitete sich die Schar der Gläubigen zum kollektiv gebündelten Energieausstoß und zu anschließender Empfängnis vor. Doch ganz ohne technische Hilfsmittel will das spiritistische Energiehappening ... nicht gelingen. Ex-Nasa-Mitarbeiter Bell aktiviert seinen "Firestar Orbit", eine auf Anleitung von "Semjase", einer Bewohnerin des Siebengestirns der Plejaden, von ihm entworfene Pyramidenkonstruktion, die mit Hilfe eines Rubinlasers mentale Signale bündelt und ins All schickt.
Die Apparatur funktioniert. Die Sternenbotschaft kommt rüber. Der Kanal ist frei. Der ersehnte Kontakt zur "Weltraumbruderschaft" ist hergestellt:

'Die vielen Energien, die vielen Strömungen - Ihr habt uns angezogen', übermittelt Andreas Schneider ... die Botschaft von oben...

Der Bann ist gebrochen. 'Ich weine vor Freude, unsere Freunde sind unterwegs, um uns zu helfen', haucht mit vibrierender Stimme eine Frau ihren kontaktbereiten Schwestern und Brüdern durchs Mikrofon entgegen. Ein Raumschiff sei vorbereitet, sie könne es körperlich fühlen. 'Es liegt nur an uns, es herbeizuholen.' Und in Verzückung geratend, ruft sie dem imaginären Raumschiffkommandanten zu: 'Ich bin bereit, mein Freund. Du kannst kommen.'

Vor Sehnsucht fast vergehend, will sie ihn in ihre Arme schließen, ihn, den großen "Ashtar-Sheran", Oberbefehlshaber einer 144 000 Schiffe umfassenden Raumflotte, der erstmals im Jahre 1956 von einem deutschen Medium "gechannelt" worden sei...

Sehnsüchtig zum sternenklaren Nachthimmel gewandt, faßten sie sich an den Händen und bildeten Landekreise.

Zwar zog das Flugzeug unbeeinflußt seine Bahn. Die ersehnte Landung des smarten Weltraumabgesandten fand nicht statt. Aus der angekündigten unheimlichen Begegnung der Dritten Art wurde nichts. Doch für etliche gab es keinen Zweifel mehr, das war ein UFO mit Landehemmungen. Aber in zwei Jahren ... ist es endgültig so weit: Da 'werden die ersten UFOs aus dem All hier landen.' Niemand hegte Zweifel an der Botschaft. (SKEPTIKER 2/1988, 4f.)

Orson Welles inszenierte 1938 im Radio das Hörspiel 'War of the Worlds/Krieg der Welten'. Die darin geschilderte fiktive Invasion von Marsbewohnern versetzte Tausende von Hörern in helle Panik.

Der Ufo-Kongreß "Dialog mit dem Universum" 1990 allerdings wurde mit großen Versprechungen angekündigt - das Ergebnis war selbst für die Esoterikpresse so beschämend, daß kaum eine Berichterstattung erfolgte.

Die Versuchung liegt nahe, die Nase zu rümpfen über diese "Versammlung von Spinnern" und von der hohen Warte des "aufgeklärten Menschen des 20. Jahrhunderts" über diesen mittelalterlich anmutenden Wahn in modernem Gewand zu lächeln. Vor allem, wenn eine amerikanische Versicherungsgesellschaft ("Hermit's Trail") eine Versicherung gegen "Entführungen und Belästungen durch Ufos und ihre Besatzungen" anbietet. Nach einem Bericht der Szenezeitschrift "Das Neue Zeitalter" (22/1989) haftet das Unternehmen mit bis zu zehn Millionen Dollar, wenn ein Versicherter von Extraterrestriern verschleppt, womöglich sogar körperlich verletzt wird. "Ein Gespür für Marktlücken ist dem Geschäftsmann nicht abzusprechen: Bereits jeder vierte erwachsene US-Bürger glaubt an die Reinkarnation; Tausende wollen schon einmal von Außerirdischen gekidnappt worden sein." (ebd.)

Wer aber selbst erlebt hat, in welche persönliche Not UFO-Gläubige oder deren Angehörige geraten können, dem wird klar, daß es kaum einen Unterschied zum okkult-spiritistischen Beschwören von Geistern und Dämonen gibt.

Auch hier wird die Handlungsfreiheit, die Verantwortung abgegeben an eine fremde Macht, unter deren permanenter Kontrolle jeder einzelne Mensch stehen soll.

Daß auch die UFO-Schmacht als geeignetes Objekt kommerzieller Interessen entdeckt worden ist, wird jedem binnen kurzem klar, der sich in die Szene einarbeitet.

Rüdiger Dahlke, selbst ein Esoterik-Insider, schreibt in seinem ("trotzdem" oder "gerade deshalb" sehr empfehlenswerten?) Buch *Okkultismus - Der Esoterik-Boom: Ursachen - Gefahren - Chancen*:

> Wie schon bei der Spiritismusbewegung zeigt sich hier ein zentraler Schwachpunkt der gegenwärtigen Geisterrenaissance: Narzißmus bzw. die öffentliche Bearbeitung einer ganz privaten Geltungssucht mit Hilfe "transzendenter Helfer" und gefördert von den nicht weniger wundervollen Leistungen der elektronischen Kommunikations-Medien. Sieht man die Channelmedien und ihre Fans öffentlich auftreten, wird das Thema überdeutlich. Es ist Konkurrenz ausgebrochen um die ersten Plätze im Scheinwerferlicht. Unter diesem Druck werden die Durchgeber immer spektakulärer. Aufgestiegene Meister aus Indien, Tibet und dem alten Ägypten reichen schon nicht mehr aus, auch der heiße Draht zu denen aus Atlantis ist längst ein alter Hut, und so bemühen sich fernste Sternenwesen und Weltraumseilschaften um Aufmerksamkeit und Publikum. Durch den von der amerikanischen Kanalarbeiterin Sylvia McFarlane bereitwillig ausgeliehenen Mund kann man erfahren, daß sich eine "Weltraumbruderschaft" vom Planeten Letitia um unsere Erde sorgt. Dieser Planet erhalte seine Energie von einem Satelli-

ten gigantischen Ausmaßes, der mit Kristallen ausgerüstet sei, wie sie schon die Atlantiden verwendet hätten. Die Weltraumbruderschaft berichtet weiter, daß ständig Weltraumbrüder und -schwestern mit falschen Papieren bei uns eingeschleust würden, um bestimmte Kristalle zu vergraben, die unseren Planeten heilen würden. Auch wie die interplanetare Entwicklungshilfe vonstatten geht, wird uns treuherzig berichtet. Die Weltraumbrüder kommen von großen Raumschiffen mittels Ent- und Rematerialisierung zu uns... (Dahlke 1990, 116)

Die Frage "Was steckt dahinter?" ist in diesem Fall unangebracht. Zu viel ist auf der Glaubensebene angesiedelt, der "rationalen Analyse" nicht zugänglich. Die "Zeugenaussagen" klingen so überzeugend, so zuverlässig, so ehrlich, so selbstsicher, daß man etwa einem Antwort suchenden Jugendlichen nur mit Gegenfragen antworten kann:

- Warum geben uns die Außerirdischen nicht einen für sie sicher einfachen Beweis ihrer Fähigkeiten, indem sie unseren irdischen Mathematikern bei der Lösung einiger immer noch vorhandener mathematischer Probleme helfen?
- Warum empfängt nicht endlich ein Channelmedium eine Methode, den Wasserstoffmotor zur Lösung unserer Energienöte serienreif zu machen? usw.

Auch hier kann man nur mit den Schultern zucken, wenn man aufgefordert wird, zu beweisen, daß es das "Ashtar-Kommando" nicht gibt.

> Es ist offensichtlich, daß die Betreiber hier einen großangelegten Schwindel ablaufen lassen. Das bedeutet jedoch nicht, daß derartige Behauptungen nicht auch bei einer Reihe von oft nicht einmal ungebildeten Personen auf Glauben stoßen würde. Man vertreibt sogar "authentische Bilder" von angeblichen jenseitigen Wesenheiten. (Haack 1991 a, 72)

Literatur:

Haack, F.-W.: Europas neue Religion; Freiburg 1991

Magin, U.: Von Ufos entführt - Unheimliche Begegnungen der vierten Art; München 1991; (der Titel täuscht etwas: es handelt sich um ein skeptisches Buch, das angebliche Entführungen u.ä. hinterfragt und faszinierende Erklärungsmodelle anbietet)

ders.: Trolle - Yetis - Tatzelwürmer - Rätselhafte Erscheinungen in Mitteleuropa; München 1993

Randow, G.v. (Hg.): Mein paranormales Fahrrad und andere Anlässe zur Skepsis, "Sceptical Inquirer"; Hamburg 1993

Ältere skeptisch

Mehr als 2200 Personen befragt

ALLENSBACH (AP) — Gibt es Ufos oder nicht? Auch ohne endgültigen wissenschaftlichen Beweis glaubt nach einer Allensbach-Umfrage fast jeder fünfte Deutsche an die Existenz der unbekannten Flugobjekte.

In der Gruppe der 16- bis 29jährigen sei sogar fast jeder dritte davon überzeugt, daß es Ufos wirklich gibt, teilten die Meinungsforscher mit. Wesentlich skeptischer hätten sich ältere Menschen gezeigt: Nur acht Prozent der über 60jährigen glaubten an die unbekannten Flieger aus dem All.

Größer ist nach den Ermittlungen der Meinungsforscher der Glaube an intelligentes Leben außerhalb der Erde. Davon sind immerhin 31 Prozent der insgesamt mehr als 2200 Befragten überzeugt. Auch in diesem Punkt zeigte sich die ältere Generation skeptischer.

Fast die Hälfte der Teilnehmer an der Studie rechnet laut Allensbach damit, daß eines Tages wirklich ein Vertreter der Klingonen, Romulaner oder anderer Lebewesen, wie man sie aus der Fernsehserie „Raumschiff Enterprise" kennt, auf die Erde kommen könnte. Sollte Mr. Spock dann aus dem Raumschiff steigen, bleiben die meisten gelassen: 78 Prozent gaben an, der Gedanke beunruhige sie nicht.

Nürnberger Nachrichten, 26.2.1994

In diesem Fall waren die UFOs nur die Reflexionen von Wohnzimmerlampen auf der Fensterscheibe

Materialien

Die folgenden beiden Artikel dokumentieren den üblichen Ablauf von UFO-Sichtungen. In aller Regel stellt sich wie im vorliegenden Fall nach wenigen Tagen eine sehr irdische Ursache der 'Erscheinungen' heraus. Bemerkenswert ist allerdings, wie dieses Beispiel erneut anschaulich belegt, daß die Berichterstattung über die noch ungeklärten Phänomene wesentlich umfangreicher ausfällt als die folgenden, Aufklärung verschaffenden Artikel. Man muß wohl davon ausgehen, daß ein großer Prozentsatz der Leser nur den großen Artikel wahrgenommen haben. So bleiben sensationelle Gerüchte lange virulent.

Die NASA beteiligt sich mit einem Forschungsprogramm SETI (Search for Extra-Terrestrial Intelligence) an der Suche nach außerirdischer Intelligenz.

Insgesamt 150 Menschen wollen unbekannte Flugobjekte im Raum Eupen beobachtet haben

Belgische Gendarmen auf nächtlicher Ufo-Jagd

Militär: „Diffuse Echos" auf den Radarschirmen — Testete die US-Luftwaffe neuen Hubschrauber?

VON HUBERT KAHL (dpa)

BRÜSSEL — Die Scheibe am Himmel flog in 300 bis 400 Meter Höhe und hatte die Form eines Dreiecks. Sie trug an den Ecken starke Scheinwerfer, die auf den Erdboden gerichtet waren. In der Mitte flackerte ein orange-rotes Blinklicht. Die Plattform bewegte sich fast lautlos durch die abendliche Luft. Nur ein leises Brummen war zu hören, wie von einem Elektromotor. So beschrieben zwei belgische Gendarmen das Ufo, das sie vor knapp zwei Wochen in Eupen beobachtet und mit ihrem Streifenwagen mehrere Kilometer weit verfolgt hatten.

Seither herrscht im deutschsprachigen Ostbelgien ein wahres Ufo-Fieber. Berichte über seltsame Beobachtungen am Himmel reißen nicht ab. Eine Eupenerin sah sich nachts beim Einsteigen ins Auto durch einen von oben kommenden Lichtstrahl so geblendet, daß sie in Panik davonfuhr. Wenige Kilometer entfernt wurde ein Mann in Baelen plötzlich in helles Licht getaucht, als er hinter seinem Haus Brennholz holen

wollte. Bei den nach Eupen entsandten Ufo-Forschern meldeten sich mittlerweile mehr als 150 Bürger, die im Grenzgebiet zur Bundesrepublik und den Niederlanden Flugobjekte gesehen haben.

Viele Zeugen behielten ihre Beobachtungen mehrere Tage für sich, aus Angst, als Spinner abgetan zu werden. Die Wissenschaftler haben jedoch keinen Zweifel an der Glaubwürdigkeit. Die Aussagen decken sich: Die Flugkörper erschienen zumeist bei Dunkelheit. Sie bewegten sich mal mit rasender Schnelligkeit, mal blieben sie in der Luft stehen und leuchteten mit ihren Scheinwerfern den Erdboden ab, als würden sie etwas suchen. Auch die Radarstationen der Umgebung erfaßten fliegende Objekte, die sie nicht identifizieren konnten. Ein Luftwaffenoffizier sprach von „diffusen Echos" auf den Radarschirmen. Militärs und Wissenschaftler stehen vor einem Rätsel.

Zur Erklärung der Himmelserscheinungen machen immer neue Spekulationer die Runde. Die Echos auf

den Radarschirmen, so der Offizier, könnten durch die Inversionswetterlage hervorgerufen sein. Aber was erklärt dann das helle Scheinwerferlicht, von dem die Zeugen berichteten? Die Eupener Zeitung *Grenz-Echo* vermutete, die Amerikaner testeten den Prototyp eines neuen Hubschraubers. Wegen der Einschränkungen für Tiefflüge in der Bundesrepublik habe das US-Militär die Tests auf die andere Seite der Grenze nach Belgien verlagert. Dies schloß jedoch das belgische Verteidigungsministerium aus.

Schließlich wird spekuliert, jemand habe mit einer mobilen Laseranlage — wie sie Diskotheken besitzen — bewegliche Bilder auf den Himmel projiziert. Aber auch dafür gibt es keinen konkreten Anhaltspunkt. Der Rundfunk gab Ausflüglern, die sich am Wochenende zur Ufo-Suche nach Eupen aufmachten, den guten Rat: „Vergessen Sie nicht Ihren Fotoapparat! Sonst wird man Ihnen vielleicht nicht glauben."

Nürnberger Nachrichten, 12.11.1989

Fund in einer Diskothek löste Rätsel um „Außerirdische" in Belgien

Die Ufos kamen aus der Laserkanone

Staatsanwaltschaft verbot nun die Lichtspiele am nächtlichen Himmel

BRÜSSEL (dpa) — Das Ufo-Rätsel in Ostbelgien ist gelöst: Die merkwürdigen Erscheinungen *(wir berichteten)* entpuppten sich als Lichtstrahlen, die ein Diskothekenbesitzer per Laseranlage an den Abendhimmel zauberte.

Die Ufo-Hysterie hatte am Samstag abend sogar den Einsatz von zwei Kampfflugzeugen des Typs F-16 ausgelöst. Nachdem mehrere Zeugen erneut bunte Lichtkreise am Himmel entdeckt und die Polizei alarmiert hatten,

bekamen die Militärflieger den Auftrag, die unbekannten Flugobjekte zu verfolgen.

Schließlich wurde die Gendarmerie in der Ortschaft Halen fündig: Der Besitzer einer Diskothek war auf die Idee gekommen, mit Hilfe eines Lasers bunte Lichtstrahlen in den Himmel zu projizieren. Die Staatsanwaltschaft untersagte nun die Lichtspiele „wegen Gefährdung der öffentlichen Ordnung".

Nürnberger Nachrichten, 18.12.1989

Mysteriöse Flugobjekte sorgten in Europa für Aufregung

Feuerball am Himmel

Zeugen sahen „Hunderte von Sternschnuppen" über Bayern

REGENSBURG/MÜNCHEN (AP/dpa) — Mysteriöse Flugobjekte am Nachthimmel, die einen Feuerschweif hinter sich herzogen, haben in weiten Teilen Europas für Aufregung gesorgt. Bei dem vermeintlichen Ufo, das zuerst in der Oberpfalz gesichtet wurde, hat es sich wahrscheinlich um einen Meteoriten oder um „Weltraumschrott" gehandelt.

Zahlreiche Anrufer meldeten ein Lichtobjekt in den Ausmaßen bis zu 600 Meter in einer Höhe von rund vier Kilometern. Eine übende Bundeswehreinheit am Stadtrand von Amberg hatte das Ufo im Visier. Bei der niederbayerischen Polizei beschrieben Zeugen das Phänomen als „drei oder mehr Objekte mit rotem Feuerschweif" und wollten „Hunderte von Sternschnuppen auf einer Länge von zehn Kilometern" gese-

hen haben. Ein Bürger will sogar ein Gebilde „ähnlich dem Raumschiff Enterprise" am Himmel entdeckt haben.

Ein Sprecher der Volkssternwarte München berichtete, ein Flugkapitän auf dem Weg von Brüssel nach Frankfurt habe den Feuerball in rund neun Kilometer Höhe beobachtet. Nach Angaben des Piloten wurde das Flugzeug von der „Sternschnuppe" überholt, bevor sie zersprang. Einige dieser Teile waren so hell wie der Vollmond.

Über die Ursache der Lichterscheinung gehen die Expertenmeinungen auseinander. Einige Astrophysiker vermuten, es handelte sich dabei um einen verglühenden Satelliten, während andere meinen, es seien große Brocken von Kometen gewesen, die beim Eintritt in die Erdatmosphäre zu leuchten begonnen haben.

Nürnberger Nachrichten, 7.11.1990

Französische Raumfahrtexperten schließen unbekanntes Flugobjekt als Ursache nicht aus

War das nächtliche Lichtphänomen doch ein Ufo?

Nach übereinstimmenden Aussagen von Piloten hat sich die Erscheinung parallel zum Boden bewegt

TOULOUSE (rtr) — Experten der französischen Raumfahrtagentur CNES schließen nicht aus, daß es sich bei den am Montag abend in fünf Ländern Europas beobachteten Lichterscheinungen um ein unbekanntes Flugobjekt gehandelt haben könnte.

Es sei zu früh, irgendwelche Ursachen auszuschließen, sagte ein Sprecher des Nationalen Zentrums für Raumforschung (CNES). Es könne ein Meteoritenschauer, der Rücksturz eines Satelliten oder aber ein angetrie-

benes Flugobjekt gewesen sein. Man sei beeindruckt von der Übereinstimmung, Folge und Vielfalt der Augenzeugenberichte.

Der Dienst für die Erforschung von Wiedereintritts-Phänomenen von CNES, der sich mit dem Rücksturz von Satelliten und Raketenteilen in die Erdatmosphäre befaßt, werde die Berichte studieren, hieß es. Tausende Menschen in Deutschland, Frankreich, Belgien, der Schweiz und Italien hatten berichtet, sie hätten am Montag kurz nach 19 Uhr am Himmel eine be-

leuchtete, ruhig dahingleitende Form beobachtet. In Italien berichteten sechs Piloten von einem „mysteriösen und intensiven weißen Licht" mit einem Rauchschweif.

CNES sei über die Tatsache „beunruhigt", daß einige Piloten ausgesagt hätten, die Erscheinung habe sich parallel zum Boden bewegt. Eine solche Flugbahn lasse eher auf eines oder mehrere selbstgetriebene Objekte schließen. Die Münchner Volkssternwarte hatte zuvor berichtet, es habe sich um einen explodierenden Meteoriten gehandelt.

Nürnberger Nachrichten, 9.11.1990

Grundsätzlich ist das mit den drei Artikeln auf dieser Seite belegte Ereignis nach dem gleichen Muster abgelaufen wie das in Belgien im Dezember 1989. Zahlreiche Zeugen haben ausgiebig Gelegenheit ihre mit Phantasie gesättigten Aussagen an die Öffentlichkeit zu geben. Einige Expertenaussagen werden dazu in knappen Auszügen 'quasi' bestätigend eingestreut. Das Bemerkenswerte hier ist, daß sich die "UFO"-Sichtung über fünf Länder Europas erstreckte und die Berichterstattung wohl wegen dieses beindruckenden Umfangs des Phänomens schnell einen bedrohlichen Unterton annahm. Selbstverständlich ist die Entwarnungsmeldung nur noch eine Randnotiz wert.

Ufo war eine Rakete

Teile verglühten in der Atmosphäre

PARIS (AP/dpa) — Das Rätsel um die Ufos vom Montag ist gelöst: Der Feuerball am Nachthimmel war eine verglühende sowjetische Rakete.

Die französische Behörde für Raumforschung teilte in Paris mit, es habe sich um Teile einer Rakete gehandelt, die Anfang Oktober den sowjetischen Fernmeldesatelliten Gorizont-21 in seine Umlaufbahn gebracht hat. Dies haben die Experten aus der Flugbahn der Trägerrakete geschlossen.

Wegen der besonders klaren Sicht war der Feuerball der beim Eintritt in die Atmosphäre verglühenden Teile in mehreren europäischen Ländern zu sehen.

Nürnberger Nachrichten, 10.11.1990

Glück für Geld?

XI.

"Sobald das Geld im Kasten klingt - die Esoterik Dir das Glück herbringt!"

Zugegeben - der dem Ablaßkrämer Johann Tetzel (1465-1519) entlehnte Spruch klingt holperig, ist aber hinsichtlich der Versprechungen und Preise zahlloser Esoteriker eher noch zurückhaltend.
Es gibt in der Tat momentan "nichts, was es nicht gibt" im Bereich der kommerziellen Ausschlachtung des Esoterik- bzw. Okkultbooms. Fast austauschbar sind dabei die Begriffe geworden: Esoterik - New Age/Neues Zeitalter - Wendezeit.
Grob geschätzt werden dabei in Deutschland bis zu 18 Milliarden DM pro Jahr auf dem Esoterik-Markt umgesetzt. (DER SPIEGEL, 52/1994)
Ruppert (1990, 42ff.) zählt einige Bereiche auf, in denen das kommerzielle Interesse deutlich wird:

- Film und Fernsehen,
- Büchermarkt,
- Musikszene,
- Zeitschriften,
- Geschäfte und Versandhäuser, für entsprechenden Bedarf,
- Messen,
- Seminare, Workshops *en masse*, durch Lebensberater, Hellseher, Astrologen, Meister, Geistheiler etc.
- pseudoreligiöse Gemeinschaften und Sekten.

Der Markt ist völlig undurchsichtig geworden. Das Angebot wird immer umfangreicher, vielfältiger und verändert sich mit großer Dynamik laufend.

Zum Begriff: Angesichts der schillernden Vielfältigkeit der Esoterik-Szene ist eine trennscharfe Defini-tion des Begriffs Esoterik nicht mehr möglich. Zudem befassen sich zahlreiche Autoren ausführlich und auf sehr unterschiedliche Art und Weise damit, eine esoterische Weltanschauung zu begründen.
Ursprünglich wird das Wort "Esoterik" aus dem griechischen "esoteron" abgeleitet und meint eigentlich eine (religiöse) Geheimlehre, die nur bestimmten, besonders eingeweihten Personen zugänglich war. Es galt als Oberbegriff für verschiedene geheime Kulte und Weihen, vor allem für die antiken Mysterienkulte.

Die Esoterik macht - ähnlich wie die neuen Jugendreligionen - das Versprechen, daß mit der richtigen Methode, mit der richtigen Erkenntnis und mit dem Neuen Bewußtsein, durch entsprechende Übungen, durch Seminare und magische Praktiken alle Probleme lösbar sind. Alles ist machbar! Ein überzogener Heils- und Gesundheitsoptimismus - manchmal gekoppelt mit einem "Egotrip" - kann die Folge sein. Ein exklusiver Glaube an die "Positive Kraft des Denkens" kann zu einer Ausblendung von real existierenden negativen Lebensumständen führen. (Funke 1994, 53)

... wessen Glück?

Pointiert analysierte 1994 der SPIEGEL die Zusammenhänge von postmoderner Gesellschaft, Wirtschaft und Esoterik:

In einer Welt, die trotz explodierenden Wissens immer unverständlicher und bedrohlicher erscheint, wächst die Faszination einfacher Antworten: Schlüssige Wirklichkeitsmodelle scheinen dem einzelnen seinen Platz zuzuweisen. Da Menschen ohne Sinnerkenntnis sonderbare Tiere sind, die unter anderem auch zu Ungehorsam neigen, kehren sie ihrem angestammten Platz den Rücken und suchen Inseln des Trostes im trostlosen Dasein. Normalverbraucher reizt plötzlich der Kitzel des Paranormalen, des besteckverbiegenden Psi. Bodenständige suchen den Himmel nach Ufos ab und gründen Tonbandstimmen-Vereine: Nur nicht allein sein im dunklen Universum! Vormals nüchterne Naturen schwärmen auf einmal von Liebe und Licht und interessieren sich für ihre Aura mehr als für ihr Auto. Andere finden Spaß an Indianerkultur-Schwitzhütten gegen soziale Kälte.
Die Bedürfnisse haben Bedarf geschaffen und wirtschaftlicher Logik zufolge reagieren Märkte auf Nachfragen mit Angeboten: Was jemals an Ideen und Symbolen geschaffen oder an Hilfsmitteln für Andacht und Meditation erfunden wurde - es wird wiederentdeckt, mythisch oder mystisch aufgeladen und auf den "spirituellen Supermarkt" geworfen... Da sich der Begriff Energie ebensowenig schützen läßt wie die Wörter Bewußtsein, Zukunft oder Seele und da alle Anbieter (inklusive der Sek-

HOLOTROPES ATMEN NACH GROF

Seminarprogramm
für 1996

Bitte anfordern bei:

▬▬▬▬▬▬
▬▬▬▬▬▬▬▬▬
Certified Holotropic Breathwork Practitioner
▬▬▬▬▬▬▬
▬▬▬▬▬▬▬▬▬▬▬

ten) mit demselben begrenzten Vokabular arbeiten, entsteht in der Vielfalt bisweilen eine absurde Einfalt, an die selbst Waschmittelwerbung nicht heranreicht: Alles heilt und hilft irgendwie, Hauptsache harmonisch, ganzheitlich und im Einklang mit dem Kosmos... In einer Welt, in der sich Freiheit im wesentlichen auf die Freiheit des Konsums reduziert hat, wollen Menschen in die innersten Kammern ihrer Seelen auf die gleiche leichte Weise eindringen, wie sie den tiefsten Amazonas, die höchsten Gipfel des Himalaja und sogar die entlegensten Polarregionen "erobern"... Die Subkultur der Sinnsüchtigen und Bewußtseinswanderer steht vor dem Dilemma, daß im Spannungsfeld zwischen Sinn, Flachsinn und Unsinn alles erlaubt ist, was irgendeinem einfällt. So reicht das Spektrum vom bescheidenen Asketen, der selbstlos seine Weisheit teilt, bis hin zu den skrupellosen Propheten des Profits, deren Spiritualität nicht weiter reicht als die Spritausdünstungen von altem Wein in neuen Schläuchen. (DER SPIEGEL 52/1994)

Die Esoterik-Zeitung "Die andere Realität" lädt in ihrer Ausgabe vom Januar 1995 zu einem Kongreß nach Düsseldorf ein, der sich mit "Parapsychologie in Rußland" befaßt.

Die zu erwartenden Spitzenreferenten werden folgendermaßen vorgestellt:

Besonders freuen wir uns auf einen russischen Star namens Albert Ignatenko. Seine Demonstration dauert eine Stunde und vierzig Minuten. Ignatenko ist vielen Untersuchungen in Laborverhältnissen ausgesetzt gewesen und hat die Wissenschaftler verblüfft. 1989 hat eine Gruppe von Spezialisten eine Reihe von Experimenten gemeinsam mit dem Institut für Nuklearphysik von Kiew zur Beschleunigung des Verfalls von Atomteilichen durchgeführt und ein Ergebnis erzielt, indem der Zerfall eines Kerns aus einer Entfernung vom Objekt von 3,5 Kilometer um das Dreifache beschleunigt wurde. 1991 hat er auf Bitten der Regierung von Usbekistan und der Akademie der Wissenschaften der Republik zwei Reihen Experimente zur Konzentration von Wolken und Steigerung der Zahl von Niederschlägen auf dem Aralsee durchgeführt mit Anschluß an Satelitenverbindung, die die Realität dieser Erscheinungen festgehalten haben. Bereits seit 1966 beschäftigt sich Ignatenko mit dem Bilden von Wolken und von Regen auf geistige Weise. Dies wird er auch beim Kongreß vom Prinzip her de-

monstrieren... Ignatenko hat ein Programm zur Verjüngung des Organismus und Verlängerung des Menschenlebens sowie zur Behandlung des Syndroms chonischer Müdigkeit ausgearbeitet und erfolgreich durchgesetzt.

Er verbindet sein Showprogramm, das allerdings keine reine Show-Funktion erfüllen soll, mit seiner eigentlichen Aufgabe, die dahintersteht. Er nennt dies die "Ökologie der Seele".

(Rechtschreibfehler und Stil unverändert!)

Beeindruckt? Nun, dann lesen Sie auszugsweise, was der russische Paranormale so demonstriert:

• Behalten einer 102-stelligen Zahl...

• Ablesen der Gedanken - Der Zuschauer denkt sich eine beliebige Zahlenreihe und Ignatenko nennt sie...

• Hautsehvermögen - Mit Handfläche, Genick und anderen Körperteilen ermittelt der Akademiker mit geschlossenen Augen Farben und angebotene Gegenstände.

• Telepathie - Der Darsteller ermittelt mit geschlossenen Augen, ohne den Zuschauer zu sehen, das Geburtsdatum des Zuschauers und beschreibt sein Äußeres...

Wenn Sie sich nun an Ihren Kinderzauberkasten und die darin enthaltenen Trickbeschreibungen erinnert fühlen, liegen Sie richtig!

Nur - das Lachen bleibt einem im Halse stecken, denn auch bei diesem Kongreß werden genug Hilfesuchende, Kranke, Problembeladene, Einsame kommen und hoffen - und die Kassen füllen!

Eine detaillierte Analyse von 55 entsprechenden Anzeigen in einer Szene-Zeitschrift wurde 1986 von Lang (siehe unten) vorgenommen.

Er zählte bei den Inserenten

13 Astrologen,

3 Lebensberater,

1 Biorhythmiker,

1 Heiler,

7 Hellseher,

7 Kartenleger,

6 Magier,

1 Medium,

2 sog. Parapsychologen,

1 Sicherheitsagent,

8 esoterische Versandhandel,

5 Wahrsager.

"Der Biorhythmiker plazierte eine ganzseitige Anzeige (Kosten 3500 DM). Von den 13 Astrologen warben mehrere mit einer Viertelseite zu je DM 900.-..." (Lang 1988, 22)

Akribisch untersucht Lang anschließend die in den Anzeigen gemachten Versprechungen, die behaupteten Qualifikationen, die Erfolgsquote (99,998 %)

und die angewandten Praktiken (besonders erwähnenswert ist das "Handlesen per Telefon"!).
Eine neue Analyse der aktuellen Zeitschriften und der Vergleich mit der bereits vorliegenden (von 1986) wäre lohnend, doch ist der Trend auch so festzustellen: Der Markt ist explodiert, die Versprechungen sind noch übersteigerter, die Preise höher, die Angebote vielfältiger und spezieller.

Nach wie vor verschicken Scharlatane aus der Schweiz oder den Niederlanden vielfarbige Prospekte, in denen das wahre Glück verheißen wird, mit unverhohlenen Drohungen bei Nichtbeachten des Angebots.
Lang antwortet auf die (selbst gestellte) Frage, warum ein solcher Lebenshilfe-Anbieter überhaupt inserieren muß:

> Vor allem muß er sich darum bemühen, von dem wachsenden Kuchen im Lebenshilfe-Geschäft einen angemessenen Anteil für sich zu bekommen; denn wie die meisten seiner Kollegen betreibt er sein Geschäft hauptberuflich. Von dieser Art Tätigkeit zu leben wird vor allem für den Anfänger nicht immer leicht sein; aber Not macht erfinderisch. Nur wirkt sich dies auf die Qualität seiner Dienstleistungen nicht immer positiv aus: oft wird mit Tricks nachgeholfen, wo die Begabung zu schwach ist und die Praxis noch fehlt. Manche älteren Kollegen bestätigen dies, wenn sie vor den "Scharlatanen" ihrer eigenen Zunft warnen. Dieses Klagelied stimmen vor allem die Astrologen an, die größte Gruppe unter den okkultgläubigen Helfern (Möchtegern-Helfern). (Lang, a.a.O., 28)

Dies kann von jedem, der Einblick in die Szene hat, nur bestätigt werden: Die Scharlatane sind immer die anderen. Vor allem die in der Illustriertenpresse immer wieder hochgejubelten "Spitzenastrologen mit fantastischen Trefferergebnissen" schaudern angewidert zurück, wenn sie von der "Vulgärastrologie" sprechen, den Horoskopen in der Presse. Das hindert aber kaum einen von ihnen, selbst zur Feder zu greifen und entsprechende Allgemeinprognosen zu stellen, wenn das Honorar stimmt.
Daß hierbei ein Widerspruch der Esoterik in sich glatt weggewischt wird, übersieht man oft: Wie paßt das hohe Sendungsbewußtsein zum Zwang des Geldverdienens?

> Eigentlich gehört es zur esoterischen Tradition, daß der Esoteriker seine besonderen Fähigkeiten und Kräfte nicht in der Öffentlichkeit demonstriert und zur Schau stellt, und er kein Geld dafür nimmt, wenn er sie anwendet - vor allem, daß er kein Gewerbe daraus macht. Wer über besondere geistige Fähigkeiten verfügt, sollte danach von materiellen Gesinnungen frei sein; er sollte höchstens eine Spende entgegennehmen... Dies scheinen die meisten "Wundermänner bzw. -frauen" heute nicht

mehr zu wissen. Sie fühlen sich durchaus als Menschen unserer Zeit, denen das Materielle (über den Lebenserhalt hinaus) viel bedeutet... (Lang, a.a.O., 29)

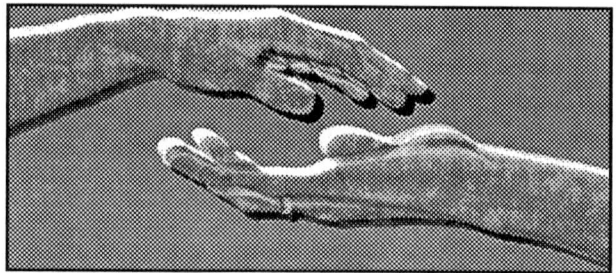

Heilen die Hände oder werden sie nur aufgehalten?

Nachdem ununterbrochen neue "bewußtseinserweiternde" Theorien auf den Markt kommen, sind die wohl nicht zu übersehenden Auswüchse selbst denen peinlich, die sonst kräftig auf der Welle mitschwimmen. Schließlich sind die eigenen Pfründe in Gefahr, wenn in der Öffentlichkeit die kommerziellen Interessen zu deutlich werden. Ein bezeichnendes Beispiel bringt die Esoterik-Insiderin Irene Dalichow in der Szene-Zeitschrift 'esotera'.
Als 'esotera'-Redakteurin wurde Dalichow (laut Impressum "Dipl.-Päd.") eingeladen, das in Deutschland relativ neue "Avatar"-Programm zu begutachten (und hinterher - so hoffte man wohl - einen positiven Bericht darüber zu schreiben). Nur, in diesem Fall ging die Rechnung nicht auf. Der Artikel hatte die Überschrift:

Von Null zur 'Göttlichkeit' in sieben Tagen? - Ein Avatar ist eine Inkarnation des Göttlichen. Dazu könne man für den Preis von 3000 Mark werden - das jedenfalls versprechen die Vertreter der seit 1987 bestehenden, in 31 Ländern der Erde verbreiteten "Avatar"-Programms. Geschäftemacherei unter einem spirituellen Deckmäntelchen.

Dalichow beschreibt detailliert, was bei ihr und anderen Teilnehmern des Kurses passierte und schließt kritisch:

> Zusammengefaßt bietet "Avatar" also folgendes Bild: Da werden Menschen - vor allem solche mit schweren aktuellen Problemen - in Klausur gebracht und strategisch in einen "High"-Zustand versetzt, in dem Vernunft und Intellekt weitgehend ausgeschaltet sind. Die meisten machen zum ersten Mal eine PSI-Erfahrung, und das bedeutet für sie ein echtes Wunder. Wenn dieses Wunder möglich ist, müssen sie sich sagen, kann auch das Wunder von Wohlstand und Einfluß möglich sein - das allerdings kommt erst später zur Sprache. Weiter erleben sie, daß sich ihr Körper trotz der intensiven und langwierigen Seminararbeit phantastisch fühlt, daß universelle Liebe von ihnen Besitz ergreift - gerade letzteres mag für sensible, geistig orientierte Menschen den "Beweis"

liefern, daß es sich hier um eine wertvolle Sache handelt. So akzeptieren sie dann auch, daß sie ihre gesamte sichtbare und unsichtbare, materielle und immaterielle Realität "selbst kreieren", daß sie "Ursprung" sind. Und nun lernen sie, zu "diskreieren" und dann auf dieser *tabula rasa* Gott zu spielen. Und zwar nach der Maxime, ethisch sei, was jene, die direkt davon betroffen sind, für wertvoll halten. Denn, so schreibt Harry Palmer: 'Wahrheit ist, was Sie als Wahrheit erschaffen.'

So wird man in sieben Tagen zum "Avatar"
Wer sich nun berufen fühlt, diese fabelhafte Methodik (in Wahrheit eine Mixtur unterschiedlicher Techniken und Glaubenssätze, die innerhalb von zwei Tagen zu vermitteln wäre) "in die Welt zu bringen", soll sich anschließend für das "Master"-Seminar anmelden. Möglichst ohne Zeit zur Prüfung gehabt zu haben, ob seine im Durchlauferhitzer-Verfahren erworbene neue Weltsicht alltagstauglich ist. So gesehen, scheinen allergrößte Zweifel angebracht, ob es tatsächlich um Alltagstauglichkeit geht. Wahrscheinlicher ist: Es geht darum, daß der Rubel rollt, und zwar möglichst schnell und reichlich. Der aktivste "Master" verdient am meisten. Die Schneebälle von der obersten Ebene werden zu den dicksten Lawinen... (esotera 3/1991)

Diese Aussagen sind - von dieser Seite aus - durchaus beachtlich, zumal Dalichow andere Gefahren sieht und auch andeutet:

An den letzten drei Seminartagen stießen zwei Wiederholerinnen zu uns, die ihren ersten Kurs vierzehn Tage zuvor gemacht hatten und danach in größte Schwierigkeiten geraten waren. Die eine hatte einen Autounfall verursacht, die andere war daheim bei Mann und Kindern mit ihrer neuen Lebens-Sicht auf völliges Unverständnis gestoßen... (ebd.)

Ob es zuviel verlangt ist, die hier beschriebenen, charakteristischen Gehirnwäschemethoden, die kommerziellen Absahnestrategien auch bei anderen verbreiteten Bewußtseinserweiterungsprogrammen zu erkennen?

Literatur zu diesem Aspekt: (gemischt)

Dahlke, M. und R.: Okkultismus - Der Esoterik-Boom: Ursachen, Gefahren, Chancen; München 1990

Farkas, V.: Esoterik - Eine verborgene Wirklichkeit; Frankfurt 1990 (na ja! d.Verf.)

Funke, K. : Erste Auskunft "Sekten" - Okkultismus, Esoterik, Neue Religiosität; hg. Arbeitskreis Neue Jugendreligionen, Leipzig 1994

Harvey, D. (Hg.): Handbuch Esoterik - Alternative Ideen, Lebensweisen und Heilkünste von A - Z; München 1987

Hemminger, H.J. (Hg.): Die Rückkehr der Zauberer, New Age - eine Kritik; Hamburg 1990

Höhn, M. und M.: Kontakte ins Jenseits - Über die Faszination des Okkulten; Köln 1989 (mit einem ausgezeichneten Bericht über eine Esoterik-Messe)

Kakuska, R.: Esoterik - Von Abrakadabra bis Zombie; Weinheim 1991

Koch, G. (Hg.): ESAB - Esoterisches Adressbuch 1994/95, Ahlerstedt 1993 (erscheint zweijährlich)

Lang, R.: Aberglaube? Fragwürdige Versuche zur Daseinsbewältigung - eine aktuelle psychologische Untersuchung; Stuttgart 1988 (Evangelische Zentralstelle f. Weltanschauungsfragen; Bericht Nr. 15)

Passian, R.: Licht und Schatten der Esoterik; München 1991

Ruppert, H.-J.: Okkultismus - Geisterwelt oder Neuer Weltgeist?; Wiesbaden 1990

Werner, H.: Lexikon der Esoterik; Wiesbaden 1991

"Lebenshilfe?" - Möglichkeiten der pädagogischen Arbeit

"Als der liebe Gott die babylonische Sprachverwirrung vollenden wollte, schuf er die moderne Esoterik!"

Eberlein stellt am Beispiel der in der Esoterikszene berühmten Persönlichkeiten G. Gurdjieffs und P. Ouspenskys sehr klar dar, wie esoterische "Denkschulen" meist entstehen:

Als Paradebeispiel eines weltweit verbreiteten esoterischen Systems sei die Lehre von G. Gurdjieff und seines sokratischen Schülers P. Ouspensky skizziert. Gurdjieff ... hatte auf weltweiten Reisen zum Jahrhundertbeginn eine aus hinduistischem Yoga, buddhistischem Selbsterlösungsweg, sufitischen Derwischtänzen und orthodoxem Christentum eklektisch zusammengefügte Weltanschauung erarbeitet. Diese wollte gleichermaßen metaphysisches Welt- und Menschenbild wie auch eine praktikable Harmonisierung des Denkens, Fühlung und der Motorik liefern. (Eberlein 1995, 51)

Wie prägend Gurdjieffs System über die Jahrzehnte wurde, erkennt man daran, daß alle diese von Gurdjieff mehr oder weniger beliebig ausgewählten Versatzstücke noch heute sehr populär sind.

Beide Autoren gehen dabei von einer neuplatonischen Kosmologie aus: Das Absolute sendet sechs in Oktaven angeordnete Schöpfungsstrahlen aus, die über die Biosphäre bis zum Geist reichen, symbolisiert durch das Eneagramm (Neuneck). Die diesen Ausstrahlungen entsprechenden Energiestöße zwischen den Oktaven muß der Initiierte erzeugen und mit ihnen umzugehen lernen. ... Als geradezu dogmatischer Grundsachverhalt wird die These aufgestellt, der wirkliche Mensch schlafe, habe jedoch die Chance, ein Selbst- und objektives, also kosmisches Bewußtsein mit ... 'Gipfelerlebnissen' zu entwikkeln. Persönlichkeitsentwicklung habe das Ziel, das wahre Wesen durch die Entwicklung des eigenen magnetischen Zentrums zu verwirklichen. Dies geschieht über sieben Stufen, in deren Verlauf zusätzlich zum fleischlichen Körper ein 'astraler' (Gefühle, Wünsche), 'spiritueller' (Geist), schließlich ein kausativer Leib (Bewußtsein, Wille) zu entwickeln sei. (Eberlein, a.a.O. 51f.)

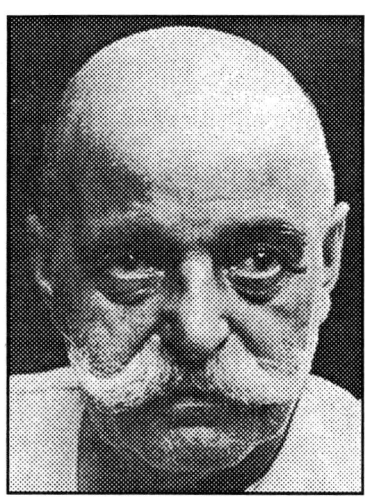

Georgij Iwanowitsch Gurdjieff (1877-1949) entwikkelte im Laufe eines abenteuerlichen Lebens ein "originelles" Denksystem, das er in einer ehemaligen Abtei mit seinen Schülern bei Paris auch vorzuleben versuchte ...

Die Methoden, mit denen dieser Weg konkret verfolgt werden soll, sind sehr ausgefeilt beschrieben, sind aber letztendlich ein ebenso wild zusammenwürfeltes Sammelsurium wie es auch der pseudo-religiöse Überbau ist. Eberlein kommt abschließend zu folgender Bewertung:

Gurdjieff-Ouspensky-Gruppen sind heute überall in der westlichen Welt aufzufinden ... Ob ein derart eklektizistischer Weg - gebildet aus Derwischtänzen, neupythagoräischer Zahlenmystik und Yogatechniken, meist formuliert in der Wissenschaftssprache der Jahrhundertwende - Chancen zur Selbstverwirklichung für uns heutige bietet, darf wohl bezweifelt werden. Ob eine Gurdjieff- oder Ouspensky-Gruppe eher erstarrte Dogma-

tik betreibt, ob sie wirklich psychologisch oder gar spirituell arbeitet, muß jeder Suchende für sich selbst entscheiden. (Eberlein, a.a.O., 53)

Mit der zunehmenden Erkenntnis und Gewißheit, daß sich mit der boomenden Esoterik-Bewegung kräftig Geld verdienen läßt, schossen auf Grundlagen wie Gurdjieff/Ouspensky sie geschaffen haben neue "Berufsbezeichnungen" wie Pilze aus dem Boden. Mit teilweise zugegebenermaßen erstaunlicher Kreativität werden Wortbruchstücke neu zusammengebaut, so daß mancher Laie ehrfürchtig erschauert, wenn er die fremdartigen, wissenschaftlich klingenden Titel liest. Dies ist zu hinterfragen (und "frag-würdig" zu machen) auf die entsprechenden Techniken. Für die Arbeit mit Jugendlichen an dieser Thematik folgen hier einige Vorschläge zur Vermittlung einer gewissen Resistenz gegen allzu plumpe Bauernfängerei:

1. Analyse entsprechender Anzeigen aus esoterischen Zeitschriften, in denen unter der Rubrik "Lebenshilfe" verschiedenste Dienstleistungen angeboten werden.

Zu analysieren sind dabei

• die Aufmachung der Anzeigen,

• die Phantasie-Berufsbezeichnungen, wobei eine Übersetzung dieser Bezeichnungen formuliert werden sollte,

• die Art und Reichweite der Versprechungen,

• deren Nachprüfbarkeit,

• die vermutete Zielgruppe und deren möglichen Probleme - Krankheit, berufliche Situation, Komplexe, ...

• die Zuordnung zu paranormalen/okkulten Bereichen,

• erwähnte Honorare, finanzielle Vorleistungen,

• Garantieerklärungen und deren vermutete Verwirklichungsmöglichkeiten (Adresse im Ausland),

• angeführte "Qualifikationen", in der Anzeige verwendete "magische" Zeichen.

Es bietet sich arbeitsteilige Gruppenarbeit an, mit anschließenden Berichten zu den untersuchten Bereichen.

2. Selbsterstellen/Nachvollziehen entsprechender Anzeigen mit Hilfe des folgenden Arbeitsblatts (was auch persiflierenden/satirischen Charakter haben darf). Manche Mechanismen im okkulten/ esoterischen Bereich können erst dann erkannt werden, wenn man handelnd damit umgeht. So auch hier. In bezug auf Manipulationen durch die Werbung wird Ähnliches seit Jahren erfolgreich und motivationsstark im Deutschunterricht durchgeführt. Ziel: Der mündige Verbraucher. Eine Übertragung auf den okkulten/esoterischen Bereich sollte mühelos erfolgen können!

© Verlag an der Ruhr, Postfach 10 22 51, 45422 Mülheim an der Ruhr

Neue "Berufsbezeichnungen"?

Die Worte und Wortteile in dem Kasten stammen aus Anzeigen von esoterischen Instituten, "Heilern"... In der Regel sind diese "Berufsbezeichnungen" keine rechtlich geschützen Begriffe. Jeder kann sich, ohne einen Nachweis besonderer Kenntnisse erbringen zu müssen, z.B. Astro-Berater nennen.

- Bilde aus mindestens drei bis maximal fünf Teilen besonders originelle Berufbezeichnungen!
- Formuliere zu einer Deiner neuen Bezeichnungen eine Werbung und überlege Dir, welche Preise Du nehmen könntest.

anerkannter	Inspirations	-	Psychologe
diplomierter	Astro	-	Lebensberater
erfahrener	Bio	-	Berater
erfolgreicher	Seelen	-	Therapeut
langjähriger	Leib	-	Lehrer
seriöser	Grapho	-	Numerologe
esoterischer	Transformations	-	Meister
zertifizierter	Psycho	-	Metaphysiker
holistischer	Transpersonal	-	Aktivator
ganzheitlicher	Kommunikations	-	Energetiker
beratender	Bioenergie	-	Biologe
ausgebildeter	Human	-	Magier
berühmter	Para	-	Mystiker
bewunderter	Synergie	-	Moderator
int. gefragter	Karma	-	Trainer
magischer	Meditations	-	Medium
wahrer	Berufs	-	Seher
Dipl.	Meta	-	Heiler

(überall ist selbstverständlich auch die weibliche Form möglich!)

Eine mögliche Kombination:

zertifizierter Transformationsenergetiker,...

Ein konkretes Beispiel: Die Reinkarnations-Bewegung

In kaum einem Einzelbereich der Esoterik-Bewegung gibt es einerseits so enge Berührungspunkte (wird zumindest behauptet), andererseits so heftige Streitigkeiten zwischen christlicher und esoterisch-okkulter Seite wie im Bereich der Reinkarnationsfrage.

Zur Verdeutlichung:

Das Ehepaar Dahlke versucht dabei noch eine Verbindung zwischen 'östlichem' und 'christlichem' Gedankengut zu betonen:

... die Feststellung, daß die Reinkarnation bei uns keine Wurzeln hätte, läßt sich bei genauerer Betrachtung nicht halten. Das Neue Testament geht ganz selbstverständlich von diesem Gedanken aus. Bei Matthäus 16; 13-14 ... Die meisten frühen Kirchenväter waren ebenfalls Anhänger der Reinkarnationslehre, unter ihnen... Erst das Konzil von Konstantinopel im Jahre 553 beendete die christliche Tradition der Reinkarnationslehre... Die bis dahin verbreitete Lehre von der Vorexistenz der Seele wurde verbannt und die Bibel entsprechend revidiert... [Allerdings] ließ sich die Wiedergeburtslehre im christlichen Bereich nie ganz ausrotten...

Bedenkt man all das, kann man kaum von einer Modewelle oder dem Einbruch östlichen Gedankengutes in die christliche Kultur sprechen, sondern höchstens von einer Wiederauferstehung der lange unterdrückten Reinkarnationsidee. Damit erleben wir statt einer Verwässerung des Christentums eher dessen Rückkehr in den großen Schoß der Religionen, die fast alle von der Wiedergeburt der Seelen ausgehen... (Dahlke 1990, 128)

In diesem Zitat werden die Argumente der Esoterik-Anhänger (Dahlke ist selbst einer) geballt wiedergegeben, in denen immer wieder, auch auf anderen Gebieten, behauptet wird, die neuen Glaubenssätze seien mit der christlichen Religion zu vereinbaren.

In den meisten Fällen ist dies eine bloße Immunisierungsstrategie, um verunsicherte Interessenten zu beruhigen.

Von kirchlicher Seite wird gegen diese Behauptun-

*Das Symbol des Rades: **cacra**. Wiedergeborenwerden und Wiedersterbenmüssen wechseln sich nach buddhistischer Vorstellung in ewiger Folge ab. Die Begierde, der Lebenswille und - stellvertretend für alle Leidenschaften - der "Durst" (**trishna**) machen das Dasein des Individuums prinzipiell leidvoll. Das Rad symbolisiert die verschiedenen, ewig aufeinanderfolgenden Daseinsformen. Die Unwissenheit (**avidya**) kettet den Menschen an den Geburtenkreislauf. Erlösung liegt in völliger Selbstentäußerung und der Erkenntnis, daß alles Weltliche vergänglich, formlos und deshalb leidvoll ist.*

gen massiv angegangen. Zwei Beispiele:

a) aus evangelischer Sicht:

Hin und wieder wird im Reinkarnations-Spiritismus behauptet, daß 'im Konzil von Konstantinopel' (553 n. Chr.) die Reinkarnationslehre 'aus dem christlichen Glauben herausgestrichen und entfernt' worden sei. Da sie nie dazu gehörte, kann sie auch nicht entfernt worden sein... Die Behauptung, das 5. Ökumenische Konzil habe irgend etwas mit der Reinkarnationslehre zu tun gehabt, ist entweder die Folge von Unwissenheit oder Unwahrhaftigkeit. (Haack 1988 d, 42)

b) aus katholischer Sicht:

Fälschlicherweise wird behauptet, daß dieses Konzil damit die Reinkarnationslehre verurteilt habe... Dieser Ansicht muß mit Christoph Schönborn zu Recht widersprochen werden: 'Wenn man im 6. Jahrhundert geglaubt hätte, Origines habe die Reinkarnation gelehrt, wir können sicher sein, man hätte die Gelegenheit nicht versäumt, ihm dies zum Vorwurf zu machen. Der Text des Konzils verurteilt die Präexistenzlehre des Origines, d.h. die Lehre, daß die Seelen alle gleichzeitig am Anfang der Schöpfung geschaffen sind und erst dann in die Leiber eingesperrt wurden. Das wurde verurteilt! Nicht, weil sie sie bejaht, sondern weil sie es bisher, bis ins 20. Jahrhundert, nie als Frage empfunden hat, daß die Reinkarnation überhaupt als eine Lehre in Frage käme, die sich mit der christlichen Grunderfahrung vereinbaren ließe.' (Bienemann 1988, 62)

Die Frage, warum ausgerechnet dieser Bereich eine so große Anhängerschaft (nach dem Eindruck des Verfassers vor allem bei Akademikerinnen) gewonnen hat, ist nicht leicht zu beantworten. Folgende Antworten hört man allerdings oft:

- "Es wäre schön, wenn es das gäbe!"

- "Mit dem Tod kann doch nicht alles aus sein!"

- "Das gibt so ein prickelndes feeling!"

Die Wiedergeburtslehre verspricht, der Glaubenskern einer "postmaterialistischen Gesellschaft" zu werden, eine kulturübergreifende Einheitsreligion, die irgendwie alles mit allem in Einklang bringt: Religion und Wissenschaft, Mystik und Aufklärung, Ost und West, gerade noch rechtzeitig zum

Esoterik

Aufbruch ins "New Age". Einen "Wendepunkt in der Geschichte der Menschheit" nannte Nietzsche "die Lehre von der Wiedergeburt" - eine Aussicht, die fasziniert. (Wiesendanger 1989, 25)

Der immer wieder verwendete Begriff "Wiedergeburt" ist allerdings nicht korrekt und irreführend. Richtigerweise muß man von "Wieder-Fleischwerdung" sprechen, d.h. von einer Wiederverkörperung der "Seele". Dabei ist es vom Spiritismus nur ein kleiner Schritt zum Weltbild der Seelenwanderung. (vgl.: Dahlke 1990, 128) Der Hinduismus betont die Vorstellung einer individuellen Seele, die unzählige Daseinsformen durchläuft. Die Individualität des Menschen bleibt also erhalten, die Persönlichkeit wird einem Wandel unterworfen. Im Buddhismus spielt dagegen die Vorstellung eines zusammenwirkenden Komplexes geistiger Energien jenseits der materiellen Existenzen ein größere Rolle. Der Hinayana-Buddhismus strebt allerdings auch die individuelle Entwicklung und Erlösung an. Hinduismus und Buddhismus gehen gemeinsam davon aus, daß ein universelles Gesetz, das **karma**, bestimmt, in welchen niedrigeren oder höheren Lebensformen sich der Kreislauf der Reinkarnationen manifestiert. Entsprechend gibt es auch die Vorstellung einer höchsten, dann endgültigen Seinsform (z.B. das Nirwana im Buddhismus).

Der Weltzerstörer Shiva:

Auch die Götter sind im Hinduismus der Seelenwanderung unterworfen, mit einer Ausnahme: der Welterhalter Vishnu bzw. der Weltzerstörer Shiva, die wie die Extreme eines Prinzips nicht absolut voneinander zu trennen sind.

Als was wird man wiedergeboren?

Im Zusammenhang mit den Instant-Reinkarnationsvorstellungen der hiesigen Esoterik-Welle ist dazu wohl der Ausspruch des berühmten englischen "Mediums" Daniel Home der treffendste Kommentar: "Ich hatte das Vergnügen, mindestens zwölf Marie Antoinettes kennenzulernen, sechs oder sieben Maria Stuarts, ein wahres Heer von Ludwigs und anderen Königen, etwa 20 Alexander die Großen, doch niemals einen einfachen John Smith."

Shirley MacLaine

Die amerikanische Schauspielerin Shirley MacLaine ist mitverantwortlich für den populären Reinkarnations-Boom. Sie hat etliche Bestseller zum Thema geschrieben und füllt an spirituellen Wochenenden die Ballsäle großer Hotels in aller Welt, bis zu 1200 Teilnehmer zu je 300 Dollar Eintritt. Mrs MacLaine ist sich sicher, in ihren früheren Leben unter anderem folgendes gewesen zu sein:

- die Tochter des Kriegers Ramtha auf Atlantis (vor 35000 Jahren),
- ein indisches Waisenkind, das von einer Elefantenherde adoptiert wurde,
- eine mongolische Nomadentochter, die von ihrem Verlobten ermordet wurde,
- der Hofnarr des französischen Königs Ludwig XV. (wurde geköpft),
- eine Inka-Prinzessin in Peru,
- ein Pirat in der Karibik,
- Voodoo-Hexe in Brasilien,
- Ballerina in Petersburg,
- Prostituierte in Paris,
- die Tochter ihrer Tochter Sachi,
- eine Haremsdame,
- ein Soldat,
- ein Affe.

Wer möchte da noch "Lieschen Müller" im Versicherungsbüro sein? Und wenn: Dann ist dies ja auch nur ein Durchgangsstadium bis zur nächsten, wieder aufregenderen Inkarnation.

Grundlagen des Reinkarnationsglaubens:

Das katholische "Lexikon für Theologie und Kirche" nennt fünf "Gründe", die viele Menschen die Reinkarnation als wahrscheinlich annehmen lassen:
1. Die Erinnerung an frühere Existenzen, die manche Personen haben wollen.
2. Die Tatsache, daß manche Personen bei der ersten Begegnung mit einer Sache oder Person ein lebhaftes Bekanntheitsgefühl haben, das sog. Déjà-vu-Erlebnis.
3. Die verschiedenen Anlagen und Neigungen der Menschen, die ihnen angeboren sind und oft bei Eltern und Vorfahren fehlen.
4. Die Seelenwanderung wird aus Finalitätsgründen gefordert, da sonst viele Talente und Anlagen nie verwirklicht werden könnten.
5. Die Seelenwanderung wird aus der Gerechtigkeit Gottes oder überhaupt aus der Idee der Gerechtigkeit postuliert, da ohne Seelenwanderung die Ungleichheit der Menschen und ihrer Schicksale kaum erträglich ist. (zit. nach: Bienemann 1988, 62)

Sind die "Beweise" wirklich Beweise?

Es gibt in der Literatur eine mittlerweile unübersehbare Fülle von angeblich hieb- und stichfesten Dokumentationen schriftlicher und audiovisueller Art, in denen Medien von früheren Leben berichten, historische Details nennen, die sich bei der Nachprüfung als richtig erwiesen hätten.

Die bekanntesten Fälle:

• In dem Buch "Protokoll einer Wiedergeburt: Auf der Suche nach Bridey Murphy" schildert M. Bernstein die seltsame Geschichte einer 29jährigen Amerikanerin, die um 1800 in Irland gelebt haben will. Die an Ort und Stelle nachgeprüften Details seien alle richtig gewesen. Die Publicity wuchs ungemein, sogar Hollywood sicherte sich die Filmrechte. Schließlich stellte sich heraus, daß die Hypnotisierte als Kind intensiven Kontakt mit einer irischen Familie in ihrer Nachbarschaft hatte und dabei detaillierte Kenntnisse des irischen Lebens gesammelt hatte. Wie so oft im Bereich der "okkulten Phänomene" liegen auch hier die Ursachen in den Fähigkeiten des menschlichen Unterbewußtseins. Einen Hinweis auf diese Zusammenhänge sucht man in esoterischer Literatur allerdings vergeblich.

• Der Psychiatrieprofessor Ian Stevenson sammelte an die 1700 Fälle von Erinnerungen an frühere Leben, von denen er die 20 eindrucksvollsten ausführlich dokumentiert veröffentlichte. Fast durchgehend waren dies Kinder, die sich "zurückerinnerten", sobald sie zu sprechen anfingen. Ravi Shankar z.B. wurde in Indien geboren und behauptete bald, die Wiedergeburt des ermordeten Sohnes eines Friseurs in einer anderen Stadt zu sein. Neben erstaunlichen Details, die er nennt, besitzt er auch ein seltsames Mal am Hals, das ein amerikanischer Arzt als eine alte Narbe einer verheilten Schnittwunde bezeichnete (dem ermordeten Jungen war mit einem Rasiermesser die Kehle durchgeschnitten worden).

• Anfang und Mitte der 90er Jahre war in zahlreichen Fernsehtalkshows eine Reinkarnationstherapie zu sehen, in der ein Hypnotisierter sich als Panzerkommandant zu erkennen gab, der im Zweiten Weltkrieg durch Genickschuß eines amerikanischen GI gefallen sein sollte. Meist wurde dies in der Sendung durch einen seriös erscheinenden Vertreter einer Behörde (der "Deutschen Dienststelle für die Benachrichtigung der nächsten Angehörigen von Gefallenen der ehemaligen deutschen Wehrmacht") bestätigt. Aus diesem Grund wurde der Fall auch als "bisher einzigartiger und noch nie vorher so sicher dokumentierter Beweis für die Reinkarnation" bezeichnet. Nachprüfungen eines Skeptikers anhand von Originalmaterial (z.B. Verlustlisten der deutschen Wehrmacht) allerdings ergaben, daß dem keineswegs so ist. Die Übereinstimmungen beschränken sich auf Namen, die Jahreszeit, Schnee und den Zweiten Weltkrieg. In bezug auf die angegebenen Verwundungen herrscht nur eine vage Ähnlichkeit. Alle anderen Angaben und Umstände sind falsch oder nicht beweisbar. Trotzdem ereiferte sich die Esoterikerin Penny McLean enorm, als der Verfasser ihr (als Ko-Moderatorin der Sendereihe "PSI", Bayerischer Rundfunk, 1992) in einer TV-Talkrunde unseriöse, schlampige Recherchen und damit Irreführung des Publikums vorwarf. Die Folgen? Der "Panzerkommandant" zieht weiterhin seine Medienrunden!

Penny McLean 1976, diplomierte Sozialpädagogin, internationaler Schlagerstar (Lady Bump) und schließlich Psi-Moderatorin.

• "Kürzlich hat der Bankkaufmann Werner H. für 2500 Mark eine 'Rückführungstherapie' gemacht. Jetzt weiß er, warum ihn beim Anblick eines leeren Kühlschranks immer "eine fürchterliche Panik" packt: weil er im alten Rom in einem Hungerturm gestorben ist - 'zur Strafe, weil ich mich weigerte, in der Arena gegen meinen besten Freund zu kämpfen'. Werner H. war nämlich im letzten Leben Gladiator."
(Süddeutsche Zeitung, 26.10.1992, in einem Bericht über eine Esoterik-Messe)

Den Wahrheitsgehalt derartiger Berichte zu überprüfen und ihren Stellenwert einzuschätzen, ist sowohl für den Laien, als auch für den Fachmann meist so gut wie unmöglich. Es bleibt ein großer Rest an überzeugend wirkenden, nicht widerlegbaren Schilderungen. Auch hier begegnet man oft dem Totschlagsargument: "Beweisen Sie mir mal, daß es das nicht gibt!" Gleichwohl gibt es einige Argumente, die eine "natürliche" Erklärung zumindest bei etlichen Fällen nahelegen:

• Mittlerweile wurden Doppelhypnosen durchgeführt: In der ersten Hypnose wurde "in ein früheres Le-

ben zurückgeführt". In der zweiten Hypnose wurde gefragt, woher die historischen Kenntnisse aus der ersten Hypnose stammten. Die Antworten: "Aus dem Buch XY, dem Film AB, dem Theaterstück CD..."! Es mag sich jeder Leser zehn Minuten zurücklehnen und eine Liste der historischen Romane (von Bergius, Waltari, Dahn, ...) und der historischen Filme, die er in seinem Leben gelesen bzw. gesehen hat, erstellen. Wenn man bedenkt, daß nach etlichen tiefenpsychologischen Theorien alles gespeichert ist, was man einmal aufgenommem hat, verfügen wir alle über einen reichen Fundus an detaillierten Lebensentwürfen.

• Das an anderer Stelle bereits geschilderte Déjà-vu-Erlebnis ist eine Erinnerungsfälschung, bei der man glaubt, eine bestimmte Situation schon einmal erlebt oder gesehen zu haben, obwohl sie tatsächlich neu ist.

• Oft ist eine Kryptomnesie anzutreffen: Man hat eine bestimmte Situation zwar tatsächlich erlebt oder gesehen (z.B. den Text eines Buches), weiß es aber nicht mehr. Später gibt man die erlebte Information unbewußt als eigene Neuschöpfung aus.

> **Kryptomnesie** (κρυπτός verborgen, μνήμη Gedächtnis): Erinnerungen, denen der Erinnerungscharakter verlorengegangen ist und die daher als Neuschöpfung imponieren. (Bei Schriftstellern, Wissenschaftlern usw., wichtig wegen Priorität bzw. Urheberschaft.)

aus: Pschyrembel, Klinisches Wörterbuch, 1972

"Mitte der fünfziger Jahre machte in den USA ein Patient Schlagzeilen, der in Trance brillant "Oscan" von sich gab - eine Sprache, die vor Jahrtausenden in Westitalien verbreitet war, ehe Latein sie verdrängte. Erst Hypnose lüftete das Geheimnis: Vor Jahren hatte der Betreffende in einer Bibliothek neben einem Herrn gesessen, der im "Fluch der Vibia" las, einem Oscanischen Schriftstück aus dem fünften Jahrhundert; ein kurzer Blick darauf hatte offenbar genügt, sich diese Seite einzuprägen, denn sie war es, die der Patient Wort für Wort reproduzierte." (Wiesendanger 1989, 40) Der Mann war offenbar ein Eidetiker!

• Nach der Theorie von C.G. Jung gibt es das "kollektive Unterbewußtsein". In der tiefsten Schicht sollen menschliche Urerfahrungen gespeichert sein, die sich auf irgendeine Art "vererben" lassen. Ein diffuses Gefühl für das Vorhandensein solcher Erfahrungen ohne konkreten biographischen Bezug könnte den Gedanken an ein früheres Leben nahelegen.

• Bei vielen der o.a. "Reinkarnationen" liegt es nahe, das Wunschdenken als Auslöser einer sehr starken Selbstsuggestion zu sehen, die dem "Erinnernden" gar nicht unbedingt bewußt sein muß!

• Vor allem bei "Rückführungen" in Hypnose kommt das verengte Bewußtseinsfeld zum Tragen, bei dem außer dem "Rapport" zum Hypnotiseur kein Kontakt zur Außenwelt übrigbleibt. Dieser Zustand macht für Eingebungen jeder Art (beabsichtigt oder nicht) stark empfänglich. Im Trancezustand fabulieren Menschen sehr leicht, und zwar so "bestechend 'logisch', detailliert und von heftigen Empfindungen, Eindrücken und Gefühlen begleitet, daß sie (und Augenzeugen) felsenfest an die Realität ihrer Kopfgeburten glauben... Denn Hypnose enthemmt die Phantasie..." (Wiesendanger, a.a.O., 40) Der "Behandelte" hält hypnotisch fabrizierte Pseudo-Erinnerungen fortan unbeirrbar für echt. Entsprechend überzeugt, und überzeugend, kann er sie schildern.

• Auch Persönlichkeitsspaltungen kommen als Erklärungsmöglichkeit in Betracht ("multiple Persönlichkeiten"; siehe dazu das Kapitel "Spuk").

Keiner dieser Punkte kann als "d i e" Erklärung für alle Reinkarnationsberichte herangezogen werden. In der Regel werden mehrere der genannten Punkte beim Zustandekommen eines 'Reinkarnations-Falles' beitragen: Wunschdenken, Selbsttäuschung und Unkenntnis der extremen Leistungsfähigkeit des menschlichen Gehirns.

Die vielfältigen Gefahren, die bei "Rückführungen" möglich sind (der Verfasser kennt mehrere Frauen, die schwer seelisch krank wurden durch Reinkarnationshypnosen an staatlichen Erwachsenenbildungswerken, Volkshochschulen!), werden bei folgendem Zitat angedeutet:

> Weil Rückführungen Selbstbild und Selbstwertgefühl zutiefst betreffen, packt gerade Sensiblere manchmal ein 'Identitätsschock' - ähnlich wie bei Unfallopfern, die nach totalen Amnesien schrittweise zu ihrem früheren Selbst zurückfinden. 'Da die Therapie wirksam ist, kann sie auch erschüttern', wiegelt Mathias Wendel ab (ein Reinkarnationstherapeut, d. Verf.); Leben sei halt "stets lebensgefährlich". Daß sie manche tiefbetroffene "Rückgeführte" depressiv, wenige akut suizidgefährdet entlassen mußten, decken Reinkarnationstherapeuten wohlweislich mit dem Mantel des Schweigens zu. Viele verkraften die Offenbarung nicht, zu der Neugier sie trieb... (Wiesendanger, a.a.O., 51)

Der Glaube an die Reinkarnation nährt eine fatalistische und deterministische Weltsicht. Der Glaube an eine Vorherbestimmtheit durch frühere Leben und das dabei angesammelte Karma, läßt den Menschen apathisch abwarten, was halt gesche-

hen soll. Der Spielraum für eine aktive, selbstbestimmte Lebensgestaltung wird dabei stark eingeschränkt.

Den sehr großen Reinkarnations-Markt mit seinen horrenden Umsätzen beschreibt Wiesendanger (1989 und 1991) mit großer Sachkenntnis und vielen Details.

Auch hier sind wieder vor allem die Gesundheitssehnsucht, die Angst vor schweren Krankheiten, die Qualen von chronischen Erkrankungen Gründe für den Wunsch, sich in ein früheres Leben zurückführen zu lassen. Dort finden sich Antworten auf die "quälenden" Fragen 'Warum' oder 'Warum ich'. Eine Verletzung, Verwundung, Krankheit o.ä. in einer früheren Inkarnation soll sich auch auf das jetzige Leben auswirken und allein oft durch die "Bewußtmachung", das "Wiedererleben" geheilt werden können. Auch Wiesendanger berichtet von der bereits

(beim Kapitel "UFOs") erwähnten Versicherung "The Future Life Insurance Co.", die mit einer Summe von zehn Millionen Dollar den Fall abdeckt, daß der Klient wider Willen in einem Land der Dritten Welt oder nicht mehr als homo sapiens wiedergeboren wird. Über den dann erforderlichen Identifikationsnachweis darf spekuliert werden!

Ein Blick in esoterische Zeitschriften oder die Anzeigenspalten der Tageszeitungen bzw. Frauenzeitschriften bietet genügend anschauliches Material zur Auseinandersetzung.

Die folgende Anzeige ist nicht authentisch. Aber das Klima in der Reinkarnationsszene ist inzwischen so, daß Anzeigen dieser Art tatsächlich denkbar sind: Das Thema Reinkarnation ist inzwischen so populär, daß es auch von Massenblättern aufgegriffen wird. Genauer belegt dies eine Umfrage des Instituts für Demoskopie Allensbach von 1989.

Bild, 21.6.1993

Literatur zur Vertiefung:

Bienemann, G.: Pendel, Tisch & Totenstimmen - Spiritismus und christlicher Glaube. Ein Ratgeber; Freiburg 1988

Bischöfliches Generalvikariat Aachen (Hg.): Neue Kultbewegungen und Weltanschauungsszene, Band 1, methodische Hilfen und Anleitungen; 1990

Dahlke, M. und R.: Okkultismus - Der Esoterik-Boom: Ursachen, Gefahren, Chancen; München 1990

Haack, F.-W.: Spiritismus, München 1988 (Münchener Reihe)

Stevenson, I.: Wiedergeburt - Kinder erinnern sich an frühere Erdenleben; Grafing 1989

LIFE-Buch: Seelenreisen; Reihe "Geheimnisse des Unbekannten"; Amsterdam 1988

Wiesendanger, H. (Hg.): Wiedergeburt - Herausforderung für das westliche Denken; Frankfurt 1991

Wiesendanger, H.: Zwischen Wissenschaft und Aberglaube - Grenzbereiche psychologischer Forschung; Frankfurt a.M. 1989

Die Aura und die Kirlian-Fotografie

Aus der Sowjetunion kamen in den sechziger Jahren merkwürdig aussehende Fotografien von Pflanzen, Tieren und menschlichen Körperteilen. Um die auf Fotoplatten aufliegenden Objekte war eine Art Strahlenkranz sichtbar, die als Darstellung der schon oft vermuteten, aber noch nie sichtbar gewordenen "Aura" eines Lebewesens gedeutet wurde.

Man nannte diese Erscheinung "Kirlian-Effekt" nach einem russischen Elektriker, der zufällig eine neue Aufnahmemethode mit elektrischen Hochfrequenzfeldern entdeckt haben soll.

Im Prinzip handelt es sich darum, hochfrequente (15 bis 200 Kilohertz) und hochgespannte (1 bis 60 Kilovolt) elektrische Ladungen zu erzeugen und auf ein Objekt zu leiten, das auf einem Film oder einer Fotoplatte aufliegt. Die Entladung kann auch gefilmt oder mit Fotovervielfachern integral gemessen werden.

Die dabei oft faszinierenden Farben rühren daher, daß der Film von verschiedenen Seiten her belichtet wird: UV-Licht, das den Film von vorne trifft, ergibt Blau, von hinten her entstehen Rot, Orange oder Gelb.

Die dahinter steckende vermutete "physische Energie" wurde "Bio-Plasma" genannt.

Mittlerweile hat die Kirlian-Fotogra-

fie allerdings sämtliche Geheimnisse verloren, da Mediziner und Physiker die natürlichen Grundlagen darstellen konnten. Es bedarf kaum mehr einer Erwähnung, daß sie dennoch bei einigen parapsychologischen Autoren immer noch als "wahr" weiterspukt.

Es gibt inzwischen viele von Wissenschaftlern erstellte Kirlian-Fotos, die zeigen, daß man mit Hilfe der Hochfrequenzfotografie auch bei Leichenteilen eine "Aura" darstellen kann, wenn man nur entsprechende Voraussetzungen schafft. Prokop stellte selbst bei einer jahrelang in der Sammlung des gerichtsmedizinischen Instituts lagernden, mumifizierten Affenhand eine Entladungskorona her! Die unterschiedliche Strahlungsbreite ergibt sich durch den verschiedenen Auflagedruck oder die Auflagedauer der Objekte.

Mit einer "Lebensausstrahlung" irgendeiner Art hat das Verfahren jedenfalls nichts zu tun.

*"Aura" umgibt Lebewesen: Seit alters her findet sich bei vielen Kulturvölkern die Auffassung, daß neben dem greif- und sichtbaren physischen menschlichen Körper ein eigenartiges, dem bloßen Auge unsichtbares feinstoffliches Fluidum existiere. Es soll aus mehreren Hüllen bestehen, die den Menschen, wie auch Tiere und Pflanzen, umgeben. Vieles deutet darauf hin, daß es neuerdings gelungen zu sein scheint, jene mysteriöse "Aura" mit besonderen Aufnahmetechniken zu fotografieren.
(Abbildung aus: Keller, W.: Was gestern noch als Wunder galt, München 1973, 314)*

Seit langem schon bemüht man sich, die "Lebensenergie" eines Menschen sichtbar zu machen. Ursprung dafür war die Lehre von der Od-Kraft, die Freiherr von Reichenbach um 1850 entwickelte. Auch Rudolf Steiner ("Ätherleib") hat mit seinem anthroposophischen Ideengut zur Aura-Hypothese beigetragen.

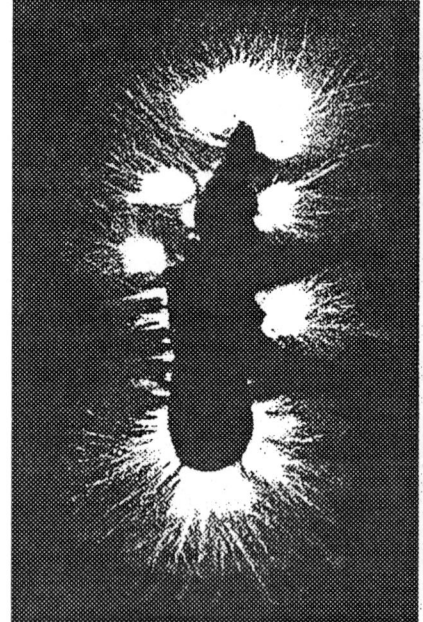

Die angebliche "Lebensausstrahlung" einer mensch-lichen Zehe, aufgenommen 4 Wochen post mortem von Prokop, Radam und Strauch. Je nach Belich-tungszeit und angewandtem Dielektrikum kann man die Strahlungskorona breiter oder enger gestalten. (Abb. aus : Prokop/Wimmer 1987, 145)

Das angenommene Energiefeld um einen Körper herum, die Aura, sei normalerweise unsichtbar. Für einen geschulten Spezialisten allerdings zeige es sich in den sieben Regenbogenfarben. Aus Form und Farbzusammensetzung könne man auf seelische und körperliche Problemzonen und Erkrankungen schließen, schon lange, bevor sie sich tatsächlich manifestieren würden (erkennbar eben z.B. durch Schäden wie Löcher und Risse in der Aura). Helfen kann dann z.B. das angebotene

Auraschutz-Energieöl: Die menschliche Aura ist ein energetisches Kraftfeld all unseres Wissens, all unser Leben. Sie ist im tägl. Leben angreifbar und muß deshalb geschützt werden. 'Biocosmos' ist der 1. indiv. Auraschutz - 49,60 DM

Ein "Aura-Cleaning" wird dann für erforderlich gehalten, wenn sich in der Aura einzelner Menschen Seelen verstorbener Personen aufhalten, die dort eine Art "Zwischenleben" bis zu ihrer Wiedergeburt oder bis zum Eintritt in das Jenseits verbringen.
In neuerer Zeit wird immer stärker auf Forschungsergebnisse Bezug genommen, die das Vorhandensein von "Biophotonen" zu beweisen scheinen. Ohne sich in die (1995) noch laufende wissenschaftliche Diskussion einschalten zu wollen, muß man mit aller Deutlichkeit feststellen, daß die auf allen Esoterikmessen anzutreffenden Aurafotografien nichts als etwas ungewöhnliche Bilder sind, die in keiner Weise irgend etwas mit gesundheitlichen oder charakterlichen Merkmalen des fotografierten Menschen zu tun haben. Die Vermutung liegt nahe, daß hier eine massive Manipulation des Films er-

folgt ist. Niemand wird andererseits bezweifeln, daß es selbstverständlich um den menschlichen Körper herum "Felder" gibt, die meßbar und darstellbar sind: Da schwache elektrische Ströme fließen, ist ein (wenn auch noch so schwaches) Magnetfeld anzunehmen. Es bestehen Temperaturunterschiede zwischen dem Körper und der Umgebung, was zu einem Wärmefeld führt. Schweiß verdunstet laufend, je nach körperlicher und seelischer Verfassung in unterschiedlicher Zusammensetzung...
Federspiel/Herbst schreiben bezüglich der Kirlian-Fotografie:

Das Verfahren ist gefahrlos. Das Risiko liegt darin, daß falsche Diagnosen gestellt und dem Patienten Angst eingeflößt wird.
Daß Kirlian-Fotos weder die "Aura" noch Krankheiten zeigen können, ist nachgewiesen.
- Man kann von lebenden Personen und Leichen, von eingefrorenen und mumifizierten Körperteilen gleich schöne Bilder der "Lebensaura" machen.
- Je nach Film, Unterlage, Anpreßdruck, Belichtungszeit, Spannung und Frequenz kann man die Korona variieren. Jede Manipulation ist möglich. Empfehlung: Die Kirlian-Fotografie ist abzulehnen, als Diagnosemittel ist sie ungeeignet. Fehldiagnosen sind wahrscheinlich. (Federspiel/Herbst 1991, 254)

Die Aura-Brille

Die sog. "Aura" spielt in der modernen Esoterik und im Okkultismus eine bedeutende Rolle.
Dazu einige Zitate aus entsprechender Literatur:

- "Durchschnittlich ist die Ausdehnung der Aura doppelt so lang und viermal so breit als der physische Körper..."

- "Große geistige Aktivität vergrößert die Aura..."

- "In allen nur erdenklichen Farbnuancen schillert die Aura. Oftmals sind diese Farben von einem Glanze, der den irdischen völlig mangelt; selbst die trübsten Farbtöne sind von der Art eines "trübleuchtenden Feuers".

- "Temperament, Stimmungen, Begierden, Gefühlswallungen, kurzum jedweder emotionelle Vorgang drückt sich in der Astralaura in Form und Farbe aus ..."

- "Ununterbrochen wogt das Farbenspiel in der Aura. Nur die konstanten Charaktereigenschaf-

ten - Talente, festgewurzelte Gewohnheiten und ähnliche Wesenszüge - zeigen sich in gleichbleibenden Grundfarbtönen ..."
(Spiesberger 1986)

Um nun jedem Menschen dieses phantastische Phänomen sichtbar zu machen, gibt es glücklicherweise im Okkult-/Esoterikhandel neben der Kirlianfotografie (relativ kompliziert) eine Aura-Brille zu kaufen, die im Katalog folgendermaßen angepriesen wird (ohne Verbesserung der Rechtschreibung übernommen):

AURA-BRILLE: Die neue AURA-BRILLE dient nicht nur zum sichtbar machen der menschlichen Aura. Mit der AURA-BRILLE werden vorhandenen mediale und paranormale Fähigkeiten erweckt und geschult. Die Sensitivität wird gesteigert, das "Scheitel-Auge" oder das "Dritte Auge" und der "Sechste Sinn" erwachen. Mit Schulungsbuch, DM 49,50

Geliefert wird eine dunkle Brille, wie man sie für Höhensonnen verwendet. Blickt man nun erwartungsvoll nach dem Aufsetzen der Brille einen anderen Menschen an, sieht man - nichts!
Was hier geschieht, kann als exemplarisch für etliche Vorgänge im okkulten/esoterischen Bereich bezeichnet werden.

Was wird behauptet?
Die Aufgabe der Aura-Brille besteht laut Aussage der Hersteller *"darin, das Auge empfindlich zu machen für die äußersten Enden des Lichtspektrums"*. Neben diesem Sehen der *"mehr physischen Fluide"* soll sie späterhin auch das *"geistige Sehen"*, die Hellsichtigkeit im weitesten Sinne des Wortes, unterstützen.

Zur Handhabung:
"Angeraten wird, vor dem eigentlichen Versuch nach Aufsetzen der Brille ungefähr eine Minute lang in die Lampe oder in den taghellen Himmel zu blicken ... Das Objekt befinde sich vor einem dunklen Hintergrund (dunkle, einfarbige Wand, besser noch ein schwarzes Tuch), ungefähr einen halben bis einen Meter vom Beobachter entfernt ... Abwechselnd wird nun auf das Objekt und kurz ins Licht geblickt..."

Was hier beschrieben wird, womit hier Geld verdient wird, ist ein wenig bekanntes (zu wenig!), rein biologisches Phänomen:

Eine große Gruppe von optischen Täuschungen, die dazu verwendet wurden, die Neurophysiologie mit der Psychologie zu verbinden, beruht auf der Tatsache, daß nach einem Zeitraum lang anhaltender oder ständiger intensiver Stimulation bestimmte merkwürdige Täuschungsphänomene erfahren werden.

Diese Täuschungen werden als Nachwirkungen bezeichnet und sind in sensorischen Systemen weit verbreitet.
Die vielleicht am häufigsten erfahrene Nachwirkung kommt aus der zufälligen Beobachtung von hellem Licht: der Sonne zum Beispiel oder einer elektrischen Birne. Nach solch unbeabsichtigten Einwirkungen auf das ungeschützte Auge bleibt üblicherweise ein Nachbild der Lichtquelle für einige Zeit erhalten und legt sich über jede beliebige Szene, die wir als nächstes beobachten...
(Frisby 1987, 97)

Versuch:
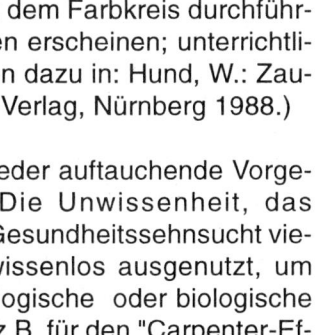
Lassen Sie die Abbildung auf der nächsten Seite (als OH-Folie oder Papierbild) ca. 30 Sekunden lang entspannt anschauen.
Danach ziehen Sie das Bild schnell weg und lassen die Teilnehmer weiterhin ruhig, entspannt auf eine weiße Fläche blicken (mehrmals durchführen) - negative Nachbilder erscheinen! (Ermüdung der Sehzellen aufgrund des starken schwarz-weiß Kontrastes; dies ist auch mit dem Farbkreis durchführbar: Komplementärfarben erscheinen; unterrichtliche Einsatzmöglichkeiten dazu in: Hund, W.: Zauberhaftes Lernen, Ottlik-Verlag, Nürnberg 1988.)

Hier wird eine immer wieder auftauchende Vorgehensweise deutlich: Die Unwissenheit, das Informationsdefizit, die Gesundheitssehnsucht vieler Menschen wird gewissenlos ausgenutzt, um wenig bekannte psychologische oder biologische Effekte (das gleiche gilt z.B. für den "Carpenter-Effekt" beim Pendeln) "paranormal" zu vermarkten.

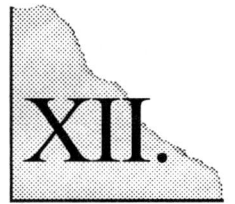

XII. Die Rolle der Medien

Die sogenannte Jugendpresse

Seit Beginn der 80er Jahre bringen bestimmte "Jugendzeitschriften" vermehrt handfeste Gebrauchsanleitungen zu allen nur denkbaren okkulten Praktiken.

Wie bereits im Kapitel "Satanismus" dargelegt (am Beispiel der BRAVO-Fotoroman-Serie vom Herbst 1994), haben derartige Veröffentlichungen ohne zumindest ansatzweise kritische, warnende Untertöne beachtliche Breitenwirkung.

Gleichzeitig wird eine gesellschaftliche Schizophrenie deutlich, wenn auf der einen Seite Volkshochschulen Kurse anbieten zu den Themen "Wünschelrutengehen", "Horoskoperstellung", "Tarotkartenlegen als Lebenshilfe" u.ä. (= staatlich subventionierter Okkultismus im Sinne von Gebrauchsanleitungen), auf der anderen Seite aber Jugendliche davor gewarnt werden sollen. Es ist pädagogisch wohl absurd, der Tochter mit erhobenem Zeigefinger Tarotkartenlegen (mit Karten aus BRAVO-Girl) zu verbieten, während sich die Mutter vielleicht gerade fertigmacht, um in die VHS zu ihrem Astrologiekurs zu gehen.

Um nicht mißverstanden zu werden: Gegen einen Vortrag über Astrologie, Wünschelrutengehen, ... ist nichts einzuwenden, sehr wohl aber gegen eine ernst gemeinte Anleitung, wie man ... macht!

Wird hier eine Nachfrage befriedigt oder geschaffen?

Vor allem die Verharmlosung als "Spiel"/"Experiment mit dem Übersinnlichen" ist anzuprangern und erzieherisch zu thematisieren. Wenn dann noch, wie o.a., eine "Hexe" Lebensberatung für die Leserinnen am Telefon anbieten kann (und die "Telefonleitungen glühen"), dann müßte eigentlich wenigstens ab und zu auch ein politisch oder kirchlich für die Jugend Verantwortlicher hörbar mit dem Finger auf

den Tisch klopfen und um mehr verantwortungsbewußte Zurückhaltung bitten. Nicht der Schrei nach Zensur ist gefragt, aber zumindest ein Appell an ein größeres Verantwortungsbewußtsein, das die Redaktion einer Jugendzeitschrift nun einmal besitzen sollte.

Daß es möglich ist, auch diese Thematiken (die aktuell sind und deshalb auch angesprochen werden müssen) interessant und ausgewogen darzustellen, hat z.B. die älteste Kinder- und Jugendzeitschrift der Welt mehrmals bewiesen ("Floh" bzw. "Flohkiste", herausgegeben vom Bayerischen Lehrer- und Lehrerinnenverband; Domino-Verlag, Günther Brinek, München). Das Themenheft "Floh" vom Dezember 1994 ("Wahrsager = Versager") zeigt geradezu beispielhaft auf, wie verantwortungsbewußte Journalisten kind- und jugendgemäß auch derartige "heiße" Themen bearbeiten können.

Einfach unglaublich! Aber wirklich "übersinnlich"? Okkultismus im Fernsehen

"Nicht Fernsehen macht dumm, sondern einzelne Programme machen dumm!" (Dieter Stolte, deutscher Fernsehintendant, zit. nach HÖR ZU 20/1993)

Es tut sich einiges in unserer elektronischen Medienlandschaft: Reality-TV, Horrorfilme, Porno-Pay-TV, Gewalt und Werbung überall (und Kinder davor), neidisches Schielen der öffentlich-rechtlichen Sender auf die scheinbare Narrenfreiheit der Privaten. Und mittendrin erblühte ein zartes, exotisches Pflänzchen zu einem beachtlichen Gewächs: Die "Wundersendungen".

"Phantastische Phänomene", "Ungelöste Geheimnisse", "Letzte Rätsel", "PSI", "Rätselhafte, phänomenale Psi-Phänomene", "Wunderbare Erscheinungen" oder so ähnlich heißen Produktionen, bei denen der Zuschauer ehrfürchtig erschauernd im Sessel sitzt und geschockt murmelt: "Was es doch so alles gibt!"

Bei allen Unterschieden haben diese Sendungen eines gemeinsam: Kritisch hinterfragende, mißtrauisch blickende, skeptische Fachleute sind nicht gefragt - es könnte sonst ja der übersinnliche Zauber angekratzt werden.

"Wir sind der Meinung, daß ... durch die Gesprächsführung des Moderators und auch durch gelegentliche Publikumsbefragung erhebliche Skepsis ent-

gegengesetzt wird.", so der Fernsehdirektor des Bayerischen Rundfunks, Wolf Feller, in einem persönlichen Brief an den Verfasser, "Der Moderator der Sendereihe selbst, Herr Thomas Hegemann, vertritt dabei durchgängig und deutlich den skeptischen Part."

Wer die Sendereihe "PSI" (1992/1993) des BR gesehen hat, fragt sich wahrscheinlich sofort, ob der Fernsehdirektor vielleicht doch nicht so gut über die eigenen Produktionen informiert ist.

Zumal der Intendant dieses Senders am 4.11.1992 dem Landtagsabgeordneten Heiko Schultz schrieb:

> Die Erläuterungen, die Penny McLean (sie befaßt sich beruflich mit Esoterik) im Studio gibt, werden von unserem Moderator Thomas Hegemann bewußt mit deutlicher Skepsis in Frage gestellt. Sie können sicher sein, daß wir die Gefahren, die dieses Thema beinhalten könnte, nicht außer Acht gelassen haben, und versichern Ihnen, daß wir diese Produktion mit großer Sorgfalt und dem nötigen Verantwortungsbewußtsein durchführen. Wir gehen grundsätzlich davon aus, daß sich unsere Zuschauer ihre eigene Meinung bilden. Die positive Reaktion auf die bisherigen Sendungen und die Tatsache, daß es bisher zu keinen Beschwerden gekommen ist, bestärkt uns in der Auffassung, daß die Zuschauer unser Konzept verstanden und akzeptiert haben.

Abgesehen von der Tatsache, daß es beim BR ein Bermuda-Dreieck geben muß, in dem u.a. die Beschwerden des Verfassers, des Abgeordneten, einiger Lehrkräfte und Sektenbeauftragten verschwunden sind, läuft es jedem kritischen Zuschauer heiß und kalt den Rücken herunter bei der Vorstellung, daß dies die verbreitete Auffassung von ausgeglichener, sorgfältiger Recherche sein könnte. Einige Wissenschaftsjournalisten anderer Sender zeigen glücklicherweise immer wieder, daß es so weit (noch?) nicht ist!

Konkrete Vorwürfe: Schlampige Recherchen/Hochjubeln einseitiger Darstellungen

• Feuerlaufen:

Dies wird auch neuerdings wieder als absolut unglaublicher "mentaler Kraftakt" dargestellt, auf den man sich erst intensiv meditativ vorbereiten muß. Kein Hinweis etwa auf die Studie des Max-Planck-Instituts für Verhaltensphysiologie, die im Anschluß an eine Reise nach Saloniki entstanden ist. "Daheim im bayerischen Seewiesen wiederholten die Wissenschaftler die mitgeschnittene Zeremonie im

Experiment - samt "Schrittfolge" und "Kontaktzeit mit der Glut". Resultat: Auch ohne Alphaphase und die Silbe "Aum" vor dem Mund marschierten 16 Versuchspersonen über ein Glutbett... Die Erklärung war simpel. Statt bis zu 900 Grad, wie die Esoteriker behaupten, maßen die bayerischen Max-Planck-Forscher in der Glut nur 240 bis 438 Grad Celsius; sie stellten fest, daß sich die Hornhaut an den Füßen bei so kurzen Kontakten von 0,25 bis 0,8 Sekunden pro Tanzschritt auf allenfalls hundert Grad aufheizt und sich also als "gut isoliert" erweist. Ein schadloses Überqueren sei daher "barfuß in normaler Alltagsverfassung" möglich. (nach: DER SPIEGEL, 26/1987)

Dies ist nur einer von zahlreichen Berichten, die einem recherchierenden Journalisten geradezu zwangsläufig in die Hände fallen müßten.

• Wünschelruten:

Kein Wort davon, daß es auch andere Untersuchungen als das oben beschriebene Münchener Projekt (vgl. Kapitel VII) gab, die zu anderen Ergebnissen gelangten.

• Telekinese:

Wieder einmal der Uraltfilm in einem "russischen Labor", in dem das Starmedium Nina Kulagina Kompaßnadeln "geistig bewegte". Kein Wort davon, daß sie als Betrügerin überführt wurde. Da in ihren BH-Spitzen Magnete verborgen waren, waren die Bewegungen ihres Oberkörpers und der Kompaßnadeln so wunderschön synchron.

• Röntgenblick:

Auf allen Kanälen und in vielen Talkshows findet man den neuen österreichischen Wundermann Ge-

org Rieder, der mit seinem Röntgenblick in Menschen hinein- und durch Wände hindurchsehen können soll. Nachdem man nicht beweisen kann, daß es den Pumuckl nicht gibt, erübrigt sich aufgrund der vorgeführten, teilweise albernen Pseudoexperimente auch ein detaillierteres Eingehen auf das behauptete Phänomen. Das sensationslüsterne, völlig unkritische Hochjubeln jedenfalls ist und war beispielhaft.

• Wahrsagen:

Peinlich, peinlich, daß ausgerechnet die in "PSI" (BR) mit übernatürlichen Kräften vorgestellte Wahrsagerin Renate Brändle am 6.9.1992 in Bild am Sonntag auspackte. Überschrift: "Alles Humbug! - Wahrsagerin Renate Brändle sagt die Wahrheit übers Wahrsagen". In einem ganzseitigen Artikel schildert die ehemalige Wahrsagerin ihren "Prozeß der inneren Reifung". "Statt zu esoterischen Handbüchern greift sie jetzt nur noch zur Bibel, und statt Karten liest sie lieber Psalmen."

Leider waren die Sendungen schon vorproduziert, und es kam anscheinend niemand auf die Idee, eine Schere zu nehmen oder die Sendung schlicht abzusetzen.

• "Biomagnetismus"? Menschliche Magnete? Oder was?

Wissen Sie überhaupt noch, wer Nessie ist? Vermissen Sie das Bermuda-Dreieck? Können Sie über die Kornkreise auch nur noch grinsen? Nein? Dann staunen Sie aber doch sicherlich über das "rätselhafte, phantastische Phänomen" des "Biomagnetismus"?

Rational ist das, was in der esoterischen Szene abläuft, meist nicht zu verstehen. Schon gar nicht in bezug auf die "menschlichen Magnete", die seit einiger Zeit das Publikum in der Regenbogenpresse und bei bestimmten Talkshows im Fernsehen in Staunen versetzen.

In zahllosen deutschen Haushalten wurden mittlerweile Löffel, Schöpfkellen, Bügeleisen und andere Haushaltsgegenstände zweckentfremdet und allüberall ertönte bestimmt auch der Ausruf: "Papa, schau her, ich bin auch magnetisch!" Wiesendanger dazu:

> Als wären sie Magneten, ziehen manche Menschen Objekte an. Die Wissenschaftler können nicht mehr tun, als die Vorgänge staunend zur Kenntnis zu nehmen. ... untersuchte sie der japanische Mediziner Dr. Atsui Kono, Chefarzt am Dojo Si Idai-Krankenhaus. 'Es steht völlig außer Zweifel', so erklärte er der Presse anschließend, 'daß die Objekte an ihnen haften bleiben, so als wären sie lebende Magnete.' ... In Bulgarien fand ... kürzlich ein landesweiter Wettbewerb statt, zu dem sich 300 'menschliche Magnete' meldeten. Gewinner wurde, an wem Gegenstände am läng-

sten 'kleben' blieben. ... Dem Arzt fielen fast die Augen aus dem Kopf, als an der Stirn seiner Patientin ein Löffel klebte ... Mit Meßgeräten stellten sie fest, daß Erika zur Stirnberg tatsächlich eine magnetische Anziehungskraft besitzt. (esotera 1/1992)

In 'esotera' erschien folgende Bildnotiz in der Dauerspalte "MERKWÜRDIG":

MERKWÜRDIG

Anziehungskraft

Magnetische Handflächen scheint das georgische Mädchen *Nino Chanturiya* zu besitzen. Sie ist imstande, metallische Gegenstände mit senkrecht gehaltenen Händen anzuziehen. Nino entdeckte ihr ungewöhnliches Talent, als sie im Fernsehen eine ähnliche Demonstration sah und anschließend einen Teelöffel auf ihre Handflächen legte, der zu ihrer Überraschung nicht zu Boden fiel.

(esotera 1/1992)

Ohne Vorwarnung, ohne Probe, ohne Übung nahm der Verfasser seine Frau bei der Hand, stellte sie in die nämliche Position und zu ihrer beider Verwunderung blieben die aufgelegten Löffel in "senkrechter Stellung" haften - selbstverständlich ohne jegliche unlauteren Hilfsmittel (wie etwa Klebstoff)!

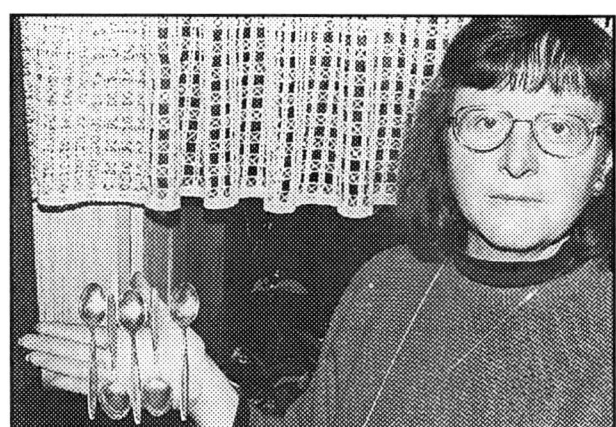

MERK - würdig?

DENK - würdig!

FRAG - WÜRDIG!!!

Die Bioanziehung - das Festkleben von Gegenständen an menschlichen Körpern - erwies sich als eine neue parapsychologische Eigenschaft vieler Menschen. Sie besteht darin, daß ein Mensch ohne jeglichen Muskelaufwand Gegenstände verschiedener Qualität und Form auf seinem Körper zu halten vermag. Es sind meist ganz alltägliche Dinge... Die Anziehungskraft kann so stark sein, daß es selbst für einen Erwachsenen

ziemlich schwer ist, die angeklebten Dinge vom Körper zu reißen... Praktisch der ganze Körper kann Zone der Bioanziehung sein... Die Bioanziehung ist mit dem psychoempfindlichen Zustand des Menschen und mit seiner Zustimmung zur Ausführung des Effektes verbunden. Nach allen Merkmalen hat er eine suggestive Ursache und wirkt nach dem Feldresonanzmechanismus, weil der Operator imstande ist, sich selbst oder die Anwesenden (die Zuschauer) auf 'ankleben' der Gegenstände an den Körper zu richten... Mehrere Vorführungen vor verschiedenen Auditorien, die wissenschaftlichen Experimente und die sorgfältige Kontrolle von den Medizinern der Grodnoer Hochschule, der Leningrader Kriegsmedizinakademie, dem Institut für feine Mechanik und Optik und anderen auf diesen Fall angesetzten Organisationen bestätigten das Vorhandensein und die Stabilität der Erscheinung bei den Mädchen. Während der Versuche hielt Inga ganz ruhig eine Bratpfanne mit zwei Hanteln vom Gesamtgewicht 4 kg auf dem Handteller der ausgestreckten Hand...

Zur Erklärung der Fähigkeit von Operatoren, Gegenstände zu halten, ist auch die Hypothese des Überzustandes, die W. Zabelina vorschlägt, zu berücksichtigen. Die von ihr ausgeführte Analyse zeigte, daß die Supraleitfähigkeit, Suprafließbarkeit, Supraausstrahlung und Überschallstreuung durch Eigenschaften von Identitätsteilchen von einem besonderen Zustand (Überzustand) verursacht werden. In diesem Kontext ist der ganze Körper des Menschen als ein riesiges Makroteilchen zu betrachten und sein Zustand ist mit einer Wellenfunktion zu beschreiben. Anders gesagt umfaßt der Zustand im Augenblick der Bioanziehung den ganzen Organismus und es beginnt, als ein einheitliches Mikroquantensystem zu funktionieren..." ("Die Andere Realität" 2/1992)

Beeindruckt? Immer noch nicht? Sind Sie vielleicht Skeptiker?

Lesen Sie die letzten Abschnitte doch nochmal, vielleicht haben Sie ja nicht alles verstanden! Erlauben Sie sich trotz der erdrückenden "Beweisfülle" immer noch den Luxus des Zweifels? Glauben Sie auch, daß vor der Annahme von "übersinnlichen Fähigkeiten", von "rätselhaften Phänomenen" o.ä. zunächst einmal davon ausgegangen werden kann, daß es sich

a) um Betrug oder

b) um durchaus natürliche Erscheinungen handelt, welche aber auf den ersten Blick erstaunlich wirken?

zu a) BETRUG

• Manipulationen der Medien

Wie überall im esoterisch-okkulten Bereich ist immer damit zu rechnen, daß die Entdeckung bestimmter "Fähigkeiten" auch prompt bewußt kommerziell ausgenutzt wird. Zumeist beginnt die mediale Karriere mit der Erkenntnis, daß Menschen enorm leicht zu täuschen und zu beeindrucken sind, wenn man sich ein magisches Mäntelchen umhängt. Sehr schnell setzt dann bei entsprechend positiv gestimmten Menschen eine ausgeprägt selektive Wahrnehmung ein (man glaubt das, was man glauben will - und schön wär's schon...!).

Dies kann bei etlichen entlarvten Scharlatanen der letzten Jahrzehnte nachvollzogen werden, wobei man den (oft jugendlichen) Betrügern eigentlich die wenigsten Vorwürfe machen darf. So z.B. 1982, als der Spukfall in Regensburg (Geist "Chopper") binnen weniger Tage eine Eigendynamik entwickelte, die einen Rückzug für die "Agierenden" eigentlich nicht mehr möglich machte.

So auch bei diesem "Phänomen": Es sind vielfach Kinder oder Jugendliche, vor allem aus Ostblockstaaten (Rußland, Ukraine, Rumänien, Bulgarien), die in den einschlägigen Fernsehsendungen auftauchen und tricksen auf "Psi komm raus". Das Honorar sei ihnen gegönnt! Unglaubhaft ist aber, daß Kameraleute, Requisiteure, Maskenbildner, Regisseure oder Moderatoren nichts davon gemerkt haben sollen, daß hier (z.B. bei der an der Handfläche "haftenden" vollen Flasche bei R. Holbes Sendung) mit Tricks gearbeitet wurde.

Zufällig erhielt der Verfasser den Anruf eines im Studio bei den Dreharbeiten Anwesenden, der von sich aus zugab, daß ihm einiges "spanisch" vorgekommen sei, z.B. daß die Löffel auf den "angeklebten" Metalltabletts auch nach dem Abstellen auf dem Tisch nicht klapperten, sondern weiterhin am Tablett hafteten (wirkte der Biomagnetismus vielleicht nach?) oder daß die "angeklebte" Flasche von der Handfläche nur mit einem (auch in der Video-Aufzeichnung) sichtbaren Ruck nach oben gelöst werden konnte (weil der Plastiksauger, der zwischen den Fingern gehalten wurde, zu fest haftete?).

Den jugendlichen "Magneten" kann man es wohl nicht übel nehmen, wenn sie nach dem Spruch vorgehen: "Mundus vult decipi..."

• Manipulation durch die Abbildung

Ein weiterer großer Manipulationsbereich ergibt sich beim Übergang vom dreidimensionalen Objekt zur zweidimensionalen fotografischen oder filmischen Darstellung. Auch der Laie kennt mittlerweile viele Möglichkeiten, allein durch den Bildausschnitt, die Wahl des Kamerastandortes, die Beleuchtung usw. gewünschte Bildwirkungen zu erzeugen. Viele der in Zeitschriftenartikeln abgebildeten "magnetischen Hände" oder Oberkörper stehen durchaus nicht so

senkrecht, wie man meinen möchte. Ein bißchen "Kippen nach hinten" wirkt Wunder, wie die Söhne des Verfassers in wenigen Augenblicken des Experimentierens herausfanden (siehe Abbildungen), ohne daß dies auf einem Foto dann erkennbar wäre.

zu b) Natürliche Erklärungen

Mittlerweile gibt es auch "Magnetmenschen", denen nicht ohne weiteres absichtliche Täuschungen unterstellt werden können.

In Deutschland ist wohl die "magnetische Hausfrau aus Bochum" Erika zur Stirnberg der absolute Star der Szene. In etlichen Zeitschriftenartikeln und Fernsehsendungen (auch bei Rainer Holbes "Phantastische Phänomene") demonstrierte sie ihre Fähigkeiten, Besteckteile, Werkzeuge (Äxte!), Bügeleisen (!) und Metalltabletts anzuziehen.

Im persönlichen Gespräch mit dem Verfasser machte sie allerdings den Eindruck, als ob ihr der entstandene Wirbel um ihre Person durchaus nicht recht sei und sie nur "einfach wissen will, was mit mir los ist". Bezüglich der Medien hat sie Lehrgeld zahlen müssen und sie gab selbst zu, daß sie sich etliche Male gefragt habe, wo sie da hingeraten sei. Hier setzte m.E. der klassische Selbsttäuschungseffekt mit eingeschränkter Wahrnehmung ein, der z.B. auch bei vielen Wünschelrutengängern sehr ausgeprägt erkennbar ist.

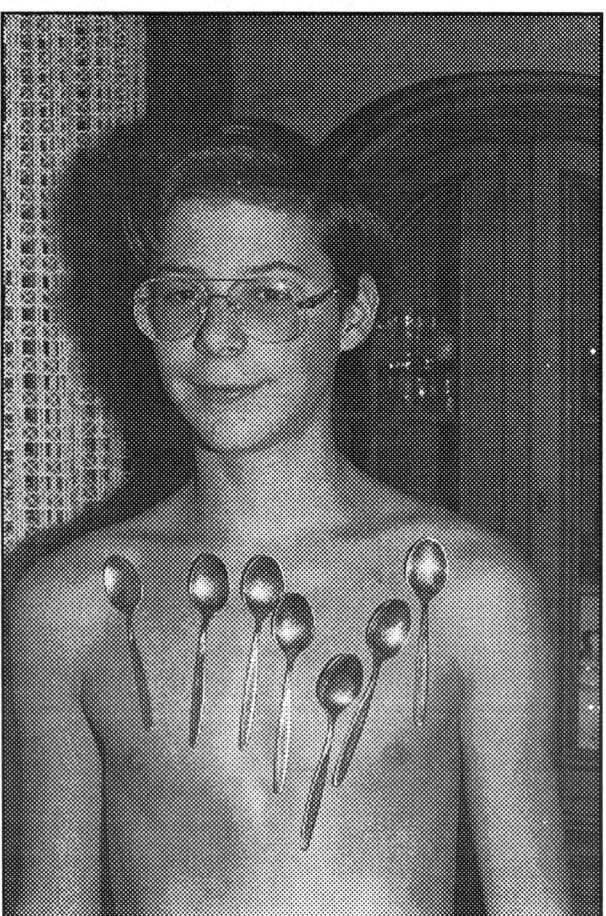

Für den erstaunlichen Hafteffekt sind einige physikalische und biologische Faktoren verantwortlich, die bei der deutschen "Magnetfrau" in wohl idealer Weise zusammentreffen.

Physikalische Erklärungsansätze:

Allein mit ein wenig vertieftem physikalischen Schulwissen sind zwei Faktoren erkennbar:

• Durch die Haftreibung (welche ja bekanntlich wesentlich stärker ist als die Gleit- oder Rollreibung) können so starke Adhäsionskräfte entstehen, daß es unter bestimmten Verhältnissen "plopp" macht beim Abziehen der Gegenstände.

• Der Schwerpunkt des haftenden Gegenstandes liegt immer noch innerhalb des Körpers, auch wenn dies auf den ersten Blick (vor allem von vorne) nicht so zu sein scheint. Erika zur Stirnberg verwendet z.B. ausschließlich alte, sehr schwere Bügeleisen, bei denen der Schwerpunkt "günstiger" (nämlich gleichmäßig verteilt) liegt als bei modernen Dampfbügeleisen. Dort ist er am "Heck", wo das Kabel aufgerollt wird. Die Kippgefahr nach vorne ist dabei wesentlich höher.

Anatomische Erklärungsansätze:

• "Frau sein": Die meisten magnetischen Medien sind Frauen, was nicht erstaunlich ist, da aufgrund der unleugbaren anatomischen Eigenarten des weiblichen Oberkörpers der Schwerpunkt der aufgeklebten Gegenstände (s.o.) noch leichter innerhalb des Körpers liegt als bei einem sehr senkrechten männlichen Brustkorb (siehe Abbildungen, welche deshalb noch erheblich "phantastischere Phänomene" sind als die oft vorgeführten; Rainer Holbe möge sich bei mir melden, ich manage meine Söhne...).

• "Reifere Frau sein": Zweifellos "haften" schwere Bügeleisen, Äxte oder Hämmer bei Frauen jenseits der Lebensmitte, mit etwas mehr als dem Idealgewicht, besser als bei superschlanken Teenies. Ungalantere Berichterstatter würden wahrscheinlich von einem "Einsinken" oder "Einbetten" der Dinge sprechen.

• Hautfettgehalt: Ein entscheidender Punkt (den jeder Leser selbst bei sich überprüfen kann) ist die wechselnde "Haftfähigkeit" der Haut, die sich z.B. durch Waschen oder Eincremen sehr stark verändern kann.

Zweifellos ist bei manchen Menschen die Hautoberfläche fetter als bei anderen. Wenn es nicht "reicht" für paranormale Effekte, wirkt eine Fingerspitze Hautcreme Wunder!

Es kann nur vermutet werden, daß die Magnetwirkung auch vom Fabrikat der verwendeten Creme abhängt. Entsprechende großangelegte Feldversuche könnten vielleicht vom Bundesforschungsministerium finanziert werden (siehe Ka-

Medien

pitel "Wünschelrute").

• Klebrige Haut: Daß die Esoterikszene selbst "sorgfältig" und "kritisch" an neu auftauchende Phänomene herangeht, "beweist" der letzte Abschnitt eines Artikels zum Thema, geschrieben vom Parapsychologen Dr. Harald Wiesendanger in der Zeitschrift "esotera":

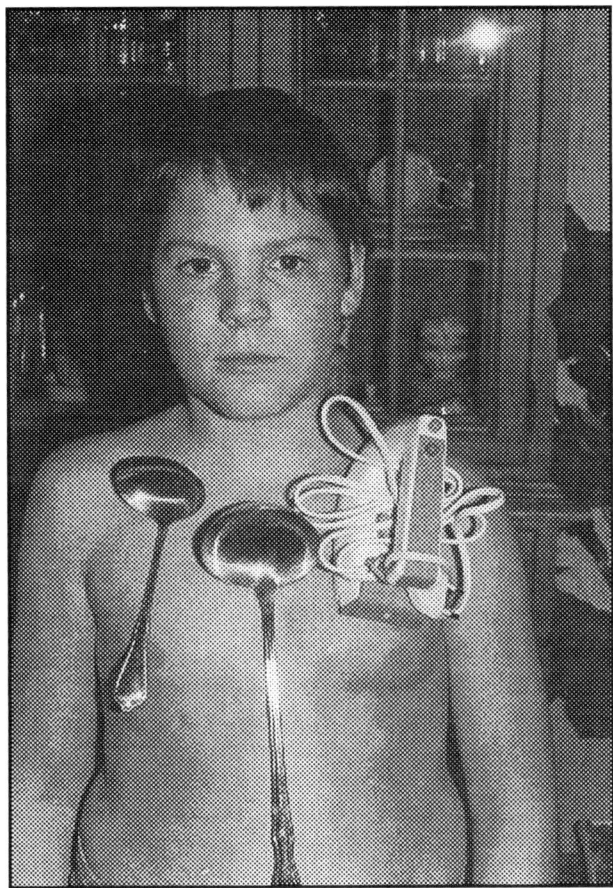

Wie sorgfältig 'diesseitige' Erklärungen ausgeschlossen werden müssen, ehe von 'PSI-Effek-
ten' die Rede sein kann, verdeutlicht der im September 1991 bekanntgewordene Fall eines 62jäh-
rigen Amerikaners aus Fort Lauderdale, Florida:
Auch an ihm blieb kleben, was er anfaßte.
Schließlich fand sein Arzt die Lösung: Der Mann
nahm regelmäßig ein Medikament gegen Schup-
penflechte, das für eine Überproduktion von
Zuckermolekülen an der Körperoberfläche sorg-
te. Folge: klebrige Haut.

Seit dem Erscheinen von Rainer Holbes Buch zur
Fernsehreihe läuft einer meiner Söhne mit stolzge-
schwellter Brust herum:

> Zum Beweis stellte einer von ihnen (d.h. der kriti-
> sierenden Zauberkünstler, d. Verf.) seinen klei-
> nen Sohn vor die Fernsehkamera eines Maga-
> zins (d.h. "STERN-TV", d. Verf.): Auch an diesem
> Jungen haftete das Besteck. Ist hier nicht mit me-
> chanischen Mitteln getrickst worden (eine Unter-
> stellung, die meine ganze Familie heftigst zurück-

weist, d. Verf.), darf die Frage nach einer speziellen Begabung des Kindes ruhig erlaubt sein.
Schließlich zeigte auch der sechs Jahre alte Zoran
Gavric aus Hamburg dieses Talent, nachdem ihm
sein Vater Milutin Löffel, Gabel und Messer sowohl auf seinen entblößten Nacken wie auch auf
Brust und Rücken legte, wo sie dann haften blieben. (Holbe 1993, 102)

Tricks – Betrug:

...während sich Marinella eine Bierflasche in die
rechte offene Handfläche legt, an der noch drei
andere volle Flaschen mit Schnüren befestigt sind.
Ein erstaunliches Gewicht, an dem ich auch noch
ziehen darf.
Selbstverständlich hat unser wissenschaftlicher
Berater, Dr. Elmar R. Gruber, vor dem Versuch
sämtliche verwendeten Gegenstände sowie die
Hautfläche der Frauen nach Klebstoffen abge-
sucht... (Holbe, a.a.O., 101)

Von einem simplen Plastiksauger bzw. magnetischen Tabletts ist in Holbes Buch nicht die Rede.

*So wie viele Menschen früher Fotografien blindes
Vertrauen entgegenbrachten, glauben heute viele Zuschauer kritiklos den Fernsehbeiträgen.*

Fakir-"Wunder"

Einen Aufschrei gab es unter den Fernsehzuschauern, als sich in der Sendung "Terra X" im ZDF und bei 3sat 1988/89 ein Fakir die Zunge abschnitt und kurz darauf wieder anfügte. Der Moderator erklärte am Schluß der Bildersequenz (teilweise in Zeitlupe): "Medizinisch kann man den Vorgang nicht erklären. Vermutlich müssen wir es als vollendeten geistig-meditativen Kraftakt verstehen!"

Seither wird dieser Vorgang immer wieder als unumstößliches Beispiel für "übernatürliche Kräfte" ins Feld geführt. Korrekt war, daß man "diesen Vorgang medizinisch nicht erklären kann"! Hätte man statt der Ärzte die eigentlichen Experten befragt, nämlich die indischen (oder auch manche europäischen Zauberkünstler), hätte die Antwort anders gelautet! (siehe unten: "Die indischen Wundermänner"; Kapitel "Ungelöste Rätsel")

Daß in den "Phantastischen Phänomenen" und in anderen wundersamen Sendungen getrickst wurde auf "Psi komm raus", ist mittlerweile allgemein bekannt und veranlaßte Rainer Holbe bekanntlich, einen Zauberkünstler anzustellen.

Vor allem der zunächst in den Medien gefeierte amerikanische "Wundermann" Peter Sugleris hat als schlechter Uri Geller-Imitator zu einer Riesenblamage beigetragen, weil hier ganz offensichtlich Tricks aus Kinderzauberkästen als "paranormale Wunder" verkauft wurden.

Scheinwissenschaftliches Mäntelchen

Jede Sendung hat ihren "wissenschaftlichen Berater", der teilweise offen, teilweise erst im Nachspann genannt wird. Gemeinsam ist allen, daß es sich um esoterische Insider handelt, die voll auf der paranormalen Welle schwimmen.

So hat Dr. Harald Wiesendanger ("PSI") eine Reihe zumeist parapositiver Bücher geschrieben und gibt einen Psi-Informationsdienst heraus, der die Szeneblätter mit wundersamen Nachrichten aus aller Welt versorgt.

Die wahre Fachfrau aber ist die vor esoterischem Sendungsbewußtsein brennende, frühere Schlagersängerin Penny McLean, deren wissenschaftlichen Kommentar zu Uri Geller (letzte "PSI"-Sendung im BR am 5.12.1992) man sich auf der Zunge zergehen lassen sollte:

Moderator Hegemann: "...ständige, "übersinnliche" Fachfrau" vorstellen. Hier ist wieder Penny McLean. Heute wieder die Frage: Wie kann man ein solches Phänomen wie Uri Geller einordnen, also die Frage: Wenn man das mal weltweit sieht, ist er eine absolute Ausnahme, gibt es noch mehr solche Leute? Wie würdest du das einschätzen?"

Penny: "Er ist insofern eine Ausnahme, als er alle Fähigkeiten, die ein Mensch haben könnte auf diesem Gebiet, in sich vereinigt. Man könnte es vergleichen damit, daß man sagt: Wenn heute ein Lichtstrahl durch eine Fensterscheibe geht, dann passiert noch gar nichts am Sonnenstrahl, ja? Aber wenn sich diese Fensterscheibe etwas biegt, dann kriegt der Sonnenstrahl eine andere Kraft. Und genau das macht er. Er kann willentlich Energie so in sich verändern und auf den Punkt bringen, daß sie eine Wirkung hat, die für uns natürlich unverständlich stark ist."

M: "Das Fachwort dafür ist Psychokinese, also mit Gedanken Materie bewegen."

Penny: "Ja, Materie bewegen und auch verändern. Was bei ihm so phantastisch ist: Er kann sowohl über sein *Mind*, also über seine Gedanken, als auch punktuell, er kann es auf Finger übertragen und kann aber auch telepathisch einwirken, d.h. nur über Gedanken."

M.: "D.h., aus deiner Sicht spielt er da so in der Weltauswahl, im Dream-Team, und nicht irgendwo in der Regionalliga..."

Penny: "Ja, er ist praktisch der Beckenbauer der Magie, nicht, das ist ganz einfach!"

M.: "Hast du eine physiologische Erklärung für das, was bei ihm passiert?"

Penny: "Er ist in der Lage, seine endogenen Körperdrogen, also seine selbsterzeugten Körperdrogen, wie Adrenalin, A???????drin, Oxi???????drin usw., die wollen wir jetzt nicht alle aufzählen, willentlich so zu steuern, daß diese Energie sich in ihm sammeln kann und daß er sie auf den Punkt bringen kann und an andere weitergeben."

Uri Geller, ein Beckenbauer der Magie?

Ganz ähnlich äußert sich das Aushängeschild der "Phantastischen Phänomene", Dr. Elmar Gruber, zum angeblichen Supermedium Sugleris (SAT 1, am 2.11.1992):

Rainer Holbe: "Jetzt haben wir noch einen Doktor, aber der Doktor ist kein Arzt, sondern es ist der Mann, den ich Ihnen schon zu Beginn der Sendung als unseren wissenschaftlichen Experten vorgestellt habe für phantastische Phänomene. Er wird uns in jeder Sendung einen kritischen Kommentar geben, er ist Psychologe von Haus aus - Doktor Elmar Gruber."

Elmar Gruber: "Wir haben hier eine ganze Reihe von Phänomenen. Wir sehen sie zwar selten, aber sie sind deshalb nicht weniger real. Peter Sugleris ist ja in den USA ein sehr bekannter paranormal Begabter, wie wir sagen. Seine Fähigkeiten wurden in vielen Labors wissenschaftlich überprüft - das ist sehr wesentlich zu vermerken - und was er hier demonstriert hat - das Wiederingangsetzen von defekten Geräten - nennt die Parapsychologie "Psychokinese": Der direkte Einfluß auf Dinge der ma-

Medien

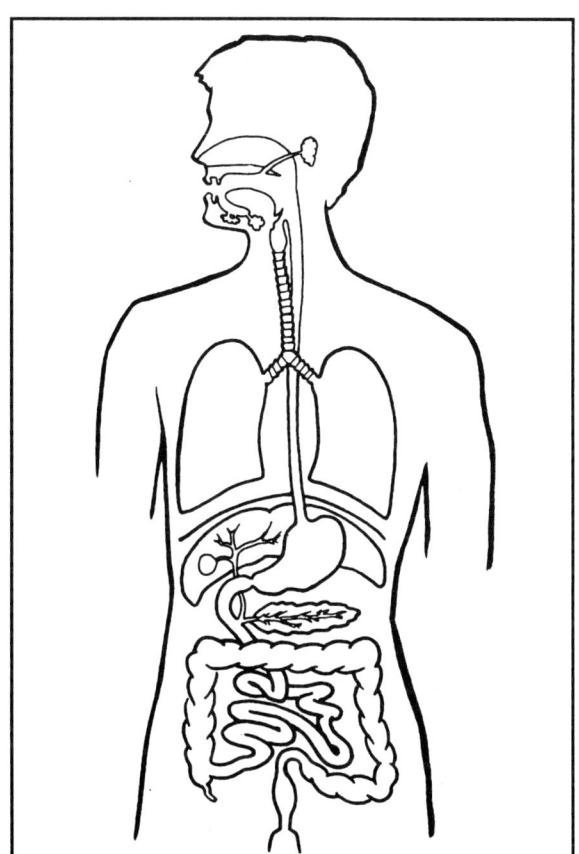

Komplizierte Apparate verschaffen uns heute jeden Durchblick. Die alte Sehnsucht nach dem "Seher" wurde damit aber nicht befriedigt.

teriellen Welt. Psychokinese ist aber nur ein beschreibender Begriff. Dennoch befinden wir uns jetzt in einer höchst aufregenden wissenschaftlichen Umbruchphase, in der die Naturwissenschaften ein neues Weltbild entwerfen, in dem ja auch so außergewöhnliche Phänomene wie Psychokinese ihren Platz haben. Das gleiche gilt übrigens für die Phänomene des Hellsehens und der Telepathie, wie sie Georg Rieder demonstriert hat. Das Schauen durch Wände und in den Menschen hinein muß nicht unbedingt "Hellsehen" sein - also die Wahrnehmung, wie wir in der Parapsychologie sagen, eines objektiven Tatbestandes. Es kann sich auch um einen telepathischen Vorgang handeln, denn Telepathie ist nicht nur die Übertragung von Gedanken. Oft im Gegenteil! Meistens sind es gerade die Inhalte in unserem Bewußtsein, aber auch solche, die uns nicht bewußt sind, die übertragen werden. An die man eben gar nicht denkt, aber die, wie wir Psychologen sagen, emotional besetzt sind. Also z. B. Krankheiten, die einem Sorge bereiten. Das Unbewußte des Menschen weiß ja oft lange vor dem Ausbruch einer Krankheit von ihrem latenten Vorhandensein. Manchmal zeigt es uns in Träumen Vorboten einer beginnenden organischen Erkrankung. Im telepathischen Vorgang werden gerade solche Bewußtseinsinhalte über den tieferen Seinsbereich vermittelt, in dem nicht nur Geist und Mate-

rie eins sind, in ihm sind auch die Seelen aller Menschen auf rätselhafte Weise verbunden."

Wenn Sie irgendwelche Untertöne suchen, die vielleicht unter Umständen doch darauf hinweisen, daß es sich hier um eine rein subjektive, in keiner Weise gesicherte Meinung handelt - Fehlanzeige! Merkwürdig mutet daher die folgende Ankündigung einer neuen Holbe-Sendereihe aus einer esoterischen Szene-Zeitschrift an:

> Rainer Holbe als Autor und Moderator dieser Sendereihe legt besonderen Wert auf die wissenschaftliche Nachprüfbarkeit der angebotenen Phänomene, so daß sehr viele angesehene Wissenschaftler bei ihm zu Wort kommen... Darum distanziert sich Holbe in Interviews immer wieder von nicht nachprüfbaren esoterischen Dingen und möchte auch selbst nicht als Esoteriker bezeichnet werden. Ihm geht es um Fakten, die nichts mehr mit Glauben zu tun haben. Holbe: Überhaupt möchte ich feststellen: Ich bin kein Esoteriker. ("Die andere Realität" 1991, 233)

Forum für "Marmeladen - Theorien"

Angesichts der drückenden Konkurrenz der zahlreichen Sender verlassen sich die Programmacher im Kampf um Einschaltquoten längst nicht mehr auf seriösen Journalismus. In der Manier mittelalterlicher Volksverdummer wird den obskursten "Gedankengebäuden" (Sigmund Freud prägte den schönen Begriff Marmeladen-Theorien) ein Forum geboten.

Derartige verquere Hypothesensammlungen wurden in den oben genannten und anderen Sendungen immer wieder vorgestellt, ohne daß der Zuschauer allerdings die Chance hatte, sie als solche zu erkennen. Sie leisten damit einen wichtigen Beitrag zum Erhalt des florierenden Esoterik- und Okkult-Marktes.

"Mann beißt Hund ..."

Das Ereignis "Hund beißt Mann" gibt keine Pressemeldung, wohl aber "Mann beißt Hund!" Dieses mittlerweile geflügelte Wort ist Ausdruck eines journalistischen Grundgesetzes: Meldungen orientieren sich an der Nachfrage und nicht an einem so fragwürdigen Ideal wie objektiver Wahrheit. Bei sog. "Okkulten Phänomenen", den "Letzten Geheimnissen der Welt", "Unerklärlichen Rätseln", UFOs und Poltergeistern besteht eben eine große Nachfrage von vielen aufklärungsmüden Menschen.

Wie eine 15jährige Schülerin einmal sagte:

"Ich glaube, daß es das gibt, weil - es wäre schön, wenn es das gäbe!"

Immer wieder tauchen neue Pressemeldungen auf, eine sensationslüsterner und aufregender als die andere und manchmal bietet nicht einmal die (subjektive) Einordnung in "seriöse" und "Regenbogen-Presse" eine Hilfe beim Bewerten einer Nachricht.

Die bekanntesten "ungelösten Rätsel" der letzten Jahre und z.T. Jahrzehnte sind wohl folgende:
• das Ungeheuer von Loch Ness ("Nessie"),
• der Schneemensch "Yeti",
• sein amerikanischer Genosse "Big Foot",
• die Kreise in den englischen Kornfeldern,
• unheimliche Löcher in der Schweiz,
• Ufo-Begegnungen der 1., 2. und 3. Art,
• die Geheimnisse der Pyramiden.

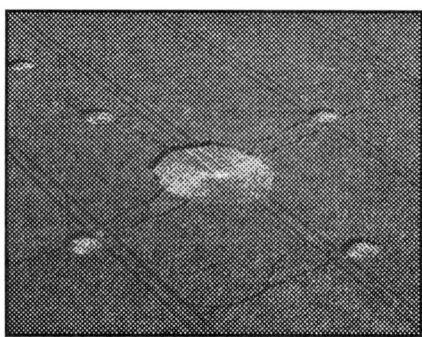

Daß es sich hierbei zum größten Teil, manchmal auch ausschließlich um Medienphänomene handelt, kann immer wieder nachgewiesen werden, nur - den "Endverbraucher" erreichen die Lösungen und Entlarvungen oft nicht.

Der auf den folgenden Seiten dargestellte Fall aus der jüngsten Zeit eignet sich besonders gut, um eine derartige Kampagne nachzuvollziehen, zu analysieren und zu bewerten. Die aktive Auseinandersetzung erlaubt eine spätere skeptischere Betrachtungsweise in neuen Fällen, sie macht aber auf keinen Fall "immun" gegen Pressemanipulationen.

Zum Vorgehen:
Zunächst sollten stückweise die Meldungen der Tagespresse analysiert werden daraufhin, wie die Wirkung auf den Leser ist, wie hoch die Wahrscheinlichkeit der Seriosität ist (Nachrichtenagentur! Wortwahl!).
• Im Vergleich der Meldungen von drei Tagen (hintereinander) läßt sich sehr gut erkennen, wie immer mehr relativiert wurde.

• Zu beachten ist, daß die "Lösung" (die bei zwei Journalisten aus Woronesch zu finden war) in der Tageszeitung nicht abgedruckt wurde (obwohl es

sich bei den "Nürnberger Nachrichten" wohl um eine "seriöse" Zeitung handelt).

• Der Artikel des SPIEGEL (vom 16.10.1989) bildet dann den Gegensatz wie auch die folgenden Zitate aus einem Bericht des STERN:

"Damit hat das Gerede von der außerirdischen Intelligenz nun wirklich ein Ende", kalauert ein Kollege. "Wer wirklich intelligent ist und seine Sinne beieinander hat, der landet überall, nur nicht in Woronesch. ... Natürlich gibt es leider, leider wieder kein Foto, keinen Offiziellen, keinen Polizisten und keinen Wissenschaftler, um das Ereignis zu bezeugen. Der "Tass"-Mann aus Woronesch, von der amerikanischen "upi"-Konkurrenz am Telefon ausgequetscht, gestand, er habe alles nur aus zweiter Hand. Der 59jährige Mann mit jahrzehntelanger Erfahrung ... sagt lakonisch: 'Man möchte es glauben.' ...
Die Provinz dreht durch. 'Die Leute sind so müde und angewidert von der Realität', fand etwa "Moscow News"-Vize Viktor Loshak, 'daß sie in jede Tür rennen, die aus ihrer Welt rausführt, weg vom Schlangestehen, vom Schmutz, von Verbrechen, von leeren Läden. Je schlimmer die Lage ist, desto größer die Chance, daß genau dort eine Ufo-Landung fällig ist. Und "Ogonjok"-Vize Lew Guschtschin: 'Das ist eine Periode wie vor der Oktober-Revolution, mit allerlei Zauberern, Wunderheilern, Leuten wie Rasputin. Nur heißen die heute anders. Die Leute haben so viele Sorgen in ihrem Leben und so wenig Vertrauen auf Besserung, daß Mystiker große Chancen haben.' (STERN 43/1989)

Hier wird deutlich auf das zeitliche, gesellschaftliche Umfeld und auf die nationale Mentalität (England: Land der "Weißen Frauen", der Spukschlösser, von Stone Henge, von Nessie, der Kreise in den Kornfeldern, des Wicca-Kults, von Aleister Crowley, des "Hundes von Baskerville", ...) angespielt, was immer mit einkalkuliert werden muß.
"Unerklärliche Phänomene" finden nie im luftleeren Raum, auf einer soziologischen oder historischen "Insel" statt, sondern sind eingebettet in vielfältige Beziehungen. Von daher ist eine monokausale, rationalistische "Erklärung" meist weder möglich noch wünschenswert.
Was gestern "Nessie" in Schottland war, was heute die "Außerirdischen Piktogramme" in englischen Getreidefeldern sind, können morgen Geschehnisse aus unserer unmittelbaren Umwelt sein und es möge niemand sagen: "Dagegen bin ich gefeit!" - "Darauf falle ich nicht rein!" - "Da bin ich zu skeptisch!"
Wie Joachim Ringelnatz richtig sagte:

**"Sicher ist, daß nichts sicher ist.
Selbst das nicht!"**

Sieben Tiroler waren Augenzeugen

„Ufo-Schwärme über Innsbruck"

„15 seifenblasenähnliche Objekte" und ein metallisches Kajütschiff

WIEN (rtr) — Nach den spektakulären Meldungen über Ufos über der Sowjetunion möchte Österreich offenbar nicht zurückstehen: Sieben Tiroler wollen ein fremdartiges Luftfahrzeug über dem Innsbrucker Flughafen gesehen haben. Laut einem Bericht der Wiener Tageszeitung *Standard* sahen die sieben zunächst etwa 15 „seifenblasenähnliche" Objekte, die in großer Höhe auf- und abgeschwebt seien und dabei gelegentlich rot geblinkt hätten.

Nach den blinkenden Blasen sei ein weiteres unbekanntes Flugobjekt erschienen — nach Darstellung einer angeblichen Augenzeugin, Dagmar M., ein „metallisches Kajütschiff, das wie auf dem Wasser durch die Luft fuhr".

Mit der Versicherung „Wir spinnen ganz bestimmt nicht" wollten die Ufo-Späher — darunter angeblich auch ein Offizier des österreichischen Bundesheeres — Zweifel an ihren Beobachtungen zerstreuen. Außer den sieben hat niemand die „Ufos" registriert, auch nicht die Innsbrucker Flugsicherung oder Universitätsinstitute.

aus: Nürnberger Nachrichten, 24. 10. '89

Weinrote Kugeln am Himmel über Woronesch

Moskau (dpa) — Das noch immer umstrittene Ufo von Woronesch am Don zieht in der sowjetischen Presse weitere Kreise. Eine Moskauer Tageszeitung berichtet, „weinrote Kugeln" seien bereits am 21. September immer wieder über Woronesch aufgetaucht. Viele Menschen in der 400 Kilometer südlich von Moskau gelegenen Stadt hätten das unbekannte Flugobjekt gesehen, darunter auch „gebildete Leute" wie eine Wirtschaftsexpertin, ein Ingenieur und ein Staatsanwalt. Die amtliche Nachrichtenagentur TASS bleibt bei ihrer früheren Darstellung der Vorgänge im Stadtpark von Woronesch. Der stellvertretende Chefredakteur erklärte jedoch, er glaube nicht an die Geschichte. Der Korrespondent in Woronesch solle den Fall „genau unter die Lupe nehmen". Nach wie vor ist von Ufo-Spuren die Rede, die Experten im Park von Woronesch gefunden hätten. Ein Loch sei entdeckt worden, aus dem die unbekannten Besucher offenbar eine Bodenprobe entnommen hätten. Berichte über Ufos (unbekannte Flugobjekte) sind in letzter Zeit wiederholt in sowjetischen Zeitungen und vor wenigen Wochen sogar im Polizeibericht einer russischen Kleinstadt aufgetaucht. Damals will eine Streifenbesatzung mit ihrem Auto die Verfolgung eines „fliegenden, auf dem Kopf stehenden Tannenbaums" aufgenommen haben.

aus: Süddeutsche Zeitung, 11. 10. '89

Dreiäugige Außerirdische ließen angeblich 16jährigen verschwinden

Ufo-Berichte immer phantastischer

Wissenschaftler: „Glauben Sie nicht alles, was Sie von Tass hören"

MOSKAU (AP/dpa) — Die Berichte über eine angebliche Landung Außerirdischer in der russischen Stadt Woronesch am Don werden immer phantastischer.

Einen Tag nachdem die amtliche Nachrichtenagentur *Tass* unter Berufung auf Augenzeugen von der „unheimlichen Begegnung" berichtet hatte, schrieb die Parteizeitung *Sowjetskaja Kultura*, einer der Besucher aus dem All, der drei glühende Augen gehabt habe, habe einen 16jährigen kurzzeitig mit einem Strahl verschwinden lassen. Der angebliche Zeuge sagte dem Blatt, aus einer Bodenklappe des unbekannten Flugobjekts (Ufo) seien „menschenähnliche Wesen" gestiegen, hätten umhergeschaut und seien dann auf die schreckensstarren Menschen zumarschiert. Ein Junge sei schreiend davongelaufen, bis ihn der Blick einer der Gestalten traf und er erstarrte. Nach fünfminütiger Pause im Ufo sei einer der geheimnisvollen Gäste erneut erschienen, allerdings mit einer „gewehrähnlichen" Waffe an der Seite. „Er richtete das Ding auf den 16jährigen Jungen, der daraufhin verschwand", berichtete die Zeitung. Als das Ufo dann abhob, sei der Junge aber wieder aufgetaucht.

Vermutungen, die Berichte seien vielleicht nicht ganz ernst gemeint, wies *Tass* zurück. Es handle sich keineswegs um einen verfrühten Aprilscherz, sagte der diensthabende Redakteur. Auch der Woronescher Korrespondent der *Sowjetskaja Kultura* bezeichnete die Schilderungen als glaubwürdig.

Demgegenüber gab der Leiter des Geophysikalischen Instituts in Woronesch, Genrich Silanow, den Rat: „Glauben Sie nicht alles, was Sie von Tass hören." Die Darstellung, wonach er oder seine Mitarbeiter die Landungsstelle identifiziert hätten, sei falsch. Die gefundenen Gesteinsbrocken hätten sich als schlichtes Eisenerz und nicht als außerirdische Substanz entpuppt.

aus: Nürnberger Nachrichten, 11. 10. '89

Angeblich wurden sie schon im September über Woronesch gesichtet

Vor dem Ufo kamen weinrote Kugeln

Auch „gebildete Leute" sollen die unbekannten Flugobjekte gesehen haben

MOSKAU (dpa) — Die angebliche Ufo-Landung in Woronesch läßt die sowjetische Presse nicht ruhen.

Die Moskauer Tageszeitung *Selskaja Schisn* berichtete, „weinrote Kugeln" seien bereits am 21. September immer wieder über Woronesch aufgetaucht. Viele Menschen in der 400 Kilometer südlich Moskaus gelegenen Stadt hätten das unbekannte Flugobjekt gesehen, darunter auch „gebildete Leute" wie eine Wirtschaftsexpertin, ein Ingenieur und ein Staatsanwalt.

Die amtliche Nachrichtenagentur *Tass* blieb auch gestern bei ihrer Darstellung der Vorgänge im Stadtpark von Woronesch.

Der stellvertretende Chefredakteur von *Tass*, Igor Jefimow, meinte jedoch auf Anfrage, er glaube nicht an die Geschichte. Wie zuvor die Agentur, behauptete auch *Selskaja Schisn*, örtliche, als Wissenschaftler bezeichnete Experten hätten Ufo-Spuren im Park von Woronesch gefunden. So hätten sie ein zweieinhalb Zentimeter breites und 37 Zentimeter tiefes Loch entdeckt, aus dem die Besucher offenbar eine Bodenprobe entnommen hätten.

Berichte über Ufos sind in letzter Zeit wiederholt in sowjetischen Zeitungen aufgetaucht, vor wenigen Wochen sogar im Polizeibericht einer russischen Kleinstadt. Damals hatte eine Streife mit ihrem Auto einen „fliegenden, auf dem Kopf stehenden Tannenbaum" verfolgt. Ohne Erfolg: Der Tannenbaum war schneller.

aus: Nürnberger Nachrichten, 12. 10. '89

All-Bewohner in der Sowjetunion?

Im Ufo-Fieber

Wissenschaftler bestätigen Landung

MOSKAU (dpa) — Wer wollte da noch zweifeln — sowjetische Wissenschaftler haben die Landung eines außerirdischen unbekannten Flugobjekts in einem Park der zentralrussischen Stadt Woronesch bestätigt.

Das jedenfalls meldete die amtliche Nachrichtenagentur Tass. Nach Angaben von Augenzeugen landete nach Einbruch der Dunkelheit ein großer leuchtender Ball auf der Erde. „Eine Luke öffnete sich, der ein, zwei oder drei menschenähnliche Wesen und ein kleiner Roboter entstiegen", berichtete die Agentur, die allerdings keine Angaben über den Tag des Ereignisses machte. Diese Wesen waren angeblich „drei oder gar vier Meter groß", hatten jedoch sehr kleine Köpfe. Nach einem kurzen Spaziergang seien sie wieder in ihrem Raumschiff verschwunden.

Genrich Silanow, der Leiter des Geophysischen Labors von Woronesch, identifizierte nach dem Tass-Bericht die Landestelle. „Wir entdeckten einen Kreis mit einem Durchmesser von 20 Metern, in dem sich auch vier Eindrücke von jeweils vier bis fünf Zentimetern Tiefe befanden", erklärte er. Außerdem habe man zwei geheimnisvolle Steinbrocken aus einem Material gefunden, das auf der Erde nicht vorkomme.

aus: Nürnberger Nachrichten, 10. 10. '89

■■■■■ Ufos ■■■■■■

Winziger Kopf

Die Welt schaut endlich auf Woronesch: Was kam da aus dem Kosmos?

Einer der letzten warmen September-Abende im örtlichen Lenin-Park: Ein Fläschchen kreist, Kinder spielen Fußball.

Einer sieht, daß sich auf einer Rasenfläche der Boden symmetrisch gesenkt hat – darunter befindet sich vielleicht ein Keller, die Stadt wurde im Krieg zu 95 Prozent zerstört. Zwei Steine liegen da, zwei verspätete Kanalarbeiter laufen wohl auch noch herum, im Overall mit Grubenlampen am Schutzhelm, und jemand läßt einen großen roten Luftballon in die untergehende Sonne steigen: blaue Stunde in einer stillen Stadt, fast 400 Kilometer von Moskau entfernt.

Irgend etwas müßte auch mal in Woronesch passieren – da doch im mächtigen Moskau mitten auf dem Roten Platz ein Flugzeug gelandet ist, an der Wolga jüngst ein Schneemensch auftauchte, im sibirischen See Labynkyr ein Ungeheuer rumort. Und am Ural, nicht weit von der Stadt mit dem seltsamen Namen Ufa, ist im Sommer, traut man dem Wirtschaftsfachblatt *Sozialistitscheskaja industrija*, der Melkerin Ljubow Medwedewa ein Kerl von einem anderen Stern nahegekommen, größer als ein Mensch, mit kleineren Füßen und, anders als kosmische Erscheinungen im Westen, mit besonders kleinem Kopf – was ja auch irgendwie beruhigt.

Da hatten die Lokaljournalisten Mossolow und Jefremow in Woronesch ihre Geschichte, gestützt auf die Aussagen der elfjährigen Wassja Surin: Nicht ein bebrillter deutscher Hobbyflieger, sondern zwei Riesen mit je drei Augen im winzigen Kopf stiegen aus dem leuchtenden, zu zehn Meter Durchmesser aufgeblähten Ball. Sie ließen mit einem Zauberstab kurz mal einen Knaben verschwinden und verschwanden dann selbst.

Das eigentliche Wunder: Die Journalisten brachten ihre Story in dem vom ZK der KPdSU herausgegebenen Bildungsblatt *Sowjetskaja kultura* unter, die amtliche Agentur Tass verbreitete die kosmische Nachricht, obwohl deren Chef Leonid Krawtschenko gerade auf den Münchener Medien-Tagen für frühere Märchen Abbitte leistete.

Nun ist die Ruhe in der Provinz dahin, die Welt schaut endlich auf Woronesch, bisher nur bekannt durch ein Palais des Fürsten Potemkin und sechs Atomreaktoren, die nicht richtig funktionieren.

Tass hatte sich auf örtliche Wissenschaftler berufen, die Stadt beherbergt schließlich zehn Hochschulen. Dort will die Agentur erfahren haben, daß die beiden Brocken am Ort des Geschehens außerirdische Minerale enthalten hätten. Doch der von Tass zitierte Genrich Silanow, deutschstämmiger Chef des Geophysikalischen Laboratoriums von Woronesch, ermittelte per Spektroskop rasch ein Material, das allerorts auf Erden zu finden ist – Eisenerz. Der Rationalist: „Glauben Sie nicht alles, was von Tass kommt."

Ein Schlag gegen die neue Berichterstatter-Freiheit, doch schon früher hatte Tass gemeldet, daß die Akademie der Wissenschaften der UdSSR jedes Jahr Hunderte von Briefen empfängt, in denen Privatpersonen Begegnungen ungewohnter Art melden. 34,5 Prozent aller jungen Sowjetbürger, ergab eine Umfrage, interessieren sich für Ufos und anderes Übersinnliches. Im amtlichen Fernsehen befreit jeden Morgen ein Geistheiler die Zuschauer von ihren Gebrechen durch scharfen Blick, Horoskope sind mittlerweile am Kiosk zu kaufen.

Die Akademie hat eine „Gruppe zum Studium atmosphärischer Anomalien" eingerichtet (mit einer Filiale auch in Woronesch), welche die meisten Erlebnisse auf Sinnestäuschungen, Luftspiegelungen, Wolken, Flugzeuge oder eben Luftballons zurückführen kann. Ein paar Erscheinungen bleiben, „über deren physikalische Natur sich vorläufig nichts Bestimmtes sagen läßt".

Mehr wußte schon der Vater der sowjetischen Weltraumfahrt, der von Lenin finanziell geförderte Tüftler und Träumer Konstantin Eduardowitsch Ziolkowski. Als „echten Beweis für das

---

* Aus der *Bild*-Zeitung.

Vorhandensein unbekannter vernunftbegabter Kräfte im Kosmos" wertete er eine geometrische Figur und eine menschliche Gestalt, die der Forscher schon 1886 am Himmel ausgemacht hatte. Drei Buchstaben – auf kyrillisch, die Außerirdischen kennen ihre Freunde – entdeckte er 1928 am Horizont.

Ziolkowski, der immerhin Luftschiffe entwarf, hielt die fremden Besucher intellektuell für hoch überlegen, zudem anders konstruiert: Manche könnten im luftleeren Raum leben, manche sich von Sonnenstrahlen nähren, andere – das macht sie jetzt besonders aktuell – ganz ohne Nahrung auskommen. Nach solchen Entwicklungshelfern gilt es Ausschau zu halten.

1980 traf ein Chauffeur im Dorf Poluschino bei Moskau auf Wesen, die ihn in

Woronesch-Besucher in der Boulevardpresse*: Blaue Stunde

ihr Raumschiff holten und per Enzephalogramm testeten. Auf einer Karte sah der Arme neun hufeisenförmig angeordnete Sterne – klar, die Typen kamen aus dem Sternbild Segel.

Ufo-Gläubige unter dem fünfzackigen roten Stern erhielten Auftrieb durch einen Weisen aus dem 50-Sterne- (und Streifen-)Land: Ronald Reagan. Als der US-Präsident im November 1985 zum erstenmal Parteichef Gorbatschow begegnete, empfahl er ihm eine Einheitsfront für den Fall einer Invasion von Außerirdischen.

„Es ist ohne weiteres möglich, daß Reagan keineswegs gescherzt hat", schrieb die Moskauer populärwissenschaftliche Zeitschrift *Priroda i tschelowek* (Natur und Mensch). „Für eine solche Annahme ist jedenfalls genügend Grund vorhanden."

Zum Beispiel die Langeweile in Woronesch. ◄

aus: DER SPIEGEL, Heft 42/1989

Medien

Ein anschauliches Beispiel über Berichte, die sich verselbständigen, schildert Watzlawick (1976), "Die zerkratzten Windschutzscheiben":

> Gegen Ende der fünfziger Jahre brach in der Stadt Seattle eine merkwürdige Epidemie aus: Immer mehr Autobesitzer mußten feststellen, daß ihre Windschutzscheiben von kleinen pocken- oder kraterähnlichen Kratzern übersät waren. Das Phänomen nahm so rasch überhand, daß Präsident Eisenhower auf Wunsch ... des Gouverneurs ... eine Gruppe von Sachverständigen des Bundeseichamtes zur Aufklärung ... entsandte. Diese Kommission fand sehr bald, daß unter den Einwohnern der Stadt zwei Theorien über die Windschutzscheiben im Umlauf waren. Auf Grund der einen, der sogenannten "Fallout"-Theorie, hatten kürzlich abgehaltene russische Atomtests die Atmosphäre verseucht, und der dadurch erzeugte radioaktive Niederschlag hatte sich in Seattles feuchtem Klima in einen glasätzenden Tau verwandelt. Die "Asphalttheoretiker" dagegen waren überzeugt, daß die langen Strecken frischasphaltierter Autobahnen ... Säuretröpfchen gegen die bisher unversehrten Windschutzscheiben spritzten.
>
> Statt diese Theorien zu untersuchen, konzentrierten sich die Männer des Eichamtes auf einen viel greifbareren Sachverhalt und fanden, daß in ganz Seattle keinerlei Zunahme an zerkratzten Autoscheiben festzustellen war.
>
> In Wahrheit war es vielmehr zu einem Massenphänomen gekommen: Als sich die Berichte über pockennarbige Windschutzscheiben häuften, untersuchten immer mehr Autofahrer ihre Wagen. Die meisten taten dies, indem sie sich von außen über die Scheiben beugten und sie auf kürzeste Entfernung prüften, statt wie bisher von innen und unter dem normalen Winkel durch die Scheiben durchzusehen. In diesem ungewöhnlichen Blickwinkel hoben sich die Kratzer klar ab, die normalerweise und auf jeden Fall bei einem im Gebrauch stehenden Wagen vorhanden sind. Was sich also in Seattle ergeben hatte, war keine Epidemie beschädigter, sondern angestarrter Windschutzscheiben. Diese einfache Erklärung aber war so ernüchternd, daß die ganze Episode den typischen Verlauf vieler aufsehenerregender Berichte nahm, die die Massenmedien zuerst als Sensation auftischen, deren unsensationelle Erklärung aber totgeschwiegen wird, was so zur Verewigung eines Zustands der Desinformation führt. Der Fall lehrt uns, daß sich eine völlig alltägliche, unbedeutende Tatsache... mit affektgeladenen Themen verquicken kann und daß von diesem Augenblick an eine Entwicklung ihren Lauf nimmt, die keiner weiteren Beweise bedarf, sondern rein aus sich heraus, selbstbestätigend und selbstbestärkend, immer weitere Personenkreise in ih-

ren Bann schlägt. (Watzlawick 1992[20], 84)

Vor allem die letzten beiden Sätze sind bezüglich des geschilderten Ablaufs immer wieder zu beobachten.

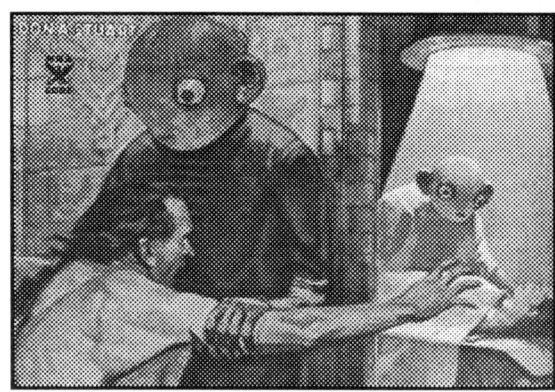

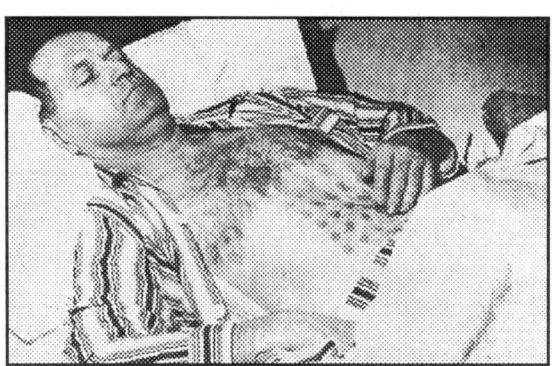

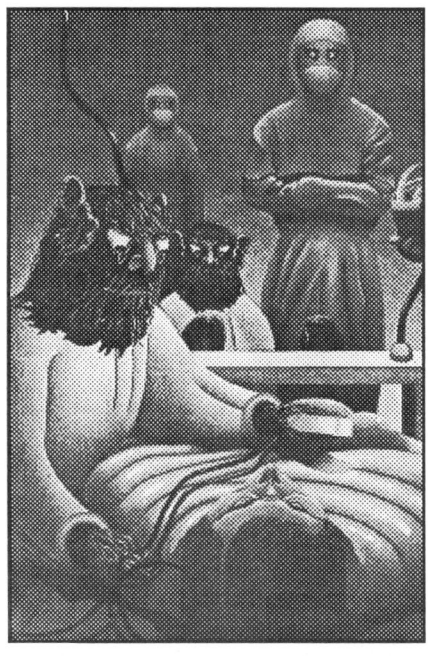

Schon seit Jahrzehnten taucht in den Berichten von Kontakten mit extraterrestrischen Intelligenzen ein Detail immer wieder auf: die medizinische Untersuchung oder Manipulation. Selbstverständlich existieren auch dafür "absolut eindeutige" Beweise (s.mittl. Abb.). Mal scheint das Erlebnis eher erotischer Natur gewesen zu sein, mal entspricht es eher einem Frankenstein'schen Horrorszenario. Schon in den 50er-Jahren wurde dieser Topos in den B-Movies eines Jack Arnold aufgegriffen.

"Ungelöste Rätsel" - Wirklich?

XIII.

Sind es wirklich die "letzten großen Geheimnisse der Menschheit", welche die Medien meist in der Sommerflaute mit verblüffenden Farbfotos, detaillierten Augenzeugenberichten und sensationellen "Expertentheorien" darstellen?

Hat nicht aufgrund der so überzeugenden, technisch perfekten, überaus anschaulichen Publikationen ein Zeitalter begonnen, in dem auch der letzte Laie "in der ersten Reihe" sitzt und Bauklötze staunt über das, was es doch so alles gibt?

Ursprünglich war bei der Konzeption dieses Buches geplant, kritische Aussagen zu einigen dieser "phantastischen Phänomene" zu machen. Als dann aber das Manuskript dieses Kapitels erstellt werden sollte, stockte die Feder des Autors. Warum?

• Nessie, das Ungeheuer von Loch Ness?

hat sich erledigt!

• Kreise in Kornfeldern?

hat sich erledigt!

• Rätsel der Pyramiden?

haben sich erledigt!

• Fluch des Pharao?

hat sich erledigt!

• Yeti im Himalaja?

hat sich erledigt!

• UFOs?

siehe Extra-Kapitel

• Froschregen?

hat sich erledigt!

• Meeresungeheuer?

sind untergetaucht!

• Magnetfrauen?

siehe Kapitel "Medien"!

Auch so ein ungelöstes Rätsel, das schon viele wilde Theorien nach sich gezogen hat: Die Statuen auf den Osterinseln.

Mit "hat sich erledigt" ist selbstverständlich nicht gemeint, daß der endgültige Nichtexistenz-Beweis erbracht werden konnte. Seit z.B. die deutsche populärwissenschaftliche Zeitschrift "PM" 1993/94 einen Wettbewerb ausschrieb zur Klärung des Kornkreis-Phänomens und daraufhin (unter Kontrolle) phantastische Kornkreise produziert wurden, die alle bislang aufgestellten Kriterien erfüllten, verschwand das "Phänomen" aus dem Blickpunkt der Öffentlichkeit. Wie lange wohl? Bis zur übernächsten Sommerflaute? Da sich schon andere ähnliche "Phänomene" aufgrund des kurzen öffentlichen Gedächtnisses, der Leichtgläubigkeit, der Alltagslangeweile, der Sensationsgier, der Auflagenhöhe und der Einschaltquoten als schier unausrottbar erwiesen haben, sollte man nicht zu optimistisch sein.

Spaniol schreibt im Skeptiker:

> Sofern ein Nachweis der Nichtexistenz von negativen Folgen neuer Technologien nicht erbracht werden kann - und wir werden sofort sehen, daß ein solcher nicht zu führen ist -, wird ihre Einführung verhindert, behindert oder kritisiert, zumindest aber bleiben unterschwellige Ängste zurück. Warum ist ein Nichtexistenzbeweis so aussichtslos? Betrachten wir ein einfaches Beispiel: Während etwa die Existenz von Krokodilen in Alaska gegebenenfalls positiv belegt werden kann - durch Vorzeigen eines entsprechenden Krokodilexemplars -, ist ein Nichtexistenzbeweis in Strenge unmöglich. Er muß nämlich auf einem Axiomensystem aufsetzen, das ein Gegner als ungültig bezeichnen wird, falls ihm die sich ergebende Schlußfolgerung nicht paßt. Im vorliegenden Fall könnte bzw. müßte ein Nichtexistenzbeweis zum Beispiel auf einer Fotografie des gesamten Bereichs basieren - und selbst dann könnte ein Gegner an der Genauigkeit der Fotografie zweifeln oder behaupten, das vorhandene Krokodil habe sich zeitweise versteckt. (Skeptiker 4/1994)

Auch wenn Zweifel an der "Aufklärbarkeit" einer esoterik-, okkultismus- und sensationswilligen Öffentlichkeit nicht unberechtigt sind, sollen doch noch einige Anmerkungen zu den bekanntesten "Rätseln" gemacht werden:

1.) NESSIE

Seit Jahrzehnten versuchen Wissenschaftler aller Fachrichtungen und Amateurforscher aus allen Teilen der Welt am schottischen See Loch Ness mit immensem technischen Aufwand, unter Einsatz der neuesten elektronischen Raffinessen, nachzuweisen, daß es tatsächlich dort ein Wesen gibt, das man nur als letzten Nachkommen der so faszinierenden Dinosaurier bezeichnen kann.

Selbst wenn wieder einmal die Suche ergebnislos

Rätsel ?

Unsterbliche Nessie

abgebrochen wird, steht im Abschlußbericht sicher ein Halbsatz, daß nicht mit Sicherheit ausgeschlossen werden kann...

Und es dauert nicht lange, bis wieder ein japanisches, deutsches, ... Fernsehteam auftaucht mit Mini-U-Booten, Ultraschallgeräten, einer riesigen Nessie-Falle usw., um endgültige Klarheit zu schaffen.

Die Zahl der Bücher und Zeitschriftenaufsätze über das "Ungeheuer von Loch Ness" ist unübersehbar. Kaum ein deutsches Englisch-Lehrbuch für Schulen spart dieses faszinierende Thema aus. Zu einer Schottlandreise gehört selbstverständlich ein Besuch an dem fast 300 Meter tiefen See, den Fotoapparat schußbereit in der Hand, denn man kann ja nie wissen...

Aus der Vielzahl der Bücher, die den "Mythos" Nessie fortleben lassen, seien zwei Bücher herausgegriffen:

- LIFE-Buch: "Rätselhafte Wesen" (aus der Reihe 'Geheimnisse des Unbekannten'); Amsterdam 1989
- Verlag Das Beste: Faszination des Unfassbaren; Stuttgart 1983

Natürlich tauchen derartige Ungeheuer nicht nur im sowieso geheimnisvollen Schottland (man denke nur an die zahllosen "Weißen Frauen" in schottischen Burgen und Schlössern) auf.

Was ist dazu zu sagen?

Selbstverständlich kann an dieser Stelle nicht der Anspruch erhoben werden, das "Geheimnis Nessie" zu lösen. 'Nessie' hat gegenüber anderen Rätselwesen den großen Vorteil, daß es schon 565 vom Hl. Columban gesehen worden sein soll und damit schon fast ein historisches Wesen ist. Das Alter von Geschichten und Mythen trägt für viele Menschen sehr zu ihrer Glaubwürdigkeit bei und ist schon bei-

nahe so viel wert wie ein regelrechter Beweis der Echtheit. Interessanterweise setzte sich eine breitere Öffentlichkeit erst dann mit dem "Ungeheuer von Loch Ness" intensiver auseinander, als die Region um den See verkehrstechnisch erschlossen war (1933). Fortan ergänzten sich mystische Überlieferung, Tourismus und schließlich auch die Wissenschaft so wirkungsvoll, daß 'Nessie' Weltruhm erlangte. Aber auch die Wissenschaft (so wurde das *Loch Ness Investigation Bureau* gegründet) konnte 1987 trotz des Einsatzes modernster Technologie in einer groß angelegten Expedition weder die Existenz noch die Nicht-Existenz des 'Ungeheuers' belegen.

Dieses schottische Rätselwesen wird also für viele weitere Jahre pünktlich im Sommer in der Boulevard-Presse auftauchen - wenn ihm nicht endgültig der Rang abgelaufen wird durch noch viel geheimnisvollere Dinge, die vermutlich wieder in Großbritannien geschehen werden.

Übersehen wird nach meiner Meinung allzuoft die Mentalität der Menschen, die in den jeweiligen Ländern leben.

Deutsche neigen dazu, Geister, Gespenster, Phantome und Zauberstätten (Stone Henge) mit viel ernsteren Augen zu sehen, als die Briten das tun.

Für eine Gegend "am Ende der Welt" ist ein "Ungeheuer" (und sei es noch so unwahrscheinlich) mit Geld gar nicht aufzuwiegen (vgl. auch die Kreise in den Kornfeldern). Worum es sich letztlich handelt, ist eigentlich egal - Hauptsache, es bleibt bei jedem Bericht das Gänsehaut erzeugende Gefühl, daß ja unter Umständen vielleicht und eventuell doch etwas dran sein könnte.

Und es gibt immer irgendwo eine Redaktion, die gerade eine Geschichte gebrauchen kann.

2.) Die Kreise in den Kornfeldern

Dieses "Phänomen" hat "Nessie" in den letzten Jahren ernsthafte Konkurrenz gemacht!

Neu ist es nicht, aber so schöne Farbberichte in allen deutschen Illustrierten sind vorher nie erschienen. Der Verlag Zweitausendeins kam mit dem Nachdruck seines Buches "Kreisrunde Zeichen" vom Pat Delgado gar nicht mehr nach, kaum ein Fernsehsender konnte es sich leisten, nicht darüber zu berichten.

Immer geheimnisvoller wurden die "Zeichen": Waren es am Anfang nur einfache (langweilige?) Kreise, so entwickelten sich schnell verschiedene Kombinationen von konzentrischen Ringen, bis endlich als Höhepunkt "außerirdische Piktogramme", "Botschaften aus einer anderen Welt" aufgefunden wurden. Und schon meldete sich eine Sprachforscherin, die eindeutig erkannte, daß es sich um eine nonverbale Nachricht analog zu der auch von Menschen in das Weltall gesandten handele...

Was ist dazu zu sagen?

Auch hier muß verstärkt auf die britische Mentalität hingewiesen werden! Wer die Tagesthemen vom 10.10.1989 gesehen hat, dem konnte die Atmosphäre in den Pubs der "Kreise-Gegend" zu denken gegeben haben. Einfühlsam hat das Kamerateam am Wochenende aufgefangen, mit welchem Augenzwinkern die älteren Pubbesucher zur örtlichen Dorfjugend hinübergeblickt haben, als die Sprache auf die Zeichen der Außerirdischen kam.

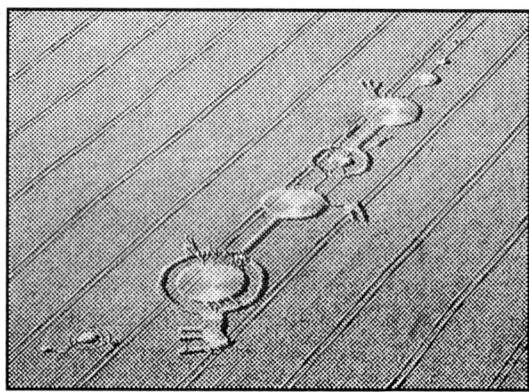

Kornkreise: Extraterrestrische Schriftzeichen?

Und merkwürdigerweise gelang es den Reportern auch überraschend schnell, eine Gruppe zu engagieren, die vor laufenden Kameras völlig korrekt einen entsprechenden Kreis produzierte, der allen behaupteten Kriterien entsprach!

Aber toll ist es schon, wenn in dieser etwas abgelegenen Ecke Fernsehteams aus aller Herren Länder auftauchen.

Der STERN schildert in einem Bericht, wie einer seiner Reporter dabei war, als ein neuer Kreis gefunden wurde:

> Der Kreis, den wir von der Straße aus entdeckt haben, hat einen Durchmesser von rund zehn Metern und liegt an einem langgestreckten Abhang. Das Getreide ist so fest an den Boden gepreßt, daß es sich unter den Füßen wie eine dicke Kokosmatte anfühlt.
>
> Die Halme im Kreis sind adrett gegen den Uhrzeigersinn gekämmt... Die Schöpfer der Zirkel haben ungeheuer akkurat gearbeitet: An einem Hang und noch dazu nachts eine derart makellose Figur in den Weizen zu drücken, das grenzt an Hexerei.
>
> Zwei junge Männer klettern über den Stacheldrahtzaun, der das Feld umgibt, und betreten das Rund. Einer bückt sich und klaubt etwas Silbriges aus den Getreidesträhnen: James Gale, Sohn des Bauern, hat ein taubedecktes Benzinfeuerzeug gefunden. Es funktioniert. "Mein Vater raucht nicht!" sagt der 17jährige. Entweder wir waren doch nicht die ersten Besucher im Getreidekreis, oder die Schöpfer der Kornzirkel haben sich verraten. Oder rauchen gar die Außerirdischen?...
> (STERN 34/1990)

Nachzutragen bleibt:

- Mittlerweile ist ein ziemlicher Rummel an den entsprechenden Plätzen entstanden mit Würstchenbuden, Andenkenläden, Bücherverkauf, Geisterheilern, Wünschelrutengängern, ...
- In der Schweiz ist etwas noch Geheimnisvolleres aufgefunden worden: "Rätselhafte Löcher"! Und keiner weiß, wohin die Erde daraus gebracht wurde! Es darf weiter gestaunt (oder gelacht) werden.

3.) Yeti, Bigfoot und Konsorten

Der Schneemensch oder Yeti (Sherpasprache) ist den Bewohnern des Himalaja seit Jahrhunderten bekannt. Im Westen erfuhr man davon erstmals 1832 in einem Zeitungsartikel des britischen Regierungsvertreters Hodgson, der berichtete, daß seine nepalesischen Träger in panischer Angst vor einem Geschöpf davongelaufen seien, das "aufrecht ging, schwanzlos und mit langem dunklem Haar bedeckt" sei. Die Zeugen behaupteten, daß sie einen Dämon gesehen hätten.

Eine ausgezeichnete Zusammenfassung des "Yeti-Phänomens" brachte das Nachrichtenmagazin DER SPIEGEL, als der Gipfelstürmer Reinhold Messner 1986 im Hochland von Tibet eine Begegnung mit dem Schneemenschen zu haben glaubte.

Messner war allein unterwegs,

> ... als ihm aus dem grünen Gezelt der Bäume eine dunkle Gestalt von falstaffschen Maßen entgegentrat: der Yeti, wer sonst.
>
> Gut und gern zwei Meter sei er groß gewesen, weder Mensch noch Affe, und über und über mit schwarzen Zotteln bedeckt, erinnert sich Messner. 'Reglos vor Überraschung stand ich da und starrte dieses Wesen an, von dem ich schon so viel gehört hatte.' Einzig diese heftige Bewegung des Gemüts habe ihn daran gehindert, beteuerte Messner, den Yeti fotografisch festzuhalten - und als er sich wieder gefaßt hatte, sei der Yeti davontrottiert, einfach so und sans adieu.
>
> Alles, was der Yeti hintanließ, war eine drei Kilometer lange Spur großer Fußtapfen, von denen Messner einige unscharfe Fotos machte. Als er diese zum Beweis seiner Behauptung präsentierte, wurde weithin gelacht - worauf Messner gekränkt ankündigte, er werde im folgenden Frühjahr nach Tibet reisen und der Yeti-Frage nachgehen. (DER SPIEGEL, 37/1990)

1990 schließlich gab Messner bekannt, daß er im Frühjahr 1991 in das benachbarte Königreich Bhutan reisen werde, weil es dort auch eine "Yeti-Vermutung" gäbe.

> Was Wunder - überall im Himalaja erzählen die Bergvölker vom Schneemenschen ..., der ein ziemlich gewürfelter, aber kein allzu schlechter

Geselle zu sein scheint - ein frecher Übermütler, der sein Gespött mit den Menschen treibt und Mutwill und Schalkereien gegen sie übt.

Gesichtet jedoch wird das mythische Wesen stets von den weißhäutigen Fremden, deren Beschreibungen vom Yeti verdächtig genau der Vorlage aus der Sage ähnelt: Hochgewachsen und haarig ist er, mit riesigen Füßen und Zähnen, die weiß und groß wie Klaviertasten im übelriechenden Maul schimmern. Die Eingeborenen hingegen erblicken den Yeti nie, und aufstöbern wollen sie ihn schon gar nicht - sie glauben an ihn, was ihnen vollauf genügt.

Seinen Anfang nahm der Yeti-Wahn um den Nikolaustag des Jahres 1951. An jenem 6. Dezember veröffentlichte die Londoner *Times* Fotos von riesigen Fußspuren, die der englische Alpinist Eric Shipton am Mount Everest aufgenommen hatten. Diese Bilder, so der britische Experte Peter Gilman, 'hatten offenbar einen ziemlich befreienden Effekt auf das bis dahin scheue Verhalten des Yeti' - jedenfalls häuften sich die Sichtungen im Laufe der Jahre derart, daß wissenschaftliche Gesellschaften... Expeditionen mit bis zu 300 Teilnehmern und entsprechend starker fotografischer Feuerkraft in den Himalaja entsandten, um dem Phänomen auf die Spur zu kommen.

Sie fanden nichts, was sich nicht auf natürliche Ursachen hätte zurückführen lassen - meist bemooste Felsfigurationen oder Schneeverwehungen -, aber auch, und das soll mehr als einmal vorgekommen sein, auf Trugbilder aus der Whiskeyflasche. So schwört etwa der aus Irland gebürtige Bergsteiger und Yeti-Forscher Donald Whillans, er habe beobachtet, wie sich ein Schneemensch in der Nähe seines Zeltes am Anapurna an einem Mars-Riegel gütlich tat.

Beim Yeti handle es sich, so behaupten die meist selbsternannten Experten aus der Riege der Kryptozoologen, um primitive hominide Wesen, die im Schutz des ewigen Schnees überlebt hätten - vielleicht sogar um die letzten Exemplare des "Gigantopithecus", einer Primatenart von monsterhafter Größe, die offiziell allerdings schon vor rund einer Million Jahren ausgestorben ist...

Vom Yeti-Glauben nicht infizierte Wissenschaftler geben eine ebenso schlichte wie einleuchtende Erklärung: Die scheinbar so rätselhaften Spuren stammen von Tieren wie den im Hochland des Himalaja lebenden Bären, vereinzelt auch von Orang-Utans, die sich in die Nebelwälder der Hochtäler zurückgezogen haben. Ihre extreme Größe erhalten die Spuren infolge der Sonneneinstrahlung - Schnee schmilzt immer in die Breite. Die Fußstapfen von Messners Yeti beispielsweise identifizierte der Mainzer Zoologieprofessor Helmut Hemmer als die eines Kragenbären...
(DER SPIEGEL, a.a.O.)

Bei der Berichterstattung über den Yeti oder seinen amerikanischen Kollegen Bigfoot (Sasquatch) zeigen sich mehrere Parallelen zu UFO-Erscheinungen, zum Ungeheuer von Loch Ness und anderen "Rätseln":

- Eine Meldung löst oft eine ganze Lawine von neuen Sichtungen aus.

- Unglücklicherweise sind selbst in unserer hochtechnisierten Welt Foto- und Filmapparate im entscheidenden Moment nicht zur Hand, falsch eingestellt oder kaputt, oder der Mensch ist "wie gelähmt..." (s.o.).

- Man findet kaum Hinweise auf die Mentalität und die Lebensumstände der Bewohner dieser Gebiete (vgl. Nessie - Schotten bzw. Briten). Gerade in den Gebieten der ehemaligen Sowjetunion überschlagen sich seit der politischen Wende und den damit verbundenen Orientierungsproblemen, die Meldungen hinsichtlich Unbekannter Flugobjekte, der Schneemenschen an der Wolga sowie der Wunderheilungen durch außergewöhnliche "Medien". Die bedrückende wirtschaftliche und politische Situation in den neuentstandenen Staaten hat offenbar eine Art Eskapismus ins Übersinnliche und Jenseitige zur Folge.

- Ebenso groß wie die Rolle derjenigen Menschen, welche die "Begegnungen" der ersten, zweiten oder dritten Art haben, ist oft die Rolle der Interpretatoren, welche an das Phänomen glauben und nunmehr so lange die vermeintlichen Fakten zurechtbiegen, bis sie endlich ins eigene Weltbild passen.

- Der Laie hat nicht die Spur einer Chance, zuverlässig die Qualität einer Meldung einzuschätzen. Das Ausgeliefertsein gegenüber den Medien ist vollständig und damit immer eine Sache des "Glaubens" (im Sinne von: "Dem glaube ich mehr als dem anderen."), solange man sich nicht Mühe macht, zu recherchieren.

Der Blick gen Osten

Fremdländisches, vor allem Fernöstliches hat seit längerer Zeit Hochkonjunktur. Die Hauptursache dürfte m.E. darin liegen, daß das (Ur-?) Bedürfnis des Menschen nach Mystizismus in unserer weitestgehend durchrationalisierten Gesellschaft nicht mehr genügend befriedigt wird.

Zumindest die beiden großen Kirchen befriedigen dieses Bedürfnis nicht mehr, die evangelische noch weniger als die katholische. Daraus entstand dann das bis zum Überdruß gebrauchte Schlagwort des "spirituellen Defizits", das nun für alles Mögliche herhalten muß.

Zahllose Seminare, Workshops, Bücher und Accessoires haben inzwischen den Markt überflutet zur Deckung dieses Defizits. Hier nur eine kleine Auswahl der dabei immer wiederkehrenden Begriffe:

I Ging - Philippinische Wunderheiler - Transzendentale Meditation - Reinkarnation - Zen - Yogi - Poona - Schamanen - Reiki - Krishnamurti - Pyramiden - Karma - Tai-Chi-Chuan - Tao - Ayurveda - Shiatsu - Chakra - Chinesisches Horoskop - Tantra - Feuerlaufen - Räucherstäbchen - Klangschalen - Yin/Yang - Druiden - Bo Yin Ra - Feng Shui - Hakomi - Rebalancing - Trance-Channeling ...

Viele der Begriffe bezeichnen langgepflegte Kulturgüter. Das soll hier nicht geleugnet oder etwa im Sinne eines eurozentrischen Weltbildes einfach abgetan werden. Kritisch zu beurteilen ist allerdings, wenn diese Glaubensinhalte oder Praktiken, die sich in historischen Zeiträumen in anderen Kulturkreisen ausgebildet haben, hier als Instant-Version im Wochenendkurs verhökert werden.

Daß sich mit diesem Bedürfnis kräftig Geld verdienen läßt, haben sowohl die Medien als auch zahllose "Therapeuten", "Lehrer", "Meister", "Trainer" und "Heiler" der jeweiligen speziellen Lehren erkannt. Man beachte dabei z.B. die Namen

- der Dozenten - ein "Paul Huber" oder "Otto Schmidt" ist kaum zu finden, sehr wohl aber "Swami Satyananda Saraswati", "Lama Sogyal Rinpoche", "Pir Vilayat Inayat Khan", "Yogi Dhirananda" oder
- der Schulen und Institute: "Shiatsu-Massage-Schule", "Hayyo-Do-Schulungszentrum", "Sivananda Yoga Zentrum", "Kabbala-Institut", "Kensho", "Tai Chi-Zentrum", "Akademie Akasha".

Fernsehsendungen zu "rätselhaften alten Kulturen" oder "geheimnisvollen exotischen Gegenden" bekommen die besten Sendezeiten und sind oft genug Gesprächsstoff für die nächsten Tage im Büro, am Stammtisch oder in der Schule.

Ein Beispiel, das den Verfasser seit Jahren verfolgt, sei hier ausführlicher dargestellt, weil es einerseits die Empfänglichkeit des Mitteleuropäers gegenüber fernöstlichen "Geheimnissen", andererseits auch die Manipulationsfähigkeit durch Medien zeigt.

Die Wunder der Fakire

Immer wieder wird in den Medien dargestellt, welche "Wundermänner" die indischen Fakire seien. Es werden selbst in "seriösen" Fernsehsendungen kaum Unterschiede zwischen "Yogis" und "Fakiren" gemacht, obwohl bekannt sein müßte, daß zumindest die letzteren vor allem mit Tricks ihren Lebensunterhalt verdienen.

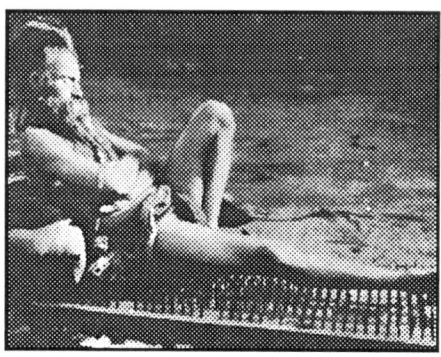

Sie sind, allgemein gesprochen, wandernde Bettler oder Gaukler, meist mohammedanischen Glaubens, die durch allerhand Gauklerkünste oder durch Zurschaustellung von religiös verbrämten Absonderlichkeiten wie Selbstverstümmelungen oder etwa dem Liegen auf dem Nagelbrett usw. die Mildtätigkeit des Publikums zu erwecken suchen. Zu dieser Klasse gehören auch die indischen Zauberkünstler, deren Können nach dem Urteil sachverständiger europäischer Beobachter ... meist weit unter dem ihrer europäischen Kollegen steht.
(v. Klinckowstroem 1968, 124)

Die bekanntesten "Wunder" sind wohl:

a) Das indische Seilwunder:

Diese Vorführung soll sich folgendermaßen abspielen, und so haben sie schon der arabische Reisende Ibn Batuta (um 1348) und der englisch-holländische Indienfahrer Edward Melton (1676) beschrieben. Nachdem die Gauklertruppe die im Halbkreis um sie versammelten Zuschauer längere Zeit durch eintöniges Trommeln und allerlei andere Kunststücke hinreichend seelisch präpariert hat, nimmt einer von ihnen ein Seil in die Hand und wirft es in die Luft. Das Seil bleibt anscheinend in der Luft hängen. Daraufhin klettert ein Knabe flink an dem erigierten Seil empor, wird zusehends kleiner und entschwindet oben den Augen der verblüfften Zuschauer. Danach klimmt nach einem heftigen Wortwechsel der Inder mit einem Messer hinterher und verschwindet ebenfalls in der Höhe. Nunmehr ertönt lautes Jammergeschrei des unsichtbaren Knaben, und zum Ent-

setzen des gaffenden Publikums fallen die blutigen Gliedmaßen des offenbar zerstückelten Kindes aus der Luft herab. Sodann klettert der Gaukler wieder an dem Seil herab, sammelt die Glieder und bedeckt sie mit einem Tuch. Nach kurzer Frist regt sich's unter dem Tuch, und der Knabe springt frisch und gesund darunter hervor. (v. Klinckowstroem 1968, 125)

Seit vielen Jahren ist eine heftige Diskussion über dieses "Wunder" entbrannt, vor allem unter Zauberkünstlern. 1890 erschien in der "Chicago Tribune" ein "Augenzeugenbericht" eines Journalisten namens S. Ellmore, in dem behauptet wurde, auf Fotografien, die während des Wunders gemacht worden seien, sehe man nichts als einen alten Inder, der mit Gesten die Blicke des Publikums herumlenke. Daraus entstand dann die Schlußfolgerung: "Aha, alles also Massensuggestion!"
Bei einer Überprüfung dieser Geschichte stellte sich allerdings heraus, daß sie von Anfang bis Ende frei erfunden war! (Man beachte den Namen des Autors: S. Ellmore = SELL MORE = to sell = engl. verkaufen, umgangssprachlich auch: "schwindeln"!)
Bis heute gibt es etliche Theorien, wie das Indische Seilwunder tricktechnisch auf einer Bühne mit allen möglichen Hilfsmitteln durchgeführt werden kann.
Unter den Bedingungen, die oben geschildert wurden, ist es nach Meinung namhafter Experten nicht möglich. Bedenklich ist auch, daß seit 1875 mehrere sehr hohe Geldpreise ausgesetzt sind für die "echte" Vorführung. Kein indischer Fakir oder Yogi hat sich bisher darum bemüht.
Reisebeschreibungen, denen man eine gewisse Seriosität nicht absprechen kann, sind durchweg nicht von Trickexperten abgefaßt, so daß sie Berichte enthalten über diesen Vorgang, bei denen auch hinterher nachempfunden werden kann, wie das "Wunder" durchgeführt wurde: z.B. in einer dunklen Höhle, in einer dunklen Felsen-Tempelhalle in Nepal, die nur durch das flackernde Licht brennender Kokosnußkerne beleuchtet war; auf einem mit hohen Bäumen besetzten Platz bei Anbruch der Abenddämmerung unter Abbrennen von Räucherkräutern mit starker Rauchentwicklung usw.
Ein Seil zu "hypnotisieren", so daß es "steif" wird, gehört zur "Grundausbildung" auch des modernen Zauberkünstlers.

b) Feuerlaufen:

Dieses Phänomen wurde von Wissenschaftlern verschiedener Fachrichtungen mittlerweile gründlich untersucht, mit handfesten Ergebnissen:

- Das Feuer ist mit großer Sorgfalt konstruiert. Als erstes kommt eine Schicht Stroh auf den Boden, darauf eine dünne Schicht von Zweigen. An den Seiten der "Feuerstraße" werden Berge von Feuerholz aufgeschichtet, die für eindrucksvolle Flammen sorgen, aber die glühenden Zweige in der Mitte kühlen sich recht schnell ab.

- Der Leiter gibt genaue Anweisungen: Nicht zu langsam gehen, nicht dorthin treten, wo Flammen aus dem Holz schlagen!

- Es geht nicht darum, wie groß die Hitze wirklich ist; entscheidend für das Gelingen des Versuches ist, wie gut ein Material diese Hitze weiterleiten kann. Die glühenden Kohlen sind schlechte Hitzeleiter, wenn man zügig durch die Glut schreitet, haben sie nicht genug Zeit, die Haut der Füße zu verbrennen.

- Statt bis zu 900 Grad, wie behauptet wird, maßen Physiker des bayerischen Max-Plack-Instituts für Verhaltensphysiologie nur 240 bis 438 Grad Celsius. Sie stellten fest, daß sich die Hornhaut an den Füßen bei so kurzen Kontakten von 0,25 bis 0,8 Sekunden pro Tanzschritt auf allenfalls hundert Grad aufheizt und sich also als "gut isoliert" erweist.

Ein schadloses Überqueren der Holzkohlenglut sei auch ohne Vorbereitungszeremoniell, ohne jegliche psychophysische Ausnahmezustände, ohne Verknüpfung mit religiösen Glaubensinhalten und barfuß in normaler Alltagsverfassung möglich. (DER SPIEGEL, 26/1987, 79 ff.)

Konsequenterweise führten die Forscher dies auch sofort entsprechend vor, was andernorts ohne Folgen wiederholt wurde.

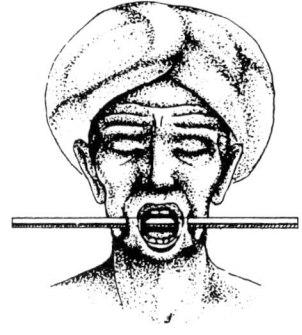

c) Durchstechen von Körperteilen und Verstümmelungen:

Daß in Trancezuständen und in Ekstase (DUDEN: "Verzückung, rauschhafter Zustand, in dem der Mensch der Kontrolle des normalen Bewußtseins entzogen ist") bestimmte Körperfunktionen verlangsamt, ja ganz ausgesetzt werden können (z.B. das

Schmerzempfinden), ist mittlerweile allgemein bekannt. Es gilt als ausgesprochene Spezialität indischer Wundermänner, sich Dolche, Messer, Nadeln, ... durch Körperteile zu spießen und sie wieder ohne erkennbare Folgen zu entfernen.

Hier wird allgemein angenommen, daß dieses für einen "Normalbürger" nicht möglich sei, weil dazu besondere Kräfte, eine besondere, lange Ausbildung oder eine durch jahrzehntelange Meditation geschulte Selbstbeherrschung nötig wären.

Einen Aufschrei gab es unter den Fernsehzuschauern, als sich in der Sendung "Terra X" im ZDF/3sat 1988/89 ein Fakir die Zunge abschnitt und kurz darauf wieder anfügte.

Der Moderator erklärte am Schluß der Bildersequenz (teilweise in Zeitlupe): "Medizinisch kann man den Vorgang nicht erklären. Vermutlich müssen wir es als vollendeten geistig-meditativen Kraftakt verstehen!"

Seither wird dieser Vorgang immer wieder als unumstößliches Beispiel für "übernatürliche Kräfte" ins Feld geführt.

Korrekt war, daß man "diesen Vorgang medizinisch nicht erklären kann"! Hätte man statt der Ärzte die eigentlichen Experten befragt, nämlich die indischen oder auch manche europäischen Zauberkünstler, hätte die Antwort anders gelautet!

Der Leser mag sich selbst ein Urteil bilden:

1956 (!) erschien in der deutschen Fachzeitschrift für Zauberkünstler die Besprechung einer Tournee, die der indische Zauberer Sorcar durch den deutschsprachigen Raum unternahm. Darin heißt es u.a.:

... Und nun zu Sorcars "Zungenabschneiden". Dies ist sein Trick, der für ihn Reklame macht, und über den alle Zeitungen berichten. Sorcar hat diesen Trick in der letzten Zeit noch wesentlich verbessert. Er läßt ca. 20 Personen auf die Bühne kommen, worunter möglichst viele Ärzte und Zahnärzte sein sollen. Dann läßt er den Mund des Mediums untersuchen. Das Medium fällt in Trance und streckt die Zunge aus dem Mund. Sorcar schneidet ein kleines Stück davon ab und zeigt es den Personen auf der Bühne. Er fragt sie, ob es sich wirklich um ein Stück Zunge handle, und alle Personen bestätigen dies, inklusive der Ärzte. Dann setzt Sorcar das abgeschnittene Stück wieder an, und der Assistent zieht seine Zunge herein. Nun läßt Sorcar dem Medium den Puls fühlen, und zwar an beiden Armen, an beiden Schläfen, am Nacken und auf dem Herz. Und alle Personen bestätigen, daß der Puls abwechselnd stehen bleibt und dann wieder sehr schnell geht. Diese Vorführung wirkt absolut überzeugend, denn der Assistent wechselt zugleich seine Gesichtsfarbe von kreideweiß auf blutrot. Schließlich weckt Sorcar sein Medium. Dieses steht auf,

spricht ein paar Worte und zeigt wiederum seine Zunge, auf der noch die Schnittstelle sichtbar ist. Die ganze Vorführung ist absolut überzeugend und spannend. Auch kein Zauberer, der das Geheimnis nicht kennt, kann sich den Vorgang erklären. Bei diesem Trick ist Sorcars Showmanship sehr gut! (Magische Welt, 1956)

Bedenklich ist, daß 1956 die Zuschauer der Zaubershow heimgingen und den Eindruck hatten, sich gut unterhalten zu haben ("Wie hat er das nur gemacht??") - 1989 wird den Fernsehzuschauern dagegen intensiv suggeriert, daß sie an einem beinah religiösen Ritual ("vollendeter geistig-meditativer Kraftakt") teilgenommen hätten.

Im wesentlichen kommt es auf die Suggestionskraft an, auf die Fähigkeit, eine Illusion zu erwecken. Eine Illusion ist laut DUDEN:

1. (dem eigenen Wunschdenken entsprechende) schöne Vorstellung in bezug auf etw., was in Wirklichkeit nicht o. nicht so ist; Wunschvorstellung.

2. falsche Deutung von tatsächlichen Sinneswahrnehmungen (im Unterschied zur Halluzination; Psychol.).

3. Täuschung durch die Wirkung des Kunstwerks, das Darstellung als Wirklichkeit erleben läßt.

Suchen Sie sich aus, welche Definition für dieses "Wunder" paßt!

Das scheinbar schmerzlose Durchstechen verschiedener Körperteile beruht zum Teil auf der Anwendung medizinischer Kenntnisse (die Fakire in wesentlich größerem Umfang besitzen, als die mitteleuropäischen Zuschauer vermuten), zum Teil auf Trick, zum Teil auf den Auswirkungen von Trance oder Meditation.

Für den Laien ist eine Unterscheidung sehr schwierig, zumal für den mitteleuropäischen Geschmack viele Darbietungen "unappetitlich", "unhygienisch", "gruselig" sind.

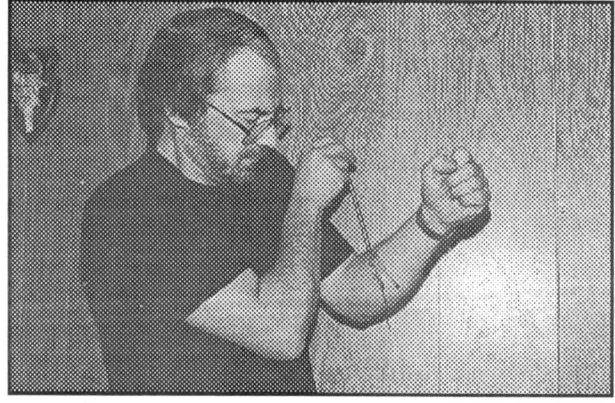

Das Bild zeigt den Verfasser beim Durchstechen seines Unterarmes.

Nachdem die Nadel wieder herausgezogen wurde,

wird mit einer selbstentwickelten Flüssigkeit (am Kreuzweg in einer Neumondnacht hergestellt, in D 20 verdünnt, 12 mal links herum, 17 mal rechts herum geschüttelt) die Wunde bestrichen - und nicht einmal Einstichlöcher sind mehr erkennbar! Bei den indischen Fakiren haben die "Durchstech-Nummern" schon eine lange Tradition.

In einem Buch von Gottfried Kirchner zur Sendung "TERRA X" sind zwei farbige Abbildungen der o.a. Szene enthalten. Originalunterschriften: "Völlig unerklärlich: Ein Rif'i - Meister hat sich einen Spieß durch seine Zunge gebohrt und sie abgeschnitten" und "15 Sekunden später setzt er sie durch Festdrücken wieder an." (Kirchner 1988, 186)

Im Text heißt es zum Vorgang des Zungenabschneidens:

> Und gänzlich unvorstellbar erscheint erst recht das, was uns der Ordensmeister der Rifa'is zeigt. Mit nacktem Oberkörper kniet er sich auf den Boden. Zuerst scheint es, als mache er nur die Übung seiner Schüler nach: Er sticht sich einen Spieß durch die Zunge. Aber warum hat man ihm dann einen langen Schal um den Hals gelegt, dessen Enden zwei Männer sogar festhalten? Der Ordensmeister greift zum Messer. Das Singen und Trommeln wird schneller und lauter. Mit der linken Hand hält der Meister den Spieß im Mund fest, mit der rechten säbelt er hinter dem Spieß an der Zunge. Uns stockt der Atem. Zum Glück behält der Kameramann die Nerven und dreht weiter.
>
> Die Zunge ist durchgeschnitten! Der Meister zieht den Spieß aus dem Mund. Kein Zweifel: die abgeschnittende Zungenspitze hängt deutlich sichtbar an dem dünnen Metallstab. Der Körper des Fakirs bäumt sich in wilder Ekstase, die Augen sind starr und weit aus den Höhlen getreten. Der fransige Stummel hängt aus dem Mund, weißlich die Oberfläche und die längeren Seitenenden, in der Mitte - dunkelrosa schimmernd - die frische Schnittstelle. Daß der Stummel ausgefranst erscheint, gerade das könnte nach Meinung von Ärzten der Beweis dafür sein, daß hier wirklich ein lebendes Organ durchtrennt wurde...
>
> Nur mit Mühe können die beiden Schüler ihren Meister halten. Fest ziehen sie an den Enden des Schals, dessen Funktion erst jetzt klar wird. Nur so kann man den zuckenden Körper vorm Vornüberkippen bewahren. Außerdem drückt der Schal auf die Halsschlagadern und verlangsamt die Blutzirkulation im Kopfbereich. Und drittens - das sagen uns die Rifa's später - muß der Meister unbedingt davor geschützt werden, in seiner Ekstase aus Versehen auf uns Ungläubige zuzuwanken und uns zu berühren; denn dann wäre er nach ihrem Glaubensgrundsatz nicht mehr in der Lage gewesen, die abgeschnittene Zungenspitze wieder an ihre frühere Stelle zu

setzen...

> Das Ganze hat ungefähr zwei Minuten gedauert. Langsam lockern die Schüler den Schal; der Meister steht auf - völlig erschöpft...
>
> Wir stehen absolut fassungslos da. Was haben wir da gesehen? Einen Trick? Ein Wunder? Die Schulmedizin ist solchen Phänomenen gegenüber ratlos..." (Kirchner, a.a.O.)

Einige Vermutungen (mehr kann es nicht sein!) aus der Sicht des Trickfachmanns (James Randi: "Ein Trickser kann nur durch einen anderen Trickser entlarvt werden!"):

- Das Fernsehen zeigt nur einen unvollkommenen Ausschnitt, der wichtige Teile (z.B. der Vorbereitung) vorenthält. Die Aufnahmen entstanden außerdem aus einiger Entfernung, weil der "Meister" und seine Anhänger nicht erlaubten, daß Ungläubige...

- Bei der Analyse des gezeigten, in Groß- und Totalaufnahmen geschnittenen (!) Filmes fallen einem geschulten Beobachter einige Punkte auf, die zumindest die Möglichkeit des Trickbetruges zulassen (so gebe ich dem "Schal" durchaus eine andere Bedeutung als der Autor, ebenso dem Gefäß mit dem "gesegneten Wasser"!!).
  Die Handhaltung bei der entscheidenden Phase des Durchstechens ist exakt diejenige, welche man einnehmen muß, wenn man diesen Vorgang tricktechnisch durchführt! Besitzt man dieses entsprechende Spezialwissen, fällt es einem wie Schuppen von den Augen und man kann die "Frechheit" bzw. Sicherheit der Ausführung nur bewundern (der Verfasser führt das Zungendurchstechen selbst in einer seiner Veranstaltungen durch - trotz einer ausgesprochenen Nadelphobie!).

- Eine gesicherte Aussage darüber, ob es sich um eine Menschenzunge handelt, wird sich auf diese Entfernung auch nicht der beste Arzt zutrauen. Genug der Andeutungen, um weiterzudenken? Übrigens: Legt man eine gepökelte Schweinezunge eine gewisse Zeit in Rote-Beete-Saft, hat sie das Aussehen und die Konsistenz einer Menschenzunge...

• In diesem Zusammenhang sollte auch (vor allem im Hinblick auf die oben erwähnten gesteigerten Schwierigkeitsgrade, unter denen der Zauberkünstler Sorcar diesen Effekt demonstrierte), das "Phänomen" der Regurgitation erwähnt werden. Nein, ich möchte Ihnen nicht das Vergnügen nehmen, selbst herauszufinden, was das ist! Nur soviel: Diese Fähigkeit war vor allem bei spiritistischen "Medien" im Hinblick auf Sitzungen begehrt, wenn dort vorher körperliche Durchsuchungen befürchtet wurden und trotzdem etwas "materialisiert" werden sollte. Ihr Internist kann Ihnen notfalls weiterhelfen!

Möglichkeiten der pädagogischen Arbeit

Für den Laien unmerklich wird bei entsprechenden Darbietungen von "echten" Teilen übergegangen zu Tricks, die dann für real gehalten werden, weil "das vorher Gezeigte ja offensichtlich authentisch" war. Neben einigen anderen Faktoren verstärkt natürlich die geheimnisvolle exotische, orientalische Atmosphäre den Eindruck, daß die indischen Wundermänner Fähigkeiten besitzen, die man mit "natürlichen, wissenschaftlichen Erklärungen" (noch) nicht angehen kann.

Ein Beispiel:
Es wird behauptet, indische Fakire könnten den Herzschlag mental beeinflussen (beschleunigen, verlangsamen, ...). Ebenso andere Körperfunktionen.

Ohne in tiefere Einzelheiten einzudringen:
Dies ist tricktechnisch auch möglich (womit nicht gesagt ist, daß es nicht irgendwo irgendeinen Yogi gibt, der nicht wirklich ...!):

• Rollen Sie einen Ärmel zurück, und lassen Sie sich von einem Teilnehmer den Puls fühlen.
• Der Fühlende soll laut sagen, ob sich der Pulsschlag irgendwie verändert.
• Und wirklich: Der Puls wird langsamer/schneller - ja, er verschwindet ganz! Schließlich kommt er langsam wieder, um nach Belieben wieder schwächer zu werden ...
• Mit etwas schauspielerischen Fähigkeiten bringen Sie selbst medizinisch Gebildete zur Verzweiflung!

Das Geheimnis:
Sie haben vorher einen Gummiball, ein Stück Holz, eine Filmdose unter Ihre Achsel gebracht und drücken bei der Vorführung immer stärker den Arm an den Körper!
Die Ader wird schön langsam abgedrückt, die Hand sogar bleich (ist ja klar, oder?).
Wenn Sie wieder locker lassen, fließt das Blut wieder, und der Pulsschlag kommt zurück.
Meist wird vom Messenden behauptet, daß der Puls schneller oder langsamer wird. Das ist eine subjektive Täuschung (außer Sie sind sehr aufgeregt, wozu aber kein Anlaß besteht).
Und wenn jemand den Puls an der Halsschlagader messen will? Kein Problem:
"Tut mir leid, das bin ich nicht gewöhnt! Ich muß mich stark konzentrieren, und das ist in dem gegebenen Rahmen leider nicht möglich. Messen Sie bitte beim Handgelenk!" Sie werden keinen Widerspruch hören!

Dramaturgie einer Fakir Vorführung:

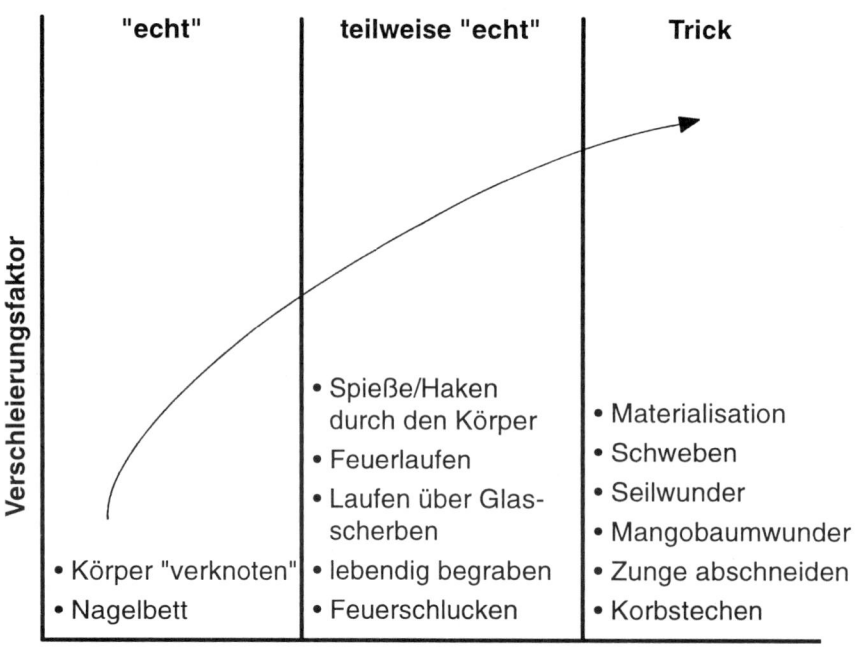

Literaturverzeichnis

Im Literaturverzeichnis verwendete Abkürzungen:

EZW – Evangelische Zentralstelle für Weltanschauungs-fragen

AJS – Aktion Jugendschutz Nordrhein-Westfalen

Folgende Abkürzungen wurden verwandt, um die Einordnung der angegebenen Literatur zu erleichtern:

sk – skeptisch

ok – okkult, esoterisch, para-gläubig

Allan:
Mögliche Unmöglichkeiten; Wien 1982 (sk)

Allan/Schiff/Kramer:
Falsche Geister – Echte Schwindler; Wien, Hamburg 1969 (sk)

Baer, H.:
Ist die Stunde der Geister gekommen? Zur Hochkonjunktur des Okkultismus; Hamm 1987 (sk)

Banol, F.S.:
Die okkulte Seite des Rock; München 1987

Barz, H. (Hg.):
Dämonen im Klassenzimmer – Wenn Pädagogen das Neue Zeitalter und Schüler den Teufel beschwören; Weinheim 1990 (sk)

Battista, U.:
„Satanismus im Hardrock/Heavy Metal", in: EZW-Materialdienst 7/1985 (Stuttgart)

Bauer, E.:
„Vorwort", in: o.V.: Wenn Tische plötzlich schweben; Luzern 1987

Bäumer, U.:
Wir wollen nur deine Seele; Bielefeld 1984

Beckers/Kohle (Hg.):
Kulte, Sekten, Religionen – Von Astrologie bis Zeugen Jehovas; Augsburg 1994 (sk)

Behrendt, B.:
Telepathie und Hellsehen – Was wissen wir darüber?; Freiburg 1983 (ok)

Bender, H.:
Verborgene Wirklichkeit; München 1985 (ok)

ders.:
Unser sechster Sinn; Stuttgart 1971 (ok)

Bienemann, G.:
Pendel, Tisch & Totenstimmen – Spiritismus und christlicher Glaube; Freiburg 1988

ders.:
Okkultismus – Eine Herausforderung für die Jugendarbeit; Neuss 1993

Billerbeck/Nordhausen:
Satanskinder – Der Mordfall Sandro B.; Berlin 1994 (sk)

Binder, H. (Hg.):
Macht und Ohnmacht des Aberglaubens – Magie, Wissenschaft, Pseudowissenschaft; Pähl 1992 (sk)

Bischöfliches Generalvikariat Aachen (Beckers, H. u.a.):
Neue Kultbewegungen und Weltanschauungsszene (zwei Bände); Mönchengladbach 1990

Bogen, H.-J.:
Magie ohne Illusionen; Freiburg 1982 (sk)

Böhringer; S.:
Astrologie heute – Eine umstrittene Form des Daseins; (Information Nr. 97 der EZW) Stuttgart 1986

Bonin, W. F.:
Lexikon der Parapsychologie und ihrer Grenzgebiete; München 1988

Brügge, P.:
„Zum Überleben zu tüchtig", in: Der Spiegel 36/1990, 110 ff.

Cammans, H.-M.:
Okkultismus – zwischen Suche und Sucht; Recklinghausen 1990 (sk)

Christopher, M.:
Geister, Götter, Gabelbieger; München 1977 (sk)

Cziffra, G. v.:
Hanussen – Hellseher des Teufels; München 1978

Dahlke/Dahlke:
Okkultismus – Der Esoterik-Boom: Ursachen, Gefahren, Chancen; München 1990 (ok)

Delgado/Andrews:
Kreisrunde Zeichen; Frankfurt 1990 (ok)

Dijk, A. v.:
Die Geister, die ich rief – Christliche Möglichkeiten im Umgang mit den spirituellen Phänomenen der Gegenwart; Hamm 1989

Drössler/Freyberg:
Handlesen, Kartenschlagen, Pendeln; Leipzig 1990 (sk)

Eberlein, G.L. (Hg.):
Schulwissenschaft – Parawissenschaft – Pseudowissenschaft; Stuttgart 1991

ders.:
Kleines Lexikon der Parawissenschaften; München 1995 (sk)

Eisenbud, J.:
Gedankenfotografie; Freiburg 1975 (ok)

Eisenhauer, G.:
Scharlatane - Zehn Fallstudien; Frankfurt 1994

Ernst, B.:
Der Zauberspiegel des Maurits Cornelis Escher; Berlin 1986

ders.:
Das verzauberte Auge – Unmögliche Objekte und mehrdeutige Figuren; Berlin 1989

Evans, C.:
Kulte des Irrationalen; Hamburg 1976

Eysenck/Sargent:
Der übersinnliche Mensch – Report der PSI-Forschung; München 1984

Farkas, V.:
Unerklärliche Phänomene; Frankfurt 1988 (ok)

ders.:
Esoterik – Eine verborgene Wirklichkeit; Frankfurt 1990 (ok)

Federspiel/Herbst (hg. Stiftung Warentest):
Die andere Medizin – Nutzen und Risiken sanfter Heilmethoden; Berlin 1991

Feldes, R.:
Magie – Die unbewußte Kraft; Bonn 1986

Frisby, J.:
Optische Täuschungen; Augsburg 1987

Frischler, K.:
Die Kräfte des Übersinnlichen; München 1974

Funke, K.:
Erste Auskunft 'Sekten', Okkultismus, Esoterik, Neue Religiosität; Leipzig 1994

Gardner, M.:
How Not To Test A Psychic; Buffalo 1989 (sk)

ders.:
On The Wild Side; Buffalo 1992 (sk)

Gertler/Mattig:
Stimmen aus dem Jenseits – Parapsychologie und Wissenschaft; Berlin 1992 (sk)

Geue, B.:
Wie ich mir die Wirklichkeit zurechtbiege – Wann Illusionen uns nützen und wann sie schaden; Zürich 1994

ders.:
„Magie – Was ist das?", in: „Magische" Welt 2/1982

Göksu, C.:
Heroldsbach – Eine verbotene Wallfahrt; Würzburg 1991

Goldner, C.G.:
„Subliminal-Kassetten – Unterschwelliger Betrug?", in: Psychologie heute 8/1989

Goleman, D:
Lebenslügen und einfache Wahrheiten – Warum wir uns selbst täuschen; Weinheim 1987 [1991²]

Gööck, R.:
Das 1 x 1 der Zauberei; Bergisch-Gladbach 1981

Gordon, H.:
ExtraSensory Deception; Buffalo 1987 (sk)

Gossler, M.:
Lexikon Grenzwissenschaften – Tatsachen, Phänomene und Theorien zu PSI, Esoterik, Magie, Mathematik, Physik, Astronomie; Landsberg am Lech, 1988

Graichen, G.:
Die neuen Hexen – Gespräche mit Hexen; München 1989

Grandt/Grandt:
Schwarzbuch Satanismus; Augsburg 1995 (sk)

Griffiths, H.:
Hexentochter; Ravensburg 1992 (Jugendbuch ab12 J., als Lektüre geeignet)

Grom, B.:
Spiritismus und Mediumismus – Das neue Interesse an „Jenseitskontakten"; Stuttgart 1989 (EZW-Information Nr. 108)

Gross, W.:
Sucht ohne Drogen – Arbeiten, Spielen, Essen, Lieben; Frankfurt 1990

Gubisch, W.:
Hellseher – Scharlatane – Demagogen? – Eine experimentelle Untersuchung zum Problem der außersinnlichen Wahrnehmung und der suggestiven Beeinflussung einzelner Menschen und Menschenmassen; München 1961 (sk)

Haack, F.-W.:
Europas neue Religion – Sekten, Gurus, Satanskult; Freiburg 1991a

ders.:
Findungshilfe 2000 – Apologetisches Lexikon; München 1990

ders.:
Hexenwahn und Aberglaube in der Bundesrepublik; München 1988a (sk)

ders.:
Schriften aus der 'Münchener Reihe' des Evang. Presseverb. Bayern: (sk)
• Blut-Mythos und Rasse-Religion Neugermanische und deutschvölkische Religiosität (1983a)
• Ratschläge Jugendreligionen, -bewegungen und Sekten: Was können Betroffene und Verantwortliche tun? (1983b)
• Die neuen Jugendreligionen Teil 2 – Dokumente und Erläuterungen (1984⁶a)
• Die „Bhagwan"-Rajneesh-Bewegung (1984b)
• Die neuen Jugendreligionen Teil 4 – Aktionen, Hilfen, Initiativen (1986)
• Aberglaube – Magie – Zauberei (1987a)

© Verlag an der Ruhr, Postfach 10 22 51, 45422 Mülheim an der Ruhr

Literaturverzeichnis

- Satan – Teufel – Luzifer: Was ist davon zu halten? (1987b)
- PSI/Parapsychologie (1987c)
- Spiritismus (1988b)
- Astrologie (1988c)
- Die neuen Jugendreligionen (1988[24]d)
- Jugendspiritismus und -satanismus (1989a)
- Bestrafte Neugier – Okkultismus (1989b)
- Die neuen Jugendreligionen Teil 5 – Gurubewegungen und Psychokulte (1991b)
- Transzendentale Meditation (1992)
- Scientology, Dianetik und andere Hubbardismen (1993)
- Sekten (1994)

Haberer, E.:
Herausforderung New Age – Zur christlichen Auseinandersetzung mit neuem Denken; München 1990 (sk)

Haining, P.:
Das große Gespenster-Lexikon; Düsseldorf 1983

Hanauer, J.:
Fatima – „Erscheinungen" und „Botschaften"; Bad Honnef 1979 (sk)

ders.:
Der stigmatisierte Pater Pio von Pietrelcina; Bad Honnef 1979 (sk)

ders.:
Die stigmatisierte Seherin Anne Katharina Emmerick; Bad Honnef 1979

ders.:
Der Schwindel von Konnersreuth – Ein Skandal ohne Ende?; Regensburg (Eigenverlag) 1989 (sk)

ders.:
WUNDER oder Wundersucht? Erscheinungen, Visionen, Prophezeiungen, Besessenheit; Aachen 1991 (sk)

Hartwig, R.:
Scientology – Ich klage an!; Augsburg 1994 (sk)

Hassan, S.:
Ausbruch aus dem Bann der Sekten – Psychologische Beratung für Betroffene und Angehörige; Hamburg 1993 (sk)

Hauth, R.:
Jugendsekten und Psychogruppen von A-Z; Gütersloh 1981 (sk)

Heimann, D.:
Backward Masking – Fluch oder Flop?; Asslar 1990 (sk)

Helsper, W.:
Okkultismus – Die neue Jugendreligion?; Opladen 1992 (sk)

Hemminger, H.:
Vom Umgang mit dem Okkultismus – Psychologische und seelsorgerliche Aspekte; Stuttgart 1989 (EZW-Sonderdruck Nr. 17) (sk)

ders.:
VPM – Der „Verein zur Förderung der psychologischen Menschenkenntnis"; München 1994 (sk)

ders.:
Die Rückkehr der Zauberer; Hamburg 1987 (sk)

Henke:
„UFO-Sichtungen", in: Der Skeptiker 1/1992 (Untersuchung der UFO-Sichtungen von 1976-1991)

Hiller, H.:
Lexikon des Aberglaubens; München 1986

Hilse, J.:
Von allen guten Geistern verlassen? – Jugendliche und Okkultismus; (hg. AJS) Köln 1990

Hoebens, P.H.:
„Grenzgebiete der Medizin und die Verantwortung der Parapsychologen", in: s. Oepen/Prokop 1986

Höhn/Höhn:
Kontakte ins Jenseits? Über die Faszination des Okkulten; Köln 1989 (sk)

Höhn, M.:
Sympathie für den Teufel – Kritischer Ratgeber Okkultismus; Köln 1993 (sk)

Holbe, R.:
Phantastische Phänomene – Den großen Rätseln auf der Spur; München 1993 (ok)

Honegger, C. (Hg.):
Die Hexen der Neuzeit – Studien zur Sozialgeschichte eines kulturellen Deutungsmuster; Frankfurt a. M. 1978

Hummel, R.:
Gurus in Ost und West; Gütersloh 1987

Hund, W.:
Zauberhaftes Lernen; Nürnberg 1988

Hunfeld/Dreger:
Magische Zeiten – Jugendliche und Okkultismus; Weinheim 1990 (sk)

Hyman, R.:
„'Cold Reading': How to convince strangers that you know all about them", in: The Zetetic 2/1977

Janzen, W.:
Okkultismus; Mainz 1988

ders.:
„Okkultismus in der Schule – Okkulte Praktiken unter Schülern", in: Der evangelische Erzieher 2/1989

Kakuska, R.:
Esoterik – Von Abrakadabra bis Zombie; Weinheim 1991

Keller, W.:
Was gestern noch als Wunder galt; München 1973

Kirchner, G.:
Terra X – Von Atlantis zum Dach der Welt – Rätsel alter Weltkulturen; Bergisch-Gladbach 1988

Klinckowstroem, C.v.:
Die Zauberkunst; München 1968

Knaut, H.:
Das Testament des Bösen; Stuttgart 1979 (sk)

Koch, E.K.:
Okkultes ABC; Aglasterhausen 1981

König, R.:
Sanfte Heilverfahren – Geistige Heilung, Akupunktur, Homöopathie, Irisdiagnostik, Pendeln und Wünschelrute, Chiropraktik u.a.; Neuhausen-Stuttgart 1988 (sk)

ders.:
Geheime Gehirnwäsche –
Wie man uns heute für morgen
programmiert (Mystik und
Meditation, Psychotechniken,
Ökologie …);
Neuhausen-Stuttgart 1988 (sk)

Kramer, W.:
So lügt man mit Statistik;
Frankfurt 1991 (sk)

Kratz, M.:
Das Blutwunder von Neapel –
Über 200 Experimente und
Versuche für Freiarbeit und
Projektunterricht zu Hause und
im Labor; Lichtenau 1994

Kremer/Staudel (Hg.):
Entzaubert – Magie, Mythos,
Esoterik: Themen für den natur-
wissenschaftlichen Unterricht?;
Marburg 1991

Kriese, R.:
Okkultismus im Angriff;
Neuhausen-Stuttgart 1988

Kyber, M.:
Einführung in das Gesamtgebiet
des Okkultismus; Darmstadt 1987

Lang, R.:
Aberglaube? Fragwürdige Versu-
che zur Daseinsbewältigung –
eine aktuelle psychologische
Untersuchung; Stuttgart 1988
(EZW-Berichte Nr. 15) (sk)

Lanners, E.:
Illusionen; München 1986

Larson/Steigelmann:
Geht unsere Jugend zum Teufel?;
Neuhausen-Stuttgart 1990

Lehmann, A.:
Aberglaube und Zauberei;
(Neuauflage) Bindlach 1990 (sk)

Leithäuser, J.G.:
Das neue Buch vom Aberglauben
– Geschichte und Gegenwart;
Berlin 1964 (sk)

LIFE-Buch:
Seelenwanderung; (aus der
Reihe: Geheimnisse des Unbe-
kannten) Amsterdam 1988

LIFE-Buch:
Rätselhafte Wesen; (aus der
Reihe: Geheimnisse des Unbe-
kannten) Amsterdam 1989a

LIFE-Buch:
Geist über Materie; (aus der
Reihe: Geheimnisse des Unbe-
kannten) Amsterdam 1989b

Löb, H.:
„Erdstrahlen und Wünschelruten",
in: s. Eberlein 1991 (sk)

Lorenz, F.:
UFOs, Ungeheuer, dunkle Mächte;
Bindlach 1994

Lutzius, F.:
Psi – Paradiesvogel der Wissen-
schaft – Möglichkeiten und
Grenzen der Parapsychologie;
Essen 1989

Magin, U.:
Von Ufos entführt – Unheimliche
Begegnungen der vierten Art;
München 1991 (sk)

ders.:
Trolle, Yetis, Tatzelwürmer –
Rätselhafte Erscheinungen in
Mitteleuropa; München 1993 (sk)

Mattig/Gertler:
Wunderheiler? Medizin mit
Pendel, Nadel, Strahlen;
Berlin 1989 (sk)

Meier, H.:
„Wenn der Hahn kräht …",
in: „Magische" Welt 1/1989

Mesters, F.:
Körperverletzung durch
psychische Einwirkung;
München 1985 (sk)

Mischo, J.:
Okkultpraktiken Jugendlicher –
Ergebnisse zweier empirischer
Untersuchungen; Stuttgart 1988
(bei der EZW veröffentlichte
Studie der Freiburger Parapsycho-
logen, Sonderdruck Nr. 17; ok)

ders.:
Okkultismus bei Jugendlichen;
Mainz 1991

Mitscherlich, A.:
Der Kampf um die Erinnerung;
München 1991

Morrison/Morrison:
Das Geheimnis unserer
Wahrnehmung;
München 1988

Morrison, S.:
Zauberbuch für neue Hexen –
Verzaubern und behexen mit
magischen Rezepten;
München 1991 (ok)

Müller, L.:
Para, Psi und Pseudo –
Parapsychologie und die
Wissenschaft von der Täuschung;
Berlin 1980 (sk)

ders.:
Magie – Tiefenpsychologischer
Zugang zu den Geheim-
wissenschaften; Stuttgart 1989

ders.:
„Die Wiederkehr des Magischen",
in: Psychologie heute 8/1988

Müller, U.:
Das Leben und Wirken
des Satanisten T. –
Eine Dokumentation;
Regensburg 1989

Netter, P.:
„Placebo", in: Doelle, W. (Hg.):
Grundlagen der Arzneimittel-
therapie; Mannheim 1986

Oepen/Prokop (Hg.):
Außenseitermethoden in der
Medizin – Ursprünge, Gefahren,
Konsequenzen;
Darmstadt 1986 (sk)

Oepen/Scheidt:
Wunderheiler heute –
Eine kritische Literaturstudie;
München 1989 (sk)

Oepen, I. (Hg.):
An den Grenzen der Schulmedizin
– Eine Analyse umstrittener
Methoden; Köln 1985 (sk)

Ostrander/Schroeder:
PSI – Die Geheimformel für die
wissenschaftliche Erforschung
und praktische Nutzung übersinnlicher Kräfte des Geistes und der
Seele; München 1970 (ok)

Pakraduny, T.:
Die Welt der geheimen Mächte;
Klagenfurt 1988 (ok)

para:
Wie siehst Du das?
155 optische Täuschungen …;
Ravensburg 1986

© Verlag an der Ruhr, Postfach 10 22 51, 45422 Mülheim an der Ruhr

Literaturverzeichnis

Passantino/Passantino:
Auf Teufel komm raus? Wie schützen wir unsere Kinder vor Satanismus, Hexerei und dem Okkulten?; Asslar 1992

Passian, R.:
Licht und Schatten der Esoterik; München 1991

Pavese/Würmli:
Handbuch der Parapsychologie – Einführung in den Bereich der Grenzwissenschaften; Augsburg 1992 (ok)

Pelz, C.:
Hellseher – Medien – Gespenster; Pähl 1952 (sk)

Prause/v.Randow:
Der Teufel in der Wissenschaft – Wehe, wenn Gelehrte irren – Vom Hexenwahn bis zum Waldsterben; München 1989 (sk)

Prokop/Wimmer:
Der moderne Okkultismus; Stuttgart 1987 (sk)

dies.:
Wünschelrute, Erdstrahlen, Radiästhesie; Stuttgart 1985³ (sk)

Prokop, O. (Hg.):
Medizinischer Okkultismus; Stuttgart 1977 (sk)

Rae, A.C.:
Alles Bluff? Mitreden beim Thema Astrologie & Wahrsagen; München 1994 (sk)

ders.:
Alles Bluff? Mitreden beim Thema Okkultismus; München 1994 (sk)

Randi, J.:
The Truth About Uri Geller; Buffalo 1986² (sk)

ders.:
FLIM-FLAM – Psychics, ESP, Unicorns and other Delusions; Buffalo 1987a (sk)

ders.:
The Faith Healers; Buffalo 1987b (sk)

ders.:
The Mask of Nostradamus; New York 1990 (sk)

Randow, G.v.:
Das Ziegenproblem – Denken in Wahrscheinlichkeiten; Hamburg 1992 (sk)

ders. (Hg.):
Mein paranormales Fahrrad und andere Anlässe zur Skepsis; (entdeckt im „Sceptical Inquirer") Hamburg 1993 (sk)

Rausch/Türk:
Geister-Glaube – Arbeitshilfe zu Fragen des Okkultismus; Düsseldorf 1991

Resch, A. (Hg.):
Aspekte der Paranormologie – Die Welt des Außergewöhnlichen; Innsbruck 1992 (ok)

Reutterer, A.:
„Ist die Parapsychologie ein abergläubisches Paradigma?", in: „Magische" Welt 2/1986

Ricarda S.:
Satanspriesterin – meine Erlebnisse bei der schwarzen Sekte; Frankfurt a.M. 1989

Riezler, S.v.:
Die Geschichte der Hexenprozesse in Bayern; Essen 1983

Rockwell, J.:
Trommelfeuer – Rocktexte und ihre Wirkungen; Aßlar 1983

Ross, C.:
Michael im Teufelskreis; Recklinghausen 1990 (Jugendbuch)

Ruppert, H.-J.:
Okkultismus – Geisterwelt oder neuer Weltgeist?; Wiesbaden 1990

S., R.:
Satanspriesterin – meine Erlebnisse bei der schwarzen Sekte; Frankfurt a.M. 1989

Sandra:
Ich, die Hexe – Bekenntnisse und Rituale aus einem magischen Leben; München 1991 (ok)

dies.:
Hexenrituale – Meine magischen Rezepte für Liebe, Glück und Gesundheit; München 1992 (ok)

Schäfer, H.:
„Stimmen aus einer anderen Welt", in: s. Grom 1989

Schallenberg, G.:
Visionäre Erlebnisse; Augsburg 1990

Schiemann, U.:
Das darf doch nicht „Wahrsagen" sein! – 250 Wahrsager im Test; München 1988

Schober/Rentschler:
Das Bild als Schein der Wirklichkeit – Optische Täuschungen in Wissenschaft und Kunst; Augsburg 1988

Scholz, R.:
Probleme mit Jugendsekten – ein Ratgeber für Eltern, Erzieher und Betroffene sowie Behörden, Gerichte und Berater; München o.J. (sk)

Schwing, C.:
„Erste internationlae Channeling-Konferenz – Kanal zum Kosmos", in: Der Skeptiker 2/1988

Sebald, H.:
Hexen damals – und heute; Bindlach 1993

o.V.:
6. und 7. Buch Mosis; Berlin 1986

Silva, R.:
Magie in der Medizin – gestern und heute; Genf 1975

Spiesberger, K.:
Die Aura des Menschen; Freiburg 1986

Stevenson, I.:
Wiedergeburt – Kinder erinnern sich an frühere Erlebnisse; Grafing 1989

Stiftung Warentest (Hg.):
s. Federspiel/Herbst

Stumpf, H.-G.:
Entgeistert – Übersinnliches, Übernatürliches; München 1991 (sk)

Swami, R.O.B.:
Esoterik für Erleuchtete; Frankfurt 1991 (sk)

© Verlag an der Ruhr, Postfach 10 22 51, 45422 Mülheim an der Ruhr

Swoboda, H.:
Propheten und Prognosen –
Hellseher und Schwarzseher von
Delphi bis zum Club of Rome;
München 1979

Tarnowski, W.:
Hexen und Hexenwahn;
Nürnberg 1994

Thurston, H.:
Die körperlichen Begleiterscheinungen der Mystik; Luzern 1956

Tischer, R.:
Religiöse Zeitzeichen in der
Rock- und Popmusik; Stuttgart
1989 (EZW-Information Nr. 109)

Twele, K.-H.:
Hexen unter uns; Rastatt 1988

Uccusic, P.:
PSI-Resümee – Eine Bestandsaufnahme der neuesten Forschungen jenseits von Materie, Raum
und Zeit; Frankfurt a.M. 1978 (ok)

Verlag das Beste:
Faszination des Unfaßbaren;
Stuttgart 1983

Vohland, U.:
Okkultismus – was ist dran?;
München 1992 (sk)

Watzlawik, P.:
Anleitung zum Unglücklichsein;
München 1983

ders.:
Wie wirklich ist die Wirklichkeit?
Wahn – Täuschung – Verstehen;
München 1992[20] (sk)

ders.:
Vom Schlechten des Guten
oder Hekates Lösungen;
München 1994

ders. (Hg.):
Die erfundene Wirklichkeit –
Wie wissen wir, was wir zu wissen
glauben? Beiträge zum
Konstruktivismus; München 1985

Weirauch, W.:
„nataS-Satan - 'Backward-
Masking' bestätigt", in: EZW-
Materialdienst 5/1987 (Stuttgart)

Werner, H.:
Lexikon der Esoterik;
Wiesbaden 1991

Wiechoczek, R.:
Uranus lächelt über Hiroshima –
Die horoskopierte Gesellschaft;
München 1989
(Materialedition 24 der Arbeitsgemeinschaft f. Religions- und
Weltanschauungsfragen; sk)

Wiesendanger, H.:
„Warum die Sterne nie lügen",
in: Psychologie heute 8/1988

ders.:
Zwischen Wissenschaft und
Aberglaube – Grenzbereiche
psychologischer Forschung;
Frankfurt a.M. 1989a

ders.:
Die Jagd nach PSI – Über neue
Phänomene an den Grenzen
unseres Wissens;
Freiburg 1989b (ok)

ders. (Hg.):
Wiedergeburt – Herausforderung
für das westliche Denken;
Frankfurt a.M. 1991

ders.:
In Teufels Küche – Jugendokkultismus: Gründe, Folgen,
Hilfen; Düsseldorf 1992

ders.:
Das große Buch vom geistigen
Heilen – Möglichkeiten, Grenzen,
Gefahren; München 1994

Willmann C.:
Moderne Wunder; [Leipzig 1897]
Neuauflage, Zürich 1979 (sk)

Wilson, C.:
Das Okkulte;
Wiesbaden 1988 (ok)

Wimmer, W.:
Wie man Hellseher entlarvt – Der
Fall Hanussen III; München 1986
(Dokumentationsedition 9 der
Arbeitsgemeinschaft für Religions-
und Weltanschauungsfragen)

ders.:
„Schwindel mit religiösem Wunderglauben – Zur Geschichte der
pia fraus", in: s. Binder 1992

Zacharias, G.:
Satanskult und Schwarze Messe –
die Nachtseite des Christentums;
München 1990

Zinser, H.:
Okkultismus unter Berliner
Schülern; Stuttgart 1990 (Materialdienst der EZW Nr. 10/1990; sk)

ders.:
Jugendokkultismus in Ost und
West – Vier quantitative Untersuchungen 1989-1991;
München 1993 (Arbeitsgemeinschaft für Religions- und
Weltanschauungsfragen)

Zmeck, J.:
Wunderwelt Magie; Berlin 1974

Bildnachweise/Adressen

Bildnachweise:

Susanna Pinho:
16, 26, 30, 44, 46, 49, 51, 57, 58, 65, 68, 78, 93, 106, 134, 138

Wolfgang Hund:
28, 29, 78, 79, 80, 84, 86, 94, 106, 126, 130, 134, 136, 148, 149, 196, 198, 212

Rüdiger Heierhoff:
195, 207, 209

Janine Trotereau:
52

F.J.Steinkopf Verlag:
55

Wilhelm Gubisch/
Ernst Reinhard Verlag:
75, 114

Für die freundliche Abdruck-
genehmigung der Texte von
Paul Watzlawik danken wir
dem R. Piper Verlag, München:
94: © R. Piper Verlag GmbH &
       Co. KG, München 1983
205: © R. Piper Verlag GmbH &
       Co. KG, München 1976

Die Rechte der nicht aufgeführten Bilder liegen beim Verlag oder konnten nicht ausfindig gemacht werden.

Adressen:

Sekteninfo Essen
Rottstr. 24
45127 Essen
Tel.: 02 01/23 46 46/8

Sekteninfo Bochum
Amtsstr. 4
44809 Bochum
Tel.: 02 34/57 81 56

Katholische Sozialethische
Arbeitsstelle
Referat Sekten- und
Weltanschauungsfragen
Jägerallee 5
59071 Hamm
Tel.: 0 23 81/87 68-69

Diözese Aachen
Bischöfliches Generalvikariat
Referat Sekten- und
Weltanschauungsfragen
Klosterplatz 7
52062 Aachen
Tel.: 02 41/4 52-4 19

Beauftragter der Ev.-Luth. Kirche
in Bayern für religiöse und
geistige Strömungen
Pfarrer Bernhard Wolf
Neuendettelsauer Str. 4
90449 Nürnberg
Tel.: 09 11/67 85 78

Sektenbeauftragter der
evangelischen Kirche
Pastor Ingolf Christiansen
Albanikirchhof 1a
37085 Göttingen
Tel.: 05 51/5 97 65

Cenap
Centrales Erforschungs-Netz
außergewöhnlicher Himmels-
Phänomene
Lämmerberg 7
91560 Heilsbronn
Tel.: 0 98 72/25 16

Gesellschaft zur Erforschung des
UFO-Phänomens (GEP) e.V.
Postfach 2361
58473 Lüdenscheid
Tel.: 0 23 51/2 33 77

GWUP
Gesellschaft zur wissenschaftlichen Untersuchung von
Parawissenschaften e.V.
Postfach 1222
64380 Roßdorf
Tel.: 0 61 54/89 46
Fax: 0 61 54/81 91 12

Beratungsstelle für Kinder,
Jugendliche und Erwachsene
Kölner Str. 19-21
51429 Bergisch-Gladbach
Tel.: 0 22 04/5 40 04

Arbeitskreis gegen
destruktive Kulte
Evangelisches Jugendbüro
Adenauerallee 37
53113 Bonn
Tel.: 02 28/2 67 98 54

Elterninitiative zur Wahrung der
geistigen Freiheit e.V.
Geschwister-Scholl-Str. 28
51377 Leverkusen
Tel.: 02 14/5 83 72
Fax: 02 14/50 62 64

Projekt: Soziales Lernen
Ein Praxisbuch
für den Schulalltag
Christina Großmann
Ab 10 J., 152 S., 15,3 cm x 22 cm, Pb.
24,80 DM/sFr/181,- öS
Best.-Nr. 2261

Das Leben in der Schule ist härter geworden. Geltungssüchtige Einzelkämpfer prägen den Umgang der SchülerInnen miteinander. Gewaltbereitschaft, Desinteresse und massive Konzentrationsprobleme der Kinder und Jugendlichen drängen manche LehrerInnen zurück in autoritäre und frontale Unterrichtsformen. Nur so scheinen die vorgegebenen Lernziele noch erreichbar zu sein. Das „Projekt: Soziales Lernen" bietet eine Alternative: Es setzt auf sozialpädagogische Ansätze bei der Arbeit mit Klassenverbänden und einzelnen SchülerInnen.

Das Buch stellt 65 praxisorientierte und vielfach sturmerprobte Unterrichtsentwürfe (à 45 Min.) mit zahlreichen konkreten Übungsbeschreibungen vor. Ziel ist es, die Entwicklung einer Klasse von einzelnen zu einer Gruppe Schritt für Schritt zu fördern. Das Verhalten der Kinder und Jugendlichen am Ende des Projekts ist deutlich kooperativer, kommunikativer und konstruktiver. Die Zusammenarbeit von LehrerIn und SchülerInnen wird wesentlich effektiver.

Neben der Arbeit im Klassenverband bildet die „Soziale Einzelhilfe" den zweiten Schwerpunkt des Projekts. Das Buch stellt exemplarische und übertragbare Ansätze solcher Einzelhilfe anhand von Fallbeispielen vor.

Konflikte selber lösen
Trainingshandbuch für Mediation und Konfliktmanagement in Schule und Jugendarbeit
K. Faller, W. Kerntke, M. Wackmann
Ab 10 J., 207 S., A4, Pb.
45,- DM/sFr/329,- öS
Best.-Nr. 2220

Gewalt ist für viele Kinder und Jugendliche die nächstliegende und effektivste Möglichkeit, Konflikte zu lösen: nicht aus Lust an Streit und Gewalt, sondern weil sie keine anderen Möglichkeiten kennen, mit Konflikten umzugehen. Es gibt aber andere Formen konstruktiver Konfliktaustragung. Mediation ist ein Ansatz, der auch für Konfliktregelungen in der Schule geeignet ist. Das Handbuch enthält ein Ausbildungsprogramm, in dem Grundregeln der Mediation und konstruktiver Konfliktaustragung vermittelt werden. Näheres siehe Seite 54.

Selbstwahrnehmung und Körpererfahrung
Interaktionsspiele und Infos für Jugendliche
Udo W. Kliebisch, Dirk Weyer
Ab 12 J., 208 S., A4, Pb.
42,- DM/sFr/307,- öS
Best.-Nr. 2274

Zwischen Körper-Kult und Cyber-World scheint es zunehmend wichtiger, jungen Menschen die Gelegenheit zu geben, ein authentisches Verhältnis zu ihrem Körper und eine realistische Selbst-Wahr-

„In Auschwitz wurde niemand vergast."
60 rechtsradikale Lügen und wie man sie widerlegt
Markus Tiedemann
Ab 13 J., 184 S., 16 x 23 cm, Pb.
24,80 DM/sFr/181,- öS
Best.-Nr. 2275

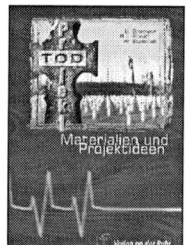

Projekt Tod
Materialien und Projektideen
U. Brumann, H. J. Knopff, W. Stascheit
Ab 14 J., 136 S., A4, Pb.
36,- DM/sFr/263,- öS
Best.-Nr. 2285

Jeden trifft er, aber keiner möchte über ihn reden – Der Tod. Früher gehörte die Totenwache beim Nachbarn noch zum Alltag. Jemanden anständig unter die Erde zu bringen war selbstverständliche Pflicht. Unser Verhältnis zum Tod spricht Bände über unser Ver-

nehmung zu entwickeln. Da die Entwicklung einer Identität nicht „im stillen Kämmerlein", sondern nur in der Interaktion mit anderen funktionieren kann, enthält dieser Band 24 Spiele/Übungen für Gruppen unterschiedlicher Größe, die Sie unmittelbar für Ihre Arbeit in Schule und Jugendarbeit nutzen können, sei es im Rahmen eines strukturierten Trainingsprogramms oder auch „mal eben zwischendurch".

In den Spielen des Bereichs „Selbst-Wahrnehmung" geht es um die Schulung eines ganzheitlichen Erlebens mit allen Sinnen, um das Erfahren eigener Stärken und Schwächen und um die Darstellung der Identität in der Interaktion mit anderen. Die Übungen zur „Körper-Erfahrung" vermitteln unterschiedliche Formen von Entspannung und Anspannung und andere Arten der Körperempfindung, die für die Entfaltung der Persönlichkeit genutzt werden können, anhand von Elementen aus klassischen Entspannungstechniken, Massage-Experimenten und Spielen aus dem Sportbereich. Die begleitenden Arbeitsblätter sorgen mit Anregungen für eine intellektuelle Auseinandersetzung und kontroverse Diskussion dafür, daß dabei auch der Kopf wahrgenommen und erfahren wird.

„Hitler wußte nichts von der Judenvernichtung", „Alle Dokumente über die Judenvernichtung sind nachträglich gefälscht", „Die deutsche Wehrmacht war anständig und nicht an Morden beteiligt". Wenn „Lüge" das einzige Argument auf diese Behauptungen bleibt, hat man in der Klasse oder der Diskussionsgruppe schon verloren und die geschulten Agitatoren von Rechts haben wieder ein Stück Terrain erobert. Um weiterhin solche pädagogischen und politischen Niederlagen zu vermeiden, sind in diesem Buch die gebräuchlichsten Lügen der rechten Geschichtsrevisionisten gesammelt, analysiert und widerlegt. Alle benutzten Quellen und weiterführende Literatur sind sorgfältig zusammengestellt, so daß Weiterfragen und Weiterforschen ausdrücklich erwünscht ist.

hältnis zum Leben. Bin ich ewig jung, über was soll ich mir dann Gedanken machen? Der Ernst des Lebens ist doch noch lange hin! Wie stellt man sich zu den Sterberichtlinien der Bundesärztekammer? Ist Abtreibung Mord, so wie die Todesstrafe? Wechseln Sie immer wieder die Perspektive! Collagenartige Textzusammenstellungen, Projektideen, Internetseiten und Recherchevorschläge, viele Fotos und Abbildungen, Hinweise auf Bücher und andere Medien liefern interessanten Diskussionsstoff. So aufbereitet und dargeboten ist es kein bißchen unangenehm sich mit dem Thema Tod auseinander zu setzen: Seine Faszination und gesellschaftliche Verdrängung; den demokratischen Einebner; sein handwerkliches Vorgehen durch Unfälle, Krankheiten etc.; den Abschluß seiner Tätigkeit: die exakte Todeszeitbestimmung, über Jenseitsvorstellungen und Begräbnisrituale etc. Dieses Buch eignet sich für die Arbeit in der Schule, der Jugendarbeit, mit jungen Erwachsenen, im Krankenhaus, in kirchlichen Gruppen usw. Denken Sie über den Tod nach und Sie werden sich wundern, was Sie alles fürs Leben lernen können!

Zusammen nachdenken

Zusammen nachdenken
Philosophische Fragestellungen für Kinder und Jugendliche
– eine praktische Einführung
Philip Cam
152 S., 16 cm x 23 cm, Pb.
24,80 DM/sFr/181,- öS
Best.-Nr. 2255

Das Buch zeigt, wie man mit kleinen Geschichten Kinder zum Nachdenken bringen kann, wie man mit ihnen zusammen einfache philosophische Fragen und Probleme angehen kann. Aus Ihrer Klasse wird nach und nach eine Forschungsgruppe, die – ausgerüstet mit Fragetechniken, Methoden der Gruppendiskussion und anderem unentbehrlichen Handwerkszeug – in das Abenteuer des Nachdenkens aufbricht. Eine praktische Einführung, die Ihnen auch hilft, Philosophieren mit Kindern nicht als zusätzliche Belastung, sondern als integralen Bestandteil in Ihren Unterricht einzubauen.

Sterben Äpfel auch?
Philosophische Nachdenkgeschichten für Kinder und Jugendliche
Textbuch
Hg. v. Philip Cam
Ab 9 J., 88 S., 16 cm x 23 cm, Pb.
12,80 DM/sFr/93,- öS
Best.-Nr. 2256
(Bei Abnahme von 20 Textbüchern gibt's die Arbeitsmappe umsonst: Best.-Nr. 0213 – nur direkt beim Verlag.)

Die neun Geschichten laden Kinder ein zu Fragen wie „Was sind Lügen?", „Wann ist man gut?", „Warum finde ich etwas schön?", „Was ist Freundschaft?", „Wie sieht unsere Beziehung zur Umwelt aus?" und vieles mehr. Aber natürlich lassen sich die Geschichten auch ohne Hintersinn einfach nur zum Spaß lesen. AutorInnen sind PhilosophInnen und führende PädagogInnen der „Philosophie für Kinder"-Bewegung aus der ganzen Welt: Yeh Hseng-Homg, Matthew Lippman, Ann Margaret Sharp, Philip Guin, Ron Reed und Gilbert Talbot.

Arbeitsbuch zu „Sofies Welt"
Peer Olsen
Ab 14 J., 136 S., A4, Pb.
32,- DM/sFr/234,- öS
Best.-Nr. 2225

„Wozu lebe ich?" – „Hat mein Leben überhaupt einen Sinn?" – „Interessiert es eigentlich jemanden, was ich denke, was ich tue?"
Es ist nicht immer einfach, Jugendlichen auf solche Fragen zu antworten. Aber Lebensorientierung scheint heute wichtiger zu sein, denn je. Philosophie kann solche Orientierung liefern.
Jostein Gaarders „Sofies Welt" ist das Kunststück geglückt, philosophische Fragestellungen in eine spannende Romanhandlung zu kleiden, die Jugendliche wie Erwachsene gleichermaßen in ihren Bann zieht.
Ein großes Lesevergnügen, für das man aber einen langen Lese-Atem braucht, vor allem wenn das Buch gemeinsam in einer Gruppe gelesen werden soll: 600 Seiten – so spannend, witzig und überraschend sie auch sind – wollen erst einmal angegangen und bewältigt werden. Das Arbeitsbuch gibt Tips für Lektüreeinstiege, stellt sinnvolle Textauswahlen vor und begleitet die Lektüre mit handlungsorientierten Aufgaben, die auch hartgesottene Lesemuffel zum Weiterstöbern verleiten. Da gilt es z.B., einen Mythos zu verfassen, Platons berühmtes Höhlengleichnis nachzuspielen oder scheinbar schwierige philosophische Sachverhalte ganz einfach in Plakatform zu gestalten. Und zusätzlich gibt es eine Menge Hintergrundinfos zur Geschichte der Philosophie.
Die Info-und Arbeitsblätter geben praktische Hilfestellungen, den Roman gemeinsam zu lesen – sei es in VHS, Schule oder Lesegruppen. Ideal für Projektwochen und -unterricht!

Sterben Äpfel auch?
Philosophische Nachdenkgeschichten für Kinder und Jugendliche
Arbeitsmappe
Philip Cam
Ab 9 J., ca. 86 S., A4, Papph.
30,- DM/sFr/219,- öS
Best.-Nr. 2257

Die Arbeitsmappe liefert eine Menge fertiges Material, um die Geschichten aus dem Textbuch mit Ihren SchülerInnen zu lesen und zu diskutieren. Neben Textverständnis geht es u.a. um folgende Fähigkeiten: begründen, andere Standpunkte erfragen, unterscheiden lernen, Verbindungspunkte erkennen, fließend reden, zuhören können, Vergleiche heranziehen, Konsequenzen berücksichtigen, offen sein, sich selbst korrigieren können, andere respektieren.

Lernspiele Religion
Der christliche Glaube
T. Copley, A. Brown
Ab Kl. 5, 68 S., A4, Papph.
35,- DM/sFr/256,- öS
Best.-Nr. 2236

Die Spiele dieser Arbeitsmappe sind so konzipiert, daß sie weniger den Wettbewerb hervorheben als vielmehr die Kooperation untereinander fördern. Wie wäre es beispielsweise, die Ereignisse der Karwoche anhand eines Kartenspieles kennenzulernen? Im „Who's Who der Bibel" kann man sein Wissen über die in der Bibel vorkommenden Personen erweitern. Und auch der Gehalt der 10 Gebote kann spielerisch erarbeitet werden.
Diese und sieben weitere Spiele finden Sie mit ausführlichen Anleitungen und Variationsmöglichkeiten, Spielplänen und -karten in dieser Mappe.

Lernspiele Religion
Weltreligionen erkunden
T. Copley, A. Brown
Ab Kl. 5, 83 S., A4, Papph.
35,- DM/sFr/256,- öS
Best.-Nr. 2237

Durch die spielerische Erkundung der Weltreligionen wird nicht nur trockenes Wissen vermittelt, sondern auch Verständnis für die Andersartigkeit fremder Kulturen geschaffen. Ihre SchülerInnen könnten z.B. eine Reise durch das Heilige Land unternehmen und auf diese Weise erfahren, daß es nicht nur für das Christentum von großer Bedeutung ist. Oder vielleicht möchten sie lieber zu fernen heiligen Stätten pilgern. Sie können auch eine Verhandlung vor dem Jüngsten Gericht nachspielen oder durch die Leben eines Hindu reisen.
Diese Mappe enthält insgesamt 10 Spiele mit Spielanleitungen, vielen Variationsmöglichkeiten, Spielplänen und/oder Spielkarten als Kopiervorlagen.

Bitte schicken Sie uns eine Kopie dieser Seite.

Verlag an der Ruhr

Postfach 10 22 51, D-45422 Mülheim an der Ruhr
Alexanderstr. 54, D-45472 Mülheim an der Ruhr
Tel.: 02 08 / 49 50 40, Fax: 02 08 / 495 0 495
e-mail: info@verlagruhr.de

Sie können direkt beim *Verlag an der Ruhr* bestellen oder über den örtlichen Buchhandel.

☐ Bitte senden Sie mir Ihren Katalog.
☐ Hiermit bestelle ich die angekreuzten Titel.

Name

Adresse

PLZ   Ort

Schulform/Arbeitsbereich

Datum/Unterschrift

Okkultismus 9/97